Carlo L. Weichert

„Wenn die Seele ruft..."

Erlebnisse, Erkenntnisse und Erfahrungen auf dem Jakobsweg

© 2020 Weichert, Carlo L.

Herstellung und Verlag:
BoD – Books on Demand, Norderstedt

ISBN: 978-3-7519-2002-5

Foto Cover: pixabay imagenes gratis

Vorwort

Eine Ahnung war es, die ich seit vielen Jahren mit mir herumtrug... und eine Lebenskrise, welche mir den Anstoß gab, diesen uralten Pilgerweg, allein und zu Fuß... als Pilger zu gehen. Mit gut 60 Lebensjahren, mache ich mich auf und der Jakobsweg wird für mich zum Abenteuer vielfältiger innerer Erfahrungen:

35 Tage, gehe ich diesen Weg, den seit 1000 Jahren Millionen von Pilgern vor mir gegangen sind, beginnend von St. Jean Pied de Port in Frankreich, bis ich schließlich in der Kathedrale in Santiago de Compostela, vor seinem Altar ankomme.
Aber, diese Pilger-Wallfahrt wird mir nicht geschenkt. Von den insgesamt 800 Kilometern, pilgere ich gut 600 Kilometer mit immer stärker werdenden Schmerzen in den Füßen und zunehmender Erschöpfung.
Dabei sind für mich die vielen Kathedralen, Bauwerke, Denkmäler, Klöster, Ruinen usw. und das Grabmal des Heiligen nicht das Wesentliche.

Ich erlebe mich selbst: insbesondere in den ersten Tagen in der Welt meiner kreisenden Gedanken, Zweifel und zeitweiser Traurigkeit, die ich noch mit mir herumtrage.
Ich erlebe mich später in innerer Ruhe, spüre das Öffnen meiner Seele und bekomme so eine Ahnung vom Wirken des Hl. Jakobus.
Dieser innere Frieden ermöglicht mir auch die immer intensivere Begegnung mit mir selbst, mit meiner Lebensgeschichte, meinem Elternhaus, meiner Kindheit und den Fragen nach Gott, dem ich glaube, auf diesem Weg immer wieder begegnet zu sein.

Täglich schreibe ich in mein Tagebuch, meine Erlebnisse, Gedanken und Gefühle. Entsprechend meines Berufes reflektierte ich natürlich viel über die Menschen, die mir begegnen, über Beziehungen, auch religiöse Erfahrungen und Umstände.

Irgendwann nimmt mich der Camino einfach auf: Irgendwann bin auch ich ein Pilger unter den Millionen anderer Pilger der Jahrhunderte. Ich bin ein Stern unter Sternen, ein Sandkorn unter Sandkörnern, der auf seinem Weg ist, und doch ein Mensch, der hier lernen kann als Sandkorn für andere Sandkörner wichtig zu sein, ohne sich wichtig zu nehmen.

Als mir das alles immer mehr klarer wird, erlebe ich mich trotz meiner schmerzenden Füße in tiefer Ruhe, in dem Gefühl der inneren Geborgenheit und des „Geführt - Werdens".

Ich war nicht mehr auf dem Camion, ich erlebte dort meinen eigenen „inneren Camino"..., der heute noch in mir weiter wirkt.

Carlo L. Weichert
La Palma, im Juni 2020

Wichtig:
Die geschilderten Handlungen und Personen entstammen meiner schriftstellerischen Freiheit.
Eventuelle Ähnlichkeiten mit lebenden Personen und deren Lebenssituationen sind rein zufällig.

Zur Geschichte des Jakobsweges

Da historisch der Zusammenhang nicht belegbar ist, erzählen verschiedenlautende Legenden:

Nachdem der Apostel Jakobus der Ältere, der Lieblingsjünger Jesu, (in Spanien „Santiago" genannt), Teile der iberischen Halbinsel missioniert haben soll, erlitt er bei seiner Rückkehr nach Jerusalem im Jahr 44 n. Chr. den Märtyrertod durch König Herodes. Sein Leichnam soll nach Galicien zurück überführt worden sein, wo er einst gepredigt hatte.
Sein Grab soll 813 von einem Eremiten auf einem von Sternen hell erleuchten Feld gefunden worden sein = „Campus Stellae" = Sternenfeld, auf dem heute die Stadt Santiago de Compostela steht. Hier soll der Hl. Jakobus in Compostela seine letzte Ruhestätte gefunden haben.

Hier eine weitere Version erzählt:
Der Heilige Jakobus, der ca. 44 n. Chr. als erster Apostel in Jerusalem als Märtyrer gestorben ist, soll eigentlich zunächst mit Spanien nichts zu tun gehabt haben. Erst nachdem die Muslime um 711 die iberische Halbinsel zum größten Teil für den Islam erobert hatten, verdichtete sich in den christlich gebliebenen Orten Spaniens die Vorstellung, der Apostel Jakobus habe die Insel missioniert, sei aber deshalb in Jerusalem enthauptet worden. Aufgrund der Bedrängnis der Iberer durch die Araber und dem Halbmond, sei er aber nun auf wundersame Weise nach Spanien zurückgekehrt, habe sich auf dem Sternenfeld von einem Eremiten finden lassen, um nun der Retter, die Leitfigur beim Kampf Christentum gegen den Islam zu werden, um so endgültig die Insel zu christianisieren.

Der Jakobsweg durch den Norden Spaniens

Bald nach der vermeintlichen Entdeckung des Heiligengrabes, setzte ab dem frühen Mittelalter aus ganz Europa eine starke Pilgerbewegung in Richtung Galicien nach Santiago de Compostela ein. So ist Santiago de Compostela, nach Rom und Jerusalem, zum drittgrößten Pilgerort der Christenheit geworden.

Heute gehen diesen Weg nicht nur Pilger. Der Camino de Santiago ist zu einem Treffpunkt der unterschiedlichsten Menschen, Sprachen und Kulturen aus der ganzen Welt geworden. Er gehört seit 1987 zum sogenannten „Weltkulturerbe" und trägt die Bezeichnung „Erste europäische KulturStraße".

Hier auf der Karte ist der „klassische Pilgerweg" von Frankreich Saint Jean de Port kommend nach Santiago de Compostela abgebildet. Die meisten Pilgerwege aus ganz Europa treffen auf diesen Weg.

Inhaltsverzeichnis:

Vorwort
Zur Geschichte des Jakobsweges
Der Jakobspilgerweg durch Spaniens Norden

2. Tag :   St. Jean Pied de Port - Huntto
Seite 13 -   Große Zweifel...

1. Tag: Traunstein - München – Paris - Bayonne –
             St. Jean Pied de Port
Seite 17 -   Der Aufbruch

3. Tag: Huntto - Roncesvalles
Seite 27 -   Die Herausforderung

4. Tag: Roncesvalles - Zubiri - Larrasoana
Seite 51 -   Erste Erkenntnisse

5. Tag: Larrasoana - Pamplona - nach Cizur Menor
Seite 73 -   Leid ist Lehre

6. Tag   Cizur Menor - Eunate - Puente la Reina
Seite 103 - Die Familie der Pilger

7. Tag: Puente la Reina - Estrella
Seite 115 - *„Was Ihr dem geringsten meiner Brüder*
             getan..."

8. Tag: Estrella – Los Arcos – Torres de Rio
Seite 123 - In der Ruhe liegt die Kraft

9. Tag :   Torres de Rio - Logroño
Seite 131 - *„Was kann ich an Gott zurück geben?"*

10. Tag: Logrono – Najera - St. Domingo della Cazada
             Granon
Seite 137 - Liebenswerte Menschen

11. Tag: Granon – Villamayor - Belogrado - Tosantos
Seite 143 - Begegnungen mit der Seele

12. Tag: Tosantos - San Juan de Ortega
Seite 153 - Ruhe, Zuversicht und Gottvertrauen

13. Tag: San Juan de Ortega - Burgos
Seite 165 - Von Burgos sehr enttäuscht

14. Tag: Burgos - Hornillos del Camino - Hontanas
Seite 179 - Gott gib mir die Gelassenheit...

15. Tag: Hontanas - San Anton - Castorjeriz- San Nicola
             Boachilla del Camino
Seite 193 - „In der Ruhe liegt die Kraft"

16. Tag: Boachilla del Camino - Fromista - Carrion de
             Los Condes
Seite 211 - Herbergssuche: Wie Maria und Josef...

17. Tag: Carrion de los Condes - Calzadilla de la Cuez
Seite 219 - Durch die Einsamkeit...

18. Tag: Calzadilla de la Cueza - Sahagun
Seite 227 - Trance – Gehen

19. Tag: Sahagun – El Burgo Ranero - Reliegos
Seite 235 - „Du sollst Vater und Mutter ehren..."

20. Tag: Reliegos – Mansillas de las Mulas - Leon
Seite 245 - Auf der Suche nach dem verlorenen
Paradies

21. Tag: Leon - La Virgen del Camino –
Hospital de Orbigo
Seite 257 - Die Welt der jungen Seelen

22. Tag: Hospital de Orbigo - Astorga – Santa Catalina
de Somoza
Seite 267 - Tu, was Dein Herz Dir sagt…

23. Tag: Santa Catalina de Somoza –
Rabanal del Camino - Foncebadon
Seite 279 - Der Zusammenbruch

24. Tag: Foncebadon – El Acebo - Riego de Ambros -
Molinaseca
Seite 291 - Bewusst leben

25. Tag: Molinaseca – Ponferrada –
Villafranca del Bierzo
Seite 307 - An der Puerta del Perdon

26. Tag: Villafranca del Bierzo - Vega de Valcarce
Seite 327 - *„Mein Gott, warum hast Du
mich verlassen?"*

27. Tag: Vega de Valcarce - O Cebreiro - Triacastela
Seite 333 - Begegnung mit einem Engel

28. Tag Triacastela – Kloster Samos - Sarria
Seite 347 - Blick in die Seele

29. Tag: Sarria - Barbadelo - Ferreiros - Portomarin
Seite 363 - *„Was möchte Gott mir sagen?"*

30. Tag: Portomarin - Palas de Rei – Casanova - Melide
Seite 373 -   Ist der Camino katholisch?

31. Tag: Melide – Ribadiso – Azura – Santa Irene
Seite 391 -   Ultreia - Vorwärts

32. Tag: Santa Irene - Monte do Gozo –
          Santiago de Compostella
Seite 401 -   Auf nach Santiago

33. Tag: In Santiago de Compostella
Seite 417 -   Angekommen

Seite 425 - *„Wenn die Seele ruft..."*

Seite 428 – Biografie des Autors

Seite 430 – Bücher von Carlo Weichert

Seite 431 – Jakobsweg heute: Die neuen Pilger

2. Tag : In Frankreich: Saint Jean Pied de Port - Huntto

Große Zweifel...
„Hab Vertrauen, denn ICH bin bei Dir."

Es ist schon Abend. Die Sonne geht gerade unter. Ich sitze im Freien auf einer kleinen und wackeligen Bank vor der ersten Herberge auf meinem Pilgerweg, in der ich heute übernachten möchte. Ich befinde mich hier inmitten der Pyrenäen, ca. 2000 Kilometer weit weg von daheim, heute noch in Frankreich, aber morgen schon auf dem Weg nach Spanien. Ich bin auf dem Weg zum Grabmal des Hl. Jakobus, welches sich in dem 800 Kilometer weit entfernten und sehr berühmten Pilgerort Santiago de Compostela, im spanischen Galicien befindet.

Um mich herum ist es traumhaft ruhig. Kein Lärm, kein Auto, es ist einfach nichts zu hören, außer hie und da einmal der Anschlag einer Kuhglocke! Ich schaue von hier oben in die tief unter mir liegende Landschaft. Sie erinnert mich mit ihrem saftigen grün irgendwie an ein bayerisches Hochtal. Es ist ungewohnt kühl hier und die Täler sind seltsam nebelverschleiert, fast als sei es schon Anfang November. Dabei haben wir heute erst den 23. Juli und Hochsommer. Als ich gestern in Deutschland losfuhr, war es dort noch sehr warm. Aber anscheinend ist das hier eine andere Klimazone.
Mein Herz schlägt nun wieder ruhiger, meine Atmung fließt wieder ruhig und auch innerlich komme ich so langsam zur Ruhe. Als ich vorhin, nach einem für mich sehr

anstrengenden Aufstieg vom Ausgangspunkt **St. Jean Pied de Port** hier durchgeschwitzt ankam, war die Unterbringung völlig problemlos.
Die etwas knurrige französische Herbergsleiterin zeigte mir einen fast leeren Schlafraum mit Stockbetten, von denen ich mir eines aussuchen durfte. Nach dem Auspacken des Rucksacks ging es in die Dusche, mit herrlich warmem Wasser. Dann trockene Kleidung anziehen, die durchgeschwitzten Sachen waschen und aufhängen.
Ich habe in meinem Reiseführer und Internetberichten einiges über dieses Herbergswesen am Jakobsweg gelesen, aber es als Neuling zu erleben, das ist etwas völlig anderes. Alles war mir fremd, aber völlig unkompliziert. Diese Herberge hier ist neu. Sie ist auf ca. 500 m Höhe an einem steilen Hang gelegen, in einem ganz kleinen Ort mit weniger als zehn Häusern, namens **Huntto**.

...und plötzlich große Zweifel
Wenn ich nun nach meiner Erfahrung mit den ersten sechs Kilometer auf diesem Jakobsweg an die noch folgenden 800 Kilometer denke, die vor mir liegen, habe ich plötzlich große Zweifel, ob das hier für mich wirklich das Richtige ist. *„Na ja"*, so denke ich mir. *„Sechs Kilometer dieses Jakobsweges hast Du ja schon geschafft, das ist doch ein guter Start"*, und ich erwische mich selbst bei diesem Sarkasmus. Denn dieser sechs Kilometer steile Aufstieg vorher, vom Ausgangsort **St. Jean Pied de Port**, noch dazu mit dem ungewohnten 10 kg schweren Rucksack am Buckel, hat mich fast bis zur Erschöpfung gefordert.
Auf diesem Hintergrund frage ich mich nun ernsthaft, ob mein Körper überhaupt so viel Kraft haben wird das alles

mitzumachen? Ich bin ja schließlich nicht mehr 18. Ich bin ja auch kein trainierter Sportler, sondern nur ein „Schreibtischtäter", der diese Anstrengung einfach nicht gewohnt ist.

Ich hatte ja überhaupt keine Ahnung von dem, was mich hier körperlich erwartet. Und... ich denke nicht gern daran, aber ich war 25 Jahre schwer rheumakrank. Mute ich mir, meinem Körper, meinen Muskeln und Gelenken da nicht viel zu viel zu, denn bis Santiago de Compostela geht es ca. 800 Kilometer Fußmarsch bergauf, bergab. War ich da nicht viel zu blauäugig so einfach zu sagen: *„ Ich gehe den Jakobsweg?"*

„Mein Gott, so frage ich mich nun voller Zweifel: war das schon die richtige Entscheidung für mich, diesen anstrengenden Weg gehen zu wollen? Wenn mir hier etwas passiert? Ich bin so weit weg von daheim. Ich bin hier ganz allein, noch dazu in einem fremden Land, deren Sprache ich auch nicht so gut verstehe"...und alle Vorfreude der letzten Wochen ist plötzlich wie weggeblasen.
Und da ich nun einmal am Grübeln bin, melden sich weitere Zweifel: *„Was um alles in der Welt möchte ich nur hier auf diesem Jakobsweg? War es nur eine Art Flucht, weg von daheim, weg von den Problemen der letzten Zeit?"*
Auch erscheint es mir geradezu unvorstellbar, das mir dieser Jakobsweg neue Erkenntnisse bringen oder gar bei der Lösung meiner Probleme helfen könnte, wie ich das schon einige Male gelesen habe.

„Hab Vertrauen, denn ICH bin bei Dir"

Ich weiß nur eines, nämlich das ich in den letzten Wochen den starken Wunsch tief in mir verspürt habe, als Pilger diesen berühmten mittelalterlichen Jakobsweg, zum Grabmal des Hl. Jakobus, nach Santiago de Compostela im Nordwesten von Spanien zu gehen, den in fast 1000 Jahren schon Hunderttausende von Pilgern vor mir gegangen sind.

Jedoch, so frage ich mich nachdenklich: *„Könnte es nicht auch sein, das ich hierher geführt worden bin, denn der Ruf den ich verspürt habe, diesen Weg hier zu gehen, war so laut und deutlich, die Freude der Vorbereitungen so groß."* **„Vielleicht"**, so denke ich nun, *„vielleicht möchte Gott, dass ich hier auf diesem Pilgerweg neue Erfahrungen für mein Leben mache."* Es wäre ja immerhin eine Erklärung. Diese gibt mir, bei aller momentanen Irritation, etwas an Ruhe zurück, selbst wenn alles andere für mich im Moment unerklärbar bleibt.

Ja, denke ich mir, irgendwie muss es wohl so sein, sonst wäre ich sicher nicht hier.

...und plötzlich spüre ich zum ersten Mal ihr Geheimnis, dass sich mir auch in Zukunft in ähnlichen Lebensphasen immer wieder offenbart: ich werde ruhiger und spüre plötzlich eine seltsame Kraft tief aus meinem Inneren aufsteigen, die mir sagt:

„Hab Vertrauen, alles ist gut wie es ist.
Geh den Weg der vor Dir liegt.
Du schaffst das schon, denn ICH bin bei Dir".

Ich spüre daraufhin tiefe Rührung in mir. Tränen stehen mir plötzlich in den Augen, was ich kaum von mir kenne und ich fühle mich seltsam irritiert.

1. Tag: Traunstein - München - Paris - Bayonne –
St. Jean Pied de Port

Der Aufbruch:
„Wir müssen in unserem Leben immer wieder neu Aufbrechen und gegen das Unbekannte ankämpfen"

Rückblick:
Ein lauter Pfiff! Die Türen knallen zu und der Zug nach München setzt sich sehr schnell in Bewegung, wo ich in den Nachtzug nach Paris umsteigen muss.
Ich stehe am geöffneten Abteilfenster und winke heftig. Warum steigen mir in diesem Moment nur diese lästigen Tränen in die Augen... und ich schäme mich deshalb ein bisschen, denn das kenne ich gar nicht von mir.
Marcus, mein 24 jähriger Sohn, der mich im Auto zum Bahnhof gebracht hat, steht noch auf dem Bahnsteig, winkt zurück. Er wird sehr schnell immer kleiner und nach einer Kurve ist er nicht mehr zu sehen. Ich schließe das Abteilfenster und setze mich auf die Bank.

Vorgesorgt, für alle Fälle...
Vor zwei Stunden hat mich Marcus von daheim abgeholt. Sehr zu seinem Erstaunen habe ich ihm die wichtigsten Unterlagen und Ordner, private und geschäftliche Papiere, Bankkonten, Verträge, Versicherungsunterlagen und mein Testament - alles zu seinen Gunsten geschrieben - übergeben, alles für den Fall das... Na ja, man kann ja nie wissen!

Ich habe zu Marcus gesagt: *„Weißt Du, sterben müssen wir alle einmal, es ist nur eine Frage wann, klar und natürlich wie? Aber wer weiß das schon?*
Und wenn Petrus, auf diesem Pilgerweg nach Santiago de Compostela, der Meinung sein sollte, dass für mich nun die Zeit gekommen sei, wo er mich als Schutzengel für andere brauchen kann, dann lass mich bitte dort wo er mich abruft und bitte nicht nach Deutschland zurückholen.
Behalte mich in der Erinnerung, die Du von mir in Dir trägst. Versuche einfach das, was Du von mir an seelisch / geistigen Inhalten für Dein Leben bekommen hast in Dein Leben einzubauen, so wie Du es für richtig findest. So kann ich gut weiterleben. Das ist viel mehr wert als ca. 20 Jahre lästige Grabpflege, aus Pflichtgefühl!"

Und außerdem, so denke ich mir, es ist ja eh kaum jemand da, der auf mich warten würde, außer vielleicht einige Patienten, evtl. die Mitglieder meiner Therapiegruppen, die mich mögen und mich auch irgendwie brauchen. Aber, auch sie würden schnell neue Wege gehen, sollte ich einmal nicht mehr da sein. So ist das nun einmal im Leben. Das Leben geht einfach weiter.
Marcus selbst, zu dem ich ein sehr gutes Verhältnis habe, braucht mich schon lange nicht mehr. Er hat studiert, baut sich sein eigenes Leben auf, so wie das auch normal ist. Er kommt allein bestens zurecht. Also: wem würde ich schon fehlen, wenn mich der Petrus abberufen würde... und somit habe ich alles für den eventuellen Tag X vorsorglich vorbereitet.

Mit meinen Gedanken und Vorbereitungen befinde ich mich in bester Tradition der Wallfahrer und Pilger. Wenn in früheren Jahrhunderten jemand auf eine Pilgerwallfahrt gehen wollte, dann war es seine Pflicht, vorher alle seine persönlichen und privaten Dinge zu ordnen, Schulden zu bezahlen, die Familie (auch für den Fall des Todes) zu versorgen und ein Testament zu hinterlegen. Nach bewiesener Erledigung dieser Pflichten bekam er neben dem Pilger-Segen der Kirche, noch einen schriftlichen Pilgerpass und Ausweis.

Marcus hat zu alledem nichts gesagt. Ich denke mir, er hat sich seinen Teil über die neuen, seltsamen Wege seines plötzlich „spinnerten" Vaters gedacht.

Das geht mir plötzlich viel zu schnell
Auf der Bank, im Zugabteil mir gegenüber, steht mein mit Kleidungsstücken für alle Wetter-Fälle, Medikamenten, Sanitär- und Waschzeug usw. gefüllter Rucksack, mit dem Schlafsack und der Isomatte obenauf, die Trekkingschuhe daran gehängt, Brotzeitbeutel, zwei Wanderstecken, Geldtasche und Wasserflasche.

Nun wo ich hier im Zug sitze, geht es mir nach all den vielen spannenden und freudigen Vorbereitungen plötzlich nicht mehr gut. Das geht mir plötzlich alles viel zu schnell, denke ich mir. Und mit jeder Minute wo sich der Zug bewegt, entferne ich mich Kilometer um Kilometer weiter weg von daheim, entferne mich von allem Gewohnten. Ich reise ins Ungewisse.

Es melden sich Zweifel. Ich frage mich, ob dieser Schritt richtig, nicht zu gewagt und zu groß für mich ist. Ich frage mich, was eigentlich in mich gefahren ist, 6 Wochen auf eine Pilgerwallfahrt von über 800 Kilometer zu gehen, noch dazu allein in einem fremden Land, mit nicht sonderlich guten spanischen Sprachkenntnissen. Irgendwie spüre ich plötzlich Angst vor meiner eigenen Zivilcourage... und ich spiele mit dem Gedanken, in Rosenheim wieder auszusteigen und zurückzufahren. Aber wäre das richtig?

Nein, mein „Über - Ich" findet es ist nicht richtig und ich erkenne, hier meldet sich plötzlich ein Muster aus meiner Kindheit wieder: Wenn Ängste in meiner Kindheit zu stark wurden, habe ich versucht, dem Unbekannten, Unangenehmen oder Bedrohlichen usw. auszuweichen. Aber mein „Über - Ich" ruft mich zur Ordnung. Ich sage mir selbst, dass ich nun ausführen werde, was ich mir vorgenommen habe. Also bleibe ich bei der nächsten Station sitzen und fahre weiter. Allerdings ein unguter Druck in meinem „Bauch" bleibt bestehen.

Loslassen, wie macht man das?
Und der Zug fährt einfach weiter. Er bringt mich immer weiter weg von daheim, von Haus, Garten, Praxis, Patienten, Therapiegruppen, meinen psychologischen Märchenabenden, die ich sehr liebe und die ich sonst genau in den Sommerferien immer abhalte, usw. Und von meiner ehemaligen Lebenspartnerin, mit der ich fast 14 Jahre zusammen war, die zum eigentlichen Auslöser für diese Pilgerwallfahrt wurde.
Sie hat nämlich nach dem letzten Urlaub unsere Partnerschaft beendet. Zugegeben: Irgendwie hat es schon lange bei uns „gekriselt", aber damit habe ich nicht gerechnet. Sie sagte mir frei heraus, dass in ihr keine Liebe

mehr für mich da sei und für sie der Kreis geschlossen wäre. Sie möchte nicht mehr mit mir zusammen und wieder frei sein und ihr Leben alleine leben. Aus/ Ende!

Ich fragte mich, ob ich ihr - nach 14 Jahren Partnerschaft - zu langweilig geworden bin, denn sie betont ausdrücklich: sie brauche jetzt Musik und Tanzen, Tanzen, Tanzen.
Ich dachte mir, ja, das mag wohl so sein. Ich bin für sie jetzt einfach das Alte, das Fass, das ausgeschöpft ist, das Gewohnte, das Bekannte, der Lebenseintopf, sicher oft ohne viele Höhen und Tiefen, auch aufgrund unseres Lebens-Alltags von zwei getrennten Praxen mit vielen Patienten, voller Pflichten, so wie im richtigen Leben... Und ich denke mir, ja, sie hat aus ihrer Sicht sicher recht. Ich muss sie nun wirklich loslassen.
Nur wie macht man das? Loslassen, wenn die eigenen Gefühle noch völlig dagegen sprechen? Ihre Gefühle, sind für mich anscheinend schon lange tot, aber meine Gefühle für sie sind immer noch sehr lebendig.

Für mich begann nun eine ungute Zeit, mit einem auf und ab meiner Gefühle, immer wieder hin und her gerissen zwischen Hoffnung, Depression, Trauer und Akzeptanz.
Erst hoffte ich, das sei nur eine vorübergehende Krise von ihr, denn sie war in der letzten Zeit auch ständig überarbeitet. Ich habe natürlich, wie bei meinen Patienten, erst einmal mit Verständnis reagiert und auf Änderung gehofft. Aber nun, nach fast einem Jahr muss ich einsehen, es gibt diese Hoffnung nicht mehr, denn in ihrem Leben gibt es anscheinend eine neue Liebe.

Das immer deutlichere Wahrnehmen dieser Endgültigkeit, das Grübeln und gleichzeitige Hoffen auf Erwachen wie aus einem Alptraum...und nun das alles loszulassen, das war nicht leicht und tat einfach weh.
Ich fühlte mich in dieser Situation wie der kleine Carlo von damals..., welcher als ungewolltes Kind von der Mutter alleingelassen und abgelehnt wurde..., ein Gefühl eigentlich eines Therapeuten nicht würdig. Eigentlich! Aber ich bin auch nur ein Mensch und ich möchte „echt" sein dürfen. Meine Seele zeigt eben auf dem Hintergrund dieser kindlichen Erfahrungen in der jetzigen Wiederholung, noch ihren „alten" Schmerz.

Jakobsweg: Zeit der intensiven Vorbereitungen
Eine liebe Freundin gab mir dann symbolisch gesprochen einen Tritt, indem sie mir das sagte, was ich in einem solchen Fall auch jedem meiner Patienten gesagt hätte: *„Trauerarbeit hin, Trauerarbeit her..., ein Jahr lang herumsitzen, Trübsal blasen, grübeln, warten auf ein Wunder, allein sein und leben zwischen unerfüllter Hoffnung, Leid und Trauer, so geht das doch nicht weiter."* Sie meinte, ich sollte endlich wieder die „Fenster von meinem Leben aufmachen", viel Licht, Luft und Freude hineinlassen, z.B. eine Schiffsreise machen, neue Leute kennen lernen, mal wieder nach anderen Frauen schauen, alles nach dem Motto: *„Andere Mütter haben auch schöne Töchter!"*
Ich schüttelte den Kopf, denn plötzlich war ein anderer Impuls in mir: *„Nein"* sagte ich, *„Ich möchte jetzt keine Schiffsreise machen. Ich möchte den Jakobsweg nach Santiago de Compostela in Spanien gehen, der schon sehr lange auf meinem*

inneren Wunschzettel steht" ..... Und mit dieser Sekunde war mir klar... genau das ist es, das mache ich!

Seit diesem Entschluss, ging es mir fast schlagartig besser. Ich hatte ein neues Ziel und die Fenster meines Lebens geöffnet. Schon am gleichen Abend begann ich mit den Vorbereitungen und im Internet nach Informationen zu suchen. Die unerwartete Fülle zum Thema „Jakobsweg", die ich fand, war im ersten Moment geradezu erschlagend. Ich bestellte mir Informationen über den Jakobsweg, einige Bücher, Wanderkarten und Wanderführer, und so begann ich mich eifrig durch viel Lesen vorzubereiten.

Die Credencial
Ich bestellte mir bei einem deutschen Jakobsverein schon einmal vorab meinen Pilgerpass, die sogenannten Credencial für 5 €, was – so bemerkte ich am Jakobsweg - es aber nicht gebraucht hätte. Diese Credencial bekommt man vor Ort in jeder Pilgerherberge, oft sogar gratis.
Diese Credencial ist eine Besonderheit und entspricht einer uralten Tradition:
In dieser Credencial wird mit Stempel und Unterschrift durch die aufgesuchte Herberge, Kirchengemeinde usw. bestätigt, wann und wo sich der Pilger aufgehalten hat. So ist der gesamte Weg des Pilgers nachweisbar.
Das war insbesondere in der mittelalterlichen Gerichtsbarkeit wichtig. Ein „Täter" konnte mit dem Pilgerweg nach Santiago seine Strafe erlassen bekommen. Allerdings musste er dazu seine Pilgerschaft (die oft 3-6 Jahre dauerte) mit der Credencial nachweisen.

Am Ende seiner Pilgerreise kann der heutige Pilger mit dem Nachweis der Stempel in seiner Credencial im Pilgerbüro in Santiago „**Die Compostela**" bekommen, die mittelalterliche Pilgerurkunde als Nachweis für die Pilgerschaft nach Santiago.

Ich informierte mich in mehreren Sportgeschäften, kaufte mir dann einen Schlafsack, Isomatte, Spezialstrümpfe, Funktionsunterwäsche, Taschenlampe, brachte meine Trekkingschuhe zum Schuhmacher, besorgte noch neue Einlagen und alles musste ausprobiert werden.
Ich begann als Training, nun täglich einen Rundweg von ca. 10 Kilometer zu gehen, erst sehr beschwerlich, dann mit immer größerer Freude. Viele zusätzliche Kleinigkeiten galt es noch zu besorgen. Ein weiteres Problem war es, die Praxis für sechs Wochen Leerlauf zu organisieren... und 1000 weitere Gedanken gingen mir ständig durch den Kopf.

Mit der Bahn zum Jakobsweg
Und je intensiver ich mich mit den Vorbereitungen zum Jakobsweg beschäftigte, desto mehr traten meine grauen Gedanken in den Hintergrund und spannende Vorfreude war in mir. Ob das ein „Zufall" war?
Also terminierte ich den Beginn meiner Pilgerreise auf Mitte Juli, leider genau in die Sommerferien Juli und August. Das ist eine Zeit, vor der in den Erfahrungsberichten anderer Pilger immer wieder aufgrund der großen Hitze und wegen Überfüllung des Jakobsweges und der Pilgerherbergen aufgrund der Schulferien, und durch Touristen, Wanderer, Fahrradgruppen usw. gewarnt wird. Aber es geht vom Praxisablauf einfach nicht anders.

Eine weitere Frage war: wie komme ich zum Jakobsweg? Wo soll ich beginnen... und ich entscheide mich für die klassische Route, den französischen Weg, der in St. Jean Pied de Port beginnt.
Viele Male spielte ich im Internet die verschiedenen Fahrverbindungen von Flugzeug, Bus, und / oder Bahn und die dazugehörigen Fahrpläne durch, bis ich mich für den Zug entscheide und mir zwei Wochen vor meinem Abreisetermin am Bahnhof Traunstein die Fahrkarten besorgte. Ich hatte großes Glück, dass ich noch Platzkarten bekommen habe, denn die Züge waren schon ziemlich ausgebucht.
Nachdem mir all diese Dinge durch den Kopf gegangen sind, fuhr der Zug gerade in München ein, wo ich in den Nachtzug-Liegewagen nach Paris umsteigen musste. Als ich den mir endlos scheinenden Bahnsteig entlang ging, bemerkte ich, wie ungewohnt stark so ein vollgepackter Rucksack auf dem Rücken drücken kann. Die Fahrt im Nachtzug war ganz annehmbar. Aber der Fußweg durch Paris, bis zum Bahnhof Montparnasse, war für mich eine reine Katastrophe.

Gleich am Bahnhof schickte mich ein Taxifahrer, den ich nach dem Weg fragte, wahrscheinlich aufgrund meiner besonders „guten" Französischkenntnisse, voll in die falsche Richtung. Nach mehrfachem Fragen wurde ein junges russisches Paar zu meinem Schutzengel, weil es mir einen Stadtplan von Paris in russischer Sprache schenkte.
So ging ich gepäckbeladen und schwitzend durch die schrecklich verkehrsreiche Stadt, bis ich nach gut zwei Stunden Fußmarsch, endlich durchgeschwitzt am anderen

Bahnhof ankam und nun auf den nächsten Zug nach Bayonne warten musste.
Dort angekommen, erreichte ich noch in allerletzter Sekunde die Lokalbahn nach St. Jean Pied de Port, wo ich dann am späten Nachmittag ankam.

All diese Dinge gingen mir nun wieder durch den Kopf, als ich die erste Nacht als Pilger in der Herberge hier in Huntto im Bett, besser gesagt auf dem Bett und das erste Mal in meinem neuen Schlafsack lag und vor Aufregung vor dem Ungewissen schwitzte.

Mir gegenüber im Bett lag ein Mann aus Irland, mit dem ich mich mit meinen ziemlich verschütteten, d.h. lang nicht mehr gebrauchten Englischkenntnissen, die noch von der Schule übriggeblieben sind, so halbwegs unterhalten konnte.

Weil mir alles Mögliche durch den Kopf gegangen ist, habe ich nicht besonders gut geschlafen.

3. Tag: Huntto (Frankreich) - Roncesvalles (Spanien)

Die Herausforderung

*„Wenn es einen Glauben gibt, der Berge versetzen kann,
dann ist es der Glaube an die eigene Kraft"*

Früh, pünktlich um 5.00 Uhr, klingelte von meinem Bettnachbarn der Handywecker. Wecker? An so etwas habe ich gar nicht gedacht. Ja wozu braucht man denn hier einen Wecker? Mich traf fast der Schlag, denn ich fühlte mich noch von gestern wie gerädert. Ich hatte natürlich nicht so früh mit Aufstehen gerechnet. So stand auch ich knurrend auf. Ich packte meinen Rucksack, immer mit einem Seitenblick auf meinen Nachbarn. Ich verstand genau:
„Sei achtsam, denn nichts darf vergessen werden."

Mein irischer Nachbar war nämlich schon ein echter „Pilgerprofi". Er erzählte mir, dass er den Jakobsweg nun schon seit drei Jahren gehe, immer in Etappen von 14 Tagen (ebenso machen es viele andere, mit denen ich später redete).
Von ihm sah ich auch das sorgfältige Einkremen der gesamten Füße z.B. mit Vaseline oder Hirschtalg, die Kontrolle der Funktionssocken auf evtl. Falten, aber auch die Kontrolle der Trekkingschuhe auf kleinste Steinchen um Reibung und damit schmerzhafte Blasen zu vermeiden. Danach hieß es die Trekkingschuhe anziehen, den Rucksack mit ca. 10 kg auf den Rücken, Wanderstöcke in die Hand, Brotzeitbeutel um... und ab ging es die nächsten

22 Kilometer quer durch die Pyrenäen von Frankreich nach Spanien.
Im Freien war es noch dunkel, kalt, ungemütlich und unheimlich still. Außerdem nieselte es leicht. Nebelschwaden wallten und mich fröstelte. Die Straße, die Wege, die Wiesen… alles war tropfnass. Mühsam war auch im Dunkeln die Suche mit der Taschenlampe nach den Markierungen. Es ging steil bergauf. Während ich langsam und vorsichtig Schritt vor Schritt auf dem rutschigen Weg setzte, dachte ich während des Gehens an gestern:

Der 1. Pilgerstempel
Gestern, als ich mit der Bahn in St. Jean Pied de Port ankam, suchte ich als erstes das Pilgerbüro auf, das völlig überfüllt war. Nach einigem Warten, hatte eine freundliche französische Betreuerin für mich Zeit, mit der ich mich gut auf Spanisch unterhalten konnte. Ich bekam von ihr erst Erklärungen zum Weg durch die Berge und danach meinen ersten Pilgerstempel in meine Credencial gestempelt. Diesen setzte sie liebevoll in die Mitte und knallte ihn nicht so lieblos hinein, wie ich es später oft erlebte, wofür ich ihr sehr dankbar war. Meine wunderschöne Jakobsmuschel bekam ich von ihr gegen eine Spende „geschenkt".
Ich war voller Freude. Ich habe mir dann als Kennzeichen meiner Pilgerschaft, die Jakobsmuschel um den Hals gehängt, und ich trug sie voll Stolz auf meiner Brust. Heute liegt sie direkt vor mir auf meinem Schreibtisch, ist Kraftquelle für mich und liebe Erinnerung.
Die meisten Pilger befestigen sie hinten am Rucksack, was für mich so nicht stimmig ist. Jeder durfte sehen, dass ich

Pilger bin, als ich durch die Altstadt dieses wichtigen Pilgerstädtchens ging. Da es schon spät war und das Wetter nach Regen aussah, nahm ich mir (heute leider) keine Zeit für die Besichtigungen der alten, schönen Stadt und seiner Sehens- und Liebenswürdigkeiten. Ich ging sofort los, die ersten sechs Kilometer = 300 Höhenmeter bis nach Hutton.

Vom Geheimnis der Jakobsmuschel
Beim Gehen fällt mir ein, das ich auf Bildern gesehen habe, dass Pilger früher an der Krempe ihres Hutes kleine Muscheln angehängt haben, bzw. große Muscheln an ihren Umhängen befestigten. Viele wurden auch, als Zeichen ihrer Pilgerschaft zum Grab des Hl. Jakobus, mit ihrer Jakobsmuschel um den Hals begraben.
Es ist belegt, dass z.B. in Skandinavien 123 dieser Jakobsmuscheln in Grabfunden an 37 verschiedenen Stellen ausgegraben wurden, in Südschweden allein 39. Auf diesem Hintergrund konnte bewiesen werden, dass und woher über die Jahrhunderte die Pilgerschaft nach Santiago praktiziert wurde.

Ca. seit Anfang des 12. Jahrhunderts (belegt), ist die Jakobsmuschel das Zeichen der Pilgerschaft zum Grabmal des Hl. Jakob nach Santiago. Da historisch der Zusammenhang nicht belegbar ist, erzählen verschiedenlautende Legenden, (hier eine Version davon): Nachdem der Apostel Jakobus der Ältere, der Lieblingsjünger Jesu, Teile der iberischen Halbinsel missioniert hatte, erlitt er bei seiner Rückkehr nach Jerusalem im Jahr 44 n. Chr. den Märtyrertod durch König

Herodes. Sein Leichnam soll nach Galicien zurück überführt worden sein, wo er einst gepredigt hatte.

Ein junger Adliger, so erzählt die Legende weiter, soll dem Schiff entgegen geritten sein, welches den Leichnam des Apostels nach Galicien brachte. Dieser kam dabei beinahe in den Fluten um. Der Hl. Jakobus, in Spanien „**Santiago**" genannt, half ihm zurück ans rettende Ufer. Als er nach dieser Rettung aus den Fluten wieder aufstieg, war er voll mit Muscheln bedeckt. Seither ist die Jakobsmuschel das Symbol des Santiago und für den Einzelnen Pilger sein persönliches (mehr oder weniger heiliges) Symbol seiner ganz privaten Pilgerschaft.

„ Wirkliche Pilger" tragen einen besonderen Segen
Auf der halben Strecke nach Huntto machte ich plötzlich, aufgrund der Jakobsmuschel auf meiner Brust, eine völlig neue und unerwartete Erfahrung, wie man diese wohl nur auf dem Jakobsweg machen kann:

Mir kam eine junge Familie mit drei kleinen Kindern entgegen, die Mutter ging vorweg. Die junge Frau lächelte mir entgegen und sprach mich erst auf Französisch an, was ich kaum beherrsche und wir einigten uns darauf spanisch zu sprechen, welche – wie sie mir erzählte – auch ihre Muttersprache sei.

Sie fragte mich, ob ich Pilger sei und ob ich nach Santiago gehe? Als ich bejahte rief sie eilig ihren Mann und die Kinder herbei, deutete auf die Jakobsmuschel auf meiner Brust und erzählte den Kindern, ich sei Pilger und gehe nun ganz weit zu Fuß zum Grab des Santiago nach Compostela. Sie gab den Kindern, die mich mit ihren großen dunklen Augen neugierig anschauten, noch eine Reihe von weiteren

Erklärungen. Dann erzählte sie mir: Sie stamme aus Pamplona. Sie habe dort viele getroffen, die den Jakobsweg gegangen sind, aber wenige davon waren ihrer Meinung nach echte Pilger. (Diese Diskussion, wer bist Du: Pilger, Wanderer oder Tourist? Und was tust Du hier, habe ich während des gesamten Jakobsweges oft gehört).
„Die wenigen „wirklichen Pilger" spüre man sofort", sagte sie. *„Das seien besondere Menschen"*, so erklärte sie ihren Kindern. Weil sie auf dem Weg zu Santiago, also zu Gott seien, tragen sie einen besonderen Segen mit sich. Plötzlich nahm sie ihre Kinder und kniete sich vor mir nieder, bat mich für sich und die Kinder um meinen Pilgersegen.

Ich war erst völlig fassungslos. Dann gerührt... und neben Tränen in meinen Augen, schossen mir auch alle möglichen Gedanken durch den Kopf, wie: *„Kannst Du das denn, darfst Du das überhaupt?"* Schließlich erinnerte ich mich an meine Ministranten - Zeit und an meinen brennenden Wunsch aus meiner Kindheit einmal Geistlicher zu werden. Mir fiel dazu der Ausspruch eines alten Pfarrers ein, der immer sagte: *„Segnen kann jeder. Die Welt krankt genau daran, weil die Menschen verlernt haben zu segnen, Eltern ihre Kinder nicht mehr segnen, z.B. vorm Schlafengehen, beim Verlassen des Hausen, das Haus selbst, die Zimmer, die Arbeit usw."*
Also legte ich meine linke Hand auf jeden Kopf und segnete mit meiner rechten Hand jeden einzelnen dieser lieben Menschen, die vor mir(!) auf der schmutzigen Asphaltstraße knieten und meinen Pilgersegen mit tiefer Andacht entgegennahmen. Danach verabschiedeten wir uns mit einem Kuss rechts und links auf die Wange, wie wenn wir

ganz enge Freunde / Verwandte oder viel mehr wären, gingen auseinander und winkten uns noch eine ganze Zeit.

„Wirkliche Pilger sind Menschen mit besonderem Segen", hat sie gesagt, und ich war innerlich so aufgewühlt, dass mir Tränen in den Augen standen. Ich werde diese Begegnung nie vergessen. Ich nehme für mich als Erfahrung mit, viel mehr die Menschen um mich herum, bewusst, direkt oder in der Stille zu segnen, ebenso viele meiner Patienten.
„Lieber Gott, ich danke Dir. Was lässt Du mich hier am Jakobsweg für tiefe spirituelle Erfahrungen machen. Wo sonst, als hier auf diesem Jakobsweg, hätte ich das erleben dürfen?"
Diese Begegnung von gestern fällt mir nun wieder ein, während ich durch die noch dunkle Nacht den steilen und nassen Wiesenpfad empor steige.

Im Nebel bergauf
Zu meinem Leidwesen geht es immer weiter steil bergauf, noch einmal ca. 1000 m, bis auf über 1500 m. Ich spürte von gestern einen zünftigen Muskelkater in den Oberschenkeln, die Hüftgelenke tun mir bei jedem Schritt weh, und ich schwitzte schon wieder. *„Na ja, ich bin eben ein untrainierter Schreibtischtäter ohne Kondition",* denke ich, obwohl ich in den letzten Wochen jeden Tag 10 Kilometer stramm gegangen bin.
Es sind nur wenige Leute unterwegs. Die Landschaft ist wie ausgestorben. Soweit ich bei diesem Nebel sehen kann, erinnert sie mich an Südtiroler Hochalpenlandschaft. Der Nebel tröpfelt leise vor sich hin. Hoffentlich regnet es nicht.

Meine Funktionsunterwäsche bewährt sich prächtig, außen nass, innen trocken, toll. Normale T-Shirts hätten mir schon lange am Körper geklebt.

Es geht weiter, immer weiter bergauf. Ich denke mir, wenn ich hier umfalle, findet mich 10 Tage lang kein Mensch, so einsam und still ist es hier. Vielleicht gibt es hier sogar Wölfe. Das gruselt! Nur das Tack, Tack, Tack meiner Wanderstöcke unterbricht die Ruhe. Ich wundere mich, dass mein Körper diese Anstrengung überhaupt noch mitmacht, dass ich überhaupt noch Luft bekomme.
Langsam wird es zwar hell, aber der Nebel ist nun so dicht, dass ich oft keine 3 m Sicht habe. Mich drücken der ungewohnte schwere Rucksack und die Wasserflasche. Ich wundere mich, dass ich noch keinen Hunger habe. Es ist inzwischen fast 9.00 Uhr und ich habe nicht einmal Durst. Was hat mein Körper nur für unbekannte Reserven? Ich bin wirklich dankbar dafür!
Ich berühre immer wieder einmal meine Jakobsmuschel und spüre: Gott meint es gut mit mir. Er gibt mir für diesen Pilgerweg die Kraft, die ich insbesondere jetzt gerade brauche. Ich sage „Danke" – und ich habe in dieser Stille den Eindruck: ER versteht mich.

Es ist geradezu unheimlich
Nun ist es 9.30 Uhr. Es ist so neblig, dass ich aufpassen muss, die Markierungen nicht zu übersehen, rot/weiße Striche, oder auf blauem Grund, die gelbe Jakobsmuschel. Ganz in der Nähe läuten viele Glocken von Schafen, aber ich sehe sie in diesem dichten Nebel nicht. Es ist geradezu unheimlich.

Höher geht es, immer höher, nun aber auf einer Asphaltstraße. An einem MariendenKilometeral treffe ich einen jungen Österreicher, der mich vorher im Eilzugtempo überholt hat. Na ja, anscheinend bin ich doch ein langsamer Oldie. Für andere scheint dieser Aufstieg ja ein Spaziergang zu sein. So sagte mir ein Herr aus Salzburg mit dem ich wegen des Jakobswegs telefonierte: *„Für uns Bergler is des a Katzensprung!"* ...und ich denke mir jetzt während ich schwitze: *„Aba für mi ganz g`wiss net!"*

Weiter geht es bergauf. Ich möchte mich jetzt einfach einmal hinsetzen, ausruhen, eine Pause machen. Aber das ist geradezu unmöglich. Denn wenn ich stehen bleibe, beginne ich sofort zu frieren. Irgendwann muss ich doch endlich oben sein und die 1500 m erreicht haben?
Dann endlich: an der rechten Seite die Markierung, auf die ich vom Pilgerbüro hingewiesen worden bin, diese ja nicht zu übersehen: Ein großer Steinhaufen und daraufhin der Abzweig von der Straße nach rechts. Ich hoffe, dass ich nun endlich oben angekommen bin, denn dann geht es weiter zum Kloster Roncesvalles und somit endlich wieder bergab. Aber weit gefehlt!

Am Pilgergrab
Am Wegrand komme ich an einem Grabmal eines auf diesem Pilgerweg gestorbenen Pilgers vorbei, welches von vorbeikommenden Pilgern mit Wiesenblumen, Steinen, Rosenkränzen, selbstgebastelten Kreuzen usw. geschmückt ist. Ich bleibe stehen und spreche ein Gebet für diesen Pilger. Ich denke mir, spirituell gesehen, hat dieser Pilger hier bestimmt das große Los gezogen. So viele

Gebete und Segenswünsche wie hier von Pilgerbrüdern und - Schwestern, bekäme er wohl nie auf seinem einheimischen Friedhof.
Ich versuche daraufhin in dieser Richtung mit Petrus Kontakt aufzunehmen. Aber auf diesem Ohr ist er für mich anscheinend völlig taub. Er braucht anscheinend im Moment keinen Engel mit Therapieerfahrung. So gehe ich also weiter.

Die Herausforderung
Ach du meine Güte: Jetzt geht es erst recht bergauf, nur jetzt auch noch über nasse und rutschige Wiesen. Ich schnaufe und schwitze. Meine Beinmuskeln beginnen zu schmerzen und zu zittern und ich bemerke: meine Trittsicherheit und meine Kraft lassen immer mehr nach. Auch die Schultern schmerzen schrecklich von dem schweren Rucksack. Ich spüre: ich habe keine Kraft mehr. Ich bin ausgebrannt, wirklich am Ende!
Aber der Wunsch in mir ist sehr stark: ich möchte nach Santiago. Ich berühre nun immer wieder meine Jakobsmuschel und bitte Gott, mir doch die Kraft zu geben. Ja, ich weiß, ich kann kaum mehr, aber andererseits empfinde ich diesen Weg nun auch als Herausforderung.
Mir fällt der Spruch von Marie von Ebner - Eschenbach ein:

„Wenn es einen Glauben gibt,
der Berge versetzen kann,
dann ist es der Glaube an die eigene Kraft."

Ich gehe nun wie ein Automat in diesem Nebel vor mich hin, stolpere öfter und langsam wird der Weg eben. Ich kann es im ersten Moment noch gar nicht glauben, aber ich bin endlich oben angekommen. Ich habe es wirklich geschafft! Tiefe Freude ist nun in mir. Und plötzlich, hier oben, kommt auch endlich die Sonne durch. Sie verdrängt den Nebel und taucht die Landschaft in ein helles Licht... und ihre Wärme tut sooo gut und trocknet meine Wäsche. Es ist für mich wie eine Belohnung nach dieser Strapaze. Wie gut das auch meiner Seele tut, nach dieser unheimlichen Nebeltour..., aus dem Dunkel ins Licht!
Ich berühre wieder meine Jakobsmuschel, spreche ein Dankgebet dafür, dass ich hier oben gut angekommen bin.

Der Camino, ein riesiger unsichtbarer Pilger- Friedhof
Der Weg führt mich weiter durch einen langgezogenen Wald. Plötzlich entdecke ich inmitten des Waldes an einem Hang etwas erhöht, mehr versteckt als sichtbar, wieder einen Gedenkstein für einen Pilger, der hier auf dem Camino gestorben ist.
Nachdem ich auch ein Gebet für diesen Pilger-Bruder gesprochen habe frage ich mich, auch auf dem Hintergrund meiner soeben durchgemachten strapaziösen Erfahrungen, wie viele von den Hunderttausenden von Pilgern der vergangenen Jahrhunderte mögen es wohl sein, die hier auf diesem Camino durch Krankheit, Erschöpfung, Hunger o.ä. gestorben sind.
Auch waren in früheren Jahrhunderten Pilger (weil ohne Waffen) billige Opfer von Räubern, denn Pilger mussten ja Geld dabei haben. Wenn ich nun so genau darüber nachdenke komme ich zu dem Ergebnis: So gesehen

müsste der gesamte Camino, rechts und links des Weges, ein riesiger unsichtbarer Friedhof sein, voll mit all den unsichtbaren Gräbern der verstorbenen Pilger - quer durch die Jahrhunderte.

Und was ist mit den vielen (unglücklichen) Seelen all dieser Pilger, die ja mit großer Hoffnung aufgebrochen sind? Wo sind sie? Wachen diese hier über den Jakobsweg und über die wandernden Pilger, als spirituelle Helfer, Schutzengel oder so ähnlich?

Was könnte dieser Camino hier an Lebensschicksalen und Leid erzählen, die er in einem Jahrtausend erlebt hat. Ich gehe nun sehr nachdenklich weiter, denn so habe ich den Camino bisher noch nie betrachtet.

Krieg und Frieden auf einem Weg
Auf einer schönen Lichtung, inmitten der nun warmen Sonne, setze ich mich endlich auf einen Stein, ruhe mich aus. Jetzt bekomme ich Appetit auf Essen und Trinken. Nach dieser Anstrengung, wo mein Körper nun wieder zur Ruhe kommt, holt er sich wieder was er braucht. Beim Essen fällt mir ein, was ich gelesen habe:
Über diesen Weg hier sollen früher die französischen Truppen beim Überfall auf das spanische Baskenland gezogen sein. Ich male mir die Strapazen für die Menschen, aber noch viel mehr für die Pferde, Esel usw. aus, welche Kanonen, Munition usw. über diesen Bergpass ziehen mussten.
Aber gleichzeitig ist dieser Weg auch der berühmte Pilgerpfad nach Santiago, den seit fast 1000 Jahren

Hunderttausende von Pilgern in christlicher Mission, um „Sünden abzubüßen", Gelübde zu erfüllen usw. gegangen sind. Welch ein Widerspruch! Krieg und Frieden auf einem Weg.

Wie Yin und Yang
Aber, so denke ich, die göttliche Schöpfung besteht nun einmal aus dieser Polarität von Yin und Yang. Und da Gott der Inbegriff der Einheit ist, so ist er nicht nur Liebe wie ihn die Kirche immer hinstellt, sondern nach dem Gesetz der Polarität auch gleichzeitig Leid = Yin und Yang. Und Gott lässt uns Menschen die Freiheit über Liebe oder Leid, Krieg oder Frieden selbst zu entscheiden... denn er denkt sich sicher:
Jedes meiner Geschöpfe kennt die 10 Gebote und darin steht deutlich: Du sollst nicht töten. Du sollst nicht stehlen! Du sollst nicht Unkeuschheit treiben, nicht Begehren Deines nächsten Weibes, Hab und Gut...usw. Aber wir Menschen! Wenn ich die täglichen Welt - Nachrichten, auch mir die Leidensgeschichten und seelischen Probleme meiner Patienten oft so anhöre, dann habe ich oft den zwingenden Eindruck: Wir Menschen haben seit Kain und Abel bis heute nicht viel dazugelernt.
Andererseits lehrt uns die Esoterik: Leid ist aber auch Lehre. Stimmt. Ich bin in all den Therapien noch nie einem Menschen begegnet, der freiwillig viel dazugelernt hätte, insbesondere, solange es ihm gut geht. Doch etwas schon: Wie man z.B. das Finanzamt umgeht, noch mehr Geld anhäuft, oder so ähnlich...Und so gibt es eben auf dieser Welt ohne Leid kein Lernen, das ist nun einmal so.

Womit ich bei der Frage nach dem Leid allerdings wieder bei mir selbst angekommen wäre. Ich frage mich erneut, warum ich mich verschwitzt, fast am Ende meiner Kraft, auf diesem Jakobsweg hier entlang quäle. Was suche ich eigentlich hier, 2000 Kilometer weg von daheim? Ich stelle mir diese Frage nun etwas differenzierter:
Was soll ICH denn hier lernen? ... oder gehört all das bisher Erlebte schon zum neuen Lernstoff dazu, und ich habe es noch gar nicht richtig bemerkt? Ich finde darauf keine Antwort, denn mein Körper und die ungewohnten Umstände brauchen im Moment all meine Aufmerksamkeit.

Fahrradpilger
Ein Radfahrer, mit schwer Gepäck beladenem Mountainbike, fährt schnaufend an mir vorbei und begrüßt mich mit einem „Hola", (Hallo!) und dem alten spanischen Pilgergruß: *„Buen Camino"*, was so viel heißt wie „Guten Weg - nach Santiago". Toll! Endlich ein Spanier, denke ich und freundlich ist er auch noch. Die Leiterin des Refugiums in Huntto, war äußerst unfreundlich und abweisend zu mir. Sie als (stolze) Französin, wollte mich Deutschen, trotz mehrfacher Versuche von mir in deutscher, englischer, italienischer, auch spanischer Sprache einfach nicht verstehen (wie bei so manchen Franzosen häufig erlebbar, wenn man als Deutscher – und damit ehemaliger „Erbfeind" - nicht perfekt französisch spricht!).
Kopfschüttelnd fragte ich mich mehrfach, in welchem Jahrhundert wir hier eigentlich leben. Und ich dachte mir: man sollte sie einfach segnen... und ich bemerkte, was das in dieser ablehnenden Situation für Kraft kostet. Das Abkassieren der Schlafgebühr klappte allerdings prima.

Dieser Radfahrer – schick in buntem Sportdress und Helm – erzählt mir, er habe viel zu viel Gepäck hinten aufgeladen, da zieht es das Rad auf den Bergstraßen vorn hoch. Er möchte auch nach Santiago sagte er, als „Fahrradpilger." Fahrradpilger? Für mich ist das ein seltsamer Begriff unserer Neuzeit, an den ich mich wohl erst noch gewöhnen muss. Vielleicht bin ich auch irgendwie in den Gedanken des Mittelalters stehen geblieben, denn dort gingen die Pilger immer zu Fuß, viele sogar barfuß, manche legten sich auch noch Erbsen in ihre Schuhe. Nun, so bitte auch wieder nicht.
Ich glaube nicht, dass ich hier Todsünden abbüßen muss. Aber meine Vorstellungen vom Pilgern war bisher immer noch die, dass der Pilger zu Fuß geht.

Santiago: 776 Kilometer
Ich gehe nun langsam weiter. Trotz der kurzen Rast fällt mir das Weitergehen schwer, denn zusätzlich brennt nun auch die Sonne immer stärker herunter. Plötzlich stehe ich vor einem großen Brunnen, auf dem eingraviert steht: Santiago 776 Kilometer. *„Du Lieber Gott, "* denke ich mir nach all der Strapaze, *„das gibt mir Hoffnung für die Zukunft."* Aber ich bin mir sicher: *„Wenn Gott möchte, das ich diesen Weg hier gehen soll, dann wird er mir auch die Kraft dazu geben."*

Ich berühre wieder einmal meine Muschel und schleppe mich nun müde und stolpernd in der heißen Mittagssonne immer weiter bergauf. Ich bewundere dabei die wunderschöne Berglandschaft, so wie ich sie auch bei uns daheim liebe.

Endlich, endlich nach einer Kurve, sehe ich ganz weit unten im Tal das Kloster von Roncesvalles liegen, meine dritte Pilgerstation auf dem Jakobsweg und die erste Station / Herberge in Spanien.

Dieses Kloster ist sehr alt und berühmt. Es war schon in früheren Zeiten, für all die Pilger welche die schneereichen, kalten und wetterunsicheren Pyrenäen überquert hatten, die erste Herberge auf spanischem Gebiet, war Kloster, Herberge und Hospital in einem. Wie verstehe ich jeden Pilger, der nach diesem anstrengenden Berggang, Freude beim Anblick dieses Klosters empfand, so wie ich nun selbst. Ich setze mich zum Ausruhen auf einen Stein und schaue von hier oben ins Tal, denn nun habe ich Zeit, viel Zeit, denn es geht nun nicht mehr bergauf. Mein Ziel liegt zwar noch weit entfernt, ganz klein - tief unten im Tal, aber doch schon sichtbar vor mir.

Die Landschaft ist atemberaubend schön. Ein weitläufiges bewaldetes, liebliches Tal und darin liegt der Klosterbau. Hier oben, um mich herum, ist eine himmlische Ruhe, die ich aus ganzem Herzen, wie eine Belohnung für die vorhergehende Mühe, genieße. Wie gut das meinem Körper und meiner Seele tut, nach diesem anstrengenden Aufstieg. Ich berühre wieder einmal meine Jakobsmuschel und spreche ein Dankgebet dafür, dass ich hier oben gut angekommen bin.

Nach einiger Zeit der Ruhe und Besinnung, beginne ich den Abstieg. Da ich den Wegweiser auf Spanisch nicht richtig verstehe, nehme ich den falschen Weg und mache so unfreiwillig auch noch einen Umweg von fünf zusätzlichen Kilometer, also im Ganzen ca. 30 Kilometer, noch dazu über einen Berg und das alles in 8 Stunden. Eine stolze Leistung für einen ungeübten Schreibtischtäter.

Im Pilgerbüro: Diese Nichtachtung ärgert mich gewaltig
Endlich bin ich im Kloster angekommen. Hier stören mich nach dieser Ruhe des ganzen Tages die vielen Menschen, die hier unruhig, teilweise auch schreiend herumrennen. Damit habe ich gar nicht gerechnet. (Später erfahre ich, dass das Kloster Roncesvalles der Ausgangspunkt für Pilger ist, die sich die anstrengende Überquerung der Pyrenäen ersparen und den Pilgerweg hier in Spanien beginnen wollen. Aber viel mehr ist das Kloster Roncesvalles ein Ausflugs- und Wallfahrtsort. Entsprechend viele Menschen und Besucher sind immer da.
Ein freundlicher Mann zeigt mir das Pilgerbüro. Als ich es betrete, ist dort eine geradezu erschlagende Lautstärke, weil sich die drei jungen Damen - typisch spanisch, also sehr lautstark - unterhalten.
Da ich Pilger, hier in diesem Pilgerbüro anscheinend lästig bin, (ja was will schließlich ein Pilger mit einem Rucksack auf dem Rücken, Jakobsmuschel um den Hals und einen Pilgerpass in der Hand auch im Pilgerbüro?), so nehmen diese drei jungen Damen auch von mir überhaupt keine Notiz, obwohl ich schon eine Zeitlang direkt neben ihnen stehe.

Je länger mich die jungen Damen wie einen dummen Jungen so einfach stehen lassen, desto mehr „kocht" es in mir. Diese Nichtachtung dieser jungen Spanierinnen mir gegenüber, ärgert mich gewaltig.

Genau diese ungezogene Art und Weise, Fremde abweisend zu behandeln, das habe ich hier in Spanien, in den Geschäften und Dienstleistungsbetrieben, von Spanierinnen schon öfter erleben müssen. Übrigens nicht nur ich... worüber meine zu Rücksicht und Höflichkeit erzogene Seele, immer wieder brüskiert ist. Übrigens habe ich ein solches Verhalten bisher NUR von Spanierinnen erlebt. Bei den liebenswürdigen und aufmerksamen Italienern, wäre ein solch brüskierendes Verhalten einfach undenkbar!

Nachdem ich mich nun auch noch mehrfach ergebnislos lautstark mit *„Hola, Buenos Dias"*, bemerkbar gemacht habe, schnalle ich ärgerlich meinen Rucksack ab, der mir beim Warten langsam zu schwer wird und lasse ihn mit den Bergstöcken zusammen auf den Fußboden knallen. Daraufhin bequemt sich endlich eines der Fräulein aufzublicken und mich endlich mit einem Blick der sagt: „Was willst Du denn hier, hau doch ab" gnädigst wahrzunehmen. Sie schiebt mir lästigen Kerl einfach einen Fragebogen über den Tisch, schmeißt noch einen Kugelschreiber hinterher und deutet mir stumm mit dem Finger, wie einem Analphabeten, diesen Bogen auszufüllen, anstatt mit mir zu reden. Nachdem sie nun diese schwere Arbeit mit Hingabe geleistet hat, dreht sie mir schnell wieder den Rücken zu und unterhält sich munter weiter lautstark mit den anderen.

Herberge ohne Fenster?
Einige Zeit, nachdem ich den Fragebogen für Pilger ausgefüllt habe, wendet sie sich wieder einmal mir zu,

nimmt meine Credencial und knallt mir voll Freude an ihrer Tätigkeit lustlos meinen 3. Stempel in den Pilgerpass. Dann redet sie irgendetwas auf mich ein, typisch spanisch sehr schnell, und es interessiert sie überhaupt nicht, ob ich es verstehe. Ich kaufe mir noch für 5,00 € eine Übernachtungsberechtigung für die hiesige Pilgerherberge, die ich wegen Duschen, Umziehen, Toilette usw. sofort aufsuchen möchte. Aber ich kann diese beim besten Willen nicht finden.

Also gehe ich mit dem ganzen Gepäck und Widerwillen noch einmal zurück in das unfreundliche Büro, um noch einmal zu fragen. Da dieses Mal aber nur noch eine Angestellte allein da ist, zeigt sie mir nun freundlicherweise das Gebäude des Refugiums, um das ich schon dreimal herumgegangen bin. Ich konnte es aber nicht als Herberge erkennen, weil keine Fenster darin sind und auch kein Schild angebracht ist. Ich erfahre, dass dieses Gebäude in früheren Jahrhunderten einmal ein Hospital war. Ohne Fenster? Welche Gerüche müssen darin gewesen sein? Ich frage mich, ob die Schwingungen der vielen kranken Menschen, Verstorbenen und leidenden Seelen aus diesem Gebäude, in dem ich diese Nacht schlafen möchte, auch schon draußen sind?

Ich gebe zu, der Camino hält für mich wirklich viele Überraschungen bereit.

Außerdem wird das „Albergue Peregrino", wie die Pilgerherbergen auf Spanisch heißen, erst um 16.00 Uhr geöffnet und da wir in Spanien sind: streng auf die Minute.

Da heißt es nun also warten.

Liebe deinen Nächsten...
Also lege ich mich nach dem anstrengenden Weg, so wie schon einige andere Pilger, vor dem Kloster auf die Wiese, in den Schatten unter einen Baum und schnalle mir mit Erleichterung endlich den schweren Rucksack ab, Trekkingschuhe und Strümpfe aus, ebenso das durchgeschwitzte Hemd. Das tut gut!
Ich hole mir im nahen Restaurant eine Flasche Mineralwasser (1 ½ l) und eine Coca Cola. Denn nachdem nun alle Belastung von mir abfällt bemerke ich, ich bin voll im Unterzucker.
Nach einiger Zeit werden ich und die anderen Pilger von diesem schönen und schattigen Ruheplätzchen verjagt. Ein Geistlicher schimpft vom Weg her lautstark, das Betreten des Rasens sei verboten. Also packe ich (wie die anderen) kopfschüttelnd und widerwillig alles zusammen und setze mich, da es keine andere schattige Möglichkeit mehr gibt, auf eine Bank in die brütende Sonne. Ich frage mich ärgerlich: *„Ich denke ich bin hier in einem Kloster, einem heiligen Ort. Hey, was ist hier eigentlich los, dass ihr so mit den Menschen, noch dazu mit den Pilgern umgeht?"*

Und der Therapeut in mir denkt: Sicher kann ich verstehen, dass ihr vielleicht von den vielen Ausflüglern, Besuchern und Pilgern, die sich hier täglich einfinden, die Nase voll habt. Auch gebe ich gern zu, dass sich bestimmt nicht immer alle Besucher und Pilger wie Heilige benehmen. Aber, Du seltsamer Geistlicher im schwarzen Talar mit dem unguten Ton:

Sagt nicht Dein Chef (Jesus:) Liebe Deinen Nächsten, (wie Dich selbst) und sagt er nicht auch: was Du dem Geringsten meiner Brüder getan, das hast Du mir getan.
Warum verjagst Du uns also, die wir einen 25 Kilometer anstrengenden Weg hinter uns haben, aus dem Schatten in die brütende Sonne. Warum kommst Du nicht her und redest mit uns? Warum zeigst Du uns keinen anderen schattigen Ort? Warum lässt Du es zu, dass ein Pilger im Pilgerbüro so abfällig behandelt wird? Ist das christlich?
Ich frage mich: sollte dieser „alte spanische Geist", der in der Geschichte von Süd- und Mittelamerika und bei der Inquisition im eigenen Land, über Jahrhunderte im Namen des Kreuzes gelebt hat, sollte der etwa heute immer noch unter Euch sein, noch dazu hier im Kloster?
Ich denke mir, anscheinend braucht es bei diesem „Geistlichen" etwas Nachhilfeunterricht in christlicher Nächstenliebe und mitmenschlichem Verhalten!
Plötzlich kommt eine ältere Frau schwitzend und schnaufend mit einem riesigen Rucksack am Rücken und setzt sich neben mich auf die Bank. Wie ich höre, ist sie Italienerin und so plaudern wir auf Italienisch weiter. Das tut gut, nach der eben erlebten Lieblosigkeit, nun mit dieser freundlichen italienischen Pilgerin namens Lisa zu plaudern. Sie kommt aus Mailand, so erzählt sie. Sie sei Lehrerin und sie möchte die Schulferien nun für den Jakobsweg nutzen. Ja, ja sagt sie, sie habe viel zu viel Gepäck, aber das könne man doch alles irgendwie brauchen.
Ich kann trinken, trinken, trinken. Ich bin ein Fass ohne Boden und bald gehe ich und hole mir noch einmal das gleiche, denn die Sonne ist jetzt sehr heiß.

Freiwilliger Dienst für die Pilger
Um 15.30 stehe ich vor dem Refugium. Ich lerne ein Ehepaar aus Holland kennen, die hier freiwilligen Dienst ohne Bezahlung für die Pilger leisten. Ich staune: wie, freiwillig?
Sie sind für die Ordnung, Unterbringung, Organisation, Sanitäranlagen usw. und die gesamten menschlichen Belange der Pilger und Nichtpilger zuständig. Mein Respekt, das nenne ich nun wirklich christlichen Dienst am Nächsten, sie nennen es Gottes – Dienst. Als ich das von diesen beiden Menschen höre, fühle ich mich ganz klein.

Ich höre, dieses Freiwilligensystem sei in vielen Herbergen so. Die Träger der Herbergen am Jakobsweg seien christliche, kommunale oder private Organisationen. Geführt werden die Herbergen aber fast immer durch Freiwillige. Und je nachdem, wie persönlich und liebenswert der Einsatz dieser Freiwilligen ist, so gut ist auch der Ruf der Herberge.
Ich staune und bin dankbar für die liebenswerte Aufnahme durch diese beiden Holländer. ... und das auch „Pilger" mit all ihren menschlichen Bedürfnissen nicht immer bequem sein müssen, sei hier auch einmal gesagt, die diesen freiwilligen Helfern auch nicht immer das Leben leicht machen (habe ich einige Male selbst erlebt, seltsamerweise aber immer nur von Spaniern, die immer gemeint haben, ihnen werde eine „Extrawurst" gebraten). Ich werde davon noch berichten.

Nachdem pünktlich um 16.00 Uhr die Herberge geöffnet wird, bin ich der erste, der sich in einem riesigen Schlafsaal mit Stockbetten „sein" Bett aussuchen darf... und sofort geht es ab in die Dusche, die sehr gepflegt und sauber ist, (Kompliment!) von denen es für alle Pilger aber leider nur zwei Stück gibt.

Nach dem „Bettenmachen", Rucksack auspacken, umziehen heißt es für mich, ausruhen, die Gegend anschauen und das alte und berühmte Kloster besichtigen.

Dabei treffe ich mehrfach meine Bettnachbarin Florence, eine warmherzige Französin mit wunderschönen, großen schwarzen Augen...(seufts, denkt der Mann in mir). Sie überfällt mich immer wieder mit einem Schwall Französisch, der bei ihr wie Musik klingt, aber schließlich unterhalten wir uns in einer Mischung aus Englisch und Spanisch. Der Camino ist eben international.

Der Pilgersegen der Abtei von Roncesvalles
Um 19.00 Uhr gibt es in der ehrwürdigen, alten und wunderschönen Klosterkirche von Roncesvalles eine Messe mit abschließendem Pilgersegen.

„Gott, Der Du Deinen Diener Abraham aus der Stadt Ur in Chaldäa errettet und ihn in seinen Wanderungen beschützt hast, der Du der Begleiter des Hebräischen Volkes durch die Wüste warst, wir bitten Dich, dass Du diese Deine Diener beschützen mögest, die aus Liebe zu Deinem Namen nach Santiago pilgern.

Sei ihnen Gefährte und Führer auf der Reise, Labsal in der Ermattung, Verteidigung in den Gefahren, Herberge auf dem Weg, Trost in ihrer Mutlosigkeit und Festigkeit in ihren Vorsätzen, damit sie durch Deine Führung frisch und gesund am Ziel ihres Weges ankommen und damit sie bereichert an Gnade und Tugend, unversehrt in ihre Heimat zurückkehren mit immerwährender Freude und Frieden, durch Jesus Christus unsern Herrn.

Amen"

Nach der Messe gibt es im Gasthaus nebenan, exakt ab 20.30 Uhr, ein sogenanntes Pilgermenü, welches man vorher reservieren und bezahlen musste. Wir saßen an einem großen Tisch in bunter europäischer Gemeinschaft zusammen. Es war schön, miteinander zu plaudern, sich zu verstehen und Kontakte zu knüpfen.

„Schnarchkonzert"
Danach ab ins Bett. Ich bin aber sehr erstaunt, denn in dem riesigen Schlafsaal, sind jetzt alle Betten belegt. Vor der Herberge stehen viele Fahrräder. Wie ich erfahre, sind im Juli und August sehr viele Fahrradgruppen unterwegs. Ab 22.00 Uhr ist strenge Herbergsruhe und so lagen auch alle in den Betten, Männlein und Weiblein nebeneinander. Plötzlich beginnt ein heftiges „Schnarchkonzert."

Es ist schrecklich stickig und warm in diesem Schlafsaal.. Meine hübsche französische Bettnachbarin hat deshalb mehr aus als an.

Ein Schuft, der Schlechtes dabei denkt, aber mal hinschauen ist sicher erlaubt...

*****

4. Tag: Roncesvalles - Zubiri - Larrasoana

Erkenntnisse

„ Wir Menschen lernen weniger aus dem was uns andere sagen, sondern vielmehr aus eigenen Erfahrungen"

Der morgendliche Rhythmus
5.00 Uhr. Plötzlich piepen von überall her die Handywecker. Es entsteht sehr schnell geschäftige Unruhe. Wieder beginnt der morgendliche Rhythmus: Bad und Toilette gehen, Anziehen, gründliche Kontrolle von Rucksack und allen Kleinigkeiten. Immer wieder fällt mir eine neue Variante des Rucksackpackens ein.

Ich sehe auch hier von den anderen: Pflege ja gut Deine Füße! Blasen machen Schmerzen. Also gut Vorbeugen und Aufpassen. Ich denke mir dabei, wie wenig achtsam ich daheim auf meine Füße bin und wie wichtig das hier ist! Ich reibe die Füße gut mit Hirschtalg ein, ziehe die Funktionsstrümpfe darüber, dazu noch leichte Schutzsocken und ab in die Trekkingschuhe. Ich wollte sie erst gar nicht mitnehmen weil ich dachte, Turnschuhe reichen. Na, nach der ersten Erfahrung auf den Schotterpisten der Berge bin ich völlig kuriert. Auch alle anderen Pilger haben Trekkingschuhe an.

Im Freien ist es noch dunkel – und kalt. Deshalb habe ich mir noch die Jacke übergezogen, unter der ich aber sehr bald schwitze. Na ja, ca. 10 kg Gepäck am Rücken, Geldtasche und Wasserflasche (1 l) an den Hüften und

Brotbeutel am Arm, das muss man erst einmal gewohnt sein. Munter klopfen die ausziehbaren Wanderstecken den morgendlichen Takt, klapp, klapp, klapp! Über mir ist noch ein grandioser Sternenhimmel. Das leuchtet und funkelt. So früh auf und unterwegs sein, das ist eine völlig neue Erfahrung für mich.

Plötzlich ist wieder ein altes Kirchenlied in mir, welches ich sehr mag. „Lobet den Herren......", und so singe ich es, breche aber bald ab, denn mir stehen schon wieder die Tränen in den Augen und die Sprache bleibt mir weg.

Innere Bilder melden sich
Innere Bilder melden sich wieder: Das Gesicht der Claudia, wie sie mir sagt, sie möchte nicht mehr mit mir zusammen sein. Sofort darauf melden sich Bilder aus meiner Kindheit: Der kleine Carlo, immer allein, von einer Mutter, die mich (weil ich ein uneheliches Soldatenkind bin) nicht haben wollte, herumgestoßen mit einem Schlüssel um den Hals. Dazu immer wieder ihr Schimpfen, ihr Schreien und ihre Schläge.

Mutter hat eben nie gelernt, sich selbst zu verstehen und zu hinterfragen. Sie musste mir durch ihre Schläge immer wieder zeigen, dass meine Anwesenheit, mein kleines Leben, eben Schuld am „Unglück" ihres Lebens war.

Ich schlucke nun heftig, denn der Schmerz von damals und der von heute fließen einfach zusammen. In den inneren Bildern meiner kindlichen Seele fühle ich mich allein, Claudia hat sich auch von mir getrennt und hier auf dem

Camino bin ich ebenfalls allein. Allein sein, es meldet sich also ein altes Lebensthema, das einfach nur weh tut!
...und ich frage mich auch in den Psychotherapien immer wieder bei ähnlich gelagerten Fällen: wie heilt man das Gefühl von emotionalen Verlusten bei Erwachsenen, die als Kinder auf der seelischen Ebene nicht „gestillt" worden sind, die keine Liebe, Nähe, Wärme, Zuneigung, Zärtlichkeit, Anerkennung usw. erhalten haben, statt dessen Abweisung, Schläge usw.?

Ich bin irritiert. Was ist da nur mit mir passiert? Ich verstehe überhaupt nicht, wo diese Bilder meines Lebens, wo diese mächtigen Gefühle, diese Tränen plötzlich herkommen. Ich kenne solche „Ausbrüche" überhaupt nicht von mir. Ich spüre nur eines, es tut mir gut. Ich frage mich, ob das etwas mit dem Camino zu tun haben könnte? Aber so richtig vorstellen, kann ich es mir nicht.

Nach Abklingen der Tränen kehrte mein Kirchenlied wieder zurück. Ich singe es laut vor mich hin, freue mich an dem Gesang und dem Text des Liedes. Dabei berühre ich meine Jakobsmuschel und spüre wieder ihre Wirkung: Sie gibt mir Frieden. Ruhe und Kraft ist nun in mir...

Weg durch die schöne Landschaft
Ich beginne die morgendliche Stille und die faszinierend grüne Landschaft zu genießen. Diese Ruhe um mich herum ist traumhaft. Auf riesigen Weiden sind viele fast weiße Kühe. Ihr Glockenläuten erinnert an bayerische Hochalmen. Langsam kommt die Sonne hinter den Bergen hervor und die Sterne verblassen, werden immer weniger. Es wird

wärmer. Ich ziehe meine Jacke aus und packe den Rucksack neu. Weiter geht es durch einige kleine und sehr gepflegte Orte, mit alten spanischen Häusern.

Der Weg ist wunderbar markiert, rot/weiß oder die gelbe Jakobsmuschel auf blauem Grund, sodass es mit etwas Aufmerksamkeit kein Problem ist, dem Weg zu folgen.
Die Landschaft wechselt. Es geht wieder bergauf. Nein denke ich, bitte nicht schon wieder! Mein Körper ist von gestern noch wie zerschlagen. Ich habe schrecklichen Muskelkater und die Hüftgelenke tun mir wieder bei jedem Schritt weh. Meine linke Zehe schmerzt stark, obwohl ich mich einige Male hinsetze, Schuhe und Strümpfe ausziehe und kontrolliere, aber keine Ursache finde. Nach einiger Zeit führt der Camino oben auf der Höhe am Berg entlang, mit einer wunderbaren Aussicht in ein grünes weitläufiges Tal. Ich mache eine kurze Rast um all diese großartigen Bilder verinnerlichen zu können. Weiter zieht sich der Weg durch grüne Wälder, häufig Kiefernwälder, die so herrlich harzig duften. Sie erinnern mich an meine Kindheit, wenn Mutter mit mir bei einem Onkel zu Besuch war, der am Stadtrand, an einem Kiefernwald wohnte, der im Sommer genauso harzig und würzig duftete.

Jetzt, wo ich diese trockenen und harzreichen Pinienwälder durchwandere, verstehe ich auch, warum es hier in Spanien im Sommer - in diesen harzreichen und trockenen Nadelwäldern - immer wieder so verheerende Waldbrände geben kann, noch dazu bei dem starken Wind. Wenn das hier zu brennen anfängt, dann Gnade Gott dem Wanderer

oder Pilger, der gerade mitten darin ist. Das brennt hier alles wie Zunder.
Hinter einem Bergdorf führt der Camino wieder einmal steil bergauf. Es geht durch einen Geröllsteig. Dieser liegt voll in der brütenden Mittags-Sonne. Ich denke mir mit einem Anflug von Sarkasmus: „*Dieser Steig ist sicher gut für wilde Esel geeignet, aber doch nicht für mich. Na ja, vielleicht bin ich sogar einer, weil ich diesen Jakobsweg gehe und daheim hätte ich es so schön!*" Wirklich?
Irgendwann geht es wieder bergab und weiter durch ein landschaftlich wunderschönes, sehr langgezogenes Tal.

Brunnenwasser: Angst vor Darm - Infektionen
An einem fröhlich plätschernden Brunnen treffe ich einige Pilger(innen) von gestern wieder, die dort gerade Brotzeit machen. Obwohl sich alle anderen aus diesem Brunnen Wasser holen, so habe ich – jetzt im Sommer - doch für mich Bedenken wegen der Wasserqualität und der eventuellen Keimbelastung.

Ich denke mir: eine Darminfektion mit Brechdurchfall und Kreislaufproblemen, wie ich sie schon einmal in südlichen Ländern erlebt habe, kann ich hier auf diesem Jakobsweg absolut nicht brauchen. Genau deshalb habe ich auch eine Büchse voll gesunder Milchsäurebakterien dabei, von denen ich einmal täglich einen Teelöffel voll einnehme. Diese verhindern in der Regel bei entsprechend langer Vortherapie, dass sich fremde Keime im Darm ansiedeln und dort ungute Krankheiten auslösen können. Diese Tatsache habe ich schon häufig bei meinen Patienten erlebt, die nach ihrem Aufenthalt oder Urlaub in südlichen Ländern, mit schweren gesundheitlichen Störungen und / oder Krankheiten aufgrund von bakteriellen Darm-Infektionen in meine Praxis kamen.

Wie berechtigt meine Praxiserfahrungen mit dem Thema „Berg- und Brunnenwasser" sind, konnte ich im Lauf meiner Pilgerreise bei einigen Pilgern erleben. Diese litten tagelang an solchen sehr belastenden Brechdurchfällen, von denen mich meine Bakterienmischung (bis auf ein Mal) gut bewahrt hat, und die ich gern mit Betroffenen geteilt habe.
Das Problem ist, das sich in der warmen Jahreszeit unterschiedlich krankmachende Keime im Brunnenwasser rasend schnell vermehren können. Diese haben mit ihren Stoffwechselprodukten verschiedene Mechanismen uns Menschen zu schaden, insbesondere, wenn der eigene Darm empfindlich oder durch dauernde Supermarkternährung oder Antibiotika vorgeschädigt ist. Die tägliche Einnahme von Probiotika = gesunde Milchsäurebakterien Mischung, verhindert das Ansiedeln und Krankmachen durch fremde Bakterienstämme.

"Il Camino è una cosa sacra."
Neben mir sitzt Guilielmo, ein quirliger Italiener mittleren Alters, der froh ist mit mir italienisch reden zu können. *„Il Camino e` una cosa sacra"* (der Jakobsweg ist eine heilige Sache) sagte mir Guilielmo, und er erzählt mir, schon sein Großvater und sein Vater seien diesen Weg gegangen. Jetzt setze er diese Familientradition fort, als Dank an Gott auch für seine eigene Familie und als Bitte an Gott für seine kürzlich verstorbenen Eltern. Dabei zitterte seine Stimme und Tränen liefen ihm an den Wangen herunter. Ich nahm

ihn einfach in den Arm, und er ließ seinen Emotionen freien Lauf und weinte richtig los.

Für Guilielmo als echter Südländer, war der Ausbruch von Gefühlen völlig normal. Für mich, der ich als Therapeut zwar an weinende Menschen gewöhnt bin, waren seine Tränen – noch dazu unter den fragenden Augen der anderen - eher von gemischten Gefühlen begleitet, denn ich konnte seinen Schmerz sehr wohl auch in mir spüren. Irgendwie vermischten sich seine Tränen, sein Schmerz über den Tod seiner Eltern mit meinen Gefühlen, Tod meiner Mutter und Tod der Beziehung zur Claudia... und plötzlich standen auch mir die Tränen ganz nahe. Alle anderen schauten uns plötzlich an, mit einem Fragezeichen auf der Nase. Vielleicht dachten sie, wir seien schwul.

Als wir uns wieder beruhigt hatten, plauderten wir noch einige Zeit miteinander. Bald kannte ich grob umrissen seine Familiengeschichte. Nachdem ich mir auch noch die Fotos seiner Familie mit seiner hübschen Frau und seinen drei Bambinis angeschaut habe, hatte ich auch noch eine Einladung nach Italien in der Tasche, die hier in diesem Moment sicher sehr ernst gemeint war. Beim Abschied umarmten wir uns herzlich, küssten uns auf die Wangen wie alte Freunde und gingen dann jeder für uns allein weiter. Ein kurzer Gruß an die noch anwesenden Pilger und weiter geht es.

„Der Geist des Camino"
Während des Gehens mache ich mir meine Gedanken. Ich frage mich: Was ist hier eigentlich auf diesem Camino los? Welcher

"Geist" herrscht hier, dass ich in so kurzer Zeit einige so außergewöhnliche Erfahrungen machen darf, oder sogar soll und muss? Nach dieser Häufung halte ich die so genannten Zufälle für fast ausgeschlossen. Diese „vergessenen" Gefühle und die inneren Bilder eben, auch die vom Tod meiner Mutter und das Gefühl von der toten Beziehung zur Claudia, beschäftigen mich sehr. Diese Verknüpfung habe ich so noch nie gesehen. Diese Bilder, diese Gefühle aus der Tiefe meiner Seele haben mich sehr betroffen gemacht.
Ich berühre wieder meine Muschel. Ich beginne zu verstehen, was ich in einigen Büchern gelesen habe, nämlich das mich anscheinend „Der Geist des Camino" liebevoll aber konsequent an die Hand genommen hat. Dieser führt mich nun, wie ein guter Vater, Mutter oder auch Therapeut durch die für mich wichtigen Stationen meines Lebens, damit ich diese noch einmal oder besser: endlich bewusst erleben und diese auf der Bild- und Gefühlsebene bearbeiten kann.
Als mir das klar wurde, war ich tief betroffen...und ich weiß im Moment nicht, ob ich mich dafür bedanken soll.

Nach einiger Zeit geht es wieder einmal bergauf. Diese steilen und langen Geröll - Stolperpfade scheinen mir für das Militär, zur Wehrertüchtigung geeignet. Im Moment empfinde ich es als eine Strapaze, hier in der brütenden Sonne wieder zu steigen. Aber die Landschaft und Aussicht sind großartig, die Ruhe himmlisch und sie entschädigt für alles.

„Du kannst mich mal"...!
Unterwegs ist mir etwas Seltsames begegnet: bald hinter Roncesvalles ist ein junger Spanier wie eine Rakete an mir

vorbeigerannt. Er hatte einen CD-Player in der Hand, Ohrstöpsel rechts und links in den Ohren und seine Technomusik in einer solchen Lautstärke eingestellt, dass diese noch einige Meter daneben sogar mir in den Ohren dröhnte, als er mich überholte.
Das zu erleben, wunderte mich hier auf diesem Jakobsweg doch sehr. Dann, als ich schon lange nicht mehr an ihn dachte, habe ich diesen jungen Spanier plötzlich mitten auf dem Weg liegend vorgefunden, sodass man direkt über ihn steigen musste. Ich war total erschrocken, dachte es sei etwas passiert, denn er lag mit geschlossenen Augen da, wie eine Leiche. Ich kniete mich hin, sprach ihn vorsichtig an, tastete seinen Puls. Da öffnete er die Augen. Ich fragte ihn ob etwas passiert sei, ob ich helfen könne. Aber er sagte nur er sei müde, er wolle sich ausruhen, er brauchte nichts von mir.
Diese Situation erinnerte mich plötzlich an die Fernsehsendung: Vorsicht Kamera oder Verstehen Sie Spaß..., Nein, ich verstand überhaupt keinen solchen Spaß. Ich schimpfte mit dem jungen Mann, der lässig mitten auf dem Jakobsweg liegen blieb und dessen Handbewegung eindeutig sagte: " Du kannst mich mal". Kopfschüttelnd ging ich weiter. Nach nicht langer Zeit rannte er wieder an mir vorbei... und lag dann wieder irgendwo mitten auf dem Weg. Das ging dann noch mehrfach so. Später bin ich einfach über ihn hinweg gestiegen. Na ja, so denke ich mir, es muss auch in Spanien Menschen geben die um alles in der Welt auffallen und ihre Neurosen darstellen wollen, sogar auf dem Jakobsweg.

Ich staune, dass ich das geschafft habe
Irgendwann geht es auf diesem Schotter- und Geröllpfad lange Zeit wieder bergab.
Ich bin wirklich froh, dass ich meine Trekkingschuhe angezogen habe, denn ich bin schon einige Male auf diesen abschüssigen und losen Geröllsteinen weggerutscht und umgeknickt. Mit Turnschuhen wäre das unter Umständen das „Aus" für den Camino gewesen.
Was ich nicht wusste, der Jakobsweg führte uns gerade über einen Pass, von insgesamt 23 Kilometer Länge. Ich staune, dass ich das geschafft habe.

In Zubiri
Plötzlich stehe ich vor einer mittelalterlichen, malerischen Brücke, welche zum Ort Zubiri hinüberführt.
Zwei junge Italienerinnen und Guilielmo stehen direkt davor. Sie beratschlagen anscheinend die Streckenführung anhand ihrer verschiedenen Karten und Reiseführer. Ich werde auf italienische Art und Weise von allen freundlich begrüßt. Diese Italiener mit ihrer Herzlichkeit, haben es mir einfach angetan. Eine junge Britin kommt uns auf der Brücke in Tränen aufgelöst entgegen. Sie sucht verzweifelt ihre Freundin, die sie anscheinend auf dem Weg verloren hat.

Wir überqueren die Brücke von Zubiri und gehen alle in den Ort in eine spanische Taverne. Einige britische Pilger kommen noch dazu. Es ist ein buntes Sprachgemisch, außerdem wird es eng mit den vielen Rucksäcken, Wanderstäben usw., die überall herumstehen. Die junge

Britin findet hier endlich ihre Freundin wieder, die hier schon einmal gemütlich sitzt und kräftig futtert.

Dahinter stehen mächtige Energien...
Die Frau hinter dem Tresen ist sehr beschäftigt. Weniger mit uns Pilgern, als mit all den Spaniern, die überall herumstehen, rauchen, trinken und sich unterhalten. Spanier reden laut, sehr laut und ich frage mich immer schon: Warum nur? Warum muss man denn so laut reden, ja fast schreien? (Jedenfalls ich empfinde es so). Warum kann man denn nicht in einer normalen Lautstärke miteinander reden? Immer wieder, wenn ich mit Spaniern zusammen bin, habe ich mich das gefragt, weil ich überall das Gleiche wahrnehme.

So denke ich mir, ist die Frage erlaubt: Spricht nicht diese sehr laut gesprochene, schnelle, stakkato artige, konsonantenreiche spanische Sprache für starke Energien, (Italienisch klingt dagegen aufgrund der vielen Vokale weich und melodisch!), aber auch für mächtige Leidenschaften in den Herzen dieser Menschen, die auf diese Weise ihren Ausdruck finden?

Psychologisch gefragt: Welch starker innerer Druck, auch welche starken Energien, stehen hinter diesen lauten Stimmen, die oft typisch für viele Südländer sind?
Die spanische Geschichte ist voller Beispiele und Ausdruck dieser „druckvollen" Mentalität. Allein die Brutalität der spanischen Konquistadors bei der Eroberung von Mittel- und Lateinamerika, das rigorose Abschlachten ganzer Kulturen zur Befriedigung der Gier nach Gold, der überstark

gelebte christliche Glaube und die daraus resultierende schreckliche spanische Inquisition, seien Beispiele vergangener Jahrhunderte und der Mentalität von damals. Auch Georg Bizet hat in seiner Oper Carmen dieses Thema grandios verarbeitet und die Emotion, die Mentalität, dieses „Pulverfass" der glühenden Leidenschaften der südländischen Seele, zwischen Liebe und Leid, Wut und Hass, beeindruckend dargestellt.

Durch diese Gedanken bekommt nun so manch erlebtes Verhalten Erklärung, z.B. das überzogene Verhalten der jungen Damen im Pilgerbüro in Roncesvalles, der Geistliche, der uns aus dem Schatten verjagt hat, und viele andere bisher für mich nicht erklärbare Erlebnisse.
Aber klar, ich betrachte das alles mit den Augen unserer deutschen Mentalität und Erziehung... und da fallen diese Unterschiede sofort auf.

Andere Länder, andere Sitten!
Plötzlich verspüre ich Hunger. Während des Gehens esse ich in der Regel nichts, um meine Verdauung nicht noch zusätzlich zu belasten, trinke auch wenig. Aber jetzt, wo der Körper zur Ruhe kommt, möchte er sein Recht haben.

Ich gehe nach nebenan ins Geschäft. In dem typisch ländlich vollgestopften Laden, kaufe ich mir eine halbe Weißbrotstange mit Schinken (hier Bocadillo genannt), obwohl ich seit 10 Jahren kein Fleisch/Wurst usw. mehr esse. Aber nun habe ich einen richtigen Heißhunger darauf, ebenso auf 2 mal 1 ½ l Wasser plus eine Coca Cola. Ich staune über mich selbst! Das kippt plötzlich wirklich alle meine Ernährungsgrundsätze um, denn ich bin seit über zehn Jahren überzeugter Vegetarier. Hier bewahrheitet sich nun wieder einmal eine alte Weisheit: Leben bedeutet eben nicht Festhalten an Grundsätzen, sondern erfordert auch Flexibilität, Wandel und Anpassung. Also esse ich mit Genuss mein Schinkenbrötchen...und es schmeckt mir hervorragend.

Wenn ich allerdings im Gegensatz zu mir, die vielen Süßigkeiten, Kekse usw. sehe, die meine Tischnachbarn nun mit Freude essen, dann ernähre ich mich, auch mit dem Schinkenbrötchen, immer noch sehr gesund. Alles im Leben ist eben relativ.

Kurz zurück zu dem Laden: Wer allerdings deutsche Ordnung, Sauberkeit und Hygiene in vielen Läden ländlicher Gebiete (Betonung liegt auf ländlich!) Spaniens erwartet, sollte lernen tolerant zu sein. Die Menschen hier haben eine andere Auffassung davon als wir in Deutschland. Mancher mag das auch lässig, locker, nett usw. finden. Ich sah Läden, die schauten wie verwahrloste Rumpelkammern aus, oft weit weg von der uns gewohnten Sauberkeit, Ordnung und Hygiene. Mit Faulheit, Unlust oder dem warmen Klima ist das wohl kaum erklärt. Vielleicht mit orientalisch, lässiger Mentalität, die sich durch die Jahrhunderte lange Besetzung Spaniens durch die Mauren, bis heute noch erhalten hat. Vielleicht? Ein deutsches Gesundheitsamt jedenfalls, würde mit Sicherheit so manchen dieser Läden schließen.
Ebenso sah ich oft in ländlichen Gebieten entlang des Jakobsweges, um und hinter den Häusern eine schreckliche Unordnung und große Mengen von Abfall, Müll und Unrat,

so wie ich es auch oft in anderen Regionen Spaniens gesehen und kennen gelernt habe. Warum das so ist, warum das nicht weggeschafft wird, ist mir schon immer ein Rätsel.

Und den vom ständigen Rauchen gelben Fingern von so manchen Bedienungen, würde ein tägliches Bad in einer Desinfektionslösung auch sehr gut tun, ehe sie Käse, Brot, Wurst, Obst usw. anfassen, oder mit der Zigarette im Mund Käse, Wurst oder Fleisch abschneiden.
Schon von Berufs wegen achte ich natürlich sehr auf diese Dinge. Oft hat es mir richtig gegraust. In den spanischen Städten hingegen habe ich oft sehr saubere Geschäfte, absolut mit unserem Standard vergleichbar, vorgefunden.
Zurück zu dem ländlichen Laden: auch dieser hier war vollgestopft mit Waren. Ordnung, aber insbesondere Hygiene, ließen meiner Meinung nach, sehr zu wünschen übrig. Das Fleisch, die Wurst, der Käse usw. alles hing, lag bei dieser Hitze offen herum, ein Eldorado für krankmachende Bakterien, Fliegen und allerlei anderes Getier.

Die Einheimischen hier, scheinen nicht nur daran gewöhnt, sondern auch gegen all diese netten Tierchen, deren krankmachenden Kot und Ausscheidungsgifte immun zu sein. Viele Pilger aus anderen Ländern sind das aber nicht. Und so habe ich auf dem Jakobsweg auch einige Pilgerbrüder und – Schwestern krank erlebt. Typische Krankheit: Magen - Darm – Probleme. Na, wen wundert das! Aber wie sagt man so schön auf Spanisch: *„Otros paises, diferentes costumbres",* Andere Länder, andere Sitten. Man sollte sich gut darauf vorbereiten. (Tipp zum Vorbeugen: Probiotika = Gesunde Milchsäure-Bakterien in hohen Keimzahlen täglich einnehmen! Z.B. Apothekenname: Lactobact premium)

Weiter nach Larrasoana
Da es hier in Zubiri sicher bald sehr eng wird, wenn alle Pilger von Roncesvalles hier ankommen, beschließen wir acht, die wir hier in der Taverne am Tisch sitzen, noch die weiteren 6 Kilometer bis zur nächsten Herberge zu gehen, da diese laut Reiseführer eine größere Bettenkapazität hat.
Ich staune nach der bewältigten Strecke von heute und der von gestern nun über mich selbst. Ich fühle mich wieder gestärkt, noch voller Tatendrang. Ich packe meine Sachen, Rucksack auf die Schulter – die mir zwar sehr weh tut – Wanderstecken in die Hand und munter geht es weiter auf dem Camino die nächsten 6 Kilometer nach Larrasoana.
Unterwegs sehe ich eine schwitzende Frau im Schatten eines Baumes stehen, die sich mit ihrem Rucksack quält. Ich rede sie spanisch an: *„Puedo ayudarle? - Kann ich Ihnen helfen?"* Aber sie sagt mir erst auf Englisch, dann deutsch: *„Nein, nein, ich mache das schon selber."*
Na gut, denke ich mir: *„Sie quält sich zwar, aber ich will mich ja auch nicht aufdrängen. Sie wird schon ihre Gründe haben, dass sie sich von mir nicht helfen lassen will. Ich muss ja nun nicht für jeden, der irgendwie hilfsbedürftig aussieht, immer gleich Mutter Theresa spielen."* Ich muss auch einmal mein Helfersyndrom loslassen. Nun, hier habe ich jetzt eine gute Gelegenheit dazu, das wieder einmal zu trainieren.

Wohnung mit Matratzenlager

So gehe ich in brütender Hitze weiter. Nach ca. einer Stunde überquere ich wieder eine urige mittelalterliche Brücke und komme so in Larrasoana an. Ich laufe am Ortseingang hin und her und suche vergeblich nach einem Hinweisschild mit der Aufschrift: Albergue de Peregrino = Pilgerherberge. In meiner Not störe ich mit meiner Frage nach der Pilgerherberge eine spanische Familie, welche unter einer Pergola im Freien gerade beim Mittagessen ist. Eine freundliche ältere Dame erklärt mir sofort den Weg. Schließlich stehe ich vor dem Refugium, wo die Briten und eine Reihe anderer Pilger schon da sind und alle Betten schon besetzt haben. Ja, sind die denn geflogen?

Es kommen immer mehr Pilger an. Der Herbergsvater öffnet unter dem Dach eine Wohnung nur mit Matratzenlager. Zu meiner Überraschung legt sich neben mich die Frau, der ich unterwegs meine Hilfe angeboten habe. Wir kommen sofort miteinander ins Gespräch. Sie ist Schwedin und heißt Hanna, spricht aber sehr gut deutsch. Sie hat ein hübsches Gesicht, ist typisch blond und die Arme hat massives Übergewicht, plus Rucksack. Klar, dass sie öfters stehen bleibt. Ich will es gar nicht glauben als sie erzählt, sie sei bisher den gleichen Weg gegangen wie ich, auch über die Pyrenäen – mit dem Übergewicht... Alle Achtung!

Dann beginnt der Sturm auf die einzige Dusche. Jeder macht schnell, damit sich der Warmwasserverbrauch in Grenzen hält und der andere auch noch an die Reihe kommt. Ich staune, wie rücksichtsvoll jeder hier mit jedem umgeht.

Nach dem erfrischenden Duschen und Umziehen wasche ich noch meine durchgeschwitzte Wäsche und hänge diese im Garten an einer der vielen Leinen auf. Da die Leinen von der Wäsche aller Pilger schon fast vollgehangen sind, schaut das wie bei einer Großwäscherei aus. Danach beschließen Hanna und ich uns den Ort anzusehen, in dem es allerdings nicht viel zu sehen gibt. Wir gehen zu der urigen Brücke zurück mit dem kleinen Fluss darunter, in dem schon einige Pilger baden, während andere hier ihre Wäsche waschen. Es ist eine Traumidylle! Nach kurzer Zeit sitzen Hanna und ich bis zum Bauchnabel im seichten, klaren und warmem Wasser dieses Flusses. Über zwei Stunden pflegen wir so unsere strapazierten Füße und unterhalten uns. Wir sind die einzigen, die deutsch sprechen.

„Beten, ja das hilft"
Hanna erzählt mir sehr viel von ihrem anstrengenden Beruf als Sozialpädagogin mit Familien die „Sozialfälle" geworden sind. Ein Beruf, der sie mehr als ihr lieb ist ausfüllt, und sie auch sehr viel Seelenkraft kostet. *„Beten"* sagt sie, *„beten, ja das helfe ihr oft. Nur Gott ist oft nicht da, insbesondere dann nicht, wenn sie das Elend dieser in Not geratenen Menschen - insbesondere der Kinder - erleben muss, die von den Eltern getrennt und in Heimen untergebracht werden."* Ich bemerke wie sensibel diese massiv übergewichtige Frau ist und mit welch einer weichen und einfühlsamen Stimme sie nun redet. Wie ich sie so sensibel erlebe, denke ich mir: vielleicht ist ihr Übergewicht aber auch „nur" ein Panzer, den sie sich unbewusst „angefuttert" hat, um ihre Seele zu schützen.

Aufdringliche Selbstgefälligkeit

Am späten Nachmittag stehen wir Pilger alle beim „Herbergsvater" brav und geduldig Schlange. Von der Größe, Statur und Aussehen ist er dem alten Schauspieler Hans Moser furchtbar ähnlich. Er sitzt hinter einem – für ihn viel zu großen - Schreibtisch, hat ein sehr lautes Organ und erhöht noch den Schallpegel, indem er neben sich ein Radio mit noch lauterer spanischer Volksmusik laufen lässt, welche durch den Raum dröhnt.

Mit allen Frauen versucht er zu flirten, und er wird einfach nicht fertig, jeweils den Herbergsstempel in die Pilgerpässe zu drücken und die Übernachtungsgebühr von 5,00€ zu kassieren.

Ohne Rücksicht auf Verluste befragt er insbesondere die Frauen besonders eindringlich – die brav vor seinem Schreibtisch stehen, nach allen möglichen Dingen, aber nur auf Spanisch, stur heil immer das Gleiche, ob die Leute nun verstehen oder nicht. Dabei ist er immer auf die Freundlichkeit anderer zum Übersetzen angewiesen. Endlich, nach über einer Stunde Wartezeit, habe auch ich meinen Stempel. Bei mir als Mann geht das ruck zuck und schon bin ich fertig. Auch bei der Hanna fährt er wieder seine anbiedernde Tour. Es ist direkt peinlich. Obwohl Hanna kein Wort spanisch versteht und ich für sie dolmetschen muss, ist ihre sensible Seele über die Art und Weise dieses Mannes brüskiert. Dieser Mensch mit seiner aufdringlichen Selbstgefälligkeit ist fast nicht zu ertragen, darüber sind wir uns alle einig!

Danach gehen Hanna und ich zum Essen in eine ortsansässige Bar. Dort gibt es ein tadelloses Pilgermenü bei einem sehr urigen Gastwirt, der uns für den seltsamen Herbergsvater liebevoll entschädigt, indem er auf jeden und jede Situation charmant und mit Witz eingeht. Ich habe ihn aufgrund seiner Art im Verdacht, dass zumindest in seinen Adern italienisches oder französisches Blut fließt.

„Hl. Santiago, hilf bitte dieser verzweifelten Frau"
Nach dem Essen sitzen wir mit einer italienischen Mama und ihrem schwer behinderten Sohn (20 Jahre), am Tisch im Freien. Beide kommen aus Sizilien. Wir reden italienisch, was die Frau sehr freut. Wie zur Entschuldigung erzählt sie uns fast spontan ihrer beiden Lebens- und Familienschicksal, das seit 20 Jahren von der Behinderung des Sohnes geprägt wurde.

Sie stamme aus einer sehr armen sizilianischen Fischerfamilie, so die Frau. Der Vater des Kindes habe sie bald nach der Geburt wegen der Behinderung des Kindes verlassen. Für ihn und seine Familie war das Kind eine Schande, an der die Frau schuld ist.
Spezialärzte, Krankenhäuser, Medikamente, vieles davon habe sie soweit es ihr möglich war allein finanzieren müssen. Aber wie macht man das: Arbeiten gehen müssen um zu leben und daheim ein behindertes Kind. Auch ihre Familie habe nur unwillig geholfen, weil dieses Kind für diese sizilianische Familie ein Makel, ja eine Schande bedeutet, auf die man nicht stolz sein kann. Während dieser Zeit sitzt ihr Sohn neben ihr, wackelt immer vor sich hin, verdreht ständig die Augen, reagiert auf die Berührung durch die Hand seiner Mutter mit wohlwollendem Lallen. Mir fällt dazu ein: in indianischen Kulturen galten behinderte

Menschen als Heilige, denn, so sagt deren Weisheit, ihre Seele sei schon bei Gott. Sie wurden mit Achtung und Respekt behandelt. Und bei uns, in unseren sogenannten Hochkulturen...?

So habe sie jahrelang gespart, erzählt die Frau weiter, um nun mit ihrem Sohn Fabrizio, auf diese Pilgerwallfahrt zum Grabmal des Hl. Jakobus zu gehen. Sie habe schon so viel davon gelesen und sie glaube als letzte Hilfe daran, dass der Heilige Jakobus ihr und insbesondere ihrem schwer behinderten Jungen helfen wird. Bei dieser Erzählung ist das Gesicht dieser tiefgläubigen Frau häufig so von Leid gezeichnet, dass ich ganz tief gerührt bin.

Ich denke mir und berühre dabei meine Muschel:
„Jesus, Maria und Hl. Santiago: Schaut einmal auf diese so tief gläubige Frau. Wo in unserer Zeit findet man einen solchen Glauben. Sagtest DU Jesus nicht selbst: Wenn ihr nicht werdet wie die Kinder..., Hier Jesus hast Du ein solches Kind, das uneingeschränkt an DICH und die Möglichkeit glaubt, dass DU helfen kannst. Enttäusche sie nicht! Ja eigentlich sind es zwei Kinder, aber das zweite Kind lebt mit seiner Seele in seiner eigenen inneren Welt, ja vielleicht ist seine Seele schon lange bei Dir. Nur dann, hilf bitte dieser verzweifelten Frau, das als Trost zu erkennen."

Ja, ja, ich höre ja schon auf zu wünschen. Ich weiß: Gott ist kein Supermarkt. Wenn ER alle Wünsche und Gebete dieser Welt erfüllen soll... Trotzdem, jetzt seid ihr himmlischen Mächte mal dran!

Ich bewundere diese Frau aus ganzem Herzen. Was ist da mein „Seelenschmerz" mit der Claudia, gegenüber dem, was diese Frau 20 Jahre ihres Lebens wegen ihres Sohnes mitgemacht und erlebt haben muss, bis hin zu jahrelangen seelischen Demütigungen und Abweisungen.

Auf dem Camino, um Antworten zu suchen
Es wird plötzlich empfindlich kalt. Wir gehen „Heim" in die Pilgerherberge. Hanna und ich sind noch allein im Zimmer, und wir richten uns auf unserem Matratzenlager so gut als möglich zum Schlafen ein.
Hanna erzählt mir, sie sei hier, weil sie nach einer für sie entwürdigenden Scheidung vor zwei Jahren keine Ruhe mehr fände. Sie zweifle sowieso an Gott und seiner Existenz, und sie sei nun auf diesem Camino um Antworten für ihr Leben zu suchen. Nun – das sagt man doch keinem Therapeuten – und so unterhalten wir uns fast eine Stunde ehe die anderen kommen. Bevor es zum Schlafen geht sagt Hanna zu mir, sie sei glücklich, endlich einmal einen Menschen getroffen zu haben, mit dem sie über sich, ihre Gedanken und Probleme sprechen konnte.
Mir fällt plötzlich die Parallele von Hanna zu Claudia auf: ich denke, diese beiden Frauen sind in ihrer jetzigen Entwicklung wie Yin und Yang, die Perfektion der Polarität. Hanna ist so ähnlich alt wie Claudia. Aber Hanna sucht aufgrund vieler leidvoller Lebenserfahrungen in ihrer Kindheit und in ihrem bisherigen Leben ihren Weg nach innen. Sie sucht, wie es in ihrem Leben weitergehen soll. Sie sucht nach dem Sinn ihres Lebens, während Claudia, der all diese leidvollen Erfahrungen bisher komplett erspart

geblieben sind, zurzeit davon überzeugt ist, sie brauche jetzt zum Leben Tanzen, Musik, Karibik.

Ich denke mir:
„Unser Leben ist Polarität, ist Rhythmus, ist Wandel, ist Veränderung... so wie Ebbe und Flut. Es untersteht dem Gesetz der ständigen Anpassung und Neuorientierung, um immer wieder neue Erfahrungen zu machen. Ich denke mir: auch hier wird sich noch vieles ändern."

Hanna geht es nicht gut. Sie stört unsere Nachtruhe durch ihre Unruhe und einen schrecklichen Husten. Aber ich kann sowieso nicht richtig schlafen und ich wundere mich, dass es die anderen können. Denn unter unserem Fenster, das zur Straße hinaus geht, muss sich das halbe Dorf versammelt haben. Anscheinend feiert man da eine spanische Fiesta.
Zusätzlich ist das Schlafen - wegen der brütenden Hitze in dem kleinen und engen Raum - und wegen der schlechten Luft, auch wegen des kleinen Oberlichtfensters, sowieso kaum möglich.
Irgendwann nach Mitternacht, wird es endlich draußen ruhiger... und um 5.00 Uhr piept schon wieder von irgendwoher ein Wecker. Ich fühle mich wie zerschlagen!

*****

5. Tag Larrasoana - Pamplona - Cizur Menor

Leid ist Lehre

„Wer zu seiner eigenen Bestimmung kommen möchte, muss sich von fremden Lebensprogrammen lösen."

5.00 Uhr. Irgendwo piept wieder ein Wecker, dann noch einer, usw. Die typische morgendliche Unruhe beginnt. Da ich wegen des Lärms von draußen und der schlechten Luft im Raum sehr spät eingeschlafen bin, möchte ich eigentlich noch ein bisschen weiterschlafen. Aber ich entscheide mich aufzustehen, zumal die anderen alle packen. Hanna schläft noch ganz fest. So trage ich alle meine Sachen vorsichtig zum Gang hinaus, schließe leise die Schlafzimmertür, um sie nicht beim Schlafen zu stören. Es beginnen die üblichen frühmorgendlichen Vorbereitungen, wie schon beschrieben.

Gerade als ich komplett fertig bin, Trekkingschuhe an, Rucksack umgeschnallt, Wanderstöcke in der Hand und gehen möchte, treffe ich noch einmal auf Hanna, die gerade ganz verschlafen aufsteht. Wir umarmen uns und wünschen uns alles Gute, denn wir sehen uns wahrscheinlich in unserem Leben nie wieder. Sie sagt mir, dass sie mir für unser gestriges Gespräch sehr dankbar sei, es hat ihr ein bisschen Licht gebracht, genau das, was sie sich für den Camino auch erwartet habe.

Hier wird mir wieder einmal eine tiefe Weisheit deutlich:
„Gott führt uns immer - wenn es notwendig ist - mit den Menschen zusammen, die uns durch ihren Mund Seine Gedanken, Seinen Willen mitteilen, Dinge also, die momentan gerade für unser Leben wichtig sind. Bei allem was ich in der kurzen Zeit bisher hier auf diesem Camino erlebt habe, scheint Gott hier besonders aktiv zu sein."

Als ich die Herberge verlasse und wieder losgehe, ist es noch früh, kalt und dunkel. Beim Gehen melden sich meine Hüftgelenke wieder. Sie tun bei jedem Schritt weh, sehr weh, auch der Rücken schmerzt wieder. Heute drückt – trotz aller Vorbereitungen – zur Abwechslung der rechte Fuß. Ich halte deshalb mehrfach an, Rucksack ab, Schuh und Socken aus, suche, finde aber nicht, warum es so ist. Ich hoffe nur, dass sich da keine Entzündung aufbaut, denn meine Fußwurzelknochen tun auf Druck ziemlich weh. Trotz meiner Beschwerden gehe ich ruhig weiter, denn diese morgendliche Stille und Stimmung ist geradezu meditativ. Ich rede mit Gott über mich und mein Leben.

Wenn es Engel auf diesem Camino gibt...
Der Weg zieht sich durch einige kleine Orte mit alten Bauwerken und sehr lang an einem kleinen Fluss entlang. Plötzlich steht mir eine ältere Frau im Weg. Sie ist sichtlich erschöpft und setzt gerade ihren Rucksack (der sichtbar viel zu schwer ist) ab. Neben ihr steht eine junge bildhübsche Spanierin und schaut hilflos zu. Ich frage wie immer, ob ich helfen kann. Die ältere Frau wirft mir einen abweisenden Blick zu und sagt zu mir auf

Deutsch „nein". Die junge Frau empfindet genau die Peinlichkeit der Situation und erklärt mir, zu meinem Erstaunen ganz liebevoll mit einer sanften und weichen Engelstimme (nicht so typisch hart und laut wie die meisten anderen Spanier), die ältere Frau habe Hüftprobleme und sie dankt mir für mein Hilfsangebot.
Im mir meldet sich sofort der Heilpraktiker. Ich denke, ich könnte da für sie einiges tun, zumal ich auch Spritzen und Ampullen gerade für meine eigenen Gelenksprobleme als Notreserve dabei habe.

Aber die ältere Frau – vielleicht schämt sie sich auch – wirft mir einen Blick zu, der mich flüchten lässt. Vielleicht war mein Weitergehen mehr Hilfe, als wenn ich es aktiv versucht hätte.
Das „*Gracías Señor*" der jungen Frau mit der schönen weichen Stimme klingt mir noch im Ohr, als ich den schönen, morgendlich ruhigen Weg am Wasser entlang weitergehe. Ich denke mir, wenn es Engel auf diesem Camino geben sollte, dann ist mir eben einer begegnet.
Ich berühre meine Jakobsmuschel und bitte: *„Lieber Gott, hilf DU dieser älteren Frau. Meine Hilfe wollte sie nicht haben... und ich danke Dir für die Begegnung mit diesem Engelswesen."*

Wozu diese Hetze?
Irgendwann rennt eine junge Spanierin, die ich gestern schon bei dem seltsamen Herbergsvater kennen gelernt habe, an mir vorbei. Sie erzählte mir gestern, sie habe eine akute Psoriasis (Schuppenflechte), die zurzeit entzündet ist. Wir sprachen gestern intensiv darüber, als

wir so lange auf unseren Stempel warten mussten. Sie ist (noch dazu) Medizinstudentin und sie meint, da hilft eigentlich nur Cortison.

Meine psychologisch - naturheilkundlichen Therapie – Erfahrungen mit der Psoriasis konnte sie nur belächeln. So etwas habe sie ja noch nie gehört, so die spanische Medizinstudentin.

Wenn mich zum Thema Psoriasis jemand in Vorträgen fragt, dann sage ich:

1. Psychotherapie,
2. Abbau von Hektik und Stress, Lebensumstellung,
3. Ernährungsumstellung, Abklären auf Nahrungsmittelallergie!
4. Darmtherapie, Symbioselenkung
5. Entgiftung und Ausleitung
6. Substitution von Fettsäuren, Vitaminen, Mineralien und Spurenelementen

Das funktioniert bei allen Psoriasispatienten gut, sofern diese mitmachen.

Diese junge Frau sauste also an mir vorbei und fragte mich im Vorbeigehen, ob ich keine Uhr habe. *„Uhr"* sagte ich, „wozu, ich bin doch am Camino." *„Ja"* meinte sie, *„sie möchte pünktlich um 12.00 in Pamplona sein."* Sie bremst ihr Tempo, geht nun neben mir her und beginnt mir, anknüpfend an unser gestriges Gespräch beim Gehen zu erzählen, dass sie immer so unter Druck stehe und alles genau machen möchte. Früh die Erste, abends die Letzte, nur sich nichts nachsagen lassen, immer korrekt und auf dem Sprung sein.

Auf meine (therapeutische) Frage: wer von ihren Eltern denn genau so sei, sagt sie sofort: mein Vater. Er sei Arzt und bei ihm müsse alles sehr genau gehen, daheim und in seiner Praxis. Alle in der Familie hätten großen Respekt (psychologisch gesehen also Angst) vor ihm.

Der Mann hat das „Sagen"
Ich denke mir: wie die Erfahrung zeigt, werden auch heute noch viele spanische Familien sehr patriarchisch gesteuert, d. h. der Mann hat das „Sagen" und... die Frauen lassen sich das nicht gern gefallen, so habe ich es schon oft beobachtet. Das gibt oft herzquickende Szenen, wenn diese emotional geladenen Menschen in ihrem unterschiedlichen Sein aufeinanderprallen, die das Herz eines Familientherapeuten höher schlagen lassen. Und nun ohne Spaß: es ist oft ein Drama... und ich denke mir, die Kinder leiden sicher darunter, genau so, wie es mir eben diese junge Spanierin durch die Blume gesprochen, verraten hat. Aufgrund meiner therapeutischen Erfahrung steht für mich hier die Frage im Raum:

„Wie viel Angst hat diese junge Frau als Kind in ihrer Entwicklung und Erziehung erlebt, dass sie sich heute so unter Druck setzt. Wie leer muss ihr seelischer Brunnen sein, dass sie nun, wie einem unsichtbaren Zwang folgend, ihrer Suche nach Anerkennung nachläuft. Wie viele seelische Verletzungen kommen da wohl zusammen?"

Und somit, habe ich auch hier die Bestätigung für die Hauptursache ihrer Psoriasis: Seelenstress und

Leistungsdruck... auf dem Hintergrund von Angstprogrammen aus der Kindheit. Es scheint so, dass diese junge Medizinstudentin von ihrem krankmachenden Lebensprogrammen noch gar nichts bemerkt hat.

Das Problem mit den „Fremd" - Programmen
Nach unserem Gespräch ist sie kurz sehr nachdenklich und meint: „Ja, ja, sie muss ruhiger werden", verabschiedet sich von mir... und rennt wieder los.

„Leid ist unser größter Lehrmeister... und wie oft habe ich dieses Lebens- oder auch Leidensprinzip schon bei meinen Patienten erlebt. Wie viele Menschen leben gegen sich selbst, ohne es zu bemerken. D.h. ihr anerzogenes „Lebensprogramm", muss immer dies und möchte immer das..."

Und ich selbst habe diese bittere Wahrheit, nach fast 25 Jahren schwerer Rheumakrankheit, auch bei mir selbst entdecken dürfen. Übrigens sehr zu meinem Segen, aber das sage ich heute, nach 50 Jahren Lehrzeit oft durch viel Leid, durch welches mich Gott wie ein weiser Lehrmeister geführt hat.

„Diese Programme haben wir dominant durch die Erziehung unserer Eltern, durch die anderen Familienmitglieder, später Kindergarten, Schule usw., insbesondere in unserer frühen und späteren Kindheit eingeprägt bekommen, die dann zu unseren eigenen Lebensprogrammen geworden sind. Später

kommen auch noch Gesellschaft, Beruf und Partnerschaft dazu.

Ich denke, handle und fühle HEUTE auf dem Hintergrund der Erziehungs-Programme meiner Mutter, meines Vaters usw. So gesehen bin ich NIE ICH SELBST, denke nie meine Gedanken, lebe nie meine Gefühle.

Das aber ist NICHT MEIN EIGENES LEBEN, sondern ich lebe fremdbestimmt, d.h. mit fremden Programmen."
Für viele Menschen ist das so in Ordnung. Für andere, die sich intensiver mit sich selbst beschäftigen, kann diese Fremdbestimmung zu einem Drama werden. Hinzu kommen noch viele andere Prägungen und unzählige weitere Erfahrungen wie Kindergarten, Schule, Lehrer, Umfeld, Ausbildung usw.

Die Erfahrung zeigt: meist haben wir erst in späteren Jahren die Möglichkeit, durch Erkennen dieser Tatsachen, zu uns selbst, zu unserer eigenen Bestimmung zu finden.

Aber auch das geht nicht so einfach und wir bekommen es auch nicht geschenkt. Denn unsere Eltern- Erziehungs-Programme sind hartnäckig und festgefahren. Sie möchten uns weder verlassen noch verändert werden. Also werden wir uns und unsere „Fremd" - Programme gegenüber anderen heftig verteidigen, statt einsichtig zu sein. Normalerweise könnten wir ja von dem, was uns andere sagen und zeigen, sehr viel von und über uns lernen... wenn, ja wenn, vor unseren Programmen nicht eine Reihe von Abwehrmechanismen stehen würden, ständig bereit zum Einsatz.

Unser psychologischer „Altmeister" Sigmund Freud erkannte diese schon vor ca. 100 Jahren im Seelenfundament von uns Menschen, und er nannte sie: Verdrängen, Abwehren, Nicht wahrhaben wollen, Verleugnen, usw.

Wie oft erlebe ich diese Tatsachen in den Familientherapien, wenn der Partner(in) einfach nicht wahrhaben möchte, was ihm der/die andere sagt und der /sie immer wieder mit Abwehr reagiert.
Auch unser Körper wird mit in dieses System hineingezogen, denn er muss alles mitmachen, was unser „Kopf" in seinen Fremdprogrammen produziert, ob es ihm passt oder nicht. Wenn dem Körper das aber alles zu viel wird, dann wird er irgendwann „streiken" und oft reagiert er auch mit Krankheit.

Unsere Seele kennt das wahre „Programm unseres Lebens"
Und unsere Seele? Denn wir Menschen sind nun einmal nach göttlichem Willen eine große Dreieinigkeit aus Körper, Seele und Geist und jeder der drei möchte sein Recht haben und dieses Leben mitgestalten können.

Solange unser Geist dominant das Leben steuert, aber mit fremden (Eltern- Schule usw.) Programmen, er also fremdbestimmt und damit „betriebsblind" für seine eigenen, seine wahren Programme ist, kann auch unsere Seele nicht bewusst dieses Leben mitgestalten. Hier finden sich als Beispiel die vielen Menschen, die sozusagen „nur im Kopf stecken", für die nur gilt, was man messen, anfassen und kaufen kann, die so tun, als wenn sie gar keine Seele hätten, die irgendein Mitspracherecht an unserem Leben hat. Aber auch ihre Seele wird auf die Dauer nicht akzeptieren, dass ein fremdbestimmter Geist (durch die „Du sollst- Du musst- Programme" der Eltern geprägt), die Führung dieses Lebens übernimmt, den Körper zum Ausführungsorgan degradiert und die Seele in die Ecke drängt.

Da wir Menschen aber Seelenwesen sind, wird unsere Seele, wenn die Zeit reif ist, beginnen sich dagegen zu wehren. Sie wird immer drängender darauf aufmerksam machen, dass hier nicht „das eigene Programm" gelebt wird. Denn unsere Seele ist göttlich. Sie kennt ganz genau das „Programm dieses Lebens", den Lebensplan, die Bestimmung und sie möchte, dass dieses Leben seiner EIGENEN Bestimmung nachgeht und diese auch erfüllt.

Durch Leid zu Erkenntnis
Das Problem ist: unser fremdbestimmter Geist hört meistens nicht hin. Er lebt stark im Außen und hat oft wenig Zugang zur Welt seines eigenen Unterbewusstseins, zu seinen Gefühlen. Er möchte von Seele auch nicht viel wissen. Er hört auch nicht auf ihre Botschaften wie Gefühle, innere Bilder, Intuition, Träume usw.

Aber: wenn das Maß für unsere Seele voll ist, wird nun die Seele ihrerseits (um diesen Geist in die Knie zu zwingen) den Körper in die Krankheit führen. Wenn sie

aber selbst zu schwach ist, wird sie selbst krank werden (Depression, Lebensängste).
Viele meiner Patienten haben diese bittere Wahrheit so erfahren müssen. Aber sie bemerken das immer erst, wenn „das sogenannte Schicksal" (in Wirklichkeit ihre eigene sich gequält fühlende Seele), ihnen oft jahrelanges Leid auferlegt.

So werden wir Menschen durch langes Leid gezwungen, über uns nachzudenken, unsere Fremdprogramme zu erkennen und so unser Leben zu verändern.

Genau diese Tatsache, entspricht auch einem der geheimen Gesetze dieses göttlichen Universums. Psychologisch und medizinisch gesehen, befinden wir uns hier im Bereich der sogenannten Psychosomatik.

Irrweg: Die Suche nach dem „richtigen" Arzt
Für mich sind die eben geschilderten psychosomatischen Hintergründe bei dieser jungen Medizinstudentin mit der schweren Psoriasis ganz klar erkennbar. Sie steckt sozusagen mitten drin... und ich befürchte, es wird noch lange dauern bis sie das begreift. Sie ist einfach noch nicht reif, noch viel zu unerfahren, viel zu jung für diese Lehre. Zu stark sind anscheinend noch ihre (Vater/Eltern) - Fremdprogramme. Ihr Geist glaubt noch daran, so wie ich es auch bei vielen meiner Patienten immer wieder erlebe, dass sie immer noch nicht den richtigen Arzt und noch nicht das richtige Medikament für ihre Krankheit gefunden hat. Aber so zu denken ist ein Irrweg.

Denn den „richtigen" Arzt, das „richtige" Medikament, werde ich nur IN MIR selbst finden. Ich muss irgendwann einmal lernen, meine Fremd-Programme zu erkennen, diese abzulegen und dadurch endlich mein eigenes Wesen, meine eigenen Programme zu entwickeln und so ICH selbst zu werden.

Dann sind auch meine Verteidigungs- und Abwehrmechanismen nicht mehr nötig. Dann muss ich lernen, mir selbst, meinen Eltern und allen Menschen, die mir wehgetan haben, zu verzeihen. So kann ich endlich eine gute und friedvolle Beziehung zu meiner Seele und zu meinem Schöpfer aufbauen.

Ich spreche da aus eigener Erfahrung, und ich bemerke, ich bin gerade hier auf dem Camino dabei, wieder einmal selbst, diese schmerzhaften aber wertvollen Erfahrungen für mein eigenes Leben zu machen.
Aber das ist unser aller Weg. Das sind seine geheimen Gesetze und Lehren.

Wie sagt uns die Esoterik: Leid ist Lehre!
Besser ist es allemal, ich erkenne und akzeptiere diese unsichtbaren Lebensprinzipien, als das mir das „Schicksal", durch jahrelanges Leid, Nachhilfeunterricht erteilen muss.

Autobahn, Lärm und Gestank
All diese wertvollen Gedanken gehen mir während des Wanderns durch den Kopf, und ich staune, wo diese wohl so plötzlich herkommen mögen. Dieser „Geist des Camino", - vielleicht sollte ich wohl besser Gott dazu

sagen, scheint mich hier auf diesem Weg direkt an die Hand genommen zu haben, so intensiv erlebe ich diese Begegnungen mit meiner inneren Welt. Aber ich denke, Gott ist immer da. Nur – vielleicht bin ich hier, auf diesem Jakobsweg, offener für mich selbst?

Schon seit Stunden führt der Camino durch ein langes und wunderbar ruhiges Tal. Nun aber, am Ende dieses Tals, schlängelt er sich als Trampelpfad immer an einem Hang entlang und führt direkt auf eine betonierte Unterführung zu.

Ich bin verwundert. Ich habe gedacht, der Camino ginge nun so schön ruhig wie bisher, immer weiter bis nach Santiago, immer quer durch das Land, so wie ich es bisher erlebt und auf vielen Fotos gesehen habe. Ich bemerke, anscheinend war ich da viel zu wenig informiert. Ich dachte ein Pilgerweg, ein spiritueller Weg sei eher ruhig. Aber weit gefehlt:

Ich unterquere nun eine 4-spurige Autotrasse und der Camino führt nun direkt parallel daneben her. Ich fühle mich nach der himmlischen Ruhe des bisherigen Tages nun vom Verkehr auf dieser Autobahn, dem Lärm und Gestank der vielen LKWs geradezu belästigt. Gott sei Dank führt er nach einiger Zeit wieder von der Autobahn weg auf einen Fluss zu. Ich überquere diesen über eine wunderschöne uralte Brücke.

Schmutziges Wasser
Auf der Mitte bleibe ich stehen und blicke ins Wasser. Was ich sehe löst in mir Kopfschütteln aus, macht mich ärgerlich und traurig zugleich. Im Bachbett liegt Abfall, Plastiktüten, Plastikflaschen und viel, viel Schmutz. Die Ränder des Flusses sind überwuchert von Algen (wahrscheinlich aufgrund von Verseifung und Überdüngung!) und in der Mitte schlängelt sich ein trüb fließendes Wasser, aber keine Fische sind zu sehen. Na, wen wundert das?

Ich frage mich, welche Menschen leben hier nur, die so achtlos mit ihrer Natur, mit ihrem wichtigsten Lebensmittel, dem Wasser, umgehen? Leider finde ich das gleiche Problem später in vielen anderen Gewässern entlang des Jakobsweges wieder, so wie ich es auch an anderen Orten in Spanien schon oft erlebt habe. Na ja, so denke ich mir, verdreckte und verunreinigte Gewässer, ja Grundwasser gibt es bei uns in Deutschland schließlich auch.

Nachdem ich die Brücke überquert habe, hält mich ein älterer, fast zahnloser Mann an und deutet auf meine Jakobsmuschel. Er redet mit seiner zahnlos verwaschenen Sprache freundlich auf mich ein, versucht mir Dinge zu erzählen, die ich erst einmal absolut nicht verstehe. Nachdem ich ihm aber eindringlich sage, er möge doch bitte langsam reden, verstehe ich ihn einigermaßen. Er beginnt mir zu erzählen, dass er und wann und wo er in Deutschland gearbeitet habe. Abschließend wünscht er mir noch den alten Pilgergruß

„Buen Camino" und sagt gebrochen auf Deutsch „Auf Wiedersehen". Ich reiche ihm die Hand, freue mich, verabschiede mich von ihm und durchquere jetzt einen Vorort von der ersten großen Stadt auf dem Jakobsweg: Pamplona.
Ich grüße jeden, der mir begegnet mit *„hola, buenos dias"*, bekomme teilweise freundliche Antwort, teilweise den Pilgergruß *„buen camino"* zu hören und werde von einigen richtig schief angeschaut.

Vitamine
Ich suche nach einer Apotheke, hier Farmacia genannt. Diese sind in Spanien an der Hauswand durch ein grünes Leuchtkreuz gekennzeichnet. Endlich finde ich eine, denn ich möchte mir Vitamin - und Mineralstofftabletten kaufen. Ich habe das Gefühl, mein Körper, meine zurzeit strapazierte Muskulatur, mein nun auf ungewohnte Hochleistung arbeitender Zellhaushalt, braucht diese Hilfsstoffe ganz dringend. Da ich sie daheim auch einnehme, weiß ich, wie wichtig sie sind und das sie mir gut tun.

Die Apothekerin, der ich meinen Wunsch vortrage, scheint mir irgendwie irritiert, denn sie sucht lange herum. Dann bringt sie mir das einzige Präparat, welches sie in der Apotheke vorrätig hat, so erklärt sie mir. Da sind ja unsere deutschen Apotheken vom Angebot her wahre Schlaraffenländer dagegen, denke ich mir. Ich kaufe das Präparat.
Plötzlich wird die Apothekerin ganz freundlich zu mir. Sie sieht meine Jakobsmuschel, fragt nach meiner

Nationalität, nach meinem Pilgerweg und wir unterhalten uns über den Zweck von Vitaminen, Mineralstoffen, Spurenelementen, Aminosäuren und anderen Vitalstoffen. Ich höre zu meinem Erstaunen dass auch sie diese immer wieder einmal einnimmt, weil sie von der besonderen Wirkung dieser orthomolekularen Hilfsstoffe für unseren menschlichen Organismus voll überzeugt sei. Leider, so sagt sie, werden diese wunderbaren Präparate viel zu wenig verlangt, nicht einmal von den vielen Pilgern, die täglich hier direkt vorbeigehen.

Von den Pilgern, welche zeitweise die Apotheke betreten, so erzählt die Frau weiter, werden meist nur Aspirintabletten, Kohletabletten für den Darm und Pflaster für die Füße verlangt, aber keine Vitamine. Wir unterhalten uns noch einige Zeit über meinen Beruf und meine Erfahrungen dazu.

Es lässt sich wunderbar mit dieser Frau plaudern, die sich, je länger wir miteinander reden, mir gegenüber immer offener, einfühlsamer und sensibler zeigt, als ich es bei vielen anderen spanischen Frauen bisher erlebt habe. Sie bringt mir noch ein Glas Mineralwasser und ich schlucke erst einmal zwei Kapseln Multivitamine und Multiminerale. Nach nicht langer Zeit bemerke ich, wie mir das gut tut. Mir war klar: das hat mein Körper nach den Anstrengungen der letzten Tage dringend gebraucht.

Bildung, Weltoffenheit und Berührungsängste

Nach einiger Zeit verabschiede ich mich von ihr und gehe nachdenklich weiter. Da mir persönlich, natürlich auch aufgrund meines Berufs, Menschen und menschliches Miteinander und Kommunikation wichtig sind, denke ich über diese Begegnung nach:

In den Geschäften und Gastronomien habe ich Spanierinnen in Bedienung und Verkauf bisher immer wieder einmal als nicht gerade freundlich kennen gelernt... und, wie vorher schon geschildert, auch im Pilgerbüro des Klosters Roncesvalles!

Aber diese Frau hier war ganz anders. Ich denke es war nicht nur ihre Art. Sie hatte studiert, sie war gebildet, interessiert, weltoffen und nett. Sie hatte als Apothekerin mir gegenüber auch keine Berührungsängste.

Bildung, Weltoffenheit und Berührungsängste!? Sollte das der Schlüssel, die Erklärung sein, warum es mit den anderen spanischen Frauen in den Geschäften und Gasthäusern oft solche Schwierigkeiten gibt?

Psychologisch gesehen scheint es mir durchaus stimmig zu sein, das diese spanischen Frauen oft mit geringer Schulbildung, meist noch dazu ohne jede Ausbildung, die einfach „nur" arbeiten gehen, aufgrund von fehlender Bildung und Weltoffenheit auch Berührungsängste haben. Hinzu kommt dann natürlich noch spanische Mentalität, die eben ganz anders ist als bei uns.

Diese Gedanken sind sicher noch nicht ausgeschöpft, aber sie dienen mir immerhin schon einmal als eine mögliche psychologische Erklärung dafür, was sich hinter diesen oft seltsamen Verhaltensweisen gewisser Gruppen spanischer Frauen verbergen könnte.

Kaffee und Kuchen
Aber, es geht auch ganz anders. Ich komme an einer Kirche vorbei. Ich beschließe, darin etwas Ruhe zu suchen und mich auszuruhen, da es jetzt später Vormittag ist, im Freien schon sehr heiß und von der Straße her sehr unruhig. Ich betrete den Vorraum der Kirche, aber das Kirchenportal selbst ist geschlossen. So setze ich mich in diesem schattigen und ruhigen Innenportal einfach auf die Schwelle und schnalle meinen Rucksack ab.

Eine Gruppe älterer Damen strömt laut redend an mir vorüber. Sie betreten alle, soweit wie ich das von hier aus sehen kann, so eine Art Pfarrsaal. Viele schauen mich an, gehen einfach an mir vorbei, einige erwidern meinen Gruß. Nach einiger Zeit kommen noch zwei ältere, gut gekleidete Damen, die erst meinen Gruß erwidern und dann interessiert bei mir stehen bleiben. Sie sehen die Jakobsmuschel auf meiner Brust und fragen mich ob ich Pilger sei, welcher Nationalität, wo ich als Pilger herkomme und wo ich hinmöchte, usw. Danach geht die eine Frau in den Saal und kommt nach kurzer Zeit mit einer Tasse Kaffee und einem süßen Plunderstück zurück, welches sie mir überreicht. Ich esse diese Gabe mit Begeisterung, lasse sie mir gut schmecken. Nach einiger Zeit der Ruhe verlasse ich diesen gastlichen Ort und bin dankbar für diese wertvolle Erfahrung.

In Pamplona
Wieder im Freien, ist es nun brütend heiß. Ich komme dem Stadtkern von Pamplona immer näher. Die Geschichte zeigt: Pamplona, die heutige Hauptstadt der Region Navarra, ist nachweisbar aus der Gründung einer alten Römersiedlung entstanden. Neben ihrer Geschichte als Hauptstadt und religiösem Zentrum, ist Pamplona auch wegen der Stierläufe durch die Stadt und ihren, für mich persönlich sehr zweifelhaften, Stierkämpfen in der berühmten Arena bekannt.

Ich durchquere die saubere Vorstadt und stehe plötzlich in der Innenstadt, die mich an malerische italienische Städte erinnert. Im Zentrum sind sehr viele Menschen und es scheint mir eine Fundgrube für schöne Geschäfte, Andenkenläden, religiöse Veranstaltungen usw. zu sein. Man sollte hier wirklich einmal ein paar Tage Urlaub machen, denke ich.

Total erschöpft
Nach dem Besuch der alten, mir persönlich viel zu dunklen gotischen Kathedrale aus dem 14. / 15. Jahrhundert, gehe ich in die wunderschöne großen Kirche San Satumino, schnalle meinen Rucksack ab und setze mich in eine leere Bank in eine der vorderen Reihen. Nach einiger Zeit des Sitzens in dieser wundervollen Ruhe und Umgebung löst sich eine mir

bisher verborgene innere Anspannung, sie fällt direkt von mir ab. Plötzlich stehen mir wieder Tränen in den Augen, und ich weiß wieder einmal nicht warum. Ich bemerke nur: ich bin in diesem Moment total erschöpft. Ich frage mich wieder einmal: habe ich mir nicht doch zu viel vorgenommen?

Kann ich das überhaupt, diesen weiten Weg gehen? Schaffe ich das? Und die ganze Summe meiner Zweifel des ersten Tages steht in diesem Moment wieder vor mir. Nein, so sage ich mir, ich werde diesen Weg gehen und berühre wieder dabei meine Muschel... und meine innere Stimme sagt mir:

„Mut, Kopf hoch! Du musst nur gut auf dich, auf Deinen Körper und auf Deine Kräfte Acht geben, dann schaffst Du das schon."

„Warum bist DU auf dem Camino?"
Irgendwann ist plötzlich mein italienischer Pilgerbruder Guilielmo wieder da. Er setzt sich neben mich in die Bank. Nach einiger Zeit fragt er mich so ganz einfach auf Italienisch, warum eigentlich ICH auf diesem Camino wäre? Meine Antwort war sofort da und diese hat mich selbst umgehauen. So arbeitet unser Unterbewusstsein, unsere Seele, wenn sie, wie hier auf diesem Camino, frei sein kann und nicht – wie daheim - von einem „Kopf" ständig bevormundet wird, der ewig nur an Arbeit und Funktionieren des Lebens denkt. Ich sagte zu ihm, wie aus der Pistole geschossen:

Perché nell'anno scorso, è morto mia moglie!"... und ich spüre in diesem Moment tiefste Trauer in mir. Appunto! Genau! Genau das ist es! Das ist tief in meinem Inneren mein wahres Gefühl gewesen. Ich habe es bisher nur noch nicht wahrnehmen und darum nicht aussprechen können, weil das Thema noch nie so deutlich wie in diesem Moment hier in dieser Kirche hier auf dem Camino da war.
Ich sagte nämlich: *„Ich gehe diesen Pilgerweg, weil im letzten Jahr meine Frau gestorben ist"* ... und er verstand es natürlich wörtlich. Oh Du Camino, welche Überraschung hältst Du noch für mich bereit?

Ausgerechnet jetzt begann auch noch eine Messe und als die Orgel (übrigens wunderschön gespielt) begann, liefen mir wieder die Tränen herunter.
Ja, ich spürte, genau das war es, dieses Gefühl stimmt ganz genau: Das Auflösen dieser langjährigen Partnerschaft, ist oder war für mich, wie wenn diese Frau, die mir über viele Jahre ganz nahe stand, nun für immer gestorben wäre.
Das war es, was mich so tief getroffen hat. Jetzt verstehe ich es plötzlich.

Nach der Kommunion sage ich zu Guilielmo, dass ich noch gern allein hier bleiben und danach allein weitergehen möchte, er soll bitte Verständnis dafür haben, was er auch völlig akzeptiert. Wir reden noch kurz davon, dass wir uns ja in der nächsten Herberge am Abend treffen werden, verabschieden uns herzlich voneinander... und ich habe Guilielmo auf dem ganzen

Jakobsweg nie mehr wiedergesehen. Anscheinend hat er einen anderen Weg mit einem anderen Laufrhythmus gewählt.

Aber nun war er für mich „der Engel dieses Camino", der dieses versteckte Thema meiner Seele durch seine Frage öffnete. So hatte ich die Möglichkeit es mir anzuschauen, es zu verstehen und ich bin dankbar dafür.

Rückblick ins eigene Leben:
Still sitze ich noch weiter in der Bank. Bei dem Thema vom sogenannten „Tod" meiner ehemaligen Partnerin steigen nun noch eine Reihe weiterer Lebensbilder und Erkenntnisse tief aus meinem Unterbewusstsein in mir auf.

Auch meine Mutter ist seit 15 Jahren tot, auch mein Vater (kaum gekannt) schon lange tot, auch mein Bruder seit zwei Jahren tot... und nun ist die Claudia aus meinem Leben gegangen, also für mich auch tot.

Niemand von den Menschen, die mir in meinem Leben einmal sehr nahe standen und die für mich wichtig waren, leben noch. Natürlich ist mein Sohn Marcus da, den ich sehr liebe. Aber er studiert. Er darf für mich nicht „da" sein. Er macht seinen eigenen Weg und das ist gut so.

Ich habe keine eigene Familie, keinen Lebenshintergrund mehr. Also bin ich seit dem Weggehen der Claudia ganz, wirklich und richtig allein! Dieses Wahrnehmen meines jetzigen Lebens trifft mich sehr und ich frage mich die immerwährende Frage aller Menschen: Warum? Fragte nicht auch Jesus am Kreuz in seinem Schmerz: „Mein Gott, WARUM hast Du mich verlassen?"

Warum ist das so? Warum muss ausgerechnet ich das so erleben? Warum der Schmerz? Warum das Leid? Und... wie soll das weitergehen? Möchte Gott denn wirklich, dass ich nun wie ein Eremit allein in meinem Leben, meinem Haus, meiner Praxis weiterlebe und nun nur noch mit meiner ganzen Kraft ausschließlich für meine Patienten da bin?
Ich weiß das alles nicht. Ich hadere zwar nicht mit Gott und meinem „Schicksal", aber in Momenten solcher Erkenntnisse ist es für mich (wie auch für Jesus am Kreuz) nicht leicht zu sagen: „DEIN Wille geschehe"!

Aber ich denke, nach all den bisherigen Erfahrungen, werde mir Gott auf diesem wundersam spirituellen Camino noch weitere Erkenntnisse schenken und Antworten geben.

Weiter durch die Mittagshitze - nach Cizur Menor
Als ich die Kirche verlasse ist es Mittag und im Freien so richtig heiß.
Diese vielen Menschen und diese Unruhe hier im Zentrum, alles das stört mich im Moment sehr.
Sicher gäbe es hier noch sehr viel Schönes zu sehen, aber ich suche nach Ruhe.
Ich will hier unbedingt weg. So folge ich der Markierung des Camino, die mich durch die Stadt, aber nun stadtauswärts führt.

Ich gehe in der ungewohnt heißen Sonne weiter durch die Fußgängerzone der noch sehr belebten Altstadt, durchquere dann einen großen Park und danach ein fast menschenleeres modernes Stadtrand - Viertel. Weil es

Mittagszeit und sehr heiß ist, sind hier alle Läden geschlossen, auch die Straßen sind menschenleer. Es ist Siesta. Ab 13 Uhr bis oft 17 Uhr ist fast überall geschlossen. Dafür gehen viele Spanier erst abends, wenn es kühler ist, zum Einkaufen und viele erst ab 22 Uhr zum Essen. Auch die Kinder sind dabei und meist bis Mitternacht wach. Hier bestimmt eben das Klima ganz stark den Lebensrhythmus, das bekomme auch ich jetzt immer stärker zu spüren.

Ich verlasse nun Pamplona. Dieser Weg in der ungewohnten Mittagshitze, ohne ein bisschen Schatten, ist für mich sehr anstrengend. Er führt mich zum nächsten Refugium, 6 Kilometer außerhalb von Pamplona gelegen, nach Cizur Menor. Auch dieser kleine Vorort von Pamplona liegt in der Mittagshitze wie ausgestorben da. Ich finde die Herberge problemlos. Sie liegt im hinteren Anbau eines alten Hauses. Ich bin der 3. Pilger, der dort ankommt.

Die dortige Betreuerin / Hausfrau empfängt mich zwar freundlich, zeigt aber sofort wer hier das Sagen hat. Sie führt hier klar das Regiment, ordnet und teilt ein und weiß genau, was für die Herberge und für uns Pilger gut ist und was nicht...und das sagt und zeigt sie auch. Ich kann sie gut annehmen und so stehen lassen. Mir ist das viel lieber so, als die anderen sogenannten Betreuer, die ich als desinteressiert und phlegmatisch erlebt habe (ich erzähle noch davon).

Ärger wegen der Wäscheleine
Im Zentrum dieser Herberge ist ein wunderschöner großer Garten mit alten Bäumen, die viel Schatten

geben, ideal zum Ausruhen, nicht überpflegt, der sehr viel Ruhe bietet. Ich „mache mein Bett", packe den Rucksack aus, gehe Duschen und ziehe mich um. Dabei bemerke ich: Ich habe das 1. Mal eine ganz kleine Blase an der rechten großen Zehe. Hoffentlich macht die morgen keine Schwierigkeiten.
Ich wasche meine Wäsche und suche eine Wäscheleine, die üblicherweise in den Herbergen immer in genügender Anzahl da sind, die ich hier aber nirgendwo finden kann. Da die Hausfrau nicht zu sehen ist um sie zu fragen, gehe ich zu meinem Rucksack und hole meine eigene Wäscheleine, die jeder Pilger dabei haben sollte. Ich ziehe mir diese in einer Ecke des Gartens zwischen zwei Bäumen, hänge meine drei Wäschestücke auf... und ich bekomme sofort lautstarken Protest von der Hausfrau. Diese hat mich anscheinend beobachtet und kommt nun, schon von weitem schreiend und schimpfend, auf mich zugerannt. Ich fühle mich völlig unschuldig, denke erst einmal, sie meint doch gar nicht mich, frage mich, was sie von mir will.

Sie steht schimpfend neben mir und erklärt mir lautstark und energisch alles Mögliche... und ich verstehe gar nichts. Ich sage ihr mehrfach, sie möchte doch bitte langsamer sprechen, sonst verstehe ich sie nicht, aber diese Furie ist überhaupt nicht zu bremsen. Langsam erahne ich, dass ich hier anscheinend in ein sehr sensibles Fettnäpfchen getreten bin.
Schon legt sie unter Schimpfen selbst Hand an. Sie nimmt meine nasse Wäsche ab, drückt mir diese resolut in die Hand, knüpft selbst unter Schimpfen meine Leine

ab und deutet mir energisch mitzukommen. Ich komme mir dabei wie ein dummer Junge vor, weiß nicht ob ich lachen oder mich ärgern soll.

Sie führt mich im rückwärtigen Teil des Gartens durch eine Öffnung zwischen den Sträuchern auf das Nachbargrundstück, wo zurzeit gebaut wird, aber es könnte auch eine Bauruine sein, wer weiß? Jedenfalls stehen hier brav und einladend in der Sonne fünf Wäscheständer. Die gute Hauserin stellt sich daneben und erklärt mir unwissenden Menschen, der eben noch nicht die Kunst des Gedankenlesens gelernt hat, eindringlich mit entsprechender Gestik, dass ich ungehöriger Mensch hier meine Wäsche aufzuhängen habe und nirgendwo anders, auch wenn rundherum alles staubig und dreckig ist und der Wind diesen Staub immer wieder aufwirbelt... und damit basta!

Als ich dann unter den wachsamen Augen der Hausfrau meine drei Wäschestücke aufgehängt habe, geht sie befriedigt und brummend ihres Weges. Sie ist nun sicherlich mit sich selbst sehr zufrieden, diesem dummen Aleman nun beigebracht zu haben, das in ihrem Garten keine frischgewaschene Wäsche aufgehängt wird, die ihr Feingefühl verletzt, besser auf dem staubigen Schuttplatz nebenan... und damit basta!

Na ja, andere Länder, andere Sitten.

Wieder abschalten lernen

Da ich vom Wandern in der Sonne sehr viel Durst habe, besorge ich mir noch eine große Flasche Wasser und eine Cola, setze mich in eine schattige Ecke des schönen Gartens und schreibe nun, wie jeden Tag, alle meine Gedanken und Gefühle in mein Tagebuch. Diese Ruhe und der Frieden in dieser Oase hier, tun einfach gut. Einfach einmal abschalten können, nur für sich selbst da sein, keine Verpflichtungen haben, gut für sich selbst sorgen usw., ja, das möchte ich daheim auch einmal so einfach können wie hier. Ich genieße das sehr.

Danke Camino, auch für diese Erkenntnis, wie gut wieder einmal Musse tut, nur für mich selbst da zu sein und nicht immer den vielen Verpflichtungen der Patienten, der Praxisarbeit und denen meines täglichen Lebens hinterher rennen zu müssen.
Ich nehme es als wertvolle Erfahrung mit nach Hause, dort besser auf mich und die Dinge meines Lebens zu achten und besser für mich zu sorgen.

Heißes Fußbad
In der Zwischenzeit kommen immer wieder neue Pilger an. Die Betreuerin des Hauses fragt jeden, ob er/sie Fußprobleme habe. Ich sehe schlimme Blasen an einigen Füßen, oft wundgescheuert, offen und entzündetes, rohes Fleisch. Das muss beim Gehen sehr wehtun. Die Hausfrau empfiehlt dafür allen Großmutters altes Hausrezept:
Ein Fußbad im heißen Wasser, mit Essig und Salz.
(Heißes Wasser öffnet die Poren, Salz hat, neben der osmotischen Wirkung, mit dem Essig zusammen, antibakterielle, antientzündliche Wirkung, so wie Bäder im salzhaltigen Meerwasser heilende Wirkung haben.) Ein Lob auf Großmutters altes Hausrezept.

So sitzen viele der Pilger im Schatten und machen in Plastikschüsseln hilfreiche Fußbäder. Die Betreuerin ist an dieser Stelle einfach nur zu loben, so rührend kümmert sie sich um das wichtigste Instrument des Pilgers, seine strapazierten Füße!

Das Gelübde
Irgendwann setzt sich eine blonde Pilgerin mittleren Alters in meine Nähe, in den Schatten des Baumes, unter dem auch ich sitze. Auch sie ist Deutsche. Erst plaudern wir ein bisschen miteinander und sind schon bald in ein sehr ernstes Gespräch vertieft. Sie heißt Sabrina und sie erzählt mir, sie spreche perfekt spanisch, denn sie sei Fremdsprachenkorrespondentin, lebe mit ihrem Mann in Frankreich, stamme aber aus Frankfurt.

Sie erzählt mir, von sich aus wäre sie nie diesen Jakobsweg gegangen. *„Das wäre mir alles viel zu anstrengend, dieses auf und ab, diese weiten Wege, diese vielen Menschen, die einfachen Herbergen usw. Aber ich gehe diesen Weg meinem Mann zu liebe, denn er hatte im letzten Jahr Krebs, bekam Chemotherapie, war sehr hinfällig und hat danach auch noch einen Herzinfarkt bekommen.*
Nun sei es – gegen den Rat seiner Ärzte – aber sein Wunsch, aus Dankbarkeit dafür, dass es ihm wieder einigermaßen gut gehe, diesen Jakobsweg zum Grabmal des Hl. Jakobus zu pilgern. Es war sein Gelübde, das er nun erfüllen möchte. Aber, so Sabrina, ich bin so schrecklich besorgt, denn meinem Mann geht es nicht so gut. Ich habe Angst, dass er sich überfordere und auf diesem Jakobsweg für immer bleiben könnte." Und ihr stehen Tränen in den Augen.

Ich sehe und spüre, sie hat große Angst um ihren Mann. Wie oft habe ich bei meinen Patientinnen schon ähnliches erlebt... Und so sitzen wir beide, nun sehr nahe beieinander und unterhalten uns leise über den Jakobsweg, über den Sinn des Lebens, über Gott, über die Bedeutung des Todes und das Leben nach dem Tod, während ihr Mann sich nach dem anstrengenden Marsch hingelegt hat und schläft.

Irgendwann sagt sie zu mir: *„Ich weiß gar nicht warum ich Dir (Pilger sagen zueinander Du) das jetzt alles erzählt habe. Ich bin sonst überhaupt nicht so mitteilsam, schon gar nicht gegenüber Fremden. Ich habe noch nie mit irgendjemanden darüber gesprochen. Ich habe das bisher immer mit mir selbst ausgemacht. Aber unser Gespräch hat mir sehr gut getan, ich habe nun viel zum Nachdenken."* Danach bedankt sie sich bei mir und geht nach ihrem Mann zu sehen.

Sabrina hat auch mich nachdenklich gemacht.
„Wer hat uns ausgerechnet hier zu diesem sehr tiefsinnigen Gespräch zusammengeführt? Wer hat dieser Frau den Mund geöffnet, sodass sie endlich einmal (noch dazu mit einem Therapeuten) über sich und ihre geheimen und seit der Krankheit ihres Mannes versteckten Ängste reden konnte? War hier wieder der geheime Geist des Camino am Werk, der uns wie zwei Marionetten zusammengeführt hat? So langsam glaube ich auf diesem Jakobsweg nicht mehr an „Zufälle". Hier entstehen direkt kleine Wunder."

Botschaft aus einer anderen Welt
Es ist 18.15 Uhr. Eben hat mich meine ehemalige Partnerin über mein Handy angerufen, welches ich nur für Not-Fälle (wegen eventueller Probleme in der Praxis oder von Patienten), immer abends zwischen 18.00 Uhr und 19.00 Uhr, einschalte. Sie erzählt mir, dass sie wieder einmal mit eitrigen Mandeln krank ist. Das tut mir leid für sie. Außerdem, so erzählte sie mir wieder einmal, sie möchte in einen Club in die Karibik in den Urlaub fahren, sie suche Musik, Tanzen usw.
Das alles höre ich zwar, aber ich spürte, es gehört nicht mehr zu mir. Für mich ist jetzt mein Weg wichtig, auch wie morgen der Camino wird, denn morgen ist Sonntag und zusätzlich führt der Camino über einen berühmten Pass. Ich spüre: auch die Sabrina mit ihren Ängsten und ihrer Sorge um ihren Mann, ist mir zurzeit viel näher, als der Gedanke an Karibik und Tanzen.

Gute und einfallsreiche Küche
Um 20.00 Uhr habe ich Sabrina, ihren Ehemann und einige andere Pilger aus unserer Herberge in einer urigen Taverne beim abendlichen Pilgermenü wiedergetroffen. Vorher wollte ich noch die kleine Ortskirche besichtigen, in der aber gerade eine Hochzeit stattfand. Das war eine – für meine deutschen Augen und Ohren ungewohnte Sache, ein Gerenne, Geschiebe und ein schreckliches Geschreie. Das Hochzeiten freudige und lebendige Ereignisse sind ist klar, nur bei uns werden sie wesentlich leiser und ruhiger gefeiert. Nur das hier ist Spanien. Hier ist südländisches Temperament zu Hause, insbesondere als das

Brautpaar aus der Kirche kam und es von den Wartenden mit buntem Reis, Erbsen, Linsen und Nudeln als Fruchtbarkeitssymbole beworfen wurde.

Danach bin ich zum Essen gegangen. Ich wundere mich über die hiesige, gute und einfallsreiche Küche. Meine letzten Aufenthalte in Fuerteventura, das ja auch zu Spanien gehört, haben was die Küche betrifft, in mir alles andere als gute Erinnerungen hinterlassen. Aber diese Küche hier gefällt mir gut. Ich ernte nur immer seltsame Blicke, wenn ich statt des vielen Fleisches, was hier gegessen wird, etwas anderes haben möchte, nämlich, Gemüse. Was ich aber nie erwartet hätte, dieses Essen hier, bekommt sogar meiner Verdauung gut. Ich habe nie Blähungen o.ä. Vielleicht macht das auch der ungewohnte spanische Wein, von dem ich mit Genuss immer ein Glas zum Essen dazu trinke.
Um 22.00 Uhr lagen wir alle brav in unseren Kojen. Im Raum ist es stickig und warm. Der Raum hat nur ein großes Fenster und dieses wird von einer Frau bewacht, welche in der Liege direkt darunter liegt. Sie erklärt uns, sie habe Angst vor Mücken und vor kalter Luft und daraus eventuell entstehenden Rückenproblemen und sie rammelt alles zu und verteidigt verbissen „ihr" Fenster. Hinzu kamen noch einige eifrige Schnarcher, und so habe ich wieder einmal sehr schlecht geschlafen.

****

6. Tag Cizur Menor – Eunate - Puente la Reina

Die Familie der Pilger

5.00 Uhr der übliche Rhythmus. Das übliche Pip, Pip, Pip, der Handywecker.
Im Raum ist es stockdunkel. Andere schlafen noch fest.
Um nicht zu stören, versuche auch ich im Dunkeln leise meinen Rucksack zu packen.
Es geht nicht. Schließlich trage ich alles leise vor die Tür.
Im Freien ist es noch sehr kühl. Ich ziehe mich dort an, packe meinen Rucksack, kontrolliere am Ende noch einmal, ob ich nichts vergessen habe. Als ich die Herberge verlasse drehe ich mich noch einmal um und sage still „Danke" für die freundliche Aufnahme.

Auf dem Weg zur Passhöhe Puerto del Perdo´n
Mit einem kurzen Morgengebet beginne ich erneut den Camino, heute erstaunlicherweise nur kurzzeitig mit Schmerzen in den Gelenken, die aber bald vorbeigehen.
Es geht von Cizur Menor stadtauswärts. Ich bemerke nach einiger Zeit, ich sehe keine Markierungen mehr, ich habe mich in der Dunkelheit verlaufen. Also gehe ich wieder zurück. Ich suche und finde nach einigem Hin und Her die Markierung mit der Jakobsmuschel und den gelbe Markierungspfeil an einer dunklen Hausmauer.

Der Weg führt mich nun auf die in ca. 10 Kilometer entfernte Passhöhe Puerto del Perdo´n, auf der sehr viele stromerzeugende Windräder stehen, die sich emsig und lautstark drehen.

Es geht langsam immer weiter bergauf und je höher ich komme, desto großartiger wird das Landschaftsbild. Überall sehe ich abgeerntete Getreidefelder, Wälder, einzelne Baum- und Buschgruppen. Ich habe eine unbeschreiblich schöne Sicht in die unverbaute Weite. Alles erinnert mich irgendwie an die Toskana. Langsam kommt auch die Sonne hoch. Ich fühle tiefe Ruhe in mir, auf dem schmalen Pfad, der sich durch die Felder in die Höhe zieht.

Ich überhole eine ältere, weißhaarige Pilgerin, die mit einem wie mir scheint, sehr schweren Rucksack und mit ihrem großen Schäferhund an der Leine, sehr langsam und bedächtig auf dem Pilgerweg ist. Sie schwankt bei jedem Schritt ein bisschen hin und her. Meine Praxiserfahrungen sagen mir, diese Frau hat Hüft- und Gelenkprobleme und bei jedem Schritt ganz bestimmt starke Schmerzen. Nach dem üblichen „Buen Camino" plaudern wir ein bisschen. Sie ist Französin und erzählt mir auf Spanisch, sie sei schon seit ca. sechs Wochen, von Frankreich kommend, zu Fuß mit ihrem Hund unterwegs und sie möchte nach Santiago. Ja, bestätigt sie, sie habe schlimme Gelenkschmerzen, aber das halte sie schon aus.

Welch ein Glaube steht dahinter? Das ist für mich eine echte Pilgerin! Ich bewundere diese Frau dafür, ja sie ist mir direkt ein Vorbild, wie sie freundlich und offen mit mir über sich, ihre Schmerzen und ihren Wunsch, den Camino zu gehen redet und konsequent ihr Ziel verfolgt und nach Santiago geht.

Das ist das, was ich unter dem wahren Geist des Camino verstehe. Ich bewundere sie vom ganzen Herzen, und ich sage ihr das auch.

Wettersturz
Als ich ungefähr die Hälfte des Anstiegs auf den Pass erreicht habe, wandelt sich in kurzer Zeit das Wetter. Dunkle Wolken ziehen schnell heran. Ein kalter und scharfer Wind kommt plötzlich auf, es zieht sehr schnell zu und schon beginnt es zu tröpfeln. Ich versuche nun so schnell als möglich nach oben zu kommen, da ich auf diesem Weg hier am Hang schutzlos dem Wetter ausgesetzt bin. Starke Windböen drücken mich plötzlich hin und her, zerren an mir und meinem Rucksack.
Dicke Regentropfen prasseln nun auf mich nieder und auf den staubigen Weg. Sie bespritzen nun mit Dreck und Staub vermischt meine Füße, Strümpfe und Schuhe. Schwitzend und außer Atem haste ich weiter nach oben, denn hier am Hang gibt es keinen Schutz vor diesem beginnenden Unwetter. Ich bin nun fast oben bei den Windmühlen. Ich überlege: den Regenumhang auspacken und anlegen halte ich für zwecklos. Der Sturm würde mir hier oben alles wegreißen. Also eile ich im prasselnden Regen so schnell ich kann weiter. Diese plötzlichen Naturgewalten hier oben, die mich auf dem nassen und glitschigen Pfad, noch dazu direkt neben einem Abhang, mit ihren starken Windböen hin und her schieben, machen mir direkt Angst. Hinzu kommt noch das unheimliche Drehgeräusch der Windmühlen.

Endlich bin ich oben. Der Regen prasselt jetzt sturzflutartig hernieder. Ich suche hinter einem Felsen Schutz vor den Böen, gehe tief in die Hocke und suche hastig meinen Plastik- Regenumhang aus dem Rucksack hervor, während ich und die ausgepackten Sachen immer nasser werden. Ich versuche mir geradezu verzweifelt den Umhang trotz der scharfen Windböen anzulegen, was kaum gelingt. Ich hätte das wohl besser daheim in Ruhe und im Trockenen trainieren sollen. Er fliegt mehr in der Gegend herum als er mir nützt. Meine letzte Rettung ist mein kleiner Taschenknirps, der ganz unten im Rucksack verstaut liegt. Ich bin froh, als ich den endlich aufgespannt habe. Aber ich muss nun damit kämpfen, dass ihn mir der Sturm nicht aus der Hand reißt. Die Sicht ist im Moment durch den starken Regen sehr getrübt. Alles ist grau in grau, das Unwetter tobt und ich hocke durchnässt und frierend neben einem großen Stein, nur durch meinen kleinen Knirps bedeckt.

Nach einer mir endlos scheinenden Zeit ist der Spuk so plötzlich vorbei, wie er begonnen hat. Es hört schnell auf zu regnen, die dunklen Wolken ziehen schnell weiter und nach einiger Zeit kommt wieder die Sonne durch. Diese habe ich auch bitter notwendig, denn ich bin bis auf die Unterwäsche durchnässt und ich friere erbärmlich. Auch meine Schuhe und Strümpfe sind nass. Ich ziehe mich soweit es mir möglich ist erst einmal völlig um und sehe nun auch andere Pilger durchnässt kommen, die sich auch irgendwo versteckt hatten.

Plötzlich eine große Familie
Am Rande der Plattform blicke ich auf die für den Camino berühmte, überdimensional große Figurengruppe aus Metall, welche Menschen und Tiere (wahrscheinlich auf der Pilgerreise darstellen sollen), die am Abhang aufgestellt ist.
Dann erlebe ich wieder eine Überraschung des Camino. Am Straßenrand steht ein Campingwagen. Ein freundlicher und humorvoller Brite, der bewundernswert schnell mit all den Pilgern um seinen Wagen herum in deren Landessprache spricht, bietet warmen Kaffee, Tee, Kekse dazu o.ä. für je 1 Euro aus seinem Wohnwagen an. Dankbar erbitte ich sofort einen warmen Tee, der mir sehr gut tut. Weitere Pilger kommen, darunter sind auch Sabrina, die ich gestern in der Herberge kennen gelernt habe und ihr Mann Martin, der wirklich sehr blass aussieht. Ich denke, dieser Aufstieg und der Wettersturz dazu, haben ihn sicher angestrengt. Irgendwann kommt auch die ältere Fußpilgerin mit ihrem Hund an, zusätzlich viele andere, dazu viele Radfahrer.
Hier vor dem Wohnwagen sind wir plötzlich eine große Familie, die Familie der Pilger nach einer Art Notsituation. Wir kümmern uns um den anderen, sind füreinander da, fragen wo Hilfe notwendig ist, wo jeder versucht jedem zu helfen. Für mich ist das ein sehr schönes Gefühl, bei dem für mich wieder der Geist des Camino sichtbar wird. Wir plaudern und genießen die warmen Getränke.

Danach geht es wieder bergab. Ich bin auf diesen Geröllwegen dankbar für meine festen Schuhe, denn

alles ist nun nass und sehr rutschig. Ich muss beim Gehen sehr aufpassen, denn der Abstieg ist zeitweise gefährlich.
Bald darauf zieht der Himmel wieder zu und es beginnt erneut zu regnen. Ich versuche mir wieder die Regenhaut anzulegen. Weil ich es allein wieder nicht schaffe, bitte ich eine freundliche Pilgerin mir dabei zu helfen, was diese auch selbstverständlich gern tut. Ich erkenne, ohne fremde Hilfe geht das überhaupt nicht, denn der Rucksack ist zu sperrig und die Regenhaut dafür zu klein. Das habe ich daheim weder bedacht noch bemerkt. Hier hätte ich besser mitdenken müssen. In der nächsten Stadt brauche ich unbedingt eine neue, größere Regenhaut. Nach ca. 2 Stunden hört der Regen wieder auf, also wieder Rucksack ab und erneut umziehen.
Der Camino führt nun an wunderschönen riesigen Sonnenblumenfeldern vorbei, wie ich sie noch nie gesehen habe. Wegen des Regens lassen sie noch alle ihre Köpfe hängen. Dieses Naturbild begeistert mich. Danach komme ich an Weinbergen vorbei, die mir endlos scheinen. Schade, dass die Trauben noch nicht reif sind, ich würde glatt einige stibitzen, Camino hin oder her!
Endlich kommt die Sonne wieder heraus. Ich bin dankbar dafür, denn meine Kleidung ist teilweise noch nass. Dabei fällt mir der Bericht eines anderen Pilgers ein, der 14 Tage nur Regen hatte, wo die gesamte Kleidung nur klamm und nass war und nichts mehr trocken wurde, der Boden aufgeweicht und jeder Schritt

auf den lehmig-schlammigen Trampelpfaden nur noch mühsam war.

In der alten romanischen Kirche Eunate
Der Camino führt nun an der alten romanischen Kapelle Eunate vorbei, deren Ursprung unklar sein soll. Diese achteckige Kirche fasziniert mich. Es wird vermutet, dass sie eine Templerkirche war.
Sie ist der St. Maria geweiht, deren berühmte Statue am Altar steht. Diese alte Kirche selbst hat, (wie die meisten spanischen Kirchen) kahle, nicht verputzte Steinwände, ist schmucklos und ziemlich dunkel. Aber dieser Ort hat auf mich eine starke Ausstrahlung. Seine schlichte Aura fasziniert mich. Leise gregorianische Gesänge aus versteckten Lautsprechern erfüllen sie mit dem Leben, welches der Spiritualität dieses besonderen Ortes entspricht.
Ich schnalle den Rucksack ab und setze mich in eine Ecke. Lange Zeit sitze ich dort mit geschlossenen Augen in stiller Andacht und versinke in tiefe Meditation. Ich sehe vor mir die Mönche von damals singen. Ich bin vertieft in diese ruhige und friedvolle Aura dieses heiligen Raumes und Ortes, und ich fühle mich Gott ganz nahe. Dankbar für dieses Gefühl berühre ich wieder meine Jakobsmuschel... und habe plötzlich wieder Tränen in den Augen. Der Camino zeigt mir wieder einmal eines seiner vielen Geheimnisse und meine Seele öffnet sich erneut.

Weg der Erkenntnis

Während er mir gestern sinnbildlich eröffnete, „Deine Frau ist gestorben" (im Außen), so trifft mich in diesem Moment eine weitere Erkenntnis: *„Auch in meiner Seele selbst ist etwas, wahrscheinlich der Teil, der einmal meiner Partnerin gehörte, gestorben!"* In mir ist plötzlich ein Gefühl, wie wenn man einem Baum, der sich in vielen Jahren mit einem anderen Baum mit dessen Wurzeln verflochten hatte, nun seine Wurzeln abhackt. Trauer meldet sich noch einmal von ganz unten.

Eine Stimme sagt in mir:
„Es ist nun die Zeit gekommen, diese Frau für immer loszulassen. Sie geht nun ihren eigenen Lebensweg weiter, ohne Dich. ... und sie hat ein Recht darauf!
Sei dankbar für die Zeit, in der Du mit ihr beieinander sein durftest. Sei dankbar für alles das, was Du von ihr bekommen und gelernt hast. Sei dankbar für die Liebe, die sie Dir einmal gab. Und nun lass sie wirklich los, denn ihre Seele ist nicht mehr bei Dir."

Ja, denke ich, Gott, Du hast wirklich recht... und in mir ist nun eine ganz tiefe, geradezu meditative Ruhe. Ich zünde für die Claudia noch eine Kerze an, spreche noch ein Gebet für sie und lasse damit diesen Teil meiner Vergangenheit los. Ich schließe nun, hier in dieser ehrwürdigen Kapelle Eunate, dieses Kapitel unseres gemeinsamen Lebens, in Dankbarkeit ab.

Gleichzeitig bitte ich in der Stille die Claudia und Gott um Verzeihung wegen der Dinge, die ich oft in meinem

"Frust" getan habe, wenn mir ihre Liebe, Nähe usw. gefehlt haben oder ich mich wieder einmal von ihr allein gelassen gefühlt habe.

Danach geht es mir so richtig gut. Ich fühle mich wie befreit. Der innere Druck ist weg.
Nach einigen Kilometern auf dem Camino, nun wieder in brütender Sonne, lässt meine Seele heilende Bilder aus der Vergangenheit in mir aufsteigen, die mir gut tun.

Ich erkenne nun deutlich, das ist kein "Zufall", das ich hier bin. Ich bin mir nun absolut sicher, dass ich hierher geführt worden bin. Ich bemerke: Der Jakobsweg ist ein wunderbarer Lehrmeister! Er ist wirklich ein Weg der tiefen Erkenntnisse.
Ich bin Gott sehr dankbar, dass er mich hierher geführt hat, damit ich hier, auf diesem spirituellen Weg, die Gelegenheit habe, ihm nahe zu sein, mich selbst und seinen Willen für mich besser zu erkennen. Ich berühre wieder meine Jakobsmuschel und fühle sofort, wie ihre heilende Energie in mir wirkt. Ruhig und heiter gehe ich weiter.

Beziehungsprobleme: Das zentrale Thema unserer heutigen Zeit
Unsere heutige Zeit ist auf dem Hintergrund von Hektik, Friedlosigkeit und Überforderung, auch der Manipulation durch Fernsehsendungen, der Suche nach Befriedigung von Süchten und materiellem Wohlstand, für viele Paare unsichtbar zum Auslöser vielfacher Partner- und Beziehungskrisen geworden. Die Scheidungsstatistiken bei Paaren zwischen 35 und 50 Jahren sprechen für sich. Die Zahl alleinerziehender Mütter und (unglücklicher)

Kinder, die ohne das Kennenlernen einer intakten und liebevollen Familienstruktur aufwachsen müssen, wird immer höher.

Wie sehr Beziehungsprobleme einen Menschen bis ins Innerste seiner Seele und seines menschlichen Fundamentes zerrütten können, erlebe ich fast täglich in meiner Praxisarbeit in den Einzel – Gesprächstherapien, oder wenn mich Paare in Krisen- oder Scheidungssituationen aufsuchen. Den Frust, den Schmerz, die Trauer wegen des Scheiterns der Beziehung, oft auch den bitteren Ärger auf den ehemals geliebten Partner(in), das erlebe ich bei Männern und Frauen in diesen Situationen sehr ähnlich, nur drückt es jeder anders aus.

Viele Menschen erlebe ich in diesen Lebensphasen vorübergehend völlig entwurzelt, orientierungslos, auf der Suche nach Erklärungen und der Frage nach einem möglichen Neuanfang.

Die Erfahrung zeigt immer wieder: Viele, die in einer Beziehungskrise stecken, neigen dazu, den ehemaligen Partner (in) zum alleinigen Schuldigen zu machen. Therapeutisch gesehen ist das zwar verständlich, aber wenig sinnvoll, denn es gilt zu verstehen: die Krise ist immer erst einmal meine eigene Krise.

Das allerdings wollen viele (insbesondere Frauen) erst einmal weder hören - noch wahr haben. „Mein Mann ist doch fremd gegangen: Was hat denn das mit mir zu tun?"

Die Erfahrung zeigt aber: sehr viel! Ich muss bei mir schauen, was ICH dazu beigetragen habe, damit diese Krise erst entstehen konnte. Was habe ich nicht gegeben, wo habe ich versagt, wo war ich zu launig, zänkisch, lieblos, abweisend usw. und habe dadurch die Partnerschaft immer mehr in Gefahr gebracht? ...das gilt übrigens für alle beide!

Wenn ich mich auf diese Gedanken wirklich einlasse, dann werde ICH, dann werden meine „Fremdprogramme" d.h. Inhalte, Erziehungs- und Lebensmuster usw. VON MIR SELBST sichtbar, die Mitauslöser für diese Krisen sind, die ich bisher noch nie an mir bemerkt habe. Wenn ich mich wirklich darauf einlasse, dann kann ICH auch vieles über meine versteckten Ängste, meine Empfindlichkeiten, meine Verletzungen, meine Lebensmuster usw. lernen.

Beziehungskrisen sind wie ein schmerzhafter Kurs in Selbsterfahrung. Wenn es nicht so wehtun würde, müsste man ihnen dankbar sein. Schlussendlich kommen wir so ein Stück unserer Seele und damit Gott näher, insbesondere hier auf dem Jakobsweg.

Da auch mein Motiv, diesen Jakobsweg zu gehen, eine solche Beziehungskrise war, so verwundert es sicher nicht, dass ich hier auf diesem Jakobsweg einige alleingehende Pilgerinnen (keine Männer!) getroffen habe, die mir anvertrauten, das auch sie wegen einer Beziehungskrise als Pilgerinnen gehen und hier auf der Suche nach Antworten sind.

In Puente la Reina

In Puente la Reina angekommen, gerate ich in eine mit Fähnchen geschmückte Stadt, vollgestopft von Menschen, sodass ein Durchkommen mit Rucksack und Wanderstab nur schwer möglich ist. Hier ist gerade Fiesta.

Vorsichtig schiebe ich mich durch die Menschen, bis ich endlich die berühmte mittelalterliche Brücke von Puente la Reina erreiche, die als Foto in keinem Führer des Jakobsweges fehlen darf. Früher mussten die Pilger mühsam den Fluss Arga überqueren. Im 11./12. Jahrhundert nahm sich eine spanische Königin dieses Pilgerproblems an. Sie ließ eigens für die Pilger an dieser Stelle eine Brücke bauen, an der sich dann die Stadt ansiedelte. Diese bekam deshalb den Namen Puente (Brücke) la Reina (der Königin). Langsam überquere ich dieses bald tausendjährige Bauwerk und suche danach die neu gebaute Herberge auf, von deren Qualität ich sehr positiv überrascht bin.

Hier finde ich helle, freundliche und gut gelüftete Schlafräume, saubere und ausreichende Sanitäreinrichtungen, Aufenthaltsräume und eine Art Kantine. Das alles wird von einem freundlichen, aber sehr gestressten „Herbergsvater" betreut, der mir wegen der vielen Fragen (und Ansprüche!) so mancher Pilger, richtig leid tut.

*****

7. Tag: Puente la Reina - Estrella

„Was Ihr dem geringsten meiner Brüder getan habt, das habt Ihr mir getan"

Nachdem mir gestern beim abendlichen Pilgermenü wohl das zweite Glas Wein echten Riojas etwas zu viel geworden ist, (so viel trinke ich normalerweise nur über das ganze Jahr verteilt), war ich schon um 21.00 Uhr im Bett, und ich habe endlich einmal gut geschlafen. Diese neue Herberge ist prächtig organisiert, sehr sauber und ruhig. So bin ich heute schon sehr früh wach... und es piept dieses Mal nirgendwo ein Wecker, was mich geradezu verwundert hat.

Weil viele noch schlafen, bringe ich leise alle meine Sachen aus dem Schlafraum, mache mich langsam fertig und ab geht es zur nächsten Station nach Estella, 21 Kilometer weit entfernt.

„Vater – Unser"
Wieder beginne ich den Morgen meiner neuen Pilgerreise mit einem Gebet, heute mit dem „Vater unser."
Aber: es geht einfach nicht! Das „Vater unser" in seiner üblichen Form stört mich schon lange, und ich versuche es für mich zu übersetzen:

„Vater – Unser" .... Wieso denn nur Vater? Ich denke mir: Gott unser Schöpfer allen Seins ist die **Einheit in Perfektion, also Yin und Yang, also männlich und weiblich, also VATER und MUTTER gleichermaßen.**

Aber so finde ich es immer noch nicht stimmig, denn MÜTTER (nicht wir Väter) sind die Träger allen Lebens; Mütter sind der Inbegriff von Liebe, Nähe, Wärme, Zuneigung, Zärtlichkeit.
Auch lernen wir Kinder bei unserer Mutter die Sprache, also Muttersprache. Klingt ungewohnt nicht wahr! So gesehen müsste es richtigerweise heißen:
„MUTTER und Vater Unser" = das ist Einheit.

Deshalb kann Gott ja auch nicht nur „Liebe" sein, wie uns die Kirche immer sagt, sondern dann ist er auch gleichermaßen Leid, also Einheit.

„Der Du bist im Himmel": Eine Frage meldet sich: Warum nur im Himmel...bzw. wer, was oder wo ist dieser Himmel?
Wenn Gott unser Schöpfer Ganzheit und in allem ist, seine Schöpferkraft auch mein Leben steuert und durchdringt, dann müsste es heißen: **„Der du bist."**

„Dein Wille geschehe, wie im Himmel - so auf Erden"

„Unser tägliches Brot gib uns heute"

„Und vergib mir meine Schuld"

„Wie auch ich den Menschen vergebe, die mich verletzt haben"

„Lass mich nicht in Versuchung kommen" (Gott führt uns doch nicht in Versuchung, oder? Dieser Text stammt sicher noch aus dem Alten - Testament, als Gott noch aktiv eingegriffen und die Menschen auch noch wirklich versucht hat).

„Sondern erlöse uns von dem Bösen"

„Denn Du bist mein Weg, die Wahrheit und mein Leben, Amen."

Sicher könnte man das noch viel mehr verfeinern, aber es klingt für mich schon einmal besser.

Erde zu Erde
Plötzlich werde ich wieder einmal auf diesem Camino mit unserem menschlichen Urthema konfrontiert, mit dem Tod, so ganz einfach und stofflich. Neben dem Camino sehe ich einen gemauerten Grabstein mit einer Erinnerungstafel an eine Pilgerin, die im Jahre 2002 hier an dieser Stelle auf dem Jakobsweg gestorben ist. Lange stehe ich vor ihrem Grab und viele Gedanken und Gefühle steigen in mir zu diesem Lebensthema auf. Auch für mich ist der Tod sehr wohl ein Thema. Abgesehen davon, dass ich es mit tiefer Betroffenheit miterleben muss, wenn Patienten sterben, so waren wir beim letzten Klassentreffen, von ehemals 32 Mitschülern , nur noch 21, die sich treffen konnten.

Der Camino hat mich nun zum dritten Mal mit dem Thema Tod direkt konfrontiert: Tod der Beziehung zu meiner Lebenspartnerin, Tod der Gefühle und Werte in meiner Seele und nun Tod als Schlusspunkt unseres stofflichen Lebens.

Aber diesen Tod – dieses endgültige „AUS" für immer – gibt es für mich nicht. Sicher: Symbolisch gesehen schuf Gott uns Menschen aus einem Lehmklumpen, d.h. wir entstammen der Erde, der Materie, deren Gesetze wir Menschen genau so unterliegen wie die gesamte Natur. Was liegt also näher, als dass ein Teil dieser Erde wieder zur Erde zurückkehrt.

Unsere Seele aber, das Göttliche und Unsterbliche in uns, wird immer weiterleben, denn Energie kann nicht verschwinden oder „sterben", das ist meine Wahrheit!

Und so denke ich mir, nachdem ich für diese Pilgerin ein Gebet gesprochen habe, wenn ich jetzt , hier auf dem Camino sterben würde, ich wäre wahrscheinlich viel näher bei Gott, als auf einem normalen Friedhof...... und wie viele andere Pilger würden dann für mich beten. Ich frage mich hier in diesem Moment, ob Gott das wohl auch so sehen kann, bzw. ob das wohl so in meiner Bestimmung liegt?

Ich gehe langsam und nachdenklich weiter, denn es ist sehr heiß. Gegen 14 Uhr komme ich endlich im Refugium Estrella an... und ich bin völlig fertig. Weil mir wieder einmal die Füße und auch der Rücken sehr weh tun, überlege ich mir schon die ganze Zeit, wie ich dem

Herbergsbetreuer auf Spanisch erklären kann, dass ich von den Stockbetten unbedingt eine Liege unten brauche, ich glaube mit den Schmerzen komme ich heute keine zehn Zentimeter mehr hoch.

Herberge Estrella; desinteressiert, borniert und nur noch peinlich!
Als ich die Herberge betrete, stehe ich wie ein dummer Junge vor dem Schreibtisch eines völlig desinteressierten „Betreuers", der mir lustlos den Stempel in meinen Pilgerpass knallt und 4 € kassiert ohne mich dabei ein einziges Mal anzusehen. Ich bitte ihn um ein Bett unten, nicht oben in den Stockbetten, und erkläre ihm ich habe zurzeit Rücken-, und Gelenkschmerzen. Ich kann in dem Zustand einfach nicht nach oben klettern. Das interessiert diesen Mann überhaupt nicht.

Er deutet mit seinem Finger einfach irgendwo in die Gegend und als ich mich umdrehe steht eine andere junge spanische Betreuerin hinter mir. Sie führt mich in den ersten Stock, in einen völlig belegten Schlafsaal und zeigt mir das letzte noch freie Bett, natürlich ausgerechnet ein oberes Stockbett. Auch sie interessiert meine Bitte nicht. Sie dreht sich einfach um und lässt mich wie einen dummen Jungen stehen. Diese Abweisung und dieses ungute Verhalten ärgert mich wieder einmal maßlos.

Da ich aus dem Reiseführer weiß, dass diese Herberge eine große Bettenzahl hat, möchte ich wegen meiner körperlichen Beschwerden noch einmal mit dem Betreuer reden. Als ich den Gang wieder betrete, wird in diesem Moment gerade der 2. Schlafsaal mit circa 50 völlig leeren Betten geöffnet. Ich gehe also noch einmal zu dem Betreuer mit der Bitte, mir doch im neu eröffneten, völlig leeren Schlafsaal wegen meiner Schmerzen im unteren Stockbett ein Bett zu geben. Ich werde angeschnauzt, das gehe nicht! Ich frage ihn warum? Er gibt mir als Antwort, ich wäre eingeteilt. Was nun passiert war für mich mehr als peinlich, so sinnlos und unverständlich, wie überhaupt die Starre, Härte und Borniertheit in dieser gesamten Herbergsführung.

Der „Herr" am Schreibtisch erzählt nun seiner jungen Kollegin irgendetwas, was ich nicht verstehe. Diese packt mich am T-Shirt und zerrt mich in den vollen Schlafsaal zurück und rüttelt dann alle schlafenden Pilger in den unteren Betten wach. Dann hält sie allen Pilgern eine sehr laute und für mich sehr blamable Ansprache: *„Hier sei ein alter Mann, der habe Gelenkprobleme und einer der Pilger in den unteren Betten müsse eines frei machen, damit der alte Mann, der nicht nach oben kann, einen Platz bekomme."* Ich wäre daraufhin fast in den Erdboden versunken.

Alle waren erschöpft vom Gehen, verschlafen und niemand rührte sich. Daraufhin fing sie noch einmal an herumzuschreien, nun nur noch druckvoller. Ich war wütend, denn alles das hätte es nicht gebraucht, denn fünf Meter weiter gab es ja einen völlig leeren Schlafsaal, der eben eröffnet und nun von den nachkommenden Pilgern belegt wurde.

Das ging so weiter, bis sich endlich ein französischer Pilger meiner erbarmt und das mir zugeteilte obere Stockbett mit dem seinen, in dem er ja gerade geschlafen hat, tauscht. Mir war das alles zuhöchst zuwider und schrecklich peinlich – weil es sich mit einem bisschen guten Willen so leicht hätte lösen lassen. Ich danke dem unglücklichen Pilgerkollegen sehr und ärgere mich mächtig über die unflexible Borniertheit dieser Herbergsorganisation.

Das meine „Behandlung" kein Einzelfall in dieser Herberge war, habe ich dann im Gespräch mit anderen Pilgern zu hören bekommen.

Aber wichtigtuende Psychopathen, welche die Unwissenheit und Not anderer zum Befriedigen ihrer eigenen Machtbedürfnisse ausnutzen gibt es ja überall. Peinlich ist so etwas nur auf einem Pilgerweg allemal, noch dazu wenn über hilflose Menschen solche Macht ausgeübt wird!

Selbstwert - Problem
Dann gehe ich in Estrella bummeln und treffe drei Italiener: Don Luca, Claudia und Maria. Claudia ist Lehrerin und unterhält uns alle mit ihrer lebendigen und liebenswerten Art. Wir plaudern auf Italienisch und gehen miteinander zum Essen. Don Luca schaut die ganze Zeit an mir vorbei. Mich würde interessieren,

welche Probleme der Mann (als Pfarrer) mit mir oder mit Männern hat.

Abends treffen wir uns in der 1000-jährigen Klosterkirche von Estrella zu einem Gottesdienst wieder, den ein junger spanischer Pfarrer mit großem Elan, laut und deutlich hält. Als Don Luca dann in italienischer Sprache den Pilgersegen kaum verstehbar herunternuschelt, frage ich mich welches (Selbstwert) - Problem dieser Mann, noch dazu als Pfarrer, hat und mir wird langsam sein seltsames Schweigen vom Nachmittag klar.

*****

8. Tag: Estrella – Los Arcos – Torres de Rio

In der Ruhe liegt die Kraft

Wie in einem mittelalterlichen Märchen
Langsam wird das frühe Aufstehen, Rucksack packen und mich fertig machen zum gewohnten Rhythmus. Als ich in der Früh, noch vor 6.00 Uhr losgehe, ist es noch stockdunkel. Ich bin froh, diese Herberge, mit den unguten Erfahrungen, hinter mir zu haben. Die kleinen Gassen durch die ich nun gehe, sind wie ausgestorben. Sie sind ganz malerisch von Hauslaternen mit orangem Licht beleuchtet, wie die meisten kleinen Städte, durch die ich gehe.
Das orangene Licht ist für mich sehr ungewohnt, aber es gefällt mir. Es ist ein „weiches" Licht und nicht so „hart" wie das oft grelle weiße Licht unserer Straßenbeleuchtung. Außerdem, so habe ich einmal gelesen, soll orangenes Licht wesentlich weniger anziehend auf die Nachtinsekten wirken. Denn wie viele Insekten werden durch Hauslicht und Straßenlaternen angezogen und sie verenden so in der Irritation dieses Lichts.
Das Tack, Tack meines Wanderstocks klingt laut durch die völlig stillen, fast mittelalterlichen Gassen. Mich würde es nicht wundern, wenn im nächsten Moment der Nachtwächter mit der Hellebarde und der Laterne in der Hand um die Ecke käme und singen würde: *„Hört ihr Leut und lasst Euch sagen, die Uhr hat gerade sechs*

geschlagen..." Es ist hier wie in einem mittelalterlichen Märchen.

Bodegas Irache: ein Glas Wein für alle Pilger
Ich verlasse die Stadt mit einem kleinen Umweg über das Kloster: Monastero de Nuestra Senora, la Real de Irache, einige Kilometer außerhalb von Estrella. Als ich dort ankomme staune ich, welch ein riesiger Komplex das ist. Aber alles ist zu. Ein Mann erzählt mir, dieses Kloster sei nicht mehr von Mönchen bewohnt, es werde schon seit Jahren umgebaut in eine Art Kulturzentrum. Es soll sich hier um eine der ältesten Klostergründungen der Region Navarra handeln.
Auf der gegenüberliegenden Seite ist ein anderes riesiges Gebäude, ein Warenlager der Weinkellerei Bodegas Irache, wo es eine Besonderheit gibt. Dem Pilger wird zur Stärkung und Erbauung kostenfrei ein Glas Wein angeboten, welches man sich selbst an einem Hahn außen an der Wand zapfen kann. Oberhalb steht eine Statue des Santiago Peregrino, der alle Pilger einläd, ein Glas zu seiner Stärkung zu genießen, damit der Pilger mit Vitalidad y Fuerza (mit Vitalität und Kraft – wie auf dem Schild steht) den Weg nach Santiago gehen kann. Ich nippe nur einmal kurz den köstlich mundenden Wein, denn ich möchte ja noch geradeaus weitergehen. Drei andere Pilger, die dort stehen, aber sind schon mächtig lustig. Mit einem stillen Dank an den edlen Spender gehe ich weiter.

Tiefe Ruhe
Der Camino führt auf und ab, quer durch das Land. Es geht kilometerlang durch weite, schon abgeerntete Weizenfelder, durch Weinberge und Olivenhaine, so recht nach meinem Geschmack. Die Gegend strahlt auf mich eine tiefe Ruhe aus, und ich setze geradezu meditativ Schritt vor Schritt.
Aber meine Füße, präziser die Fußwurzelknochen, tun mir bei jedem Schritt weh und ich weiß nicht warum. Ich werde doch keine Sehnenscheidenentzündung haben? Ich pflege sie früh und abends gut mit Hirschtalg und ich wechsle (einer alten Bergwanderer- und Soldatenregel folgend) nicht die Strümpfe, denn frischgewaschene Strümpfe machen Blasen... und abends kommen die Schuhe und Strümpfe zum Ablüften natürlich ins Freie!
Vielleicht war es doch ein Fehler, dass ich mir vor der Abfahrt noch neue Einlagen für die Trekkingschuhe habe machen lassen, denke ich. Jetzt, wo der Camino nicht mehr durch die Bergregionen führt, wünschte ich mir, ich hätte meine Lauf- Turnschuhe mit den schönen Dämpfungssohlen dabei, die jeden Schritt weich abfedern. Aber nun, in diesen Trekkingschuhen, schwitzen auch mein Füße, schwellen an, drücken und tun weh. Das habe ich vorher weder gewusst noch bedacht und ich kann es nun nicht ändern. Also muss ich wohl oder übel mit den Schmerzen gehen.

Der Camino führt mich die Hügel rauf und runter. Weit im Hintergrund sehe ich Berge und alles erinnert mich an die Landschaft der Toskana. Darüber stehen eine herrliche Sonne und ein strahlendblauer Himmel. Der

Weg führt mich an einer uralten Kirche vorbei, die endlich einmal offen ist. All diese alten Kirchen am Land bestanden bisher innen nur aus dem rauen Steinrelief, sind ohne Beleuchtung innen meist schmucklos und von einem geheimnisvollen Dämmerlicht, während die großen Kirchen der Städte prunkvolle goldene und für meinen Geschmack völlig überladene Altäre haben.
Diese Kirche hier ist mehr als schlicht. Ich finde sie gerade deshalb schön. Ich lege den Rucksack ab, setze mich in eine Bank und halte einige Zeit Andacht und innere Einkehr.

In 8 Tagen in Santiago
Als ich die Kirche verlasse steht ein junges deutsches Paar mit Fahrrädern davor, das gerade ihre Karten und ihren Reiseführer studiert. Wir sprechen kurz miteinander. Sie erzählen, sie seien von Hamburg mit dem Auto nach San Jean Pied de Port gefahren, hätten dort ihren Wagen stehen lassen und sie seien nun mit dem Fahrrad nach Santiago unterwegs. Sie hätten 14 Tage Zeit und wollen spätestens in 8 Tagen in Santiago sein. Dann mit dem Bus oder der Bahn zurück. Sie seien Fahrrad – Pilger. Sie wollen auf ihrem Weg viele Kirchen, KulturdenKilometeräler usw. besichtigen. Sie fragen mich ob es sich lohne, diese Kirche anzuschauen?
„Nein denke ich mir, für Euch hat diese Kirche nichts Lohnendes. Vielleicht ist sie ein DenKilometeral, vielleicht ein architektonisches „NICHTS", aber für mich hat sie eine herrliche Ruhe und geheime Schwingung, aber ich glaube nicht, das ihr beide genau das sucht." So ähnlich sage ich das dann auch und sofort fahren die beiden weiter.

Durch dieses junge Paar werde ich wieder einmal mit der Frage nach dem Camino konfrontiert. Die Inhalte dessen, was Menschen hier suchen und erwarten, sind sehr unterschiedlich. Im Vergleich zu den beiden eben, bin ich ein richtiger „Kulturbanause" und ich stehe auch dazu. Ich habe auch keinen Reiseführer über Klöster, DenKilometeräler, Kirchen, architektonische Besonderheiten der Jahrhunderte usw. dabei. Es interessiert mich auch nicht sonderlich.
Für mich ist der Camino als spiritueller Weg wichtig, durchaus auch mit seinen Klöstern, DenKilometerälern, Kirchen, architektonische Besonderheiten usw., aber so, wie ich alles in meinem Herzen wahrnehme und empfinde. Für mich ist das Wissen über die Ereignisse der Jahrhunderte und die vielen Beschreibungen all der Leute, die sich dazu Gedanken gemacht haben und ihr Wissen in den verschiedensten Reiseführern weitergeben, nicht so wichtig.

Für mich gilt:

„Mit den Augen sehen, mit dem Herzen spüren."

„Fahrradpilger" nerven
Und dieses Jagen von einem zum anderen Ziel, dieses ankommen müssen in 10 Tagen in Santiago (Schnitt bei 10 Tagen: 80 Kilometer pro Tag), dieser sportliche Ehrgeiz zwischen Höhenprofilen, Streckenführung, Kilometer-Leistung und Ausrüstung, das mögen Radfahrer als eine anerkennenswerte sportliche

Leistung toll finden. Radfahrer mögen mir nun bitte an dieser Stelle meinen Nihilismus verzeihen. Sich aber auch noch Fahrrad - Pilger zu nennen, das reicht bei mir gerade zu einem Kopfschütteln.

Mich nerven schon die ganzen Tage diese Radfahrer, die uns pilgerndes „Fußvolk" durch Zurufe von hinten immer wieder erschrecken, uns insbesondere auf den kleineren Wegen und Bergwegen zum auf die Seite gehen und stehen bleiben nötigen. Ich finde diese Radfahrer rücksichtslos, die fast immer an uns vorbeirasen, als seien sie hier nicht auf einem Pilgerweg, sondern auf einer Rennstrecke, auf welcher der Fuß-Pilger am Ende noch in einer Staubwolke dieser vielen Sportfahrer weitergehen darf.

Danach geht es 12,5 Kilometer auf einem unberührten Pfad durch endlose Weizenfelder, ohne die Möglichkeit Wasser zu bekommen. Die Luft flimmerte von der Mittagshitze.
Meine Füße schwitzen. Sie schwellen an und ich spüre im Lauf der Zeit immer stärkere Schmerzen. Meine rechte Zehe macht mir auch wieder Schwierigkeiten, sie tut besonders weh. Ich ziehe wieder einmal die Trekkingschuhe aus und sehe: sie ist rot geschwollen und entzündet, wie bei einem Gichtanfall, den ich aber mit Sicherheit nicht habe. Ich stehe vor einem Rätsel.

In Los Arcos angekommen hole ich mir in der dortigen Herberge erst den Pilgerstempel und gehe danach inden

Ort, in einen kleinen Laden zum Einkaufen. Wie alle Tage kaufe ich mir 2 Brötchen, 2 Tomaten, 2 Pfirsiche und 100 Gramm gekochten Schinken, sowie eine Cola und eine große Flasche Mineralwasser. Ich setze mich unter einen Baum und esse die Hälfte davon mit Genuss. Danach entscheide ich mich noch weiter zu gehen, zu dem 8 Kilometer entfernten Ort Torre de Rio. Aber nach einiger Zeit des Gehens bemerke ich, in dieser Mittagshitze weiterzugehen, das war eindeutig eine Fehlentscheidung.

In der Herberge angekommen, empfängt uns dort als „Herbergsbetreuer" ein ganz junger Italiener. Die Herberge ist alt, schmucklos aber sauber.

„Häää?"
Abends treffen wir uns wieder in internationaler Besetzung zum Pilgermenü in der naheliegenden Bar. Die Bedienung ist (wieder einmal) eine junge, äußerst unfreundliche Spanierin, die hier lustlos ihren Job ausführt und die uns Ausländer und unser nicht so astreines Spanisch absolut nicht verstehen möchte. Beim Bestellen verzieht sie demonstrativ immer wieder ihr Gesicht, fragt „Häää?". Beim Servieren wird es dann noch besser: geradezu liebevoll knallt sie uns die Teller mit der Tagessuppe so auf den Tisch, das es gerade so spritzt.
Neben mir sitzt eine ältere Dame, eine Pilgerin aus Deutschland, die kein Wort spanisch spricht (alle Achtung für sie hier zu sein!). Deshalb bin ich nun ein bisschen für sie da. Sie möchte am Ende des Menüs statt des Joghurts aus der Tiefkühltruhe einen Kaffee. Die Bedienung sagt sofort unfreundlich, das gehe nicht. Als ich sie frage warum

nicht, wird sie ganz ärgerlich, dreht sich um und geht dann an die Kaffeemaschine, poltert da herum und knallt danach mit fuchsteufelswildem Gesicht meiner Nachbarin den Kaffee auf den Tisch.
Meine deutsche Nachbarin ist geradezu fassungslos. Sie teilt meine Erfahrung, indem sie mir erzählt, sie sei über diese üble Form von Behandlung entsetzt, welche sie bisher in ihrem ganzen Leben nur hier in Spanien so erlebt hat, ebenso schon mehrfach in Gastronomie und Geschäften... „Und das auf einem Pilgerweg", so sagt sie.
„*Dieser Pilgerweg sei doch auch ein Wirtschaftsweg. Gerade Gastronomien leben doch direkt von den Pilgern. Da könne man doch ein wenig freundlicher sein."*
Ich finde es bezeichnend, dass dieses Thema der Unfreundlichkeit von vielen spanischen Bedienungen in Gastronomie und Geschäften unter den Pilgern immer wieder ein Thema ist.
Um 21.00 Uhr bin ich so müde, dass ich schlafen gehe.

*****

9. Tag : Torres de Rio - Logrono

Was kann ich an Gott zurückgeben?

Kurz nach dem Aufstehen sagte mir meine Bettnachbarin, eine quicklebendige Italienerin: *„Oggi e` la routa dei rompe piedi"*, d.h. heute gibt es die Strecke der gebrochenen Füße. Na bravo, denke ich mir!

Sandalen oder Trekkingschuhe?
Denn seit einigen Tagen tut mir schon die rechte große Zehe weh und heute mehr denn je. In der Früh stelle ich nun mit Entsetzen fest, die Zehe ist rot angeschwollen und der Nagel ist blau unterlaufen, jeder Schritt tut weh. Ich stelle mir vor: Obwohl ich meine Trekkingschuhe vor der Fahrt extra habe weiten lassen, so müssen diese anscheinend immer noch zu eng sein, wenn durch die Hitze beim Wandern der Fuß anschwillt. Und das ist es was dann drückt. Nur was soll ich tun? Heute beschließe ich statt der Trekkingschuhe einmal die Sandalen anzuziehen um so die Füße zu entlasten. Dafür muss ich nun die schweren Schuhe im Rucksack tragen. Es ist ein Experiment, aber ich weiß noch nicht ob das so gut ist.
Nein, das ging nicht so gut. Der Druck auf meine Füße war zwar weg, aber dafür war ich auf den buckligen und steinigen Feldwegen nun sehr unsicher beim Gehen. Und so habe ich, der Vernunft folgend, mich nach einiger Zeit wieder in die festen Trekkingschuhe zwängen müssen. Die Frage war: „Was ist besser?" Mit

Sandalen gehen, dafür den Fuß entlasten, aber das Risiko Umknicken, Bänderzerrung und evtl. Reiseabbruch einzugehen, oder festes Schuhwerk anziehen und Trittsicherheit, aber dafür eingesperrt sein, Druck auf die Zehen und Schmerzen?

Wegen der immer zunehmenden Schmerzen in den entzündeten Füßen, wurde das ständige Abwägen dieser Entscheidung ab diesem Moment für mich zum zentralen Problem auf dem Camino.
Allerdings machte uns unser Herbergsbetreuer einen Strich durch die Rechnung. Normalerweise werden die Herbergen ab 5.00 Uhr oder früher geöffnet. Um 6.40 Uhr kam er endlich völlig verschlafen daher und bekam so einiges zu hören, insbesondere von den Frühwanderern, die normalerweise um 5.30 Uhr losrennen, losrennen!?
Nun, das ist jetzt ein heißes Thema. Ich verstehe sehr gut, dass es in der Früh sehr schön ist, gleichzeitig schafft man eine gute Strecke, bevor es heiß wird.

Nur andererseits sind wir hier auf einem Pilgerweg. Natürlich möchte ich über niemanden urteilen oder Wertungen abgeben, jedoch bis auf das Gespräch mit Hanna damals, bemerke ich wirklich nichts, aber auch nichts, was auf Pilger hinweisen würde.
Aber vielleicht habe ich auch völlig veraltete oder idealisierte Vorstellungen von Pilgern, von innerer Einkehr und Besinnung, auf dem Weg zum Ziel eines Herrgottsweges. Ich sage ja, man kann niemandem ins Herz schauen, aber mit den Menschen, mit denen ich

hier täglich zusammenkomme, die wie ich auf dem Camino sind, bemerke ich – wenigstens von außen – herzlich wenig davon.

Ja, ganz im Gegenteil. Oft geht es nur um die sportliche Komponente: Welche Route? Wie viele Kilometer? In welcher Zeit? Bis wohin am schnellsten?

Und nur ganz wenige „Pilger" sind wie ich allein. Ich sehe viele Paare und kleinere Gruppen, natürlich mit Lebensfreude. Vielleicht muss ich altes Fossil lernen, dass auch hier die Welt nicht stehen geblieben ist und Pilgern eben heute bei vielen nicht mehr heißt, auf einem Gottesweg zu sein.

Dabei frage ich mich: *Ist das Pilgern selbst, der Weg des Pilgers zu seinem Ziel, nicht ein Weg, eine Zeit der Vorbereitung, der Sammlung, der inneren Einschau? Ich meine ja nun nicht psalmieren, sich auch noch mittelalterlich täglich geißeln und ständig Rosenkränze beten. Aber ich lerne wenige Menschen kennen, die auch klar zum Ausdruck bringen, dass sie in diesem Sinn als Pilger unterwegs sind.*

Früher waren Pilger unterwegs, um am Ende dieses Weges Gott etwas zu überbringen oder zu übergeben, z.B. eine oder einige ihrer verfehlten Taten oder ihre Lebensprobleme. Oder sie waren als Büßer, Bittende, oder als jemand unterwegs, der ein Gelübde erfüllen möchte, und heute?

„Was kann ich Gott zurückgeben?"
...... und nun liegen plötzlich auch meine Karten auf dem Tisch. Ich kann mich nicht mehr darum herum drücken. Ich frage mich wieder einmal: Welches ist nun mein wirkliches Motiv für diesen Pilgerweg? War das wirklich nur die Partnerkrise? ...und nach einigem Nachdenken wird mir klar:

Auch ich trage im Rucksack meines Lebens noch eine ganze Reihe von weiteren Dingen aus meiner Vergangenheit, welche aus meiner jetzigen Sicht absolut nicht im Sinn meines Gewissens sind und waren, und die heute (als Verfehlungen, christlich gesprochen Sünden) nur aus dem Gesamtzusammenhang meiner Vergangenheit zu sehen und zu verstehen sind.
Wenn das möglich ist, so werde ich mir diese Dinge hier auf dem Camino noch ganz genau anschauen. Wenn es Gott, meiner Seele, wichtig sein sollte, so wird sie mir auch diese Dinge aus meinem Leben zeigen und zur „Bearbeitung" übergeben, so wie ich das nun schon beim Thema Partnerschaft intensiv erleben durfte.
Ich werde dann all diese Dinge - mit der Bitte um Verzeihung - in Santiago auf dem Altar legen, bzw. in einer Beichte versuchen abzugeben.

Aber noch etwas beschäftigt mich nun. Gott gab mir dieses Leben mit allen Höhen und Tiefen, für mich aufgrund meiner Krankheit über viele Lebensjahre mehr mit Tiefen als mit Höhen. Andererseits ist Leid auch Lehre und wie viel Gutes und Positives ist aus diesem

Leid zu meinem Nutzen, zu meiner Freude und Zufriedenheit geworden.

"Wie vielen Menschen, welche seit Jahren Hilfe suchend zu mir in die Praxis, in meine Gruppen, Seminare, Vorträge gekommen sind, oder die mich im örtlichen Rundfunk hören und im Fernsehen sehen können, habe ich aufgrund meiner eigenen leidvollen Lebenserfahrung und durch göttliche Hilfe helfen können. Muss ich, soll ich, darf ich dafür nicht dankbar sein?"

Also frage ich mich nun hier auf diesem Camino: Was kann ich Gott dafür zurück geben, so reich von ihm beschenkt worden zu sein? Dieses Leben, was ich auch in seinem Namen und Bewusstsein als „Helfer" für andere führe, ist doch nicht selbstverständlich! Was bringe ich ihm nach Santiago mit? Diese wertvollen Gedanken arbeiten nun schon seit Stunden, ja während des ganzen Weges in mir.

Herberge in Logrono: Liebenswerter Empfang
Nach dieser Beschäftigung mit Gott und meinem Leben, erwartet mich wie zur Belohnung in der nächsten Herberge eine große Überraschung.
Zwei Damen und zwei Herren sind am Empfang, alle freiwillige Helfer.

Dieser Empfang hier ist so außergewöhnlich liebenswert, so offen und entgegenkommend, dass ich insbesondere auf dem Hintergrund des peinlichen Erlebnisses in Estrella direkt gerührt bin. Ich bekomme von einer

Betreuerin sofort Wasser und Melone angeboten, es erfolgt eine freundlich-interessierte Unterhaltung und Aufnahme der Personalien. Ich freue mich darüber, denn in einigen anderen Herbergen war das ja genau das Gegenteil.

Beim Duschen bemerke ich: Mein Zeh ist immer noch rot und der Nagel bläulich unterlaufen. Es tut einfach „sakrisch" weh! Ich hoffe, dass es noch besser wird.
Ich gehe, nun wieder mit Sandalen, in einen Mini-Supermarkt zum Einkaufen. Beim Zurückkehren sitzen die Betreuer unserer Herberge in einem Straßencafe und winken mich heran. Ich setze mich zu ihnen, und wir plaudern miteinander. Ich bin erstaunt wie gut ich sie und wie gut sie mich verstehen, denn sie wollen mich, mein spanisch/italienisches Sprachgemisch verstehen.
Und das geht mit einigem Lachen sogar hervorragend.

Hier gibt es gibt kein brüskierendes „Häää?", was mir die Schamröte ins Gesicht schreibt. Nein, die drei sind so freundlich zu mir, so fragend offen, dass es mir direkt gut geht.
Nachdem sie gegangen sind, bleibe ich bei einem Glas Bier über 3 Stunden sitzen und schreibe mein Tagebuch weiter. Ich beabsichtige heute am Abend in ein Konzert zu gehen, welches im Innenhof der Pilgerherberge gegeben wird. Ich freue mich schon darauf.

*****

10. Tag: Logrono – Najera -
St. Domingo della Cazada - Granon

Liebenswerte Menschen

Klapper - Störche
Obwohl in dem großen Schlafsaal um 5.00 Uhr der 1. Wecker pfeift, mag ich heute noch nicht aufstehen. Dafür gibt es schon eine ganze Zeit einen völlig anderen Wecker, einen der ständig klappert.

Störche, richtige lebendige Störche, welche ich schon unterwegs auf den Kirchtürmen bewundern konnte, auf denen sie ihre riesigen Nester gebaut haben. Hier sind sie so nahe, dass ihr „Geklapper" laut zu hören ist. Zusätzlich krähen auch ständig Gockelhähne, die mich nun doch mahnen aufzustehen. Ich packe mit der morgendlichen Sorgfalt und Aufmerksamkeit meinen ganzen „Haushalt" in und auf den Rucksack, verstaue alles andere in die Hosentaschen, Geldtasche und Brotbeutel. Vergessen! Dieses Wort darf es einfach nicht geben. Es könnte bedeuten, 20 Kilometer zurückgehen, mit der Unsicherheit ob das Vergessene überhaupt noch da ist, neu kaufen, oder das Vergessene abschreiben, weil es andere „Interessenten" dafür gab.

Was ist aber, wenn es sich um wichtige Dinge handelt: Papiere, Scheckkarten, Geld, wichtige Medizin, Dinge die einfach für/auf diesem Pilgerweg wichtig sind?

Hier heißt es einfach aufpassen und seine Sachen mit großer Sorgfalt beieinander haben.

Absolut meine „Kragenweite"
Als ich mich aufstelle steht mir am anderen Bettrand die Frau gegenüber, die im gleichen Stockbett über mir geschlafen hat. Wir begrüßen uns und stellen uns gegenseitig vor. Sie ist Spanierin aus Bilbao, heißt Maria-Isabella, (klingt wie Musik), ist 36 Jahre alt, Akademikerin, bildhübsch, und (einmal als Mann gesprochen) absolut meine „Kragenweite", wie man so schön sagt. Aber für mehr an Konversation reicht es nicht, sie ist schon fertig, und sie hat es anscheinend eilig. Ich spüre plötzlich, so heilig bin ich in diesem Moment gar nicht. Der „Mann in mir" meldet sich nach einer einjährigen Pause und Phase der Depression wieder zurück und denkt sich: „Tolle Frau"!!!

In der Früh bieten „unsere Herbergsleute" noch Kaffee, Tee, Kaba, Milch und Frühstück an, was ich alles ausfallen lasse. Ich habe einen anderen Rhythmus. Ich esse unterwegs, wenn mein Körper mir Hunger signalisiert und das ist meist so gegen 9.30 Uhr. Dann allerdings wird richtig gegessen. Auf ein reines Obstfrühstück, wie sonst immer daheim, habe ich hier überhaupt keinen Appetit. Brot mit Schinken, Tomaten, Ziegenkäse, evtl. noch Coca Cola und viel, viel Wasser, danach hat mein Körper unter der neuen Belastung Bedarf. Ich esse also hier mit großem Genuss alles, was mir daheim nicht in den Sinn kommen würde... und es bekommt mir prächtig! Gegen Mittag haben wir mindestens 40 Grad.

St. Domingo de la Calzada
Ich erreiche gegen Mittag St. Domingo de la Calzada und gehe ins dortige Pilgerheim. Der große Schlafraum ist brütend heiß und wenig gemütlich. Ich beschließe dort zu bleiben, denn meine große Zehe schmerzt wieder sehr. Ich ziehe die schweren Schuhe aus. Zu meiner Besorgnis ist nun der gesamte Zehennagel blau unterlaufen und dick geschwollen. Ich befürchte, ich werde diesen Zehennagel verlieren (was dann auch drei Monate nach Ende des Jakobsweges passiert ist).

In der Ambulanz im Krankenhaus
Da ich hier nicht mehr weiter weiß, gehe ich in die Ambulanz ins naheliegende Krankenhaus, wo ich fast 2 Stunden warten muss. Ich sitze im Durchgang des spanischen Krankenhauses, beobachte die Unruhe, das ständige Kommen und Gehen der Menschen. Es summt hier wie in einem Bienenstock. Endlich wird meine Nummer aufgerufen. Eine (schon wieder!) bildhübsche und sehr freundliche junge Ärztin empfängt... und versteht mich sogar sehr gut. Anscheinend kennt sie sich mit den verschiedenen Fußproblemen der Pilger sofort und bestens aus. Auch sie empfiehlt mir aus Omas- Heilküche Fußbäder mit Salz und Essig, das sei alles. Wir plaudern noch über meine Herkunft, den Pilgerweg, meine Pilgerabsichten... und ich bin entlassen.

Auf dem Rückweg zur Pilgerherberge treffe ich Maria – Isabella wieder, die in der letzten Herberge im Stockbett über mir geschlafen hat. Wir gehen miteinander zum Kaffeetrinken, sitzen auf einer malerischen Piazza und mir wird klar, ich will, ich muss, nein ich sollte endlich meine Spanischkenntnisse verbessern. Hier hätte es sich wirklich gelohnt.

Sie ist eine sehr liebe Frau, mit großer Geduld und Wohlwollen für meine ständigen Nachfragen wie: *„habla despacio por favor, no te entiendo"* = *„Sprich bitte langsam und ich habe nicht verstanden"*.

Überhaupt ist die Sprache des Camino international. Es ist oft ein lustiger Mix aus Spanisch, Französisch, Englisch, Italienisch und Deutsch und jeder Pilger geht mit großer Geduld und viel Wohlwollen auf den anderen zu. Ich finde das beeindruckend. Auch das ist sicher ein Geheimnis des Camino, wie er die Menschen zusammenführt, auch wenn ihn wohl jeder in eigener Absicht begeht.

Abendmahl im Kirchturm von Granon
Nachdem mir die Schlafhalle hier nicht zusagt und mir der „Führer" für die nächste Station in Granon Besonderes verspricht, gehe ich am Nachmittag, trotz der Schmerzen im Fuß, in der brütenden Hitze noch die 7 Kilometer weiter.
Ich finde die Pilgerherberge in einem sehr alten Kirchenturm, die von einem Geistlichen geführt wird, der sich sehr den Pilgern und dem Pilgergedanken widmet.

Hier läuft alles ganz anders. Hier ist wirkliche Gemeinsamkeit angesagt. Wir richten im Kirchturm für ca. 50 Pilger gemeinsam eine große u-förmige Tafel her, und in der kleinen Küche wird schon einmal kräftig gekocht.

Danach gibt es eine Pilgermesse und anschließend ein reichhaltiges gemeinsames Abendbrot für alle anwesenden Pilger. Statt einzeln in Gasthäusern herumzusitzen ist das ein wunderbares Erlebnis.

Wäre es nicht so schrecklich laut, weil jeder versucht mit jedem zu reden, trotz der verschiedenen Sprachen, so käme es mir vor wie das letzte Abendmahl.

Was mich besonders erstaunt: Dieser Pfarrer verlangt für all diese Gaben, auch für Übernachtung und das Essen nichts, er erbittet nur eine freiwillige Spende.

Um dieses Spendenkörbchen dort, so wird erzählt, ragen sich viele Geschichten, von großzügigen Spenden, Pfennigen und solchen „Pilgern", welche die Spenden anderer für sich privat gut gebrauchen konnten.

Gegen 23.00 Uhr kommt der Turm langsam zur Ruhe. Ich frage mich auf meiner Matratze liegend einmal ganz weltlich, ob hier von den 50 Pilgern überhaupt irgendwer lebend herauskäme, wenn hier Feuer ausbrechen würde, weil alles aus Holz gebaut, sehr alt und sehr trocken ist, und... es nur eine enge Holz (!) Treppe zum Hoch- und Runtergehen gibt.

Das hier, wäre im Ernstfall (Feuer) eine absolut tödliche Falle. Aber Spanier nehmen das wohl nicht so genau. Menschlichkeit vor Vorschriften, wieder ein Geheimnis des Camino.

Die Schmerzen in meinem Fuß lassen mich schlecht schlafen.

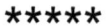

*****

11. Tag: Granon – Villamayor - Belorado - Tosantos

Begegnungen mit den verschiedenen Seiten der Seele

Vom Wohlstand verweichlicht?
Als irgendwo im Raum der 1. Wecker um 5.00 Uhr pfeift, fühle ich mich wie zerschlagen, denn die Matratze auf dem Erdboden war sehr dünn. Meine zusammengerollte Jacke musste als Kopfpolster herhalten und nun tut mir zu allem Überfluss auch noch der Hals weh. Bravo, denke ich, eine Blockierung in meiner Halswirbelsäule, das hat mir gerade noch zu meinem Glück gefehlt. Ich muss mir eingestehen, ich bin so richtig von unserem Wohlstand verweichlicht!

In der Früh die übliche Prozedur und ein besonders herzlicher Abschied von dem engagierten Pfarrer. Nach dieser gestrigen wertvollen Erfahrung, gebe ich gern 20€ als Spende für Essen, Trinken, Duschen und Schlafen. Das hätte ich in jedem Gasthaus genauso bezahlt, wenn nicht für alles zusammen sogar mehr. Deshalb finde ich es beschämend, als ich im Spendenkörbchen von über 50 Teilnehmern nur wenig Silbergeld finde.

Einschau in mein Leben
Ich gehe durch eine wunderschöne ruhige morgendliche Landschaft. Sie begegnet mir freundlich und weit. Riesige Weizenfelder, Weinberge und was auffällig ist, überhaupt nicht verbaut, wie bei uns in Bayern. Nur hie

und da ein kleiner Ort, halb noch aus dem Mittelalter übriggeblieben, einige Ruinen, oft ist alles wie ausgestorben.

Ich möchte nach dem gestrigen spirituellen Abend beten, aber irgendwie geht das heute nicht. Deshalb rede ich besser mit Gott, mit meinem Schutzengel, mit meiner Seele. Ich halte wieder einmal Einschau, besser Rückschau in mein Leben.
Meine Seele zeigt mir wieder einmal Dinge aus meiner Vergangenheit, die ich aus meiner jetzigen Sicht absolut nicht in Ordnung finde, wo ich damals einfach „daneben" gehandelt habe.

Ich bemerke, wenn ich heute noch einmal in dieser oder jener Situation von damals wäre, mit meinem heutigen Wissen und meiner heutigen Sicht der Dinge, ich würde mit Sicherheit vieles ganz anders machen...
Und darum tun mir diese Dinge aus meiner Vergangenheit, die mir meine Seele nun zeigt, einfach leid... und ich wünschte: ich könnte „den Mist von damals und mein Fehlverhalten" rückgängig machen.

Kann ich aber nicht! Und deshalb tut es weh, das ich damals Menschen, die mir wertvoll waren, weh getan, oder verletzt habe.

Jetzt, hier auf dem Camino, sehe, spüre ich es ganz deutlich. Ich sehe, meine „Steine", welche ich nach Santiago mitbringe, werden immer mehr... und schwerer.

Das hatte ich nicht erwartet. Das tut in diesem Moment einfach weh, in diesen negativen Spiegel meines Lebens schauen zu müssen!

Es tut auch deshalb weh, weil ich weiß: Ich kann diese Verfehlungen (die Kirche würde sagen Sünden) aus meiner Vergangenheit nicht mehr gut machen. Ich kann nur eines, Gott, die Menschen, die es betrifft, aber auch mich selbst um Verzeihung bitten und... daraus für meine Zukunft zu lernen.

Schließlich habe ich diese Dinge nicht mutwillig getan, um andere oder mir zu schaden. Nein, sie sind „einfach" aufgrund meiner mir unbekannten Lebensmuster aus den verschiedenen Situationen heraus entstanden.
Also wie immer: Das hat alles etwas mit meinen Lebensprogrammen, d.h. mit meiner Erziehung, meinen Prägungen und Lebenserfahrungen zu tun.
Und diese müssen angeschaut und korrigiert werden, sonst werde ich NIE ich selbst sein, sondern immer „fremdbestimmt".

Aber wie immer, erst müssen mir diese unsichtbaren und fremden Programme und Lebensmuster meines Lebens einmal bewusst werden, ehe ich daran etwas ändern kann... und ich bin dem Camino für seine Hilfe zu dieser Selbsterkenntnis, d.h. „auf dem Weg zu mir" sehr dankbar.

Der Weg zieht sich und die Sonne kommt immer höher. Der Rucksack drückt wie üblich an den Schultern. 10 kg wollen eben getragen sein. Oft schmerzen die Schultern auch, zeitweise ist es kaum zum Aushalten.... Na, wen wundert das, bei so vielen Steinen, denke ich!

Im Ort Villamayor befindet sich ein richtiges Zeltlager für Pilger. Das erinnert mich an meine Kinder- und Jugendzeit, wo ich oft mit den Pfadfindern unterwegs war. Ich bemerke, ich würde auch wieder einmal gern in einem Zelt übernachten.

Weiter geht es zum nächsten Ort nach Belgrado. Der Weg geht plötzlich steil bergauf und immer weiter steil bergauf. Ich schwitze... und trotzdem bemerke ich, dass ich diese Anstrengung jetzt viel besser vertrage als den 1. Aufstieg von St. Jean de Port nach Roncesvalles. Ich bemerke, in diesen 10 Tagen täglichen Gehens auf dem Camino, täglich ca. 25 Kilometer, bergauf, bergab, hat sich in mir einiges verändert. Ich habe beim Aufstieg auch keine Luftnot mehr.

Dankbar bin ich, zutiefst meinem Schöpfer dankbar. Nicht nur, dass ich diesen Weg machen darf, mit allen bisherigen spirituellen Erfahrungen. Sondern auch, dass ich nach 25 Jahren schwerer Rheumakrankheit, mit unzähligen Arztbesuchen, Tabletten, Injektionen und Untersuchungen, dann nach einer Zeit rein naturheilkundlicher Therapie und körperlichem Wohlsein, Gott mich nun erfahren lässt, das in mir damaligen „ewigem Kranken" noch sehr viel Kraft und Energie steckt.

Ich berühre, wie immer wenn ich mit Gott rede, sein (Kraft)-Symbol, meine Jakobsmuschel, welche auf meiner Brust hängt... und sofort schenkt ER mir das Gefühl von Kraft und Zuversicht.

In Belogrado besuche ich – wie in jedem Ort den ich durchwandere - zuerst die Ortskirche. Diese hier ist endlich einmal wieder offen, viele finde ich jedoch verschlossen vor. Ich frage mich schon die ganze Zeit, warum das wohl so ist? Lohnt es sich nicht mehr viele der verschlossenen Kirchen instand zu halten, fehlt die pastorale Versorgung, oder hat man Angst vor Diebstählen? Niemand konnte mir bisher auf diese Fragen eine Antwort geben.
Ich gehe in die Kirche, schnalle meinen Rucksack ab, lege die Stöcke weg und setze mich in eine Bank. Hier ist es schön kühl. Gott, Maria, Jésus, sein Hl. Geist, ich spüre, alle sind mir sehr nahe. Ich fühle eine tiefe, fast meditative Ruhe in mir, welche meine Jakobsmuschel in mir/ über mich ausstrahlt.

Nach einiger Zeit gehe ich wieder. Da ich Hunger habe, frage ich einen Mann nach einem Supermarkt. Er schaut auf meine schweren Schuhe, den Rucksack, die Jakobsmuschel, nimmt mich einfach an die Hand und führt mich durch einige Gassen bis vor den Supermarkt, wünscht mir „Buen Camino", und lässt mich stehen. Ich bin dankbar. Vielleicht hat die Muschel auch hier wieder eines ihrer Geheimnisse offenbart.

Ich kaufe mir neben Mineralwasser und Coca Cola zum

Mischen, Brot, Ziegenkäse, 2 Tomaten und riesengroße Pfirsiche. Die Frau hinter der Theke bedient mich nicht nur mit mäßiger Lustlosigkeit, sondern sie raucht während des Bedienens auch noch munter eine Zigarette.

Für mich, als Deutscher, eine unmögliche Situation. Ich bin ja froh, dass sie mich gleich bedient. In anderen spanischen Läden habe ich erlebt, dass mich 2 junge Bedienungen, weil sie sich eben unterhalten wollten, geschlagene 20 Minuten vor der Käsetheke stehen ließen, wie einen dummen Jungen. Manche Spanierinnen, haben oft ihre eigene Art von Borniertheit mit den Menschen umzugehen, von denen sie eigentlich abhängig sind und von denen sie leben. Da fällt mir ein: Ich habe ein solches Verhalten noch nie bei Spaniern, also bei Männern erlebt.

Danach sitze ich in Belogrado unter Bäumen auf einer Bank am Kirchenvorplatz mit Blick auf einige alte und krumm und schief gebaute Häuser.

Es gehört schon einiges an Loslassen und Toleranz dazu, dass sich das eigene, auf millimetergenaue Korrektheit geschulte Auge, bei den vielen windschiefen Fenstern, Türen, Dächern usw., nicht empört, sondern der Verstand sagt: „Ich muss ja darin nicht wohnen". Ich habe auch bei Freunden, die, sei es in Spanien selbst oder auf den Kanarischen Inseln Häuser haben, erlebt, mit welch einer Nachlässigkeit dort gemauert, geputzt, gefliest, aber insbesondere Stromleitungen kreuz und quer über die Wände verlegt werden usw. Und das auch heute noch. Nun *"otros paises, diferentes costumbres = andere Länder, andere Sitten."* Ich sitze im Schatten und mein Mittagessen schmeckt vorzüglich.

Haarsträubende Erziehung
Auf der Bank hinter mir sitzt eine ganze spanische Familiengeneration mit einem kleinen Kind von ca. 3 Jahren, das herumrennt. Ich werde bald verrückt.
Alle 5 Erwachsenen, Eltern wie Großeltern, schreien ständig auf das Kind ein, was es machen soll, was es lassen soll und wie es sich verhalten soll. Dabei schreit einer lauter als der/die andere/n. Jeder fühlt sich anscheinend als Erzieher mehr befugt als der/die andere/n.
Da ich diesen seltsamen Erziehungsstil in spanischen (auch italienischen) Familien schon des Öfteren beobachten konnte, steht für mich die Frage im Raum, wie eine so hin und her gerissene kindliche Seele wohl auf einen solchen Verriss einer sogenannten Erziehung reagieren mag?

Ganz klar, die gequälte Seele solcher Kinder wird (nein, muss um in diesem Chaossystem zu überleben) sich von all den zeternden und schreienden Erziehern und deren widersprüchlichen Anweisungen freimachen.
Sie wird entweder leiden, depressiv werden und daran zerbrechen, oder... sie wird bocken, und nun selbst brüllen, zetern usw., und sich von den ständig widersprechenden Anordnungen ewig schimpfender Eltern, Großeltern usw. freischalten.

Sie wird, um in diesem System überleben zu können, eine eigene (also „unerzogene" und wenig geschliffene Oppositionshaltung) in Form einer narzisstischen Charakterstruktur annehmen, so wie man sie bei südländischen Kindern sehr oft findet, aber leider auch schon immer mehr bei uns.
(Siehe dazu mein Buch: „Ich möchte Dich endlich einmal verstehen, Charakterstrukturen".)

Außerdem muss ein solches Kind lernen, dieses laute Lebenssystem der Eltern auch noch zu überschreien, sonst kommt es nämlich zu kurz, zumal in vielen südländischen Haushalten auch noch ganztägig der Fernsehapparat brüllt.

Also zetern und schreien südländische Kinder viel, sind bockig und oft aufsässig, bis sie endlich bekommen was sie möchten!

Da ich nach einiger Zeit, dieses ständige Geschreie, zusätzlich diesen Verriss von Erziehung nicht mehr aushalte, packe ich zusammen und gehe.

Pilgerherberge in Belorado: liebenswerte Einladung
Ich suche die Pilgerherberge in Belorado auf, um mir den Pilgerstempel geben zu lassen.

Diese Herberge hier ist neu, geradezu schön und ich werde von der „Hausfrau" (die Herberge ist privat) eingeladen, mich in den Innenhof zu setzen, meine schweren Schuhe auszuziehen und meine Füße in einem herzallerliebsten plätschernden Brunnen zu stecken um mich zu erholen, was ich wegen der schmerzenden Füße auch gern tue. Es ist herrlich ruhig

in diesem Innenhof, und ich fühle mich so richtig wohl.
Die gute Hausfrau ist natürlich interessiert daran, welcher Vogel ihr da freiwillig zugeflogen ist. Und so fragt sie mir „Löcher in den Bauch" nach woher, Nationalität, wie alt, Familienstand, Beruf... und sie stellt damit meine bescheidenen spanischen Sprachkenntnisse auf eine arge Probe.

Weil es aber noch früh am Tage ist, möchte ich weiter. Ich verabschiede mich von den lieben Wirtsleuten und ich gehe bei ca. 40 Grad noch 1 ½ Stunden weiter.

Die Landschaft ist herrlich ruhig, die Luft steht und flimmert. Kein Lüftchen rührt sich, nur die Grillen zirpen und die „Brühe" läuft mir den Körper herunter. Diese drückende Hitze ist einfach unheimlich... aber sie tut meinem Körper gut.
Denn Rheumatiker, der ich einer bin, sind wie die Eidechsen. Sie lieben und brauchen zu ihrem Wohlempfinden Wärme.

Herberge in Tosantos: Da freut sich mein Herz
Die Herberge in Tosantos ist im Vergleich von dem, was ich vorher hätte haben können, wirklich sehr einfach. Sie wird von einem älteren holländischen Paar geführt, welches sich in rührender Weise um uns Pilger kümmert. So gesehen passt es wieder.
Allerdings scheinen mir die beiden Holländer als Paar arge Beziehungsprobleme zu haben. Sie knurren ständig miteinander herum, reden sich oft laut an und

jeder weiß es in diesem Konkurrenzsystem immer besser als der andere.

Auch diese beiden lieben Menschen bieten uns Pilgern ein komplettes, deftiges Abendbrot an und wer möchte, als Nachtisch sozusagen, danach im Dachgeschoss eine abendliche Meditation. Nun, da freut sich meine Seele.
Interessant ist: Zu dieser abendlichen Gruppe gehört noch eine deutsche Frau von ca. 40 Jahren, eine Theologin, die in einer Gemeinde als Pastoralassistentin arbeitet, wie sie beim Abendbrot großblumig erzählt und die es nun sichtbar genießt, von den Anwesenden mit Achtung angesehen zu werden.
Wir werden nach der Meditation von unserem holländischen Hausvater aufgefordert, von unseren Gedanken, Gefühlen, Erfahrungen usw. auf dem Camino zu reden, oder zu erzählen. Jeder soll in seiner Sprache reden. Auch ich habe viel zu erzählen, denn (wie man lesen kann) hat sich schon so einiges in mir angesammelt.
Als aber diese deutsche Theologin an der Reihe ist, meint sie nur, *„Es sei wohl gut darüber nachzudenken, inwieweit der Camino die Kirche verändern könne".*
Ich denke mir*: „Da hat aber jemand große Angst von sich selbst, von seinem „Inneren", von seiner Seele etwas preiszugeben, vorausgesetzt, dass sie sich selbst überhaupt wahrnimmt, vor lauter Sucht nach Anerkennung."*

✸✸✸✸

12. Tag: Tosantos - San Juan de Ortega

Ruhe, Zuversicht und Gottvertrauen

Liebevolle Bewirtung
Dünne harte Matratzen und schnarchende Schläfer sind für mich ein Garantieschein für schlechten Schlaf, frühes Wachsein und baldiges Aufstehen. Und so bin ich um 6.00 Uhr schon fertig gewaschen und angezogen, auch der Rucksack ist schon „abmarschbereit" gepackt... und das alles leise, leise, damit die anderen Schläfer durch mich nicht geweckt werden. Ich würde das auch nicht wollen.

Ich habe es dagegen schon einige Male erlebt, das es sogenannte „Pilger" gibt, die mit einer, für mich unverstehbaren Rücksichtslosigkeit nach 22.00 Uhr, wenn die anderen schon schlafen, sich noch lautstark unterhalten, in ihren Rucksäcken herumkramen, Licht an und aus schalten, Türen knallen. Auch des Morgens, wenn die anderen noch schlafen wollen, wird wieder laut unterhalten, ständig hin und her gerannt, lautstark Rucksäcke gepackt usw.

Ich gehe leise ins Untergeschoß und setze mich zu den anderen drei Frühaufstehern, die schon beim Frühstücken sind. Aber ich trinke nur einen heißen Tee, denn essen mag ich um diese Zeit noch nichts. Unsere Hausfrau höre ich schon seit einiger Zeit in der Küche „herum poltern". Sie sorgt schon für einen Vorrat an warmem Kaffee, Tee, Milch, Brot, Butter, Marmelade und andere

Frühstücksköstlichkeiten, was alles schon liebevoll hergerichtet am Tisch steht.
Ich schreibe den lieben und besorgten Hausleuten noch einige Sätze in ihr Hausbuch, was sie sehr freut. Ich lege auch noch eine selbstverständliche „Spende" in die Hauskasse, die gerade tiefste „Ebbe" zu haben scheint.

Ganz ohne Geld geht es auch nicht
Der Herbergsvater, von mir vor der Haustür und unter vier Augen auf die noch leere Kasse angesprochen, klagt mir vorsichtig sein Leid: *„Viele kommen,"* so erzählt er, *„und genießen das saubere Haus, die sauberen Sanitäranlagen, Waschbecken und Duschen, benutzen die Schlafräume und essen kostenlos mit uns. Wir stellen ja gern unsere Kraft, unseren Einsatz und unsere Liebe den Menschen und der Sache des Hl. Santiago zur Verfügung... aber ohne Geld, geht es eben auch nicht. Also sind wir auch ein wenig auf Spenden angewiesen. Ein richtiger Pilger sieht und weiß das, für den ist das alles selbstverständlich."*

Aber wie viele von denen, die allein heute hier übernachtet haben, sind denn richtige Pilger? ...frage ich mich im Stillen. Ich denke dabei an die Meditation von gestern und schaue dabei die vielen Fahrräder an, die vor dem Haus stehen. Ich habe irgendwie das Gefühl, der liebe ältere Mann hat mir unter vier Augen so sein Herz ausgeschüttet. Ich verstehe ihn sehr gut, denn das was er sagt, sind ja seit einiger Zeit auch meine Beobachtungen.
Danach verabschiede ich mich von den Hausleuten. Obwohl es noch fast dunkel ist, gehe ich los...

Das Gespräch mit dem Hausvater soeben, klingt noch in mir nach. Ich denke mir: *„Recht hat er, der gute Mann. Die Pilger von früher, die sich aufgrund eines Gelübdes wirklich ohne jeden Pfennig Geld bis nach Santiago durchgebettelt haben, die in dieser Pilgerzeit Armut, Hunger und Entbehrungen erlebt haben, die wirklich auf Almosen angewiesen waren, die gibt es doch fast nicht mehr. Also müsste es doch jedem, der sich hier an den Tisch setzt, der die Sanitär- Schlafräume und den Service nutzt, doch einige Euro wert sein. Aber anscheinend... Von ähnlichen Erfahrungen wurde ja auch schon von anderen Seiten berichtet. Mit Verlaub...Ich finde es beschämend."*

Jeder ist auf seinem eigenen inneren Camino
Meine innere Stimme sagt mir gerade, dass ich weiterdenken soll. Sie sagt mir, ich muss aufhören die Menschen hier zu be- oder zu verurteilen, sie nach Pilger oder Nichtpilger zu klassifizieren. Ich muss akzeptieren lernen, dass der Camino heute nicht mehr nur ein Pilgerweg ist, sondern seit 1987 zur „ersten europäischen KulturStraße" ernannt worden ist.
Entsprechend unterschiedlich finden sich hier auch die Menschen zusammen; Touristen, Wanderer, Menschen auf dem Kulturtripp, Radfahrer, Sportbegeisterte und natürlich auch Pilger. Ich glaube, hier muss ich umdenken lernen, muss von meinen mittelalterlichen Pilger – Ideal - Vorstellungen loslassen.

Gott hat an allen Menschen Interesse. Er liebt jedes seiner Geschöpfe. Er ist sicher froh um jeden, der hier auf diesem Weg ist, vielleicht sogar ganz gleich aus welchem Motiv. Wer diesen Weg hier geht, wird etwas für sich, für sein Leben mitnehmen.

Wieweit sich der Einzelne auf den Camino, auf sein Herz, auf Gott dabei einlassen kann, nun das ist wohl eine Frage der inneren Entwicklung. Aber jeder, der hier geht, ist nicht nur im Außen auf dem Camino. Nein, jeder ist auch auf seinem eigenen, seinem „inneren Camino", jeder ist auf seinem Lebensweg und macht seine eigenen Erfahrungen.

Jedes Ende ist ein neuer Anfang
Die Sterne gehen gerade unter und am östlichen Horizont dämmert es schon ein wenig. Das Land liegt still vor mir, in tiefster Ruhe, im allertiefsten Frieden, der meiner Seele so gut tut. Ich bleibe stehen und lausche angestrengt: Nichts, ich höre wirklich nichts. Diese Form von Stille muss so etwas wie „Grabesstille" sein, die Endlosigkeit der Ruhe und des Friedens in der man Gott begegnen kann.

Da wo ich wohne, ist selbst in tiefster Nacht immer noch etwas zu hören, aber hier... Hier ist alles wie ausgestorben..., eine Stille, die ich aus vollstem Herzen genießen kann.

Von irgendwoher krähen einige Gockelhähne, denn der helle Morgen kündigt sich langsam an. In mir ist nun auch tiefe Ruhe und tiefer Frieden, wie in einer Meditation. Ich fühle mich Gott und meiner Seele so nahe. In dieser inneren Begegnung mit mir selbst steigt der Traum dieser Nacht wieder in mir auf. Ich sah das Gesicht der Claudia vor mir, die mir eindringlich noch einmal sagte:
„Es ist vorbei und ich möchte nun mein eigenes Leben führen".

Aus der Traum, im doppelten Sinne! Plötzlich war dieser Satz: *„mia moglie e` morto"* wieder da... und auch die Traurigkeit dazu.
Als dann die Sonne hell aufging und ihre hellen und warmen Strahlen in das Land und auf mich sandte, höre ich wie der Camino zu mir sprach:

„Ein Abschnitt Deines Lebens ist nun wieder zu Ende gegangen. Aber Du hast dadurch nichts verloren. Die Claudia war Dir über lange Zeit eine liebenswerte Partnerin, durch die Du sehr viel für Dich und Dein Leben gelernt hast.
Also sei ihr dankbar und vergiss nicht: Auch Du hast durch diese Trennung eine neue Freiheit gewonnen, sonst wärst Du doch nicht hier. Du darfst dich also darüber freuen...und nun höre auf zu trauern, denn ein weiser Spruch sagt:

Jedes Ende ist auch gleichzeitig ein neuer Anfang!"

Wieder hat mir der Camino etwas Licht in die Dunkelheit meines Unterbewusstseins geschickt. Und mit jeder neuen Einsicht, erhellt sich so das Dunkel meines Lebens, meine menschlich beschränkte Sichtweise immer mehr. Ich habe den Eindruck: je länger ich auf diesem Camino dahin schreite, desto mehr lerne ich über mich und die Wahrheiten meines Lebens, wofür ich ihm sehr dankbar bin. Somit hat mir der Camino wieder einmal ein weiteres seiner Geheimnisse offenbart.

Gestank und LKW - Abgase

Irgendwann wird aus diesem Weg des Friedens ein Verdruss. Der Weg zieht sich nämlich nun fantasievollerweise neben einer insbesondere von LKW stark befahrenen Schnellstraße einher. Für mich ist das wie eine kalte Dusche. Ich werde so richtig aus meiner inneren meditativen Haltung in die Jetztzeit katapultiert. Ich verstehe die Verantwortlichen dieser Wegführungen nicht, wie man einen Pilgerweg, einen Weg der Ruhe, Besinnung und Einkehr, über eine mir endlos scheinende Strecke direkt neben einer von LKWs stark befahrenen Schnellstraße verlaufen lassen kann. Auch wenn der Original-Pilgerweg früher einmal hier entlang gegangen sein sollte, so wäre hier eine neue Streckenführung durch das Inland dringend erforderlich, was sicherlich auch problemlos möglich wäre! Aber wer ist dafür verantwortlich bzw. zuständig?

Die Mittagssonne brennt heiß herab, und der Weg ist staubig. Die großen Wagen ziehen den ganzen aufgewirbelten Staub hinter sich her... und ich laufe direkt daneben... Ich komme mir so langsam richtig beschmutzt vor und habe das Gefühl von den Diesel- und Co2-Abgasen und dem allgemeinen Gestank halb vergiftet und von dem LKW- Gedröhne halb taub zu sein. Nach einer mir endlos scheinenden Zeit, zieht sich der Camino endlich wieder langsam von der stark befahrenen Straße weg, ins Land.

Im Kloster San Juan de Ortega

Nach einigen Kilometern komme ich bei der nächsten Station an, dem Kloster San Juan de Ortega mit seiner Pilgerherberge, in der ich heute übernachten möchte. Der alte Klosterbau ist riesig, wird aber anscheinend nicht mehr

genutzt. Dafür bietet er aber nun als Refugium für Pilger sehr viel Platz. Daneben befindet sich eine große restaurierte Kirche, in der der Sarg des Klostergründers San Juan de Ortega aufgebahrt ist.
Als erstes gehe ich in die nahe Bar und kaufe mir 1 ½ Liter Wasser und eine Cola zum Mischen und dann wird getrunken, getrunken und getrunken... und nach einiger Zeit; das Ganze noch einmal. Ich habe den Eindruck ich bin ausgetrocknet und finde meine durstige Stelle nicht.
Als die Herberge um 14.00 Uhr geöffnet wird, bekomme ich erst einen Stempel in meine Credencial, bezahle die Übernachtungskosten und suche mir danach im letzten von drei riesigen Schlafsälen ein Bett. Dann Rucksack auspacken, duschen, rasieren, Wäsche waschen und umziehen.

Obwohl es getrennte Wasch-, Dusch- und Sanitärräume für Männlein und Weiblein gibt, treffe ich in unserer Männerabteilung plötzlich die deutsche Pastoralassistentin, die sich gestern Abend so hervorgetan hat. Ich frage sie, was sie hier bei uns Männern möchte und bitte sie doch zu den Frauen nach nebenan zu gehen. Daraufhin gibt sie mir eine dumme und patzige Antwort und geht beleidigt hinaus. Dinge gibt's...

Sind Sie Arzt?
Als ich hinausgehen möchte werde ich von einer jungen Spanierin angehalten, deren Freundin im Bett liegt und die anscheinend krank ist. Ob ich helfen kann, fragt sie mich? Die jungen Damen sind zu dritt auf dem Camino unterwegs. Ich treffe sie schon seit einigen Tagen immer zusammen,

meist abends in den Herbergen, zeitweise auch unterwegs. Sie sind jung, lustig, lachen viel, haben viel Gaudi miteinander. Nur jetzt sind sie sehr betreten und ernst. Eine der jungen Damen liegt im Bett und ist sehr blass. Sie hätten gehört ich sei Arzt, sagt man mir.

Woher kennen denn die meinen Beruf? Ich gehe doch damit nicht hausieren. Gut, ich helfe des Öfteren, wenn ich Pilger-Brüder oder -Schwestern sehe, die mit Blasen an den Füßen gehen und Schmerzen haben, oder wenn es Blasen aufzustechen gilt, bzw., Verbände und Pflaster anzulegen. Nun, das spricht sich anscheinend herum.

Nein, Arzt, im Sinn eines Medizinstudiums, bin ich nicht. Arzt, im grundsätzlichen Sinn, das bin ich schon. Aber wie sagt man das auf Spanisch, wo man keine Heilpraktiker im deutschen Sinn d.h. mit Studium kennt, sondern nur Doktoren oder sogenannte „Naturopata".

Diese Bezeichnung Naturopata lässt sich vielleicht mit „Naturkundiger" übersetzen. Das kann alles sein, zwischen Kaffeesatzleser und Kräuterhexe. Nein, auch wenn ich nicht Medizin studiert habe, so habe ich mir nach meinem Heilpraktiker Vollzeitstudium in München und unzähligen Weiterbildungen und fast 20 - jähriger Berufserfahrung ein sehr tiefgehendes und breitbändiges Wissen und Können erarbeitet, mit dem ich mich nicht zu verstecken brauche.

Es ist auch eine Tatsache, dass in meine Praxis nur Patienten mit schweren Erkrankungen kommen, ebenso Problemfälle, allerdings immer nur nachdem sie jahrelang

vorher von Facharzt zu Facharzt, von Klinik zu Klinik gegangen sind... und am Ende dieser Kette steht nun der Heilpraktiker, der diesen immer noch schwerkranken Patienten nun gesund machen soll.
Ich muss also immer besser sein, als all die anderen Fachärzte und Kliniken vorher. Das macht mich nicht stolz, es ist einfach eine Tatsache. Also muss so ein Heilpraktiker als Arzt im ursprünglichen Sinne, auch etwas können.
Ich denke der Titel macht doch nicht den Menschen und schon gar nicht das Studium.

Schreckensvorstellung für viele Pilger: Kranksein auf dem Jakobsweg
Also sage ich zu der jungen Dame einfach ja, aber ich schränke sofort ein, ich sei „nur" „Arzt" für Naturheilkunde, was diese geradezu begeisterte. Denn kranksein auf dem Jakobsweg, ist wohl eine Schreckensvorstellung für jeden Pilger, der einige Tausend Kilometer weit von daheim weg ist. Deshalb genießt der Heilkundige hier hohes Ansehen, das ist klar.

Neben den Herbergen zog sich früher eine ganze Kette von Hospitälern entlang des Jakobsweges, zum Segen für die erkrankten Pilger. Heute übernehmen diesen Dienst – übrigens für die Pilger gratis, nach meiner Information – die niedergelassenen Ärzte und Krankenhäuser.

Ruhe, Zuversicht und Gottvertrauen
Nur hier in dieser Einöde gab es keinen Arzt. Ich denke mir: *„Gut Gott, Du hast mich daher geführt, auch zu dieser kranken*

jungen Dame. Nun gib mir bitte auch die Kraft und zeig mir den richtigen Weg ihr zu helfen."

Also setze ich mich erst einmal – unter mehr oder minder diskreter Beobachtung nun vieler neugieriger Blicke - an das Bett der jungen Dame und rede einmal ganz ruhig mit ihr. Oft ist schon allein die Anwesenheit des anderen, seine Ruhe und Zuversicht, die halbe Heilung... und Ruhe, Zuversicht und Gottvertrauen, davon habe ich genug, auch für alle meine Patienten in meiner Praxis.

Ich sehe an den großen Pupillen, das Fräulein hat Angst, hat kalten Schweiß auf der Stirn, fühlt sich nicht wohl, ist irgendwie unruhig und aufgewühlt.
Ich untersuche sie: Sie hat einen heißen Kopf, die Zunge ist stark belegt, die Mandeln Gott sei Dank sind nicht entzündet und die Halslymphknoten frei, ihr Bauch zeigt Abwehrspannung. Ich fühle ihren Puls, der rast wie wild, seltsam! Nach dem Blutdruck gefragt sagt sie mir, der sei immer zu niedrig, was ich sofort glaube. Ich frage sie nach nahe liegenden Dingen, nämlich wie viel und was sie heute – bei der Hitze – schon getrunken habe. *"Gar nichts"* schimpfen darauf sofort ihre Freundinnen los, *"die trinkt nie etwas, die ganzen Tage schon nicht, nur immer wieder Kaffee."*

Kreislaufkollaps, aufgrund von Flüssigkeitsmangel
Aha, alles klar. Die junge Dame ist ausgetrocknet, das Blut ist eingedickt und nun versucht das Herz durch die hohe Frequenz noch vernünftige Sauerstoffverhältnisse im Kreislauf aufrecht zu erhalten, was der Organismus

aufgrund des Flüssigkeitsdefizites nicht mehr schafft. Kreislaufkollaps also, aufgrund von Flüssigkeitsmangel. Wäre jetzt hier eine Klinik, so hieße das sofort an den Tropf! Außerdem hat die junge Dame seit zwei Tagen Ihre Regel. Klar, dass sie sich schlecht fühlt und ihr übel ist, bei diesen Kreislaufverhältnissen.
Also verordne ich sofort, innerhalb der nächsten zwei Stunden so viel Mineralwasser als möglich zu trinken, bis zum Nachmittag mindestens drei Liter, besser mehr...und, keine Zigaretten oder Kaffee. Ich erkläre der jungen Dame den Ernst der Situation. Die Freundinnen klatschten vor Begeisterung in die Hände, während die kleine Patientin ein saures Gesicht zog.
Was, nicht rauchen und keinen Kaffee? Ob sie wenigstens Cola trinken dürfe. „Klar" sagte ich, „eine Cola nur, aber immer gemischt mit einem Liter Mineralwasser". Fazit: Einige Stunden danach sah ich sie schon wieder mit ihren Freundinnen spazieren gehen, wohlauf und fröhlich. Jung müsste man halt sein, und so unbedarft mit dem Leben umgehen.

Als ich meine kleine Patientin nun mit beruhigtem Gewissen verlasse, treffe ich im Gang wieder die hübsche Maria. Sie nimmt das Bett über mir, das gerade noch frei ist. Nachdem sie mit Duschen usw. fertig ist, verbringen wir den Nachmittag zusammen. Wir sitzen lange an einem plätschernden Brunnen, und ich erfahre viel von ihrer Familie und ihrem Beruf. Wir tauschen auch – soweit meine Sprachkenntnisse es zulassen - unsere Erfahrungen über den Camino aus. Ich bemerke, sie ist eine sehr tiefsinnige Frau.

Bocadillo Burgos

Um 18.00 Uhr hält ein, dem Pilgergedanken verpflichteter älterer Pfarrer, in der großen Klosterkirche eine Pilgermesse. Danach bittet er die anwesenden Pilger noch da zu bleiben. Er möchte mit uns einen Erfahrungsaustausch, ein Rundgespräch machen. Er erzählt sehr viel und weist in seinen Gedanken noch einmal auf die unterschiedlichen Aspekte des Camino hin. Er erklärt, er sehe das Abarbeiten von täglich 40-50 Kilometer Wegstrecke von vielen sogenannten Pilgern, wenig im Pilgergedanken der Besinnung, innerer Einkehr usw. 20 Kilometer seien genug, so der Pfarrer.

Danach sitzen wir in großer Runde an der Bar und es gibt als Spezialität Bocadillo Burgos, d.h. ein belegtes Brötchen mit Blutwurst. Das zu essen kostet mich viel Überwindung, denn Blutwurst habe ich schon seit über 20 Jahren nicht mehr gegessen. Nein, um ehrlich zu sein, es hat mich eher gegraust, deshalb habe ich es verschenkt. Die anderen aber haben ihre Blutwurstsemmel mit sichtlichem Vergnügen verspeist. Was mir immer wieder auffällt ist: Spanier essen überhaupt viel Fleisch.
Um 21.00 Uhr bin ich todmüde ins Bett gefallen. In dieser Nacht bin ich nur einige Male wach geworden, von der üblichen Nachtunruhe im Schlafsaal und dem turbulenten Concerto Grosso für viele Mitschnarchende in den verschiedensten Tonlagen.

****

13. Tag: San Juan de Ortega - Burgos

Von Burgos enttäuscht

...wie in einem Saustall
Heute sind alle sehr früh aufgestanden, denn eine lange und anstrengende Strecke liegt vor uns. Trotzdem sind Maria und ich so ziemlich die letzten, die diese Klosterherberge verlassen.

Als ich so durch die leeren Schlafsäle gehe, bin ich entsetzt. So habe ich das bisher noch nicht erlebt, denn sonst bin ich immer einer der Ersten die gehen. Viele der „Pilger" hatten einfach ihren Müll, Papier, Wasserflaschen usw. auf, neben, unter die Betten und/oder im Gang liegen lassen. Auf gut bayerisch, es schaute schlimm aus, wie in einem Saustall.

Ist das Nächstenliebe?
Wer, so fragte ich mich, macht diese Lieblosigkeit denn sauber. Gehört dieses: Ordnung- und Sauber halten meiner Schlafstätte und Umgebung als Pilger nicht auch zum Jesu-Wort von der gegenseitigen Liebe. Ist das Nächstenliebe, meinen „Dreck" einfach liegen zu lassen und darauf zu warten, dass andere ihn mir wegräumen? Ich sehe darin nur eine misslungene Erziehung und die Auswüchse unserer Konsumgesellschaft, in der viele immer mehr ihren Egoismus, ihren Narzissmus ausleben, auf Kosten der anderen.

Wie sagte mir einmal ein Jugendlicher, als ich ihn während eines Seminars darauf ansprach, weil er eine Zigarette in den Gang des

Schulhauses schnippte: „Dafür haben wir doch die Putzweiber, dafür bezahle ich doch mit meine Gebühr." Genau das ist es!

So erlebe ich es jetzt auch hier in Spanien, noch dazu auf dem Camino, im Schlafsaal dieses Klosters. So erlebe ich es in den Familien, so erleben wir es in unserer Gesellschaft. Das Zusammenhalten, das Füreinander-da-sein, auch im christlichen Sinn, wo ist es geblieben, wenn schon die, die sich Pilger nennen, dieses Gesetz der Nächstenliebe so missachten und mit Füßen treten? Diese Veränderung unseres gesellschaftlichen Denkens ist eben auch hier auf dem Camino sichtbar. Ich finde diese Gedankenlosigkeit, oder die Haltung, dafür gäbe es doch „Putzweiber" einfach schrecklich! Schade."

Ich verabschiede mich von Maria, die anscheinend irgendeine Melodie-Saite in mir zum Klingen gebracht hat. Wir versprachen uns, dass wir uns in Burgos wiedersehen werden, denn echte Pilger gehen ihren Weg allein. Wir haben uns sehr liebevoll voneinander verabschiedet und jeder ging seinen eigenen Weg.

Gott möchte, dass es mir/uns gut geht
Der Weg führt durch einen sehr langen und ausgedehnten Pinienwald. Es ist wunderbar ruhig hier und es duftet ganz stark nach Harz. Ich bin so richtig gut gelaunt.

Ich spüre: irgendwie ist auch noch die Schwingung der Maria in mir. Nach Gebet ist mir im Moment nicht zumute. Nein, ich singe im Gegenteil schöne alte deutsche Wander- und Pfadfinderlieder laut vor mich hin. Schade, dass ich meine Gitarre nicht dabei habe, das wäre jetzt sehr schön.

Ich denke mir, meine Lieder gefallen Gott sicher ebenso wie die für ihn erdachten Kirchenlieder, nein vielleicht sogar besser, weil meine Lieder lebendiger sind und jetzt gerade aus meinem Herzen kommen.

Vielleicht möchte Gott auch gar nicht, ständig wie ein Götze beweihräuchert und angebetet werden. Ich denke ER IST DAS LEBEN. Also muss ich denn ständig vor ihm Angst haben, meine Sünden bekennen, Ablassgebete sprechen, mich selbst mit Schuldgefühlen niedermachen und seelisch geißeln, wie ich das als Kind so eingetrichtert bekommen habe?

Nein, ich bin mir sicher, Gott möchte das nicht. Er möchte, dass es mir/uns gut geht. Gott ist mein bester Partner, Berater, mein Vater und meine Mutter zugleich. Und ich darf ihn lieben, so wie er mich liebt.

Denn, und davon bin ich überzeugt, wenn es einem seiner Geschöpfe, einem Baustein seiner Schöpfung schlecht geht, dann hat das Auswirkungen auf die gesamte Schöpfung. Also erfreut er sich sicher auch an meinen Wanderliedern.

Burgos, die Stadt der großen Erwartungen
Als die Sonne höher steigt, wandere ich immer noch durch diesen Wald. Die Luft wird schnell heiß und ich frage mich, ob ich hier je lebend herauskommen würde, wenn dieser Wald brennt, denn trockene Pinienwälder brennen bekanntlich wie Zunder.
Endlich bin ich aus diesem Wald heraus. Es geht lange bergab und ich sehe weit in der Ferne in der Sonne flimmernd eine Stadt liegen, wahrscheinlich Burgos.

Ja, meine Karte zeigt: vor mir liegt Burgos. Die erste große Etappe von Frankreich, Saint Jean Pied de Port bis nach Burgos von ca. 280 Kilometer auf diesem Jakobsweg habe ich dann geschafft. Ich freue mich darüber, dass Gott mir bisher die Kraft dazu geschenkt hat. Ich berühre meine Jakobsmuschel, spüre ihre Kraft und Zuversicht und schicke ein kurzes Dankeschön „nach oben".

Wie vielen Pilgern ist es wohl auf diesem Jakobsweg ebenso ergangen wie nun mir, beim Anblick dieser Stadt? Burgos, nach ziemlicher Anstrengung liegt nun die große geschichtsträchtige Hauptstadt des Camino vor mir, eine spirituelle Hochburg, gefördert von Königen, Einzelpersonen und kirchlichen Orden, zum Wohl der Pilger, wie es heißt. Burgos sei berühmt für seine Gastfreundschaft, Traditionen, Hospitales und für seine Kathedrale als spirituelles Zentrum und vieles mehr, so kann man es vielfach lesen. Meine Freude und Erwartungen auf diese Stadt und dem Empfang als Pilger sind also groß.

Die Markierungen führen mich über eine Autobahnbrücke, Eisenbahnbrücke und dann entlang einer Teerstraße, auf der ich nun schon seit einer Stunde laufe. Die Pfeile führen mich auf einen Gehsteig neben einer riesigen 4-spurigen Ausfallstraße von Burgos in die Innenstadt. Das hätte ich nicht erwartet. Der Weg erscheint mir endlos. Unaufhörlich donnern riesige LKWs und Personenwagen an mir vorbei. Sie machen zusätzlich zu dieser Hitze (mind. 40 Grad) einen unbeschreiblichen Lärm, wirbeln in Wolken Dreck und Staub auf, erzeugen eine hohe Konzentration von schrecklich vielen Abgasen, die ich nun einatme. Nach gut einer Stunde Marsch auf dieser Teerstraße erreiche ich endlich die ersten Häuser im Außenbezirk von Burgos.

Die gelben Pfeile führen mich weiter in Richtung Innenstadt. Ich quäle mich nun durch viele Menschen, die unruhig in dieser brütenden Sonne durch die Straßen laufen. Einige schauen verständnislos auf die Jakobsmuschel auf meiner Brust und andere starren auf meinen Rucksack. Komisch, die Landbevölkerung hat da bisher ganz anders reagiert.

Da die Pfeile sich in der Stadt, den vielen Menschen und dem wahnsinnigen Autoverkehr verlieren, stehe ich plötzlich orientierungslos da. Ich frage einen älteren Mann nach der Kathedrale von Burgos. Der ist geradezu entsetzt, wo ich zu Fuß hinmöchte. Er meint, das seien doch bestimmt noch 6-8 Kilometer und deutet zur Sonne. Er hält es geradezu für verrückt, den Weg in dieser Hitze zu gehen... und eigentlich hat er damit ja sehr recht.

Der Führer, den ich in Deutschland gekauft habe, gibt auch eine andere Route vor. Nur die Pfeile scheinen wieder einmal diesen Führer nicht gelesen zu haben.

Wahrscheinlich gibt es mehrere Strecken und die waren anscheinend nicht trennscharf genug ausgeschildert. Ich komme mir unter all den vielen unruhigen Menschen so richtig hilflos und verlassen vor. Die Markierungen habe ich nun endgültig verloren. Ich frage deshalb öfter nach der Kathedrale. Ich bekomme zwar immer Auskunft, gedeutet mit der Hand: *„geh weiter in Richtung Innenstadt"*, klar wo soll die denn sonst sein, aber alle schauen mich schief an.

Nur ein Soldat, den ich frage, der interessiert sich näher für mich, und er plaudert mit mir. Er erzählt mir im gebrochenen Deutsch; er sei einige Zeit in Deutschland stationiert gewesen. Er nimmt mich an die Hand und führt mich zu einer großen Straße, der ich folgen soll. Danke!

Diese ganze Suche erinnert mich stark daran, wie ich einmal in München ein Seminar abhalten sollte und ich nicht mit der Taxe, sondern vom Bahnhof mit der U-Bahn in die Nähe des Seminarortes gefahren bin. Dann wollte ich mich einfach durchfragen... und ich spreche deutsch. Der Erste, den ich nach der Straße frage, sagte mir er sei nicht von hier. Der Nächste, *„Ich kenne mich hier nicht aus"*. Der Nächste: *„Des woas i net!"*
Der Nächste: *„Homs koan Plan net dabei?"* Der Nächste. *„Ik nix vastähn"*.
Da bleibt bei diesem Ausländer plötzlich eine ganze türkische Familie neben mir stehen und der Mann hört zu, übersetzt seiner Frau, fragt die Kinder, die hier anscheinend irgendwo in die Schule gehen und nimmt mich nach einigem Palaver danach an die Hand und führt mich durch viele mir völlig unbekannte Straßen, bis direkt vor die Haustür dieses Seminarhauses.

Das ist Nächstenliebe, aber von einer Seite, wo ich diese nun wirklich nicht erwartet hätte, wie hier von diesem jungen Soldaten.

Gegen 14.30 Uhr erreiche ich endlich den Vorplatz der Kathedrale von Burgos. Ich bin fix und fertig.

Plötzlich werde ich gerufen. Im Schatten einer großen Staude treffe ich mehrere Pilgerinnen von unserem letzten Aufenthalt im Kloster wieder, unter anderem die drei jungen Damen. Das gibt eine herzliche Begrüßung und gleichzeitig einen unerwarteten Abschied. Denn alle verlassen nun den Camino, sie gehen nicht mehr weiter nach Santiago. Sie erzählen, dass sie nur 14 Tage Urlaub haben und der sei nun zu Ende. Vielleicht machen sie im nächsten Jahr die zweite Etappe bis Leon, so eine der jungen Damen. Meine junge Patientin von gestern hat mir wohl doch nicht so richtig vertraut. Die Freundinnen erzählen mir, sie sei vorhin noch hier in Burgos beim Arzt gewesen. Der habe den Blutdruck gemessen und ihr gesagt, sie solle viel trinken. Naja.

Die Hitze hier im Zentrum und die riesigen Ausmaße der Kathedrale erschlagen mich. Ich setze mich auf den Rasen gegenüber der Kirche und ziehe meine Trekkingschuhe und Strümpfe aus, lege den Rucksack ab und ziehe das verschwitzte T-Shirt aus. Dann gibt es nur noch eines: Trinken, Trinken, Trinken. So sitze ich mit den anderen, vis a vis der Kathedrale mit freiem Oberkörper im Schatten. Irgendwann beginne ich mich zu wundern, warum mich alle so komisch anschauen. Bis mir auffällt, dass ich unter den sehr vielen Menschen hier, der einzige bin, der den Oberkörper nicht bedeckt hat. Wieso ist das hier so seltsam?

Jetzt, wo ich zu Ruhe komme, spüre ich wieder meine Füße. Diese schmerzen stark. Beide großen Zehennägel sind teilweise blau unterlaufen. Anscheinend schwellen in dieser Hitze meine Füße stark an und die großen Zehen werden dann gegen den Schuh gepresst. Gleichzeitig tun mir, schon beim leichten Zusammendrücken die Fußwurzelknochen weh. Das schaut mir nach einer Art unguter Knochenhaut- oder Sehnenscheidenentzündung aus.

„Ich weiß aus Erfahrung: Das sind keine guten Karten. Aber ich möchte doch nach Santiago und es liegen noch ca. 550 Kilometer vor mir. Ich hoffe, dass Gott mir die Kraft dazu gibt."

Burgos: als Pilger zutiefst enttäuscht
Nach einiger Zeit ziehe ich mich wieder an. Mich stören die vielen Menschen und ich kann absolut keine einzige heilige Schwingung in mir empfinden, ganz im Gegenteil. Das ist hier wie in all den anderen Wallfahrtsorten die ich kenne. Viele Menschen, viele Geschäfte, viele Andenkenläden...
ich finde es widerlich.
Für mich hat das alles mit Glauben nichts zu tun. Das ist alles nur auf Kommerz ausgerichtet.

Ich quäle mich trotz der Schmerzen in meine Schuhe und gehe ca. 30 Minuten weiter, bis ich die Pilgerherberge etwas außerhalb in einem Park gelegen finde. Diese hier ist eine flache und äußerst enge Holzbaracke, in der es wegen der stickigen Hitze kaum auszuhalten ist. Ich frage mich: ist das jetzt alles, was diese so berühmte und hochgelobte Hauptstadt des Camino für die vielen Pilger zu bieten hat? (An denen sie ja auch verdient, das sei einmal klar gesagt).

So heilig ist der Camino nun auch wieder nicht. Der Camino ist nämlich seit ca. 1000 Jahren auch ein sehr einträglicher Wirtschaftsweg. Hier wird auch sehr kräftig an all den Pilgern verdient. Alle Pilger müssen nämlich auch Geld dabei haben, müssen essen gehen, wohnen, sich alle möglichen Dinge zum Leben kaufen und früher auch noch Spenden für Heilige und Reliquien, sowie Almosen geben usw.... damit sie einen besseren Platz im Himmel bekamen.

Also lockte man Pilger schon immer in die Städte, bzw. führte den Camino durch die großen Städte, direkt zu den Kathedralen, die dadurch immer reicher, größer und prunkvoller wurden.
Ich bin von Burgos und seinen Bemühungen für die Pilger zutiefst enttäuscht.

Pilgerherberge: einfach nur chaotisch...
Am Empfang, in einer zweiten Baracke, sitzen drei junge, recht lustige Betreuer. Die drei braucht das auch, denn es sind so viele Menschen in diesem kleinen Raum und außen davor, dass ich vor dieser Unruhe fast Angst bekomme. Das soll eine Pilgerherberge sein?

In dieser Herberge geht es zu wie in einem Taubenschlag. Viele liegen unter den Bänken und schlafen. Radfahrergruppen kommen und fahren. Andere machen Zwischenrast. Und immer wieder neue Gesichter. Ich erfahre, da Burgos erstens vom öffentlichen Verkehr her gut zu erreichen ist und zweitens für viele Pilger von Roncesvalles nach 14 Tagen die Endstation darstellt, verändern sich ab hier die Gruppen. Das bisher Gewohnte wird mir plötzlich fremd. Ich sehe nur noch neue Gesichter.

Der Lärm der Großstadt, der Verkehr, die vielen neuen Menschen, diese plötzliche, schreckliche Unruhe, alles das stört mich massiv, nach diesen Tagen der Ruhe.

Verdammt, ich bin doch auf einem Pilgerweg und ich fühle mich hier plötzlich wie in einer orientalischen Kamelwechselstation, zumal die vielen Spanier nicht nur laut reden, sondern sich wie üblich gegenseitig überschreien. Ich komme mir vor wie in einem falschen Film. Ich treffe eine ältere deutsche Frau, die eben erst angekommen ist, die genau wie ich fassungslos vor diesem Chaos steht. Sie habe sich ihren Einstieg als Pilgerin ganz anders vorgestellt, sagt sie völlig konsterniert. Nun, wer versteht das besser als ich!

Kathedrale: völlig erschlagen
Ich flüchte! Ich gehe trotz der Hitze noch einmal die 30 Minuten zurück in die Stadt. Ich denke mir, wenn ich nun schon einmal hier bin, so möchte ich auch die berühmte Kathedrale von innen besichtigen, was im Nachhinein gesehen eine Fehlentscheidung war.

Wer sich für Kunst, Architektur, Theologie usw. interessiert, für den mag diese Kathedrale ja eine Fundgrube sein. Mich hat diese riesige Kirche, mit all ihrem Prunk, plus die Menschenmassen darin, einfach erschlagen.

Schläge vor der Kathedrale
Direkt vor der Kathedrale wurde ich dann wieder einmal Zeuge einer weiteren Unart, die ich schon häufig in Spanien

beobachtet bzw. erlebt habe, den traurigen Umgang mit Tieren.

Vor der Kathedrale stand in brütend heißer Sonne ein Mann mit einer großen schwarzen Hündin, der die Zunge sehr weit heraushing, die einfach nicht mehr konnte und die sich immer wieder im Schatten von Herrchen hinlegen wollte. Immer wieder wurde dieser arme Hund von dem Mann unter lautem Schimpfen hochgerissen und mit der Leine unter lautem Schreien kräftig geschlagen. Der Hund jaulte dann laut und schaute mit angstvollen Augen und mit eingezogenem Schwanz in tiefer Demutshaltung von unten hoch. Er schlich, nicht wissend wohin, immer wieder rechts und links um den Mann, der beifallsheischend um sich schaute und so seine Macht genoss...und das alles direkt vor der Kathedrale!!!

Viele schauten zu, niemand sagte etwas, da diese Missachtung und Misshandlung von Tieren für Spanien immer noch sehr häufig ist. Ich dachte auch an die Stierkämpfe und an all die vielen Hunde, die ein Leben lang an einer kurzen Kette, an einer Ecke des Hauses festgemacht werden, ohne je wieder diese Kette lebend zu verlassen.

Mir fällt dazu ein Zeitungsartikel ein, wo der Schreiber darüber berichtete, das Hundebabys öfter in den Mülltonnen gefunden werden, oder er schreibt von Hunden, die in den Bergen, Wäldern, Kiesgruben usw. einfach angebunden werden und dort ohne Wasser und Futter elendig verrecken dürfen, oder die sich selbst strangulieren.

Auf den ganzen Kanarischen Inseln, auch auf dem spanischen Festland, gibt es Tierheime und Auffangstationen, die fast ausschließlich nur von deutschen Tierschützern geleitet werden. Hunde haben für Südländer einen eigenartigen Wert.

Faule Pfirsiche
Ich habe die Nase absolut voll und gehe wieder zum Refugium zurück, in der Hoffnung dort noch ein ruhiges Plätzchen zu finden.
Vorher hole ich mir noch in einem sogenannten Supermarkt mein Essen für den Abend und den morgigen Vormittag. Obwohl Spanien ja bekanntlich das Land von Obst und Gemüse ist, findet man unverständlicherweise gerade diese Dinge oft schon fast vergammelt in den Lebensmittelläden vor. Die Verkäuferin, dieses Luder, (sagt man doch als Pilger nicht), hätte mich fast „über den Tisch gezogen!"

Ich möchte je drei Pfirsiche und Tomaten. Sie steckt mir schnell, indem sie sich mit ihrem Körper davor stellte, diese in die Tüten. Dann klebte sie diese schnell zu und legte sie auf die Waage. Da ich diese „Tricks" schon von den Kanarischen Inseln her kannte, lasse ich sie alles noch einmal auspacken, denn ich möchte das Obst erst sehen. Sie ist empört, schimpfte auch noch, als ich ihr die fauligen Stücke unter die Nase halte. Dann schiebe ich sie zur Seite und wieder wollte sie mich vor meinen Augen betrügen, indem dass ich ihr gute Pfirsiche zeigte und sie ganz schnell den vergammelten Pfirsich daneben nahm und in die Tüte steckte. So, nun suchte und packte ich selbst und sah sie bitterböse an. Plötzlich funktionierte sie. Allerdings ihre Zigarette nimmt sie auch beim Käseschneiden nicht weg.

Ich bin verärgert. Zeitweise erlebe ich solche Frauen in den Geschäften und Gastronomien, die sind nicht nur unfreundlich gegen Fremde, sondern die zeigen auch kaum Lust zum Arbeiten…oder umgekehrt, wer weiß das schon?

Zurückgekommen ins Refugium, ist jetzt noch mehr der Teufel los als vorher. Es ist ein ewiges Kommen und Gehen, eine Unruhe nicht zum Aushalten. Die deutsche Pilgerin von vorhin, sitzt immer noch ganz konsterniert da. Sie versteht das alles nicht. Als es endlich zum Schlafen geht, brauche ich nur die Unterhose. In der Baracke ist es noch so brütend heiß, sodass das Aufstehen in der Früh und das Verlassen dieses Ortes, für mich zu einer Erlösung wurde.

Burgos mag vor einigen 100 Jahren einmal eine wichtige Glaubensstation gewesen sein. Vielleicht lebt es heute von dieser Tradition. Ich würde den Pilgerweg für ruhesuchende Pilger daran vorbei führen.

Vergebliche Hoffnung
Seit ich in Burgos bin warte ich auf Maria. Wir versprachen uns, dass wir uns in Burgos wieder sehen werden, denn echte Pilger gehen ihren Weg allein. Aber, vielleicht war das Alleingehen auch ein Fehler, denn ich habe die hübsche Maria nie mehr wieder gesehen, obwohl ich wusste, auch sie wollte zur gleichen Zeit wie ich nach Santiago. Vielleicht sind wir auch immer zeitversetzt um einen Tag auf dem Pilgerweg gewesen, vielleicht? Ich hoffe nur, dass ihr nichts

passiert ist. Abends im Bett bemerke ich wieder einmal einen „alten" Schmerz in mir. Loslassen von dem, was mir aufgrund von Sympathie schnell ans Herz gewachsen war. Aber wie sagt ein weiser Spruch:

„Was mir bestimmt ist, kann ich nicht verlieren.
Was mir nicht bestimmt ist, kann ich nicht festhalten."

Hier meldet sich wieder einmal mein altes Lebensthema... und das macht mich traurig. Der Camino stößt mich wieder einmal handfest mit der Nase darauf. Wieder einmal muss ich die Wurzeln meiner Kindheit betrachten und ich frage mich:

Wie tief muss der kindliche Schmerz von Alleingelassen werden und Verlassenheitsgefühl in mir sitzen, dass er sich in solchen Situationen immer wieder meldet?
Wie oft habe ich genau dieses Thema bei meinen Patienten in den Therapien entdeckt, bei der so genannten Arbeit mit dem inneren Kind, das natürlich sich auch bei mir, in einer solchen Situation, wieder bemerkbar macht.
Ich wünsche der Maria-Isabella für ihr Leben alles Liebe. Schade, dass wir uns nicht wieder gesehen haben.

※※※※※

14. Tag: Burgos - Hornillos del Camino - Hontanas

„Gott gib mir die Gelassenheit..."

Abschied von Burgos

Kaum das irgendwoher der erste Wecker piepte, stand ich schon auf. Ich hatte wieder einmal sehr schlecht geschlafen. Abgesehen von dem üblichen Schnarchkonzert und der Lauferei zu den Toiletten, hat mir dieses Mal die drückend warme und stickige Luft den Schlaf geraubt.

Ein weiterer Störfaktor war der teilweise widerliche „Schweißgeruch", der wie eine Dunstglocke in dem Schlafsaal hing. Anscheinend halten nicht alle sehr viel vom Duschen und Wasser und Seife. Und selbst wenn sich alle gründlich waschen würden, denn Duschen und warmes Wasser sind in jeder Herberge vorhanden, so haben doch all die Schuhe und Strümpfe ihre eigenen „käsigen" Ausdünstungen, die überall unter den Betten und nicht im Freien stehen.

Also packte ich meine Sachen, brachte alles ins Freie und begann erst einmal zu frieren. Mann, das war ja hier draußen richtig kalt. Aber die Luft, sie war herrlich klar und frisch. Es begann die übliche Prozedur, Toilette gehen, waschen, Zähne putzen, anziehen, Füße einkremen, Funktionssocken darüber, sowie die Trekkingschuhe sorgfältig anziehen und verschnüren. Meine Füße machten mir wieder einmal Sorgen, denn sie taten schon jetzt in der Früh etwas weh. Sie waren nur nicht mehr ganz so geschwollen wie gestern Abend. Ich fragte mich wieder einmal: Wie soll das weiter gehen? Dann hieß es sorgfältig den Rucksack packen, diesen umschnallen, auf guten Sitz achten, Geld- und Kartentasche umschnallen, ebenso die Wasserflasche.

In der Zwischenzeit war schon allgemeine Aufbruchsstimmung. Viele liefen schon hin und her, andere packten ihre Rucksäcke oder zogen sich an, wieder andere saßen schon in Gruppen verstreut und frühstückten, eine Fahrradgruppe war gerade beim Abfahren. Natürlich ging das alles nicht geräuschlos. Ich empfand das alles hier als schreckliche Unruhe. Also nahm ich meine Wanderstecken in die Hand und ging los. Gott sei Dank, so dachte ich, hoffentlich muss ich ein solches Burgos nicht noch einmal auf dem Jakobsweg erleben. Ich hatte richtige Sehnsucht nach der Ruhe der ländlichen Wege.

Die Stadt Burgos in der Früh um 6.30 Uhr zu verlassen, das war genau so ein Kreuz wie gestern Vormittag von der anderen Seite hineinzukommen. Der Weg führte dieses Mal wieder entlang einer großen Straße, nur zur anderen Seite stadtauswärts, von einer Ampel zur anderen. Außerdem war der Weg alles andere als gut markiert, zusätzlich waren die Markierungen zwischen all den Menschen, Autos, Geschäften, Plakaten und Straßenschildern schwer zu finden. Die Straße schien wieder einmal endlos, sie zog sich dahin. Endlich, wieder nach weit über einer Stunde Asphalttreten, erreichte ich den Ortsrand, wo es zwar nicht mehr entlang großer Autostraßen, aber auf einer weiteren Asphaltpiste weiterging. Für mich war das wieder einmal alles andere als ein Pilgerweg, auch wenn er „früher" einmal so gegangen sein mag. Als der Camino dann auch noch entlang der Autobahn und in einem Tunnel unter dieser hindurch führte, war meine Pilgerbegeisterung langsam wieder auf dem Nullpunkt angekommen.

Ich bemerke, seit ich gestern Burgos betreten habe, stand ich nur noch unter Stress, den ich jetzt wieder ganz stark spüre. Auf der Suche nach dem richtigen Weg, zwischen stadtbedingter Unruhe, morgendlichem Straßenverkehr, diversen Verkehrsampeln, schwieriger Orientierung aufgrund der vielen Menschen und mangelnder Markierungen, war es für mich überhaupt nicht möglich zu mir selbst zu finden. Mir wird klar: Der Pilgergedanke und meine Beziehungen zu Gott, waren mir gerade in Burgos, der sogenannten spirituellen Hauptstadt des Camino, ferner denn je.
Ich dachte dabei an den Spruch:

„Gott, gib mir die Gelassenheit Dinge hinzunehmen,
die ich nicht ändern kann.
Gib mir den Mut und die Kraft Dinge zu ändern,
die ich ändern kann"
Und gib mir die Weisheit, das eine vom anderen zu unterscheiden

Beim Heiligen Santiago um Regen bitten
Endlich wird es um mich herum ruhiger und der Weg führt wieder in Richtung Land, worüber ich sehr froh bin. Es war nun schon neun Uhr und die Sonne brannte schon sehr warm auf uns nieder. Ich sage uns, weil mich „Schnecke" in

der Zwischenzeit diverse andere, meist wesentlich jüngere Pilger, Wanderer oder Touristen überholen. Wir grüßen uns in der Regel mit dem Pilgergruß: *„buen camino."* Je nach dem, sprechen wir manchmal ein paar Sätze miteinander, eine kurz Frage nach Nationalität, zeitweise sogar ein Gespräch, meist aber nur den Gruß, bei vielen aber gar nichts, die gehen einfach stumm vorbei. Das fällt mir auf, denn bisher war das Grüßen selbstverständlich. Nun ja, in Burgos hat sich anscheinend viel geändert. Es sind viele „Neue" hier auf dem Weg. Vielleicht liegt das daran.

Ich genieße wieder die Landschaft. Das scheint heute wieder ein warmer Tag zu werden. Rechts und links der Straße begannen Weinfelder.

Ich spreche mit einem Weinbauern, der gerade am Wegrand steht und bei der Besichtigung seiner Trauben ist. Er klagt mir sein Leid: „Regen fehlt, es ist viel zu trocken, dem Wein fehlt Regen" sagte er und er bat mich in Santiago beim Heiligen um Regen zu bitten, sonst sei die Ernte wegen der schon lange anhaltenden Trockenheit verdorben. Ich komme an einer kleinen Kirche vorbei. Ich möchte diese betreten, mich ausruhen, meditieren und endlich wieder innerlich zu meiner Pilger-Ruhe zurück finden, denn all die Negativschwingungen der Erlebnisse in der „Pilgerstadt Burgos" schwingen noch in mir nach. Aber die Kirche ist zugesperrt. Wieder einmal frage ich mich, warum sind hier nur so viele Kirchen zu?

Die Gottesmutter gibt mir wieder Kraft
In einem kleinen Ort, an einer Wegkreuzung, steht mir plötzlich eine in Weiß gekleidete ältere Ordensschwester gegenüber. Ist das ein „Zufall?" ... oder erfüllt sich hier wieder einmal die göttliche Vorsehung, an die ich fest glaube, nach dem Spruch:

„Wenn Du meinst es geht nicht mehr, kommt irgendwo ein Lichtlein her!"

Diese Ordensschwester wird nun zu meinem Lichtlein, welches ich in dieser Situation auch dringend brauche. Sie gibt jedem von uns Pilgern eine kleine Marienmedaille, mit der Gottesmutter von Fatima darauf, über die ich mich sehr freue. Es bekommt auch noch jeder einen Bindfaden dazu. So hänge ich mir dieses wertvolle Symbol um meinen Hals. Und plötzlich geschieht etwas Seltsames mit mir:

Kaum habe ich mir diese Medaille um den Hals gebunden, da spüre ich: Die Gottesmutter von Fatima öffnet meine Seele, gibt mir Kraft und es wird wieder „hell" in mir. Gott ist mir ganz nahe, und ich spüre: Ich bin wieder angekommen, hier auf diesem Jakobsweg: Wie zur Bestätigung fasse ich auf meine Jakobsmuschel. „Ja", antwortet mir diese: *„Ja, ich bin da, ich habe nur auf Dich gewartet"... und Tränen stehen mir plötzlich in den Augen.*

Burgos, das wird mir jetzt klar, hat meine Seele vom ersten Augenblick an, mit all seinen vielen dunklen Energien, völlig blockiert. Das durchzustehen, diese immer abzuwehren, das hat mich viel, sehr viel Kraft gekostet. Mein Gott, denke ich mir, wie mag es da all den Menschen gehen, die in solchen Städten leben? Für mich haben diese Städte viel zu viele dunkle Energien.

Oft sehr vernachlässigt
Der Camino führt nun wieder durch das schöne Land. Rechts und links sind riesige Weizenfelder, soweit das Auge reicht, welche die Ruhe und den Frieden der unendlichen Weite ausstrahlen. Die Landschaft ist lieblich, dazwischen liegen viele Weinberge. Ich kann mich gar nicht satt sehen. Meine Seele ist wie eine Batterie, die diese ruhigen Schwingungen hier braucht, um sich aufzuladen und um sich wohl zu fühlen.

Ich lese in meinem Führer: Der Jakobsweg führt nun durch die berühmte Weinbauregion La Rioja. Wunderschön ist dieses Land in seiner brütenden Mittagssonne, lieblich sind seine Konturen. Hie und da sehe ich eine kleine Ortschaft. Natursteine sind hier der wichtigste Baustoff.
Die Schönheit dieser Orte, von der Ferne betrachtet, hört allerdings sofort auf wenn man in ihre Nähe kommt, oder sie gar betritt. Für mich wirken sie oft vernachlässigt, verfallen, mittelalterlich und ungepflegt. Ich sehe viel Müll, Abfall und Dreck, der hinter oder neben den Häusern liegt, ebenso stehen da alte verrostete Autowracks und es liegt viel Bauschutt herum.
Ich sehe viele verfallene oder verlassene Häuser, die aus vergangenen Jahrhunderten zu sein scheinen. Die spanische Geschichte erzählt von großer Armut dieser Landbevölkerung durch die Jahrhunderte und deshalb von Flucht in die Städte, aber insbesondere in das von den

Spaniern „eroberte" süd- und mittelamerikanische Ausland. Das Problem der Emigration, der „Völkerwanderung" aus Hunger, hat hier deutlich seine geschichtsträchtigen Spuren hinterlassen, so wie ich es auch von Süditalien her gut kenne.

Ich glaube: So hat Gott das nie gewollt
Die alten Kirchen in diesen kleinen Orten scheinen ungenutzt, denn sie sind fast alle geschlossen. Nur in den größeren Orten ist hie und da noch eine geöffnet.
In den größeren Kirchen finde ich den gesamten Altarraum von der Decke bis zum Boden, von rechts nach links völlig in Gold gekleidet, alle Figuren, Ornamente, Säulen usw., sodass ich oft den Eindruck habe von dem vielen Gold „erschlagen" zu werden.

Wenn ich mir nun vorstelle, dass die spanischen Eroberer in Süd- und Mittelamerika, wegen dieses Goldes, ganze Völker über Jahrhunderte in Not und Elend gebracht haben, und dieses Gold nun hier in Spanien zur „Ehre Gottes" die Altarräume ausfüllt, so fällt mir Glauben wieder einmal sehr schwer.

... aber was hat denn dieser Prunk mit Glauben und Gott zu tun, fragt mein Verstand? Gott hat ganz bestimmt das alles so nie gewollt. Gott mag keine Eroberungen, keine Unterdrückungen von Menschen, keine Kriege und auch keine Götzenanbetungen... aber über wie viele Jahrhunderte hinweg, wurden diese Dinge im Namen Gottes betrieben.

Sagt nicht Gott selbst in SEINEN 10 Geboten:
„Du sollst nicht töten!
„Du sollst nicht stehlen!"
„Du sollst nicht Unkeuschheit treiben!"
„ Du sollst kein falsches Zeugnis geben, wider Deinen Nächsten!"
„Du sollst nicht begehren Deines Nächsten Weibes!"
„Du sollst nicht begehren Deines Nächsten Hab und Gut!"

Trotzdem gab es im Namen dieses Gottes, durch fast ein Jahrtausend, schreckliche Glaubenskriege. Sogar der Hl. Jakobus, hier Santiago genannt, wurde vom christlichen Heer als christliche Leitfigur zur Rückeroberung Spaniens von den Mauren benutzt. Ob Gott das so gewollt hat? Allah und Mohammed gegen Christus und die katholischen Heiligen? Ich denke Nein! Ist Gott nicht unser aller Gott, egal welchen Namen wir ihm geben? Ich bin überzeugt: Nie, nie hat ER das so gewollt.

Trotzdem haben die „Konquistadors" im Namen des Kreuzes schreckliches Leid über die Indios gebracht, wurden in der grausamsten aller Inquisitionen in Spanien unzählige Juden ermordet, erschlagen, verbannt, in ganz Europa Mädchen und Frauen als Hexen verbrannt und vieler schlimme Dinge mehr.
Ich denke, das hat alles mit Gott nichts, aber auch NICHTS zu tun, bis heute.

Warum werden eigentlich diese 10 Gebote so wenig gelesen und befolgt?

Jedes Mal, wenn ich eine Kirche betrete und diese goldstrotzenden Altäre sehe, kommen mir immer wieder diese oder ähnliche Gedanken.

Ohne Vorbereitung auf dem Weg
Ich überhole auf dem Weg eine größere Gruppe, deren Mitglieder sich in dieser brütenden Sonne, so langsam und müde dahinschleppen. Wie ich sofort höre sind es Deutsche, aber sehr unterschiedlichen Alters. Einige jüngere Erwachsene sind dabei, mit denen ich mich ein wenig unterhalte.

Eine Frau erzählt mir, sie seien in der Gruppe von Stuttgart bis nach Burgos gefahren. Sie hätten heute Morgen mit großen Erwartungen mit dem Jakobsweg begonnen. Sie wollten alle nach Santiago. Sie werden von einem älteren Pater dorthin geführt, der weit hinter der Gruppe ist und langsam vor sich hin geht.
Die Leute laufen in dieser brütenden Hitze, auf dem steinigen Weg, in völlig unpassender Kleidung und Schuhwerk herum. Ich frage nach einem Vorbereitungskurs. *„Nein",* so sagt sie mir, *„man habe sich nur bei dem kirchlichen Träger für diesen Pilgerweg anmelden müssen."*
Was Jakobsweg jetzt im Hochsommer heißt, vom Klima, vom körperlichen Einsatz und von den Füßen her, das weiß ich nun aus zwei Wochen Erfahrung... und diese Leute hier spüren das jetzt schon in den ersten Stunden durch Schnaufen und Schwitzen... und zwei dieser „neuen Pilger" haben schon nach ein paar Stunden schmerzhafte Blasen an den Füßen. Wie soll denn das weitergehen? Ich verstehe diese Organisation absolut nicht.

Eine junge Theologiestudentin möchte unbedingt wissen, warum ich diesen Jakobsweg gehe. Ich weiche erst aus, denke nach, erkläre ihr aber dann: *„Das sei wohl die sensibelste Frage des Jakobsweges, die viele oft selbst vorher nicht so genau wissen, und deren Antwort sich erst durch den Camino selbst, im Lauf der Zeit entwickelt".* Ich weiß nicht, ob sie mich verstanden hat. Irgendwann trennen sich unsere Wege, denn ich spüre sehr viel Abstand.

In der Ortschaft Hornillio del Camino mache ich Mittagsrast. Ich habe noch von gestern Weißbrot, zwar schon ein bisschen weich, aber noch gut essbar, zwei Tomaten, Pfirsiche und ein wenig Ziegenkäse. Herz, was willst Du mehr. Ich kaufe mir noch eine Flasche Mineralwasser und eine Büchse Cola zum Mischen, setze mich in den Schatten der dortigen Herberge und mache gemütlich Brotzeit. Als dann die brütende Hitze etwas nachlässt, gehe ich die 11 Kilometer weiter zur nächsten Herberge, nach Hontanas.

Der Camino führt mich über eine weite und brütendheiße Hochebene, auf der die warme Luft vor meinen Augen nur so flimmerte. Kein Mensch ist weit und breit zu sehen. Ich bewundere mich selbst für meinen Mut, diesen einsamen Weg hier in der brütend heißen Sonne zu gehen. Aber ich bin so voll von Vertrauen zu der Kraft des Santiago, die mir durch meine Muschel geschenkt wird, dass ich munter darauf los schreite. Ich denke, wenn ich hier umfalle, finden mich nur noch die Wölfe.

Die Sache mit den Spiegeleiern...
18.00 Uhr. Endlich, endlich erreiche ich den Ort Hontanas. Ich bin froh angekommen zu sein, denn ich gehe nicht mehr, ich schleiche nur noch vorsichtig Schritt vor Schritt vor mich hin. Bei jedem Schritt tun mir beide Füße sehr weh, wie wenn ich Erbsen in den Schuhen hätte. Auch der Rücken schmerzt im Moment entsetzlich vom Rucksack. Ich bin heute einmal wieder einfach fix und fertig.

**Ich glaube, das alles ist die Summe von ständig schlechtem Schlaf, tagsüber die Hitze und die Belastung durch das Gehen selbst...und das Tag für Tag, ohne Zeit zum Regenerieren.
Nur der Wunsch, nach Santiago zu kommen, ist in mir ungeheuer stark.**

Als ich das Refugium betrete, stand die Frau des Hauses gerade in einer lautstarken Diskussion mit einem französischen Pilger, dem sie ihr Abendmenü verkaufen wollte. Das Pilgermenü war aber anscheinend nicht nach seinem Geschmack, oder das Essen war ihm zu teuer, worüber sich die Frau schimpfend aufregte. Bei mir hatte sie da keine Schwierigkeiten, denn ich wollte nachher gern essen. Also Bettenmachen, Rucksack auspacken, Duschen, Umziehen und danach zum Essen gehen.
Die Hausfrau setzte mich an einen großen Tisch einfach noch mit dazu, der schon mit Spaniern voll besetzt ist. Dann brachte sie aus der Küche die Teller mit dem 1. Gang: Totgekochte Spaghetti, was jeden italienischen Koch zur Verzweiflung gebracht hätte. Dabei hatte die Gute die Tellerränder auch noch kräftig mit Tomatensoße beschmiert,

was sehr appetitlich aussah. Ich dachte wie immer in solchen Fällen..."Gott gib mir die Gelassenheit, also... Augen zu und durch."
Weil ich aber am Kopf der „Tafel" saß, knallte sie mir immer liebenswürdigerweise die vollen Teller vor die Nase, ebenso den Wasserkrug und die Weinflasche und ich durfte es an die anderen weitergeben, was ich ja auch gerne tat. Der Nachteil dabei war aber, wenn zum Beispiel die Flasche wieder bei mir ankam, war alles leer und ich bekam nichts. Also drücke ich der guten Hausfrau die leeren Sachen wieder in die Hand, mit der Bitte um Nachschub, was ihr sichtlich nicht passte. Als alle anderen bedient und schon lange fertig gegessen hatten, bekam ich als Letzter endlich auch meinen mit Ketchup beschmierten Teller mit den geschmacklosen und nun endlich zu Brei zerkochten Spaghetti.

Bald darauf brachte sie neben etwas Salat den nächsten Gang, einen Teller mit 2 Scheiben Fleisch und 2 Spiegeleiern, was für mich als Vegetarier eine ziemliche Herausforderung darstellte. Aber ich dachte an die Anstrengungen des Weges und das ich Eier und Fleisch als Energie im Moment sicher gut brauchen könne. Also konnte ich mich mit dem Gedanken an zwei leckere Spiegeleier und zwei Scheiben Fleisch gut anfreunden. So reichte ich brav alle Teller an die anderen weiter. Als ich dann, wie üblich als Letzter, an Reihe kam, war es mir wie wenn – „den letzten beißen die Hunde"... oder steckt da etwa mehr dahinter?
Alle waren schon lange beim Essen, ja einige sogar schon wieder fertig, da endlich brachte die Hausfrau mir meinen

Teller. Darauf waren im Vergleich zu den anderen, zwei völlig verbrannte und vergammelte Spiegeleier und anstatt, wie bei den anderen 2 Scheiben Fleisch, nur noch kleine Abfall- oder Reststücke. Wie sollte ich reagieren?

Ich fragte mich: ist das wieder einmal eine Spanierin, die mich über den Tisch ziehen und für dumm verkaufen möchte? Ich entschloss mich mir dieses Verhalten von ihr nicht gefallen zu lassen.
Als sie wieder zurückkam, drückte ich ihr meinen Teller wieder in die Hand und bat sie, mir doch bitte genau das gleiche zu bringen wie den anderen. Sie schien nur auf irgendetwas von mir gewartet zu haben, denn sie schrie sofort los: *„Ah, el Señor aleman quiere mas carne"*, (Aha, der gnädige deutsche Herr möchte mehr Fleisch), worauf es augenblicklich im Raum still war und alle mich anschauten. Ich wäre am liebsten vor Scham in den berühmten Erdboden versunken.
Diese bauernschlaue Hausfrau, machte aus ihrer Unverfrorenheit mir gegenüber, auch noch einen Sieg, indem sie mich auf eine andere Bühne zog, das Thema völlig verdrehte und mich dafür auch noch brüskiert anklagte. Bravo, diese Komödie hier gehört wirklich in ein Bauerntheater, so dachte ich.

Aber da ließ ich mich nicht fangen: Ich sagte ihr mit der Aufbringung all meiner Sprachkenntnisse ganz ruhig: *„Nein, ich möchte nicht mehr Fleisch, sondern bitte, genau die gleiche Portion wie alle hier am Tisch"*.

Wutentbrannt rannte sie mit meinem Teller in die Küche und kam nach einiger Zeit mit zwei schönen Spiegeleiern und sogar drei schönen Scheiben Fleisch zurück, knallte mir den Teller auf den Tisch und weg war sie.
Alle an meinem Tisch lachten plötzlich laut und mein spanischer Nachbar sagte: *„bravo aleman!"* was mir sehr gut tat. Anscheinend hatten alle am Tisch diesen Vorgang genau beobachtet.
Unser deutscher Heimatdichter Theodor Storm schreibt genau zu diesem Thema in einer Strophe seines Gedichtes „Für meine Söhne":

„Wackerer heimatlicher Grobheit, setze Deine Stirn entgegen, Artigen Leutseligkeiten, gehe schweigend aus den Wegen."

Nun, ich denke, wäre ich einer seiner Söhne, dieser Mann könnte heute stolz auf mich sein.
Um 21.00 Uhr lag ich in meinem Bett. Da diese Herberge eine Wohnung mit kleinen Räumen war, musste ich den Schlafraum mit nur fünf weiteren Pilgern teilen. Vor dem Einschlafen sprach ich mit dem Mann eines älteren Paares. Er erzählte mir begeistert, mit welcher Freude sie seit Burgos diesen Weg hier gehen...und zu meiner Überraschung, sie kämen extra aus Israel daher. Bis auf die ziehenden Schmerzen in den Füßen habe ich dieses Mal gut geschlafen.

*****

15. Tag: Hontanas - San Anton - Castorjeriz - San Nicola - Boachilla del Camino

„In der Ruhe liegt die Kraft"

Erfahrene Pilger suchen schon vorher
6.00 Uhr. Es war ungewöhnlich leise in diesen Herbergsräumen. Alle Pilger verhielten sich sehr rücksichtsvoll, sodass die übliche morgendliche Aufbruchsstimmung kaum zu hören war. Als ich ins Freie trat, war es noch dunkel und kühl, aber die Luft war herrlich frisch und klar. Über mir funkelte noch ein gigantischer Sternenhimmel.
Ich holte meine Taschenlampe heraus und suchte nach der Markierung, die mich weiterführt. Als ich diese nicht fand, las ich mit der Taschenlampe in meinem Führer nach. Dann war nach der Beschreibung die Richtung klar. Im Dunkeln ist das Finden der Markierungen an den Hauswänden, als Straßenschilder, kleine Betonsäulen oder als gelbe Markierungspfeile auf Steinen, Wänden usw. natürlich wesentlich schwieriger als wenn Tageslicht da ist.
Mir fällt dazu ein: erfahrene Pilger suchen sich schon abends, solange es noch hell ist die Weiterführung, um sich genau dieses morgendliche Suchen im Dunkeln zu ersparen. Das sollte ich auch für mich übernehmen.
Wenn dann noch schlecht oder zu wenig ausgeschildert ist, oder Markierungen veraltet, von der Sonne verblasst, oder von Pflanzen überwuchert sind (was häufig vorkommt), dann ist es schwierig den Weg zu finden, insbesondere im Dunkeln.

Meist jedoch ist der Camino wirklich gut ausgeschildert, sodass ich an manchen Tagen den Führer überhaupt nicht brauche. Ich finde, das ist eine großartige Leistung der Betreuer des Camino, das muss auch einmal gesagt sein.
Sollte es wirklich einmal Unsicherheiten geben, so haben wahrscheinlich (betrunkene) Spaßvögel die Markierungen verändert, wovon auch berichtet wird.

Schuldgefühle
Der Camino führt mich nun auf einem Feldweg weiter, der sich im tiefen Frieden des aufgehenden Morgens an einem leichten Hang entlang zieht. Die Szene mit der Hausfrau vom gestrigen Abendmenü fällt mir wieder ein. Ich frage mich: war das richtig, wie ich reagiert habe? Oder hätte ich besser nichts sagen sollen? Welches waren die Motive, warum diese Frau so gehandelt hat. Dachte sie, so wie mir die andere Frau in Burgos die faulen Pfirsiche andrehen wollte, dem gebe ich einfach die letzten verbrannten und zusammengekratzten Reste der Küche und basta.
Sehe ich so brav, so deutsch, so dumm aus, dass man das so einfach mit mir machen kann? Diese gesamte Situation war eine große Herausforderung für mich, bei der ich mich im Nachhinein betrachtet noch unwohl fühle. Ich frage mich in solchen Situationen immer: *„Wie hätte Jesus in dieser Situation gehandelt?"*

Ich würde jetzt in dieser inneren Stimmung gern beten…und ich bemerke nach kurzer Zeit, ich habe wieder einmal Probleme „heilige Gedichte" aufzusagen. Irgendetwas sperrt sich da in mir. Es geht einfach nicht. Stattdessen singe ich voll Freude: „Heilig ist der Herr", einen Text, den ich von

ganzem Herzen bejahen kann und eine Melodie, die mich mit Leben und Freude erfüllt, da sie in mir sehr harmonisch schwingt.
Nun verstehe ich plötzlich, warum ich mit „heiligen Gedichten" solche Schwierigkeiten habe: *Das Wort ist Mechanik, Melodie ist Schwingung, Schwingung ist Rhythmus, Rhythmus ist Leben, (Herzschlag, Ein -und Ausatmen, die Gezeiten usw.) und alles ist Gott.*
Jeder Mensch erlebt Gott auf seiner Ebene.

Im Pilgerkloster San Anton
Irgendwann werde ich aus meinen Gedanken gerissen, denn der schöne Feldweg mündet in eine lange Asphaltstraße, die rechts und links von Pappeln eingesäumt ist. Nach einiger Zeit sehe ich schon von Weitem eine Ruine, mit einem riesigen gemauerten Bogen über die Straße. Es ist die Ruine des ehemaligen Pilgerklosters San Anton, welches im 12. Jahrhundert von französischen Mönchen gegründet worden sein soll. Heute noch sind in der Außenmauer die Nischen zu sehen, in der die Mönche den vorbeiziehenden Pilgern Brot und Wein als Wegzehrung bereitgestellt haben.
Dieses Kloster war nicht nur christlicher Sammelpunkt sondern auch Pilgerhospital. Der Schwerpunkt der Arbeit dieser Mönche soll die Betreuung kranker, insbesondere leprakranker Pilger gewesen sein. Lepra? Diese schreckliche Krankheit kennen wir bei uns überhaupt nicht mehr. Aber Lepra ist heute noch in den sogenannten Drittländern aktiv. Man findet sie noch weit verbreitet in Indien.

Wenn ich mir die Zeit des frühen und späten Mittelalters mit all seinen schrecklichen Krankheiten wie Lepra, Pest, Pocken, Diphtherie, Typhus, Ruhr, Tuberkulose und alle möglichen anderen Erkrankungen vorstelle, die Millionen von Menschen den Tod brachten, dann brauchten Pilger wahrlich einen guten Gottesglauben, wenn sie ihre Pilgerreise antraten. Und sie brauchten Menschen, die ihnen als Hungernde, Kranke, oder auch Sterbende im fremden Land beistanden. In diesen Gedanken finde ich wieder bestätigt, was ich aufgrund der Begegnung mit einigen Pilgergräbern gleich zu Beginn meines Camino vermutet habe: Aufgrund der vielen damaligen Krankheiten, reiht sich entlang des Jakobsweges unsichtbar ein riesiger Pilger-Friedhof.

Geradezu bewundernswert erscheint mir deshalb, wie viele Klöster es einmal entlang des Jakobsweges gegeben haben muss. Fast alle waren auch gleichzeitig ein Hospital im Dienste der Pilger...und für wieviele Menschen war es Gottes-Dienst, also Dienst an Gott, für die Pilger da zu sein. Mich fasziniert dieser Gedanke der Mitmenschlichkeit, der christlichen Nächstenliebe, die sagt, für den „Bruder" da zu sein. Ein Aspekt des menschlichen Lebens, der heute bei uns so ziemlich verloren gegangen scheint. Sagt uns nicht auch Jesus:

„Was Du dem geringsten Deiner Brüder getan, das hast Du mir getan."

Welch tiefer Glaube an Gott und seinen Heiligen Jakobus muss zu dieser Zeit noch in all den Menschen hier am und auf dem Camino gewesen sein, bei den Pilgern und bei den dienstbaren und helfenden Gottesmännern und Gottesfrauen gleichermaßen.

Jeder von ihnen war auf seinem Gottesweg: Der eine auf dem Weg nach Santiago, der andere auf dem Camino des Dienens, Helfens oder Heilens. Für mich ist das ein wunderbarer Gedanke:

Jeder Mensch - ist nach göttlichem Willen - auf SEINEM Camino.
Wie viele Geschichten von Menschenschicksalen könnte dieser Camino allein hier in den Resten dieses verfallenen Klosters San Anton erzählen? Ich bin tief beeindruckt, habe ich doch eben wieder weitere und tiefere Aspekte dieses Pilgerweges und seines ehemaligen Pilgerwesens kennen gelernt.

Heute führt ein sehr liebenswerter Italiener, mit dem ich mich lange unterhalte, in den Resten der Ruine eine kleine Pilgerherberge für 16 Personen. Er hat es sich seit einigen Jahren zu seiner Aufgabe gemacht, hier für die Pilger tätig zu sein. Es ist also sein Gottes - Dienst, im Sinn des Camino. Wie sagte ich schon: bewundernswert!

Im Angesicht dieser ehrwürdigen und alten Mauern beginne ich wieder das Heilige des Camino zu spüren und wahrzunehmen. Ich bin wieder da. Ich weiß wieder, warum ich diesen Pilgerweg gehe. Hier spüre ich ihn wieder, hier ganz besonders: den wahren, den tiefen Geist des Camino. Hier kann ich Gott ganz nahe sein.

Durch die Erlebnisse in Burgos und gestern Abend war ich völlig irritiert. Ich wusste schon überhaupt nicht mehr warum ich hier bin? Ja, ich dachte schon an Abbruch, denn diese spirituelle Tiefe des Camino war mir plötzlich völlig verloren gegangen.
Als ich das Kloster verlasse, steht unter dem riesigen Torbogen eine große bunt-gedresste und behelmte Fahrradgruppe. Alle sitzen auf ihren Rädern, schauen kurz die Ruine an und fahren dann laut redend weiter. Keiner von ihnen ist abgestiegen! Keiner hat sich für die Dinge im Inneren interessiert. Aber man nennt sie hier Fahrrad-Pilger! Nein denke ich, so kann das doch nicht richtig sein. In einem Buch las ich dazu:

„Der Geist des Jakobsweges ist nur jenen Menschen zugänglich, deren Füße auf dem Boden sind.
Wenn Du wirklich auf dem Camino sein willst, dann musst Du aus Dein Auto, von Deinem Fahrrad steigen und Dir Deine Füße schmutzig machen. Du musst vom Schweiß durchnässt werden, vom Regen kalt und nass sein…und Du musst müde vom Gehen am nächsten Refugium ankommen.
Nur dann wirst Du die Freuden des Camino erleben."

Diese Worte sind mir aus dem Herzen gesprochen… und ich schaue den Radfahrern nach, die schnell in der Ferne verschwinden. Ich frage mich, ob hier nicht eine Art historischer Bruch sichtbar wird, wie damals vom Ochsengespann zum Hochleistungstraktor. Die Alten gehen noch zu Fuß und die Jungen tun nichts mehr ohne Maschinen, Computer und Apparate.

Mühsam setze ich wieder Schritt vor Schritt, denn meine Füße tun mir wieder sehr weh. Das Stillstehen hat mir nicht gut getan. Ich muss mich erst wieder einlaufen. Vielleicht sollte ich alter Esel doch besser mit dem Fahrrad fahren...

Hospitäler und Kirchen
Vor meinen Augen tut sich eine weite Landschaft auf, die in der Mitte von einem Hügel beherrscht wird, auf der sich die Ruinen der ehemals mächtigen Burg von Castrojetriz befinden. Strategisch gesehen soll diese Burg hier einmal eine Schlüsselstellung eingenommen haben, deren Ursprung schon im neunten Jahrhundert liegen soll. Diese Burg hat eine sehr wechselhafte Geschichte. Muslemische und christliche Heere sollen sich durch die Jahrhunderte bei der Eroberung und Rückeroberung der Burg und bei der Zerstörung und ihrem Wiederaufbau abgewechselt haben.
Schließlich wurde sie zum territorialen Zankapfel zwischen den spanischen Königreichen Aragon und Kastilien, bis sie vom König von Kastilien endgültig erobert wurde. Ich denke mir: wie blutgetränkt muss der Boden sein, auf dem ich gerade gehe oder stehe.
Am Fuße der Erhebung, unterhalb der Burg, zieht sich die Ortschaft Castrojeriz dahin, deren Entwicklung immer mit dem Jakobsweb verbunden war. In ihrer Glanzzeit waren hier vier Pilgerhospitäler angesiedelt. Heute noch hat die gut 1000 Seelen zählende Kleinstadt Castrojeriz vier Kirchen, deren Ortsbild von der monumentalen Kirche Santa Maria del Manzano dominiert wird. All diese Bauwerke, Hospitäler und Kirchen entstanden aufgrund

oder als Folge der Pilgerbewegung zwischen dem 13. – 15. Jahrhundert.

Aufgrund der Konzentration dieser vielen Bauwerke im Dienste des Pilgerwesens wird mir auf einmal klar: Durch die Jahrhunderte waren Schutzburgen, Klöster, Hospitäler und Kirchen die tragenden Säulen, das heißt Anlaufstellen der Pilger, ohne die eine so gigantische Pilgerbewegung zum Grabmal des Hl. Jakobus unmöglich gewesen wäre. Diese sind wie auf eine Perlenkette gereiht in, neben und außerhalb vieler Orte des Jakobsweges zu finden. Häufig existieren von diesen ehemals wichtigen Einrichtungen nur noch Fragmente, Reste oder Ruinen, wie hier in Castojeriz.

Pilgerrennen
Ich schlendere durch die Straßen dieser lang gezogenen Siedlung. Plötzlich werde ich aus einer Bar laut gerufen. Es ruft mich mein italienischer „Pilgerbruder der ersten Stunde", Guilielmo, den ich seit Pamplona nicht mehr gesehen habe. Ich freue mich wirklich, er freut sich herzlich. Er erzählt mir, dass er eigentlich schon viel weiter sein wollte, nur in der Zwischenzeit sei er an einer unguten Magen – und Darmgrippe mit Durchfällen erkrankt gewesen, die ihn einige Tage in Burgos festgehalten hätten. Er sei auch bei einem Arzt gewesen und hätte einige Tabletten bekommen. Aber jetzt schmeckt der Kaffee wieder und er müsse sich nun beeilen, um die Zeitverzögerung aufzuholen. Er müsse nun eben täglich statt 20 - 30 Kilometer, 40 - 50Kilometer gehen, damit er bis Santiago wieder mit seinem Zeitplan zurecht käme.

Sagts, trank seinen Kaffee aus und sauste schon eilig los. Komisch, ich hatte ihn noch ganz anders in meiner Erinnerung. Diese Erkrankung oder die Zeitverzögerung muss den Armen völlig aus dem Gleichgewicht geworfen haben. Jetzt macht er, ohne es zu bemerken den größten Fehler, den ich hier schon bei vielen beobachten konnte: Aufgrund von Zeitmangel: Pilgerrennen!

Über die Mesetas
Nach Besichtigung der Kirchen verlasse ich den Ort. Einige Kilometer weiter führt der Camino über einen alten Knüppeldamm, deren Fundamente sogar noch aus der Römerzeit stammen sollen. Der Weg führt mich direkt auf den Steilhang eines mächtig vor mir aufragenden Berges zu, der so genannten Meseta.

Mesetas sind Tafelberge, oft Hunderte von Metern hoch, mit fast senkrecht ansteigenden oder abfallenden Steilhängen und oben so gerade und flach, dass man eine Wasserwaage darauf legen könnte. Mir wurde schon etwas flau in der Magengegend, als ich dieses mächtige Massiv immer näher auf mich zukommen sah, welches sich mit seinem steilen Hang und Aufstieg vor mir auftürmte. Noch dazu war der Aufstieg nicht nur sehr hoch und steil, er lag auch noch voll in der brütenden Sonne.

Ich fasste auf meine Jakobsmuschel und bat um Kraft, aber auch darum, dass mir bei dem steilen Aufstieg auf dem schmalen Grad, ab einer gewissen Höhe nicht schwindlig wird. Denn seit einem schweren Autounfall vor gut 10 Jahren, bin ich plötzlich auf steilen Hängen nicht mehr schwindelfrei.

Also schalte ich wie beim Berggehen auf den „ersten" Gang zurück: Ich gehe nun bewusst ganz langsam und gleichmäßig, setze Schritt vor Schritt, schaue nur noch auf den Weg vor mir, schaue weder nach oben noch nach unten, damit mir nicht schwindlig wird. Der Weg zieht sich steil bergauf. Ich schwitze enorm und mein Herz hämmert. Immer wieder einmal berühre ich meine Muschel und ich spüre ihre Gewissheit, die mir sagt: *„Ruhe Carlo, Du schaffst das schon."* Wie sagt ein weiser Spruch:

„In der Ruhe liegt die Kraft"

Steil geht es bergauf, höher und immer höher. Da sich der Weg immer am Steilhang aufwärts windet, beginnt ab der Hälfte der Höhe langsam bei mir die typische Höhenangst. Ich summe leise mein Lieblingslied „Heilig ist der Herr" vor mich hin... und besser geht es. Nach gut einer Stunde komme ich schweißüberströmt oben an. Ich bin von der Anstrengung des steilen Aufstiegs und von der Hitze auf diesem Hang erst einmal fix und fertig. Ich sehe auch andere Pilger, die auf der Erde sitzen oder liegen und denen es wohl ähnlich geht wie nun mir. Leider gibt es hier wenig Schatten. Ich schnalle meinen Rucksack ab, ziehe mein T-Shirt, die Trekkingschuhe und Strümpfe aus und lege mich erst einmal zum Verschnaufen hin. Als mein Herz sich langsam wieder beruhigt hat, geht es mir wieder besser. Ich stehe nun oben auf dem Plateau und schaue mir voller Staunen diese Naturwunder an, wie ich sie noch nie gesehen habe. In der Ferne sehe ich von rechts nach links, Tafelberge, soweit das Auge reicht. Oben so flach wie ein

Brett und Flanken, hunderte von Metern fast Senkrecht zum Hinunterfallen. Ein erstaunliches Naturwunder.
Jetzt wird mir auf einmal klar, warum es vor der Ortschaft Hontanas so lange und steil bergab ging. Das war der erste Abstieg von einem Tafelberg. Dann bin ich durch das Tal von Castojeriz gegangen und nun auf den nächsten Tafelberg wieder aufgestiegen. Alles klar.

„Darunter leidet unsere Ehe seit über 30 Jahren"
Ich ziehe mich wieder an und gehe einige Meter. Plötzlich höre ich deutsche Sprache. Etwas abseits sitzt ein älteres Paar auf der Erde. Die Frau weint und klagt vor sich hin, der Mann ist leichenblass und stumm. Offensichtlich geht es ihm nicht gut. Spontan gehe ich auf die beiden zu und begrüße sie auf Deutsch. Die Frau ist heilfroh einen „Landsmann" getroffen zu haben. Sie erzählt mir sofort: *„Sie kämen aus Bremen. Sie hätte schon immer den Wunsch gehabt den Jakobsweg zu gehen. Seit diesem Frühjahr sei ihr Mann nun in Rente. Sie wollten nun ihre Zeit nutzen und von August bis Oktober diesen Weg hier gehen. Sie seien vor einigen Tagen von Burgos aus gestartet, nachdem sie sich die Sehenswürdigkeiten der Stadt angesehen hätten. Aber das nun, dieser Aufstieg hier, ja das hätten sie doch nicht erwartet.*
Ihr Mann leide schon lange an Bluthochdruck. Dazu diese Anstrengung und die Hitze. Jetzt gehe es ihrem Mann sehr schlecht und sie habe Angst, das sei jetzt ein Herzinfarkt." „Quatsch" sagt der Mann, bisher als einzigen Kommentar zu all den Ausführungen seiner Frau. Ich denke mir, typisch männlicher Patient. Ich erzähle beiden von meinem Beruf, frage den Mann ob ich ihm helfen kann? Die

Frau ist hocherfreut, der Mann wird nur noch verschlossener. Er halte nichts von Heilpraktikern, sagt er, das sei doch alles nicht wissenschaftlich.
„Tja", frage ich, *„Ich will mich ja nicht aufdrängen. Kann ich Ihnen sonst irgendwie helfen?"* *„Nein"* sagt der Mann abweisend und seine Frau weint nun wieder. Er knurrt sie nun an: *„Hör doch endlich auf zu plärren".* Ich bin von diesem Mann schockiert, bin hin und her gerissen. Eigentlich möchte ich hier unbedingt helfen, aber ich möchte mich auch nicht anbiedern. Es meldet sich jetzt der Therapeut in mir. „Aber eine Pille verpasse ich diesem harten Knochen doch noch," so denke ich mir. Also frage ich die Frau: *„Sagen Sie einmal, ist ihr Mann immer so hart?"*
Der Mann reagiert sofort. Ich habe genau getroffen. Er schaut mich böse an, während seine Frau nun laut weint. *„Ja"*, sagt sie, und schimpft nun unter Tränen laut los: *„Genau unter dieser Härte leidet unsere Ehe seit über 30 Jahren."*
„Nun", so sage ich zu dem Mann *„Sie wollen ja zum Grab des Heiligen Jakob. Dann haben Sie ja nun genügend Zeit einmal über sich und ihr Leben nachzudenken"*...und ich drehe mich um und gehe mit großem Bedauern im Herzen weiter.
Diese sensible Frau tut mir in der Seele leid. Aber auch der Mann. Warum ist er denn so geworden? Meiner Erfahrung nach gehört er zu den typischen Männern der Kriegs- oder Nachkriegsgeneration. Eine Zeit, in der es für Buben noch viel Prügel gab, wo man zu funktionieren, zu leisten und nicht zu „mucken" hatte. Genau diese „alte" Erziehung hat dann solche seelischen Panzer oder Bunker erzeugt, sehr leistungsorientiert, verantwortungsbewusst, aber für die Gefühlsebene kaum zugänglich. Wer weiß, was der Hl.

Santiago mit den beiden vor hat? Ich bin mit Sicherheit ein Baustein in Seinem Plan. Ich bin mir sicher:

***Gott lässt uns oft seltsame Wege gehen,
damit wir durch Leiderfahrungen wachsen und reifen können.***

Die beiden gehen mir nicht aus dem Kopf als ich weitergehe. Ich gebe es als Bitte nach „oben" weiter, doch diesem Paar zu helfen. Nach einiger Zeit geht es genau so steil wieder bergab, wie vorher bergauf…und ich benötige nun wieder meine ganze Aufmerksamkeit für den steilen Abstieg. Ich denke mir: *„Na Mahlzeit, hoffentlich gibt es diese auf und ab nicht noch öfter."*
Der Camino führt mich danach wieder durch abgeerntete Weizenfelder, sodass ich wieder bei mir selbst ankommen kann. Ich hole nun nach, was ich vor lauter Achtsamkeit auf den steilen Auf- und Abstieg versäumt habe: ich fasse auf meine Muschel und sage Dank dafür, dass ich das alles so klaglos schaffen durfte. Dieser blasse Mann soeben, hat mich nämlich stark an mich selbst erinnert:

„25 Jahre schweres Rheuma"

„Wenn ich an mein vergangenes Leben denke, so kann ich nur mit dem Kopf schütteln. Ich hatte als Nachkriegs-Kind offene Tuberkulose und war deshalb 2 Jahre lang in einem Sanatorium. Danach war ich ein ewig kränkelndes Kind. Ab dem 18. Lebensjahr musste ich Tag und Nacht mit schlimmen Schmerzen im ganzen Körper leben. Diagnose: Schweres Rheuma (Morbus Bechterew).

25 Jahre später, mit ca. 45 Jahren, war ich körperlich ein solches Wrack, das ich schwer depressiv war, mir nichts mehr zutraute, keinen Lebensmut mehr hatte und mir der Strick oft wirklich näher war als das Leben.
Ich hatte ja nichts mehr zu erwarten, außer Schmerzen+Ärzte, Schmerzen+Medikamente, Schmerzen+Kliniken... und das Erleben der Hilflosigkeit all meiner Fachärzte und deren Bemühen mir zu helfen.
Denn, niemand konnte mir helfen, seit gut 20 Jahren schon nicht... und die vielen täglichen Arzneimittel gaben mir noch den Rest.
Wie sagte mir ein Facharzt in seiner Drei-Minuten Sprechstunde: „Sie haben halt eine unheilbare Krankheit. Damit müssen Sie eben leben!" Wie einfach!

Als ich dann als „unbrauchbarer rheumatischer Schrotthaufen" auch noch meinen Beruf verloren hatte, begann eine Zeit schwerer Depression... Dadurch wurde mir klar, ich muss alles ändern. Also mied ich Ärzte und deren Therapie. Denn ich sah ein: Ich musste weg von all den Cortisonpräparaten, Antirheumatika, Schmerzmitteln, Antibiotika und 10 Jahre Psychopharmaka... und all den anderen Chemiebomben, die mir meine behandelnden Fachärzte ständig verordneten.
Da mir Ärzte 25 Jahre lang nicht helfen konnten, begann ich – auf der Suche nach mir selbst - in München mit einem 6- semestrigen Heilpraktiker-Vollzeit-Studium. Ich absolvierte danach viele weitere Studiengänge, insbesondere Psycho-, Gesprächs-, Focusing- und Hypnosetherapie... und mein Schutzengel half mir immer dabei.
Ich stellte meine Ernährung um, aß keinen Zucker, Weißmehl, Wurst und Fleisch mehr. Ich begann mich selbst mit

Darmbakterien, Vitaminen, Mineralstoffen, Enzymen, Homöopathie und vielen anderen Naturheilmitteln zu behandeln. ...Und irgendwann begannen diese schrecklichen Schmerzen leichter zu werden. Meine Vitalität wurde langsam wieder besser, ich war auch nicht mehr so erschöpft und müde... Und heute? Heute bin ich in meiner Praxis gefragter Heilpraktiker und Therapeut... Und nun, gut 60- jährig, bin ich hier auf dem Jakobsweg. Damals wäre es für mich undenkbar gewesen, mir aufgrund der ständigen Schmerzen, auch nur einen Weg von einem Kilometer zuzutrauen, geschweige denn ein solcher Auf- und Abstieg wie vorhin, noch dazu mit 10 kg Gepäck. Tiefe Freude und Dankbarkeit empfinde ich, wenn ich heute an diese dunklen Jahre meines Lebens denke, weil ich nun hier auf dem Camino sein kann, sein darf."
„*Danke, danke Gott für alles, Danke*"

Ermita de San Nicolas: ich bin hier überflüssig.
Nach einiger Zeit überquere ich eine Brücke und ich habe eine malerisch, idyllische Aussicht auf eine Flusslandschaft, die zur Rast einlädt. Nach einiger Zeit erreiche ich eine kleine, einsam am Weg stehende Kirche, die Ermita de San Nicolas (Einsiedelei des Hl. Nicolas). Diese mittelalterliche Einsiedelei soll im 13. Jahrhundert als Pilgerhospital vom Malteserorden errichtet worden sein. Vor einigen Jahren wurde diese alte und fast verfallene Kirche von der italienischen Jakobusbrüderschaft übernommen und restauriert. Heute steht diese Ermita als kleine Pilgerherberge unter italienischer Leitung in der versucht wird, (so steht es jedenfalls im Reiseführer) die christliche, mittelalterliche Pilgertradition an die Pilger auch durch Fußwaschung und gemeinsames Abendbrot weiterzugeben.

Das alles wusste ich noch nicht, als ich dieses besondere Refugium kurz vor Mittag betrat.

Ich war wieder einmal fix und fertig und hatte mächtigen Durst. Ich fand die Schwingung dieser alten Kirche, den Innenumbau, den Altarraum faszinierend. Ich sprach mit einer der italienischen Betreuerinnen, die mir ein bisschen die Geschichte und den Innenaufbau erklärte, aber irgendwie widerwillig, sagte mir mein Gefühl, auf das ich mich gut verlassen kann.
Eine andere Betreuerin deckte gerade den Mittagstisch mit Gläsern und Esswaren. Da wurde mir klar, ich bin hier überflüssig, was man mir anscheinend nicht so ins Gesicht sagen wollte.
Andererseits zu einer Einladung – als halber Landsmann - reichte es anscheinend auch nicht. Also ging ich und sofort als ich draußen war wurde hinter mir die Tür zugesperrt.
Da blieb in mir ein eigenartiges Gefühl zurück von wegen christlicher, mittelalterlicher Pilgertradition... das nicht einmal die wichtigste aller Fragen an einen Pilger gerichtet wurde, der seit sechs Stunden unterwegs ist und durch die Sonne geht: *„Magst Du Dich ausruhen und etwas zu Trinken?"*
Wer so etwas vergisst und mittags seine Ruhe haben möchte, durstigen und ruhesuchenden Pilgern die Tür vor der Nase zusperrt..., der sollte sich in den Wegführern des Jakobsweges nicht als christliche Pilgerstation der Jakobsbrüder darstellen lassen!

Im nächsten, nahe liegenden Ort **Itero de la Vega**, kaufe ich mir in einem kleinen Supermarkt mein Mittagessen: und suche die Kirche auf, die natürlich zugeschlossen ist. Im Schatten des Portals mache ich es mir mit einigen anderen Pilgern zusammen gemütlich, esse und ruhe mich danach aus.

Wie in Trance...
Gegen 14.30 beginne ich mit meiner heutigen letzten Etappe, die letzten 8,5 Kilometer nach Boadilla del Camino. Wieder durchquere ich eine typische Landschaft des Camino, die sogenannte **Tierra de Campos**, das flache Bauernland.
Die Landschaft ist flach und eintönig, Felder so weit das Auge reicht. Es ist brütend heiß. Die Luft flimmert vor Hitze, die Schuhe drücken wieder und meine Füße schmerzen.
Gerade in dieser Ruhe und Eintönigkeit öffnet sich meine Seele. Ich bin irgendwann nicht mehr da. Ich gehe vor mich hin, bin wie in Trance, nehme nichts mehr bewusst wahr, laufe und lebe in meinen inneren Bildern, die aus meinem Unterbewusstsein in mir aufsteigen. Ich spüre auch meine Füße, die Schmerzen überhaupt nicht mehr. Ich nenne es: Trancegehen, laufen wie in einem Hypnosezustand, was ich auch von anderen längeren Wanderungen her sehr gut kenne.

Irgendwann sehe ich hohe Bäume, Häuser und die Kuppel einer spätgotischen Pfarrkirche. Nahe dem Ortseingang finde ich eine kleine Gemeindeherberge, einfach und bescheiden, aber mit warmem Wasser. Ich lasse mir einen Stempel geben, bezahle die Übernachtung, suche mir ein Bett, packe meine Sachen aus und bin für heute erst einmal so richtig erledigt.

Irgendwie muss ich eingeschlafen sein. Plötzlich werde ich von lauten Schreien geweckt. Ich stürze aus der Herberge und mir öffnet sich ein Bild bei dem ich nicht weiß ob ich lachen oder schimpfen soll. Auf einer Bank liegt auf dem Bauch ein junger Mann. Ein anderer hält ihm seine Füße fest. Ein Dritter hat eine Spritze in der Hand und sticht dem Liegenden gerade ein paar fürchterliche Blasen an den Hacken auf. Im Gegenzug spritzt er in die Blasen nun eine jodhaltige Flüssigkeit ein, worauf der arme Liegende Schreianfälle bekommt, weil Jod so teuflisch brennt. Ich frage den robusten Spritzenmann, wo er denn das so gelernt habe? Antwort, er sei Sanitäter beim Heer gewesen. Oh Mann....

Abends gehe ich mit anderen in die schöne neue Herberge am Ort zum Pilgermenü. Um 21.00 habe ich heute schon geschlafen. Ich frage mich, was wohl aus dem älteren Ehepaar geworden ist?

*****

16. Tag: Boachilla del Camino - Fromista - Carrion de los Condes

Herbergssuche: Wie Maria und Josef...

Wie üblich ist es in der Früh dunkel, als ich losgehe. Der Weg ist hier schnell gefunden, zumal es viele Pilger sind, welche den gleichen Weg gehen, einzeln, zu zweit oder in der Gruppe. Ich habe erst einmal Pech. Ich gehe zwischen zwei Gruppen von Spaniern, die typischerweise ständig und sehr laut reden. Für mich wird diese wunderbare morgendliche Stille dadurch gestört. Ruhe für morgendliche Einkehr, Gebet, Meditation ist nun unmöglich.

Zerstochen
Ich warte einige Minuten, lasse die Plaudertaschen vorbei, bis es endlich wieder ruhiger wird. Aber dieses Warten „wird mir sauer." Ich bin umschwärmt von Wolken von Moskitos, die mich anscheinend als ihr persönliches Frühstück betrachten. Ich schlage ständig um mich.

Der Weg nach Fromista führt nämlich direkt neben dem **Canal de Castilla** entlang, dem wichtigsten Haupt-Bewässerungskanal für diesen Teil Kastiliens. Mit seinen riesigen und malerischen Schilfgürteln ist er wichtiges Ruhe- und Brutgebiet für viele Arten von Vögeln…und natürlich auch für die kleinen netten blutsaugenden Moskitos.

Katholisch gesehen müsste ich den vielen Mücken ja nun dankbar sein und ihren Liebesdienst an mir freudig begrüßen und annehmen. Geben sie mir doch einen kleinen Vorgeschmack auf das Fegefeuer, oder die zukünftige Hölle, in der ich sicher einmal wegen all meiner verwerflichen Sünden (man kennt das ja: Der Geist ist willig…) schmoren werde. Vielleicht kann ich durch die vielen Mückenstiche und Blutspende, zum Zweck des guten Frühstücks an die Moskitos, ein oder zwei kleine Sünden abarbeiten lassen.
Nein, es langt! Die verdammten Viecher quälen mich doch zu sehr. So will ich das auch wieder nicht. Oder ist das die neue Pilgerbuße nach der Beichte: 1000 Mückenstiche? Na, mir reicht das wirklich. Wegen der Mücken versuche ich im Eilmarsch aus diesem Gebiet herauszukommen. Das waren meine „heiligen Gedanken" zum heutigen Tag…
ihr verfluchten Mistviecher.

Irgendwann komme ich völlig zerstochen in der Stadt Fromista an, bekannt als alter Etappenort am Jakobsweg. Der Reiseführer empfiehlt unbedingt den Besuch der Kirche San Martin, die aus dem 11. Jahrhundert stammen und ein Meisterwerk und Vorbild der frühen Romantik in ganz Europa gewesen sein soll. Als ich sie nach einiger Zeit finde, ist sie… na klar, wie konnte es anders sein, geschlossen. Trotzdem, diese Kirche besticht beim Herumgehen von außen, durch ihre klaren Formen und zahlreichen Skulpturen.

Vandalismus auf dem Jakobsweg?

Die heutige Streckenführung ist wirklich fantasielos, aber vielleicht ist der alte Jakobsweg wirklich einmal so gegangen. Er führt immer in der Nähe der Hauptstraße geradeaus durch die flache Ebene der Campus. Als **Tierra de Campus** werden hier die riesigen flachen Weizenfelder bezeichnet.

Weiter geht es stadtauswärts auf einem Fußweg neben der relativ stark befahrenen Hauptstraße. Auf der Seite, neben diesem sehr langen Fußweg, sind alle 50 m rechts und links zwei ca. ein Meter hohe Betonsäulen eingelassen, die einmal zur Freude der Pilger, mit den schönen Muschelsymbolen versehen waren. Narren haben diese schon zum größten Teil heraus gebrochen und viele dabei zerstört. Deren Reste befinden sich nun zersplittert in der Aussparung der Säulen als „Anklage oder ewiges Mahnmal". Diesen Vandalismus hier auf dem Camino zu sehen, enttäuscht mich sehr, tut mir einfach weh.
Ich habe den Eindruck, ich idealisiere diesen Pilgerweg auf der christlichen Ebene viel zu sehr. Ich erkenne immer mehr, mein ethisch-christlicher Ansatz für diesen Pilgerweg ist einfach zu hoch.

Der Jakobsweg ist nicht heilig

Hier wohnen Menschen, hier gehen Menschen, ob sie sich nun Touristen, Wanderer oder Pilger nennen mögen. Der Camino bietet ihnen alles: Früher waren es die Burgen, Klöster, Hospitäler, Herbergen und Kirchen, welche für die Pilger da waren... und es gab andere Menschen die sie belogen und

betrogen und es gab Räuber, die sich durch Raub und Mord an Pilgern, Geld, Gegenstände und Kleidung holten.
Heute sind es die modernen Herbergen, die Geschäfte, die alten Kirchen und alles was die Betreuer und unzähligen Helfer des Camino den Touristen, modernen Radfahrern, Wanderern oder Pilgern anzubieten versuchen. Es sind mit Sicherheit viele liebenswerte Menschen, die alles für die Pilger und das Pilgerwesen tun, und andere, die sich „ihren Teil" daran holen, indem sie versuchen Pilger zu betrügen oder diese abfällig und/oder mies zu behandeln. Der Camino ist nicht heilig. Er ist ein Rahmen, er ist eine Bühne.

Mir wird immer mehr klar:
Was der Einzelne in seiner ihm eigenen, mehr oder minder christlichen Ethik, aus diesem Jakobsweg macht, wie er sich hier benimmt oder aufführt, darum geht es. Ich erkenne, der Jakobsweg ist eine Bühne, er bildet einen Rahmen.
Das Stück, das darauf „gespielt" wird, bestimmt jeder Einzelne der hier geht, fährt oder hier lebt mit seinen Gefühlen, Gedanken und Taten.
Das ist wie mit jeder Kirche. Ohne die Menschen, die sich mit Frohsinn in Gebet und Gesang Gott zuwenden, ist sie nur ein Rahmen, ein mehr oder minder schönes Bauwerk ohne Inhalt, nicht mehr.
Ich bin also als Tourist, Radfahrer, Wanderer, Pilger, oder Einheimischer ein Puzzlestein dieses Camino und trage somit auch Verantwortung. Ich benutze den Rahmen, den andere vor mir, und da ich hier bin nun auch für mich, aufgebaut und immer mehr erweitert haben.

Aber ich, ich mit meinen Gefühlen, meinen Gedanken und meinen Taten, machen diesen Camino erst zu dem was er ist: Ein spiritueller Pilgerweg, der jedem die Gelegenheit gibt, Gott nahe zu sein, eine sportliche und landschaftliche Attraktion, oder etwas, wo ich mich durch Lug und Betrug an Menschen bereichern kann...je nach Einstellung.

...aber bei diesen Betonsäulen haben sich anscheinend einige entschieden, sich durch Vandalismus mindestens 100 Jakobsmuscheln heraus zu brechen, aus welchem Grund auch immer. Vielleicht aus Übermut, Unüberlegtheit, oder um sich eine Erinnerung mitzunehmen, so wie es Menschen gibt, die Straßen-, Orts- und Hinweisschilder abschrauben und stehlen.

Im Grunde haben diese Narren der Sache des Pilgerwesens geschadet. Alles ist eben eine Frage der Erziehung, des Nachdenkens und der eigenen Feinfühligkeit. Es ist auch eine Frage der Verantwortung, die ich bereit bin zu übernehmen oder nicht.

Der Weg zieht sich endlos neben der Straße einher... und alle 50 Meter begegnet mir dieser ärgerliche Vandalismus, der meine Gedanken und Gefühle sehr beschäftigt. Die Sonne brennt hernieder und... meine Füße tun mir wieder sehr weh.

Herbergen werden oft missbraucht
Da die Straße durch eine flache Ebene führt, kann ich weit voraus und weit zurückblicken. Ich sehe vor und hinter mir unerwartet viele Wanderer. Immer wieder sausen Radfahrer

an mir vorbei, die uns von hinten anschreien, doch den Weg frei zu machen. So habe ich das in den ersten 14 Tagen bis Burgos nie erlebt. Nur, so frage ich mich, wo wollen, wo werden denn all diese Wanderer und Pilger schlafen?
Das Thema bereitet mir Unbehagen. Ich erlebe ja jetzt schon, wie voll hier plötzlich die Pilgerherbergen sind.
Mir fallen die Mahnungen in den Internetberichten von hoffnungslos überfüllten Herbergen in der Sommerzeit durch Pilger, Wandergruppen, viele Radfahrer und Touristen ein, die als Trittbrettfahrer billig die Herbergen des Caminos für schöne Ausflüge missbrauchen und die den wirklichen Pilgern so die Schlafplätze wegnehmen. Nur, alle wissen: ohne großen Aufwand, den sich hier niemand antut, ist das nicht kontrollierbar.
Und somit werden auch die „netten Geschichten" von den sogenannten „Autopilgern" erzählt, die in den Herbergen als Fußpilger erscheinen und die drei Straßen weiter ihren Wagen stehen haben.
Wie sagte ich: **Der Camino ist nicht heilig. Er wird geheiligt durch das, was die Menschen in ihn einbringen...**so wie im richtigen Leben auch!

Gegen 15.30 Uhr erreiche ich nach 26 Kilometer mein heutiges Etappenziel, die berühmte Pilgerstadt Carrion de los Condes... und ich bin wegen der Hitze, dem schweren Rucksack und meinen dauerhaft schmerzenden Füßen wieder einmal fix und fertig.

Herbergssuche: wie Maria und Josef
Ich suche die erste Pilgerherberge, frage mich durch und erlebe das, was ich befürchtet habe: Die Herberge ist um diese Uhrzeit schon voll besetzt. Nein, sie ist hoffnungslos überfüllt. Die liebenswürdige ältere Betreuerin schickt mich mit dem Ausdruck des Bedauerns wieder weg. Ich solle es doch bei den anderen Herbergen versuchen. Ich hätte eben früher da sein müssen. Ja, gern, aber wie denn?
Diese Entwicklung habe ich befürchtet, denn seit Burgos gehen viel mehr „Wanderer" auf diesem Camino als von Frankreich aus.
Nun beginnt für mich etwas Neues. Ich muss mich damit vertraut machen, dass ich in den Herbergen unter Umständen keinen Schlafplatz mehr bekommen werde. Andererseits verstehe ich jetzt die jugendlichen Schnellläufer auf dem Camino, sie rennen um den Anspruch auf einen Schlafplatz. Ich frage mich: *„Sind denn diese Zwänge im Sinn dieses Pilgerwesens?"*
…aber vielleicht gehört auch das zum Pilgern mit dazu und ich habe das bisher so noch nie gesehen, weil ich es noch nie erlebt habe. Vielleicht!

Ich suche die zweite Pilgerunterkunft in diesem Ort auf, das Kloster Santa Clara und ich finde dieses geschlossen vor. Auch die dritte und vierte Herberge sind schon voll besetzt. Ich fühle mich in diesem Moment so richtig hilflos, denn ich weiß nicht mehr, wo ich hingehen und was ich machen soll. Außerdem bin ich fix und fertig. Ich frage mich: Was soll ich nun tun? Ich gehe wieder zurück in die Stadt und werde aus einem Gasthaus von einigen Pilgern der letzten Station gerufen, die es sich gerade sichtlich schmecken lassen. Sie erzählen, auch sie haben nirgendwo mehr einen Schlafplatz bekommen, denn die eine Herberge sei schon durch Gruppen besetzt, die vorher die Schlafplätze reserviert hätten. Sie hätten sich nun für 10 € die Nacht hier im Gasthaus eingemietet. Ja, denke ich erfreut, das wäre natürlich auch eine Möglichkeit. Warum habe ich diese Möglichkeit bisher noch nie in Betracht gezogen?

Ich setze mich also erst einmal zu meinen Pilgerbrüdern, esse eine Kleinigkeit und trinke, trinke, trinke. Ich bin wie ein Fass ohne Boden.
Und ich erinnere mich plötzlich wieder an die Zeiten, als wir als Jugendliche mit den Pfadfindern viel unterwegs waren. Was mach ich „vom Wohlstand verwöhnter und verweichlichter Kerl" hier für ein Lamento um einen Schlafplatz, noch dazu im Sommer? Schmunzelnd denke ich, *„Nun, wenn es Dir hier nicht gefällt, so kannst Du ja auch im Feien unter einem Baum auf der Erde schlafen"...*, das haben wir früher doch oft getan.
...und genau das habe ich gemacht. Es war zwar eine etwas harte, aber sehr milde Nacht, wo ich durch die Blätter des Baumes die vielen Sterne betrachtet habe und Gott dankbar dafür war, das ich all diese lebendigen Erfahrungen machen durfte.

*****

17. Tag: Carrion de los Condes - Calzadilla de la Cueza

Durch die Einsamkeit...

Ein herrliches Erwachen war es in der Früh, auch weil es noch fast dunkel war. Doch die Vögel wussten genau, dass nun der Tag kommt, den sie schon einmal mit einem mächtigen Konzert begrüßten. Die Luft war rein und klar, ja es war sogar ein bisschen feucht. Aber in meinem Schlafsack war es noch so richtig kuschelig warm. Beim Einschlafen habe ich ihn noch nicht gebraucht, aber dann irgendwann, im Lauf der Nacht bin ich hineingeschlüpft.
Irgendwie tut mir schon mein (verweichlichter) Körper weh, vom Schlafen auf der ungewohnt harten Erde. Andererseits ist es hier viel schöner als in einem der stickigen Schlafsäle mit Schnarchkonzert, Unruhe und den ständigen Toilettengängern.
Diese Nacht hier im Freien, auf der ISO-Matte und im Schlafsack, das ist das schönste Bett der Welt, welches Gott mir in dieser warmen Jahreszeit ohne Regen angeboten hat. Ich hatte es seit meiner Pfadfinderzeit wirklich vergessen, wie schön das Schlafen im Freien sein kann.
Nun, so denke ich mir, ein Platz im Grünen zum Schlafen, finde ich überall.
Also brauche ich auch in Zukunft keine Angst mehr zu haben, ob ich in einer Herberge einen Schlafplatz finde. Ich bin dankbar für diese neue Erfahrung. Ich empfinde das wie eine Befreiung von einer bisher mächtigen Abhängigkeit.

Ich staune, wieviele Wanderer/Pilger jetzt im Dunkeln schon unterwegs sind. Diese Strecke heute soll es in sich haben, so wurde gestern erzählt, 18 Kilometer „durch die Wüste" ohne Wasser. Na, mal sehen ob das so stimmt. Klar, dass viele sehr früh weg möchten, um in den noch kühleren Morgenstunden schnell vorwärts zu kommen. Also mache auch ich mich schnell fertig und gehe sofort los.
Ich überquere die Brücke des Flusses Carrion und gehe an der Santiago Kirche und dem Kloster San Zoilo vorbei, die ich gestern am späten Nachmittag noch besichtigt habe, jedenfalls soweit das möglich war.

Durch die Paramo
Blutrot, schnell und sehr warm, steigt die Sonne am flachen Horizont empor. Das Land liegt wirklich eben wie ein Brett vor mir, die Staatsstraße ist gerade, wie mit dem Lineal gezogen. Öde Felder und abgeerntete Stoppelfelder, soweit das Auge reicht. Endlose flache Weite und einsame Stille. Kein Baum, kein Strauch ist mehr zu sehen. Die Spanier nennen das hier **Paramo = öde, karge Gegend.** Diese „Mondlandschaft" ist ja geradezu unheimlich.
Ich habe jetzt meinen Lauf - Rhythmus gefunden, setze mit mittlerem Tempo Schritt vor Schritt, während es immer wärmer wird.
Der Schweiß beginnt mir unter dem Rucksack den Rücken herunter zu laufen. Damit meine kurze Hose, auch die Unterhose nicht davon nass wird, lege ich morgens zwischen Körper und den Hosen immer ein kleines Gästehandtuch als Schweißfänger, der sich auch hier wieder bestens bewährt. Ansonsten hilft mir die Funktionsunterwäsche den Schweiß nach außen zu

transportieren, wo er von der Sonne sofort weggetrocknet wird. Auf dem Kopf habe ich meinen breitkrempigen Berghut, der meinem Gesicht Schatten gibt. Ohne ihn gäbe das böse Sonnenbrände insbesondere auf der Nase und an den Ohren.

Irgendwann komme ich an den Ruinen einer alten Abteikirche vorbei und nach einiger Zeit überquere ich einen Bewässerungskanal. Danach zieht sich die Piste schnurgerade, staubig und heiß durch das öde Land. Hier muss man langsam gehen, Kräfte sparen, ruhig Schritt vor Schritt setzen, keine Eile zeigen...und nicht trinken!
Wer jetzt das Trinken anfängt, schwitzt nur noch immer stärker, und der Körper verlangt immer mehr Wasser. Am Ende ist das Wasser verbraucht, der Körper schwitzt weiter, verliert immer mehr Wasser und man gerät in Kreislaufprobleme. Wir dürfen hier von den Afrikanern lernen. Wer durch die Wüste geht, zieht sich warm an (das gibt eine gute Isolierschicht zwischen Körper und Wärme von außen) trinkt besser nichts, oder wenn, dann nur warmen Tee.

Auf dem Camino: Trance-Laufen
Ich fasse wieder auf meine Muschel und bitte den Hl. Santiago um Kraft und spirituelle Führung. Dann überlasse ich es meinem Körper diesen Weg zu gehen. Ich setze automatisch Schritt vor Schritt. Meine Seele öffnet sich und ich tauche wie in Trance in die Welt der Erinnerungen an meine Kindheit, in meine inneren Bilder ein:

„Wer ist diese fremde Frau?"
„Ich erlebe mich als kleiner vierjähriger Junge im Sprechzimmer der Oberschwester des Sanatoriums, in dem ich nunmehr fast zwei Jahre wegen offener Tuberkulose auf einer Isolierstation gewesen bin. Meine „Mütter" waren dort Klosterschwestern, meine „Väter" Ärzte.
Meine Mutter ist gerade dabei mich abzuholen. Ich schreie die Station zusammen. Ich klammere mich an das Geländer des Treppenhauses und möchte mit dieser fremden Frau nicht mitgehen. Ich kenne sie doch überhaupt nicht. Die Oberschwester und einige Stationsschwestern, die mir sehr ans Herz gewachsen waren, reden auf mich ein. Irgendwann lasse ich das Geländer los und gehe unter Tränen mit dieser fremden Frau mit. Ich winke ständig zurück und bin schrecklich traurig.

Immer allein
Dann fahren wir mit der Straßenbahn durch das zerbombte Berlin. Ich sehe meine späteren Spielplätze: Trümmer, zerbombte Häuser und Ruinen, wohin das Auge schaut, kein Baum, kein Strauch. Nach einer mir endlos scheinenden Zeit, bringt mich die Frau in ein halb zerbombtes Haus, in dem sie im Hinterhaus im vierten Stockwerk eine ganz kleine Wohnung gemietet hat, mit einer Toilette für mehrere Mietparteien. Sie setzt mich in dem kleinen Wohn- Schlafzimmer auf einen Stuhl und sagt zu mir: „Mutti muss jetzt arbeiten gehen."
Mutti? Wer ist Mutti...und was heißt arbeiten gehen? Ich lernte diese Lektion meines Lebens sehr schnell: sie ließ mich einfach den ganzen Tag über allein, was für uns, in unserer heutigen Zeit unvorstellbar wäre, ein Kind den ganzen Tag allein und sich selbst zu überlassen.

Heute würden wir an die Seele eines solchen Kindes denken, dem natürlich Liebe, Nähe , Wärme, Ansprache, Aufmerksamkeit usw. fehlen und wir würden uns fragen welche Seelenschäden daraus entstehen können?
Aber damals? Wen interessierte in dieser Nachkriegszeit, nach 55 Millionen Toten, denn die Seele eines Soldatenkindes? Sie muss Geld verdienen gehen, sagte Mutter mir immer, denn wir waren arm, wirklich sehr, sehr arm.

Kindheit... in der Welt meiner inneren Bilder
...Und so lernte ich zwangsläufig mich selbst zu beschäftigen. Da ich kein Spielzeug hatte, begann ich sehr früh zu lesen und ich las, las, las. Bald lernte ich das Geheimnis von Büchern kennen, ich las sie nicht – ich erlebte sie, wie in einem Film, wie im Traum. Ich begann den Inhalt von Büchern zu leben, in mein Leben einzubauen.
Ich lebte in der Welt meiner inneren Bilder, bemerkte wie und wenn meine Seele zu mir sprach. Mutter verstand das nie. Sie meinte immer dazu: ich fantasiere, ich spinne, ich lüge.
Wenn ich abends im Bett lag, kurz vor dem Einschlafen, da „drehte ich noch ein paar Runden", d.h. ich war ein riesiger schöner Adler, öffnete meine Schwingen und schwebte hoch droben in den Wolken über das Land, sah unter mir Berge, Wälder , Felder, Orte... und es war ein unbeschreiblich beglückendes Gefühl.
Später las ich die Ritter- und Heldensagen, die Siegfriedsage, die Edda, die griechischen Götter und Heldensagen... und immer übernahm ich Rollen darin, die mir Inhalt, Kraft und Leitlinien zum Leben gaben. Später kamen die Märchen dazu, sie waren herrlich...und ich liebe sie heute noch."

Heute mache ich mit meinen Gruppen tiefenpsychologische Märchenarbeit..., d.h. heute erarbeite ich mit den Gruppenmitgliedern, was ihre (kindliche) Seelen in den Märchen alles „sehen" und empfinden...und ich erlebe wie „arm" viele Menschen durch das heutige Leben, Fernsehkonsum usw. geworden sind. Sie spüren sich einfach nicht.

Natürlich kann man sagen, ich war ein depressives Kind. Ich habe durch all diese Bücher das harte Leben im Außen kompensieren gelernt, habe deshalb heute noch depressive Anlagen. Mag sein! Nur welche Chance hat ein Kind in einer solchen Situation, wenn es nicht verzweifeln und emotional untergehen möchte?

Kirche: Der Mensch ist schuldig...
Fasziniert haben mich später die Bilder aus dem Neuen Testament, die „Jesusgeschichten", so wie ich sie damals verstanden habe. Wäre da nur nicht immer dieser erhobene Zeigefinger gewesen:
„Der Mensch ist schon mit einer Erbsünde geboren. Der Mensch ist sündig. Der Mensch ist schuldig vor Gott. Der Mensch muss um Verzeihung und Erlösung beten und bitten, beten und bitten. Du hast als Mensch keine Chance, denn Fehler machst Du immer, also bist du sündig und die Qualen der Hölle sind dir gewiss."

Wenn ich daran denke, wird der Therapeut in mir ärgerlich: Denn mit diesen völlig dumm und ungeschickt verpackten Botschaften unserer katholischen Kirche, muss ein Kind und ein späterer Erwachsener erst einmal leben können.

Nein, das kann er eben nicht. Niemand kann immer mit dem Gedanken an Schuld leben! Mich wundern auf diesem Hintergrund die vielen Kirchenaustritte nicht.
Dabei ist die Botschaft Jesu so schön, so wichtig und so wertvoll für ein jedes Leben. Aber auch bei mir hat das Jahrzehnte gebraucht, bis ich das so gesehen habe. Geahnt habe ich das immer...aber wenn man jeden Sonntag von der Kanzel Schuldgefühle eingeredet bekommt...

Canadas
Als ich irgendwann aus meiner inneren Welt wieder „erwache", durchquere ich gerade einen riesigen Grünstreifen, eine so genannte Canada. Canadas sind ca. 50 m breite Grünstreifen, die aus einer großen Vielfalt von Blumen, niederen und höheren Gräsern und Pflanzen besteht. Diese Canadas waren früher die spanischen Viehtriebwege vom trockenen Süden in den feuchten Norden.
Sie dienten einmal den riesigen Merino – Schafherden als Futter, bei ihren Wanderungen quer durch Spanien. Da es Schafzucht in diesem Umfang wie im letzten Jahrhundert heute in Spanien nicht mehr gibt, versucht man heute diesen Grünstreifen quer durch Spanien als ökologische Korridore für vielerlei Tiere zu erhalten. Ein großartiger Gedanke.

In Calzadilla de la Cueza
Irgendwann, gegen Mittag, nach ca. 18 Kilometer, erreiche ich Calzadilla de la Cueza. Es ist nicht nur warm, es ist jetzt richtig heiß. Die Sonne brennt in dieses flache Land und die

Tierra de campus strahlt die Wärme wieder zurück, weil sie nichts mehr aufnehmen kann. In dieser Stadt hier ist es schlimmer wie in einem Backofen. Nun bemerke ich, wie mir wieder meine Füße weh tun.

Ich suche die Herberge auf. Da ich hier ohne Probleme noch einen angenehmen Schlafplatz bekomme, beschließe ich zu bleiben. Ich würde auch gern weitergehen, aber ich muss meinen Füßen Ruhe gönnen, und unbedingt Fußbäder machen. Sie sind wieder stark angeschwollen und tun mir zurzeit wieder schrecklich weh. Ich esse etwas, trinke viel, lege mich in den Schatten und schlafe

Da ich das täglich tue, bin ich anscheinend bei einigen schon bekannt. Eine Italienerin spricht mich auf Englisch an und fragt mich, ob ich Schriftsteller, Reporter oder so ähnliches wäre.

Nun, ich erkläre es ihr und bald plaudern wir auf Italienisch weiter. Sie nimmt mich mit zu der Gruppe, mit der sie seit Burgos auf dem Jakobsweg ist. Sofort bin ich mit „Hallo" dabei. Italiener sind so herrlich unkomplizierte, offene und freundliche Menschen. Schade, dass ich diese Art nicht bei den Spaniern erlebe.

So verbringe ich mit diesen lustigen und fröhlichen Menschen einen schönen Abend im Garten, bei Weißbrot, Schinken, Ziegenkäse, Tomaten, Weintrauben, einigen Flaschen Wein…und vielen Keksen und Süßigkeiten, ohne die es bei den Südländern einfach nicht geht.

*****

18. Tag: Calzadilla de la Cueza - Sahagun

Trance Gehen

Wegen der wieder zu erwartenden Hitze, sind viele der Wanderer, Radfahrer und Pilger schon sehr früh wach und unterwegs. Ich finde das logisch, mache mich heute auch schnell fertig und gehe los. Heute ist mein Ziel die Pilgerstadt Sahagun, 24 Kilometer entfernt. Ich hoffe nur, dass ich das gut durchhalte, denn, ich mag schon gar nicht mehr darüber reden, die Füße tun mir jetzt schon in der Früh weh.

Mich erstaunt wieder, wo all die vielen Pilger...so sie das überhaupt sein sollten, herkommen. Gestern ist die Herberge noch sehr voll geworden, weil noch so viele kamen und viele mussten dann wieder gehen. Aber ich denke mir, auch hier gibt es mehrere Herbergen und Gasthäuser zum Übernachten. Vielleicht schläft auch der Eine oder Andere im Freien, so wie ich es jetzt bei diesem warmen Wetter auch wieder machen würde, wenn ich keinen Schlafplatz mehr bekommen würde.

Nach den üblichen Beschwerden des morgendlichen Einlaufens, gehe ich munter vor mich hin. Es ist sogar noch etwas kühl. Die Sterne verblassen gerade und am östlichen Horizont wird es langsam hell. Genau so schnell wie es hier abends dunkel wird, wird es nun wieder hell. Blutrot steigt am östlichen Horizont die Sonne hoch und überzieht das weite flache Land mit einem roten milden Licht, das schnell heller und immer heller ... und warm und immer wärmer wird. Ich ziehe meine Jacke aus, setze meinen Hut auf und bereite mich wieder auf einen Gang durch die glutheiße Landschaft vor.

Ich fasse wieder auf meine Muschel, bitte Santiago, mir die Kraft für diesen Weg heute zu geben, überlasse mich meinem Körper und tauche wieder in die Welt meiner Erinnerungen ein.

Ungewollt und abgelehnt

Ich sehe Mutter vor mir, wie sie mit mir als kleinen Jungen zu ihrer alten Mutter kam, und diese sofort sagte: „Jetzt kommt die wieder mit dem Italienerjungen daher."

Ich erlebe mich in der 3. Klasse, als eine ganz alte Lehrerin neu den Klassenraum, betrat. Sie ging die Namensliste durch und fragte mich, warum ich Carlo und nicht Karl heiße. Als ich sagte, das mein Vater Italiener sei, zeigte mein Banknachbar mit dem Finger auf mich und schrie unter dem Gejohle der anderen: „Der ist ein Ausländer" und die ganze Klasse rief in Chor immer wieder: „Ausländer, Ausländer".

Ich erinnere mich noch, das ich immer viel Hunger hatte und mein 10 Jahre älterer Bruder, ehe er in die Wohnung kam, unten im Hausflur stand und das Brot aufaß, das er für die Familie geschenkt bekommen hat, anstatt zu teilen.

Ich sehe Mutter vor mir, wie sie am Küchentisch sitzend, fast regelmäßig jedes Monatsende meine Sparbüchse mit den mühsam und stolz gesparten Pfennigen ausräumte, um Brot kaufen zu können. Die Pfennige hatte ich von den alten Frauen in unserem

Haus bekommen, als Botenlohn für die vielen Einkäufe, die ich für sie machte, auch Holz- und Brikett holen und Apotheke gehen usw.

Ich sehe mich im Winter vor der Schule stehen. Mutter hatte irgendwoher einen alten olivgrünen russischen Militärmantel bekommen, diesen verkleinern und für mich ändern lassen, den ich nun tragen musste, weil nichts anderes da war. Einige Mädchen aus unserer Klasse verspotteten mich deswegen lautstark, und ich schämte mich in Grund und Boden.
Ich erinnere mich, wie Mutter alle meine Kinder- und Jugendverfehlungen in schlimme Sünden ummünzte und mich jeden Samstag zur Beichte schickte. Das Schrecklichste daran war, das sie hinterher immer wissen wollte, was der Pfarrer gesagt hat, welche Strafe ich bekommen habe und dass ich ja aufpassen solle...

...und ich sehe Mutter vor mir, wenn sie wieder wütend war, wie sie immer wieder auf mich eindrosch, dabei fuchsteufelswild schaute und mich schrecklich dabei anschrie.

...und ich hatte Angst vor ihr, schreckliche Angst vor ihren Ausbrüchen. Ich war gegenüber dieser Frau immer hin und her gerissen zwischen Nähe suchen, Angst vor Ablehnung und von ihr wieder verletzt zu werden.

Wir müssen es noch einmal durchleben
...irgendwann nehme ich mich wieder auf diesem Jakobsweg wahr. Ich bin irritiert und frage mich erst einmal, warum hat mir Santiago oder mein Unterbewusstsein diese längst „vergessenen" Bilder aus der tiefsten Erinnerung

meiner Seele gezeigt, weil sie doch Angst, Verletzungen, Tränen und Trauer darstellen?

...und der Therapeut in mir weiß sofort die Antwort dazu:
Ein Kind hat von der Natur her einen Lebensauftrag. Es muss, um überleben zu können, solche und ähnliche Erlebnisse verdrängen. Aber diese Erlebnisse, die Schmerzen und Verletzungen dazu, sind nur unterdrückt, also nicht weg. Aber diese werden ein Leben lang das Leben des erwachsenen Menschen mitbestimmen. Sie werden ihn sensibel oder aggressiv für ähnliche Situationen, Umstände und Menschen machen. Sigmund Freud würde hier sogar sagen neurotisch.
Um sich aber selbst kennen zu lernen, müssen wir diese Erlebnisse (oft nach vielen Jahrzehnten) „aufarbeiten", d.h. noch einmal erleben und erspüren. Dann werden wir uns ein Stück besser verstehen.
Wenn die Zeit dafür reif ist und wir unserer Seele in einer entspannten Atmosphäre die Gelegenheit dazu geben, so wird sie uns immer wieder einige dieser Erlebnisse, zu unserem eigenen Segen, frei geben. ...und wo ist diese Atmosphäre mehr gegeben als hier auf diesem Jakobsweg.

Den Schmerz abgeben
Ich bin aufgrund dieser Lebensbilder völlig aufgewühlt.
„Mein Gott, so denke ich, was lässt du mich noch alles hier auf diesem Camino erleben? Wohin nun mit all der Trauer und den Tränen?"
„Warum," so frage ich mich, *„Warum habe ich das als Kind und nun jetzt hier noch einmal alles so erleben müssen?"* Warum, die ewige Frage aller Menschen.

Dazu erinnere ich mich an ein Mysterium der Focolar-Bewegung: (Katholische Bewegung, die ihre Wurzeln in Italien hat, heute in der ganzen Welt zu finden, deren Mitglieder im christlichen Sinn miteinander leben und die versuchen, das Evangelium an andere weiterzugeben).
Sie sagen:
Gott ist als Mensch auf diese Welt gekommen und als Mensch gestorben. Im Moment seines Todes rief Jesus:
„Mein Gott, warum hast Du mich verlassen?"

Ihr Mysterium sagt nun:
Gib einfach Deinen Schmerz, Deine Trauer, Tränen, Ängste, Verletzungen in den Schmerz hinein, den Jesus am Kreuz gespürt hat, gib ihn einfach ab... und ER wird ihn Dir nehmen.

...und als ich es versuche, muss ich erleben, es funktioniert, wofür ich sehr dankbar bin.

Während ich diese tiefen spirituellen Erfahrungen aus meiner Seele mache, ist es fast schon wieder Mittag. Ich habe während meines Trance-Laufens gar nicht bemerkt, wie die Zeit vergangen ist. Ich bin an einigen Ortschaften vorbeigekommen, habe einige Brücken überquert und „wache" nun so richtig auf bei der **Ermita Virgen del Puente** (Einsiedelei: Unserer lieben Frau von der Brücke).
Hier finde ich einen schönen schattigen Rastplatz, auf dem sich schon einige Pilger befinden. Jeder ist froh, sich einmal ein paar Minuten auszuruhen und der brütenden Sonne zu entfliehen.

In Sahagun

Nach einiger Zeit gehe ich weiter und nach ca. einer Stunde erreiche ich mein heutiges Ziel, die „alte" Stadt Sahagun. Die Geschichte der Stadt erzählt: Zwei römische Legionäre sollen am Ufer des Flusses der Stadt den Märtyrertod erlitten haben. Später habe man an dieser Stelle ein großes Benediktinerkloster gegründet, das größte Spaniens zur damaligen Zeit. Dieses Kloster gibt es heute nicht mehr, nur der Kirchturm und ein Bogen, der Arco de San Benito, sind heute noch erhalten.

Es geht durch eine Unterführung, an einer Stierkampfarena vorbei, über eine Eisenbahnbrücke und bald bin ich in der Stadt, wo mich die Wegweiser zur Herberge in der Kirche La Trinidad führen. Ich lasse mir wieder einen Stempel in meinen Pilgerpass geben und bekomme noch einen der letzten freien Schlafplätze. Ich trinke erst einmal mindestens einen Liter Mineralwasser. Ich habe den Eindruck, ich finde meine „durstige Stelle" nicht. Dann packe ich meinen Rucksack aus, dusche, lege mich auf das Bett... und bin sofort eingeschlafen.
Es ist wirklich ein Erschöpfungsschlaf, denn ich bin wieder einmal fix und fertig. Auch meine Füße tun mir wieder sehr weh. Sie sind beide dick und geschwollen, und ich sollte eigentlich Fußbäder machen. Nur wo und wie?
Irgendwann am späten Nachmittag bin ich wieder wach und auch etwas ausgeruht. Im Schlafsaal liegen noch viele und schlafen. Überall liegen, stehen Rucksäcke, Wanderstecken, Schuhe und andere Dinge herum, ein gewohnter Anblick in den Schlafsälen. Ich beschließe in die Stadt zu gehen und

suche mir eine Apotheke. Ich brauche unbedingt eine entzündungshemmende Salbe für meine Füße.

Die Frau in der Apotheke ist entsetzt, als sie meine dunkelblau unterlaufenen großen Zehennägel sieht und die geschwollenen Füße dazu. Sie empfiehlt mir eine Salbe mit zwei Wirkstoffen, Antibiotika und Cortison.
Da es in dieser Apotheke kaum entsprechende Naturheilmittel gibt, an die mein Körper gewöhnt ist, außer einer Arnikasalbe, nehme ich die Antibiotika / Cortisonsalbe schweren Herzens für die blauen Zehennägel, und die Arnika- und Voltarensalbe für die Fußwurzel- und Sehnenscheidenentzündung mit. Ich denke mir: auch ein Heilpraktiker muss in gewissen Situationen Kompromisse schließen können. Ich möchte ja schließlich nach Santiago.
In der Kirche in der Innenstadt finde ich endlich die Ruhe und den Frieden, den ich mir in einer Kirche wünsche. Lang sitze ich dort, erlebe noch einmal die Bilder und Botschaften meiner Seele, frage mich, was sie mir damit sagen möchte, denn ich bin mir sicher: Das ist kein „Zufall", sondern das ist der „Geist des Caminos", hier arbeitet Gott an mir.

Da ich Hunger habe gehe ich in einen kleinen Supermarkt zum Einkaufen. Ich schlendere nach Außerhalb der Stadt, setze mich im Grünen mit Blick auf die untergehende Sonne, esse mein Abendbrot und schreibe in mein Tagebuch.

In der Nähe der Herberge wieder angekommen, höre ich plötzlich heimatliche Klänge. Zwei Männer aus Österreich sitzen in einem Straßencafe und singen mit wunderbaren Stimmen geistliche Volkslieder, der eine von der Stimmlage eher ein Bariton der andere mit einem herrlichen Bass. Ich bin völlig überrascht. Ich setze mich zu ihnen und da viele ihrer Lieder auch mir gut bekannt sind, singe ich mit ihnen mit, was nun die beiden Sänger überrascht, denn ich singe Tenorstimme. So singen wir auf Anhieb Dreistimmig und... wir sind ein wirklich gutes Trio.

Sie erzählen, sie singen seit Jahrzehnten aktiv im Kirchenchor, und ich habe früher in einer Volksmusikgruppe gesungen. Leider fehlte mir die Gitarre dazu...Jedenfalls hatten wir unerwarteten „Erfolg". Die anderen lauschten andächtig, wurden immer mehr und sie klatschten begeistert. Ich versuchte einigen Zuhörern die einfachen spirituellen Texte unserer bayerisch/österreichisch geistlichen Volkslieder in Spanisch oder Italienisch zu übersetzen. Nun, da sie wussten was wir sangen, lauschten alle noch andächtiger. Danach wurden wir immer wieder animiert weiter zu singen.
Es war nicht nur ein schöner fülliger Abend, sondern voll von innigen Lobpreisungen und Gotteslob, ich fand, so recht meiner inneren Stimmung und dem Jakobsweg angemessen.

*****

19. Tag: Sahagun – El Burgo Ranero - Reliegos

„Du sollst Vater und Mutter ehren…"

50 Kilometer, das machen wir immer pro Tag…
Als der erste Wecker piept bin ich sofort wach. Was ist denn heute mit mir los? Ich bin so richtig gut „drauf". Sofort ist mir wieder eines der gestern Abend gesungenen spirituellen Volkslieder im Sinn und ich summe es vor mich hin, während ich mich schnell fertig mache.

Ich suche meine „Sangesbrüder" von gestern Abend und finde sie nicht. Ich hätte mich so gern von ihnen verabschiedet. Aber vielleicht sind sie gar nicht in dieser Herberge, denke ich. Vielleicht treffe ich sie auch unterwegs wieder…vielleicht. Der Morgen ist noch dunkel und taufrisch. Meine Füße machen mir im Moment fast keine Probleme. Ich vermute, die Salben haben geholfen. Gott sei Dank. Viele Pilger sind schon wieder unterwegs und ziehen an mir vorbei.

Nach ca. einer Stunde Gehzeit, leider entlang einer viel befahrenen Schnellstraße, überquere ich eine Autobahnbrücke und erreiche den Ort Calzada del Coto, gerade als es beginnt hell zu werden.
Aus einer Bar werde ich angerufen. Es sind meine Sangesbrüder, die hier schon beim Morgenkaffee sitzen. Nun, obwohl ich kein Kaffeetrinker bin, bestelle auch ich mir einen Café con leche (einen Milchkaffee). Wir plaudern kurz miteinander. Nun erfahre ich, dass beide seit kurzer Zeit in

Rente sind und sie deshalb diesen Weg hier gehen. Sie haben heute noch viel vor. Sie wollen es bis Leon schaffen. „Leon? Das sind doch 50 Kilometer", frage ich entsetzt. „Ja", meinen sie, 40 -50 Kilometer, das machen sie immer pro Tag, sie seien schließlich aktive Berggänger. *„20Kilometer am Tog, mei, des is do nix,"* so der eine. Und mit einem eiligen *„Servus Karl"* sausen die beiden los. So, denke ich mir, jetzt weiß ich was ich hier tue, nix!

Wie sagte der alte Pfarrer:
„20 Kilometer am Tag gehen ist genug. Der Mensch braucht auch noch Zeit für Besinnung, innerer Einkehr und für seine Beziehung zu Gott."

Als ich weitergehe, bemerke ich die für mich ungewohnte Wirkung des Kaffees. Er hat mich richtig belebt. Beschwingt gehe ich vor mich hin und singe nun spirituelle alpenländische Volkslieder. Mir wird wieder einmal klar, ich muss mehr singen. Ich bin ein Mensch, der sich gern durch Schwingungen und Rhythmus ausdrückt, also auch durch Lied und Gesang..., auch zum Gotteslob, wie bei den Gospelsongs, das begeistert mich.

Immer zu wenig Geld
Da fällt mir wieder Mutter ein. Ich wollte als Kind so gern Klavier lernen. Ja, wie denn? Wir hatten ja immer kein Geld hieß es, weder für Klavierstunden und schon gar nicht für ein Klavier. Also blieben auch meine musikalischen Anlagen ungebraucht. Später habe ich mir dann allein das Mundharmonika- und Gitarrespielen, sowie das Musizieren auf der diatonischen Knopfharmonika beigebracht. Aber so richtig gelernt, mit einem

Lehrer und Noten, nein das war es nicht. Mutter sagte immer: „Wir haben kein Geld". Ja, und wir hatten wirklich nichts.

Und immer ging es bei Mutter um das Geld. So arm zu sein, muss für sie schrecklich gewesen sein. Dafür war Mutter eine sehr fleißige Frau. Sie hatte zusätzlich zu ihrer Arbeit als Friedhofsgärtnerin, noch drei Hauswartstellen angenommen, um Miete sparen zu können.

So musste ich mit ihr zusammen, abends nach ihrer Arbeit, einige Male in der Woche noch die Treppen der für mich riesigen Häuser kehren und wischen. Ich musste Eimer mit Wasser Treppen rauf Treppen runter schleppen, in den 5 - stöckigen Häusern Staub wischen, Fenster putzen, bei allen Mietern die Klinken putzen, den riesigen Hinterhof kehren, auf der Straße den Gehsteig kehren, und im Winter schrecklich oft Schnee schaufeln. Und das alles unter den strengen Blicken und der scharfen Feldwebelstimme von Mutter, der ich kaum etwas Recht machen konnte.

Du sollst Vater und Mutter ehren...

Wie sagt Gott in seinem vierten Gebot:

„Du sollst Vater und Mutter ehren,
auf dass es Dir wohl ergehe und Du lange lebest auf Erden"

Klar, recht hat er, der Herr Gott.
Trotzdem, damit ist der Therapeut in mir nicht ganz einverstanden:

„Wie soll ein Kind oder späterer Erwachsener denn seine Eltern ehren, wenn sie alles Mögliche getan haben, wofür man sie absolut nicht ehren kann?"

Ob man das nun gern hört oder nicht:
Wenn Eltern im späteren Alter von ihren Kindern geehrt werden wollen, dann sollten sie ihnen Liebe, Nähe, Zuneigung und Anerkennung auf der seelisch - geistigen Ebene geben. Ich meine hier keine vom Spielzeug überfüllten Kinderzimmer, Fernsehen, Video und Computerspiele. Das ist doch keine Liebe!

Kinder brauchen eine liebevolle Erziehung, eine Orientierung an seelischen - geistigen Werten durch die Eltern. Sie brauchen eine Familie, keine allein erziehende Mutter, wo sie die Liebe zwischen den Eltern spüren können. Dann, ja dann werden sie ihre Eltern auch ein Leben lang ehren, auch im Alter und sie nicht in ein Pflege- oder Sterbeheim abschieben, werden für sie liebevoll sorgen... und sie werden diese Werte an ihre Kinder weitergeben!

Also frage ich mich: wie hätte wohl mein Leben ausgesehen, wenn ich eine liebevolle Mutter, einen liebevollen Vater und eine gute Familie gehabt hätte?

Auch den vielen Kindern heute, die bei ihrer allein erziehenden Mutter aufwachsen, fehlt nach oft entwürdigenden Scheidungssituationen nicht nur der Vater. Sie haben auch keine Familie und damit keine Familien-Identität mehr. Nein, es fehlt ihnen zusätzlich noch die Mutter, die nun arbeiten gehen muss und allein mit all den Pflichten dieses Lebens überlastet ist.

Aber wer denkt schon an die Seele der Kinder und die Folgen, die das alles für den späteren Erwachsenen haben wird, solange das Leben im Außen geordnet scheint? Mein Lebensbericht mag Beispiel dafür sein.
Hier sage ich als Therapeut:
Wenn Eltern im späteren Alter von ihren Kindern nicht in Heime abgeschoben, also geehrt werden wollen, dann sollten sie alles daransetzen sich frühzeitig diese „Ehre" durch eine entsprechend liebevolle Erziehung ihrer Kinder verdienen, denn ihre Kinder werden ihnen nichts vergessen.

In El Burgo Ranero
Der Weg ging so schön eben dahin, durch das sanft gewellte Land, dass ich vor lauter innerer Betrachtung wieder einmal gar nicht bemerke, wie die Zeit vergeht. Dabei bin ich heute auf einem Teil des Jakobsweges gegangen, der dem wirklich alten Jakobsweg entspricht, den seit 1000 Jahren Hunderttausende von Pilgern gegangen sind.

Irgendwann, am späten Vormittag, komme ich in El Burgo Ranero an. Eigenartig ist der Baustil hier, die so genannten Adobe-Bauten (Bauten aus luftgetrockneten Lehmziegeln). Auffällig sind auch die vielen Storchennester, mit ihren klappernden schwarz- weißen Gesellen darin und darauf. Ich bemerke: Heute bin ich noch gar nicht müde.

Ich kaufe mir in einem kleinen Supermarkt Brot, Ziegenkäse, einige Scheiben Schinken und je zwei Tomaten und riesengroße Pfirsiche. Dann setze ich mich in den Schatten der Dorfkirche und mache ausgiebig und mit Genuss Mittag.

Ich lege den Rucksack ab, ziehe T-Shirt und die Schuhe aus, breite meine kulinarischen Köstlichkeiten aus und futtere mit Genuss die schmackhaften Gaben dieses Landes. Dabei bediene ich mich nur meines Klappmessers und genieße das Unkomplizierte der gesamten Situation. In der anderen Ecke sitzen zwei ältere französische Pilgerinnen, die es sich auch gerade gut gehen lassen. Wir plaudern während des Essens so gut es geht auf Spanisch.

Nachdem mein Bauch so richtig voll ist, insbesondere mit Mineralwasser, komme ich mir wie ein aufgetanktes Kamel vor. Da ich nach diesem Mittagsmahl etwas müde bin, mache ich für mich etwas Ungewöhnliches, was ich aber schon häufig von anderen Pilgern gesehen habe: ich lege mich auf meine ISO-Matte in den Schatten der Kirche, stopfe mir meine Jacke unter den Kopf ...und schlafe schnell ein.

Um mich herum ist es dabei ruhig und die Luft im Schatten ist wunderbar warm. Ich lege meine Jakobsmuschel auf meinen Rucksack und habe grenzenloses Vertrauen zu der schützenden Wirkung dieses göttlichen Symbols.

Irgendwann, so gegen 14.30 Uhr werde ich langsam wieder wach. Weil es mir immer noch so gut geht entschließe ich mich, trotz der Hitze, noch die nächsten 14 Kilometer bis zum nächsten Ort weiterzugehen. Wieder singe ich vor mich hin und habe meine Freude daran.

Die Steine werden immer schwerer...

All meine Erlebnisse und Gefühle der letzten Tage sind nun wieder da. Ich sehe mich meine ganze Kindheit hindurch, tagsüber immer allein und mir selbst überlassen, an einem Bindfaden den Wohnungsschlüssel um den Hals. Und diese Form der Einsamkeit wurde noch verstärkt, als ich bemerkte, dass mich die meisten aus Mutters Familie ablehnten. Denn ich war ja ein ungewolltes, ein so genanntes Soldatenkind, eine Schande der ganzen Familie zur damaligen Zeit, mit wenig Recht auf Liebe, Nähe, Wärme, abgelehnt, ausgestoßen.
Wie viele solcher" Schanden" wie ich, laufen wohl auf der Welt herum?

Und Mutter hat mir später durch harte Erziehung, große Ungeduld und viele Schläge immer wieder gezeigt, wie sehr ich Schuld an der Misere ihres Lebens bin... einfach dadurch, dass ich da bin!

Heute ist meine Mutter schon seit 15 Jahren tot. Mir ist bei all dieser Rückschau in mein Leben in diesem Moment so richtig zum Heulen zu mute. Ich sehe ihre Beerdigung vor mir, meine Angst mich von ihrem kalten Körper zu verabschieden, wissend, dass ich ein Leben lang mir ihr Schwierigkeiten hatte... und sie hatte sicher Schwierigkeiten mit mir.

Ich war immer so anders, als sie sich anscheinend einen Sohn gewünscht hätte. Ich habe auch später nie eine innige Beziehung zu ihr gefunden, auch als sie dann älter und ruhiger geworden ist, sie 10 Jahre in unserem Haus gelebt ha, und wir sie ca. 8 Jahre zu Ende ihres Lebens, nach schwerem Schlaganfall gepflegt haben.

Heute denke ich mir, Mutter, geboren 1908, konnte eben auch nicht anders sein, als sie aufgrund ihrer strengen norddeutschen Erziehung, Prägung und Erfahrung eben war. Und ich habe ihr verziehen. Ja, wenn ich heute des Öfteren zum Friedhof gehe und ihr Grab herrichte, denke ich oft mit großer Wehmut an sie zurück.

Aber ich, ich konnte auch nicht anders sein, als ich durch meinen zweijährigen Aufenthalt im Sanatorium, ihre Erziehung und durch die Ablehnung all der anderen geworden bin. Aber wie ich wirklich geworden bin, welchen Charakter ich dadurch zwangsläufig entwickelt habe und welche unguten Schattenseiten, und wie ich mir und anderen dadurch weh getan, sie verletzt habe, das wird mir erst jetzt, hier auf diesem Jakobsweg, Tag für Tag immer klarer.

Über so manche meiner „Taten" aus meiner Vergangenheit schüttle ich nun heftig mit meinem Kopf, kann mich jetzt selbst nicht mehr verstehen und ich würde diese am liebsten ungeschehen machen. Ich bemerke, die Steine, die ich nach Santiago mitnehme, werden im Rucksack meines Lebens immer schwerer.

Dieses Thema soeben, auch diese Erkenntnisse meines Lebens, haben mich direkt gefangen gehalten. Ich „erwache" nun aus meiner inneren Betrachtung und wende mich wieder dem Camino zu.

Der Weg ging so schön eben dahin, sodass ich vor lauter innerer Betrachtung wieder gar nicht bemerke, wie die Zeit vergangen ist. Das soll wieder ein alter Teil des

Jakobsweges sein, den seit 1000-Jahren Hunderttausende von Pilgern gegangen sind.

Mich begeistern beim Gehen immer wieder die unendliche Weite der abgeernteten Weizenfelder und die Ruhe, welche diese Landschaft ausstrahlt. Zeitweise sehe ich alte Lehmhäuser, die durch das Wetter geschädigt, so langsam in sich zusammenfallen. Hin und wieder führte der Weg durch feuchte Senken, in denen sogar liebevoll Rastplätze für Pilger zum Verweilen unter schattigen Bäumen angelegt sind. Einmal schreckt mich ein Zug aus der Welt meiner inneren Betrachtung auf, der mit sehr hoher Geschwindigkeit durch die Landschaft rast. Später führt der Camino sogar über diese Bahngleise, da muss man wirklich aufpassen. Dann führt der Camino durch ein Flusstal in dem schöne alte Bäume stehen, die wohltuenden Schatten spenden. Bald nach diesem Flusstal geht es wieder bergauf und bald danach wieder hinunter, auf das nächste Ziel zu.

In Reliegos
Als ich Reliegos erreiche ist es gegen 19.00 Uhr... und ich bin wieder einmal fix und fertig. Auch meine Füße tun mir wieder sehr weh, sie sind wieder einmal dick angeschwollen. Meine österreichischen Sangesbrüder scheinen diese Probleme nicht gehabt zu haben. Diese sind jetzt sicher schon in Leon.

Bei der Herberge angekommen erlebe ich das, was ich eigentlich aufgrund der Uhrzeit erwartet habe: Sie ist völlig besetzt. Nachdem ich mir meinen Pilgerstempel in die

Credencial habe geben lassen, gehe ich erst einmal zum Einkaufen.

Danach suche ich mir ein ruhiges Plätzchen, das ich idealerweise auf einem Hügel außerhalb des Ortes, bei der Ruine der frühromanischen Kirche finde. Da es hier wunderschön ist, beschließe ich hier zu bleiben und heute hier im Freien zu übernachten.

Ich genieße die Ruhe, die Einsamkeit und den Sonnenuntergang, während ich diese Zeilen in mein Tagebuch schreibe. Ich erlebe das Verblassen des Himmels, das Dunkelwerden, den Aufgang der Sterne und dieses mich „Eins"- Fühlen mit Gott, beschützt von meinem Engel, der über mich wacht. In tiefer Dankbarkeit für den Tag, für das „Hier sein dürfen" und für die Erkenntnisse, schlafe ich ein.

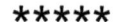

*****

20. Tag: Reliegos – Mansillas de las Mulas - Leon

Auf der Suche nach dem verlorenen Paradies

Morgenduft
Ich erwache von einem mächtigen Vogelkonzert. Dabei ist es noch fast dunkel. Die Erde ist etwas feucht, auch mein Schlafsack und die ISO-Matte. Aber innen, innen ist es herrlich warm. Ruhe, tiefe geradezu meditative Ruhe ist in mir. Ich sollte immer im Freien, insbesondere in der Nähe von alten Kirchen schlafen, weil diese meist eine besondere Aura haben. Hier fühle ich mich Gott besonders nahe. Ich bin so richtig glücklich, dass ich das noch erleben darf. In der Luft liegt ein unbeschreiblicher Morgenduft, eine Mischung aus Erde, Kräuter, Heu..., wie ich ihn nur des frühen Morgens auf dem Land wahrnehmen kann.
Ich packe meine Sachen zusammen, schaue ob ich nichts vergessen habe, ziehe sorgfältig meine Schuhe an, schnalle meinen Rucksack auf den Rücken, Wanderstöcke in die Hand... und los geht es, auch einmal ohne waschen. Heute geht es nach Leon, der dritten großen Stadt auf diesem Camino. Hoffentlich erlebe ich in Leon nicht wieder ein solches Desaster wie in Burgos.

Heute ist mein 20. Tag auf diesem Camino. Ich fasse wieder auf meine Jakobsmuschel und rede mit Gott: Ich sage ihm, wie dankbar ich dafür bin, dass ich das bis hierher so gut geschafft habe...bis auf meine ewig schmerzenden Füße. Es gibt für mich gar keinen Zweifel, dass ich bis nach Santiago gehen werde. Gott hat mir bisher so viel auf diesem Weg an Erkenntnissen geschenkt, da möchte ich ihm meinerseits diese Zeit und Kraft meines Lebens widmen; um intensiv für ihn da zu sein. Andererseits habe ich im Rucksack meines Lebens so viele Steine gesammelt, die möchte ich unbedingt in Santiago auf Seinen Altar legen. Das ist mir enorm wichtig geworden.

Beziehungskrise
Ich nähere mich einem Paar, das sich schon von der Entfernung her hörbar laut unterhält, bis ich bemerke, dass sie sich streiten... und wie! Da fliegen ja richtig die Fetzen zwischen den beiden...und das hier, auf diesem Camino! Da ich die beiden nicht stören möchte, halte ich erst einmal Abstand. Es sind Spanier und ich verstehe, weil sie sehr schnell reden, fast gar nichts. Das Gewitter zwischen den beiden zieht lange Zeit hin und her... und irgendwann hüllen sie sich in brütendes Schweigen. Dafür gehen sie nach einiger Zeit im Abstand von einigen Metern einer hinter dem anderen.
Dass man auf einem spirituellen Weg auch so zünftig streiten würde, hätte ich mir nicht vorstellen können.

Dazu fallen mir all die vielen Paare ein, die im Lauf der Jahre in meiner Praxis zur Familientherapie waren, meist in Scheidungssituationen. Diese haben sich oft vor mir schlimm gestritten. Das Drama dabei ist, der Außenstehende versteht oft das Paar nicht, warum sich die Zwei um „des Kaisers Bart" streiten.
Mir fällt dazu dieser nette „Treppenwitz" ein, wo am Tag der silbernen Hochzeit, beim Frühstück die Frau ihren Ehemann

fragt: *„Schatzi, reizt Dich denn noch irgendetwas an mir?"...* und er hinter seiner Zeitung hervor knurrt: *„Ja, jedes Wort."*

Auf der Suche nach dem verlorenen Paradies
Unzählige Bücher sind über die Vielfalt und Kompliziertheit von Beziehungen geschrieben worden. Auch ich selbst habe erleben müssen, wie schwierig es ist, glücklich in einer Beziehung zu leben, trotz besten Willens.

Das Problem liegt hier typischerweise in der liebelosen, verletzenden und Angst auslösenden Erziehung, Prägungen und den Erfahrungen, die man als Kind mit anderen Menschen gemacht hat. Sie machen später ein „sich mit Haut und Haaren" auf den Partner (in) und andere Menschen einzulassen, geradezu unmöglich...weil diese „Eltern - Programme und Lebenserfahrungen" uns anderen Menschen gegenüber ängstlich und misstrauisch gemacht haben und nun tief und unsichtbar in unserem Unterbewusstsein lauern...lauern...lauern!
mit fatalen Folgen für jede Beziehung.

Die unsichtbare Angst vor dem Partner
So leben viele Menschen in einem unsichtbaren inneren **Konflikt: zwischen der Suche nach Liebe, Nähe, Anerkennung vom Partner (in) und der lauernden Angst, vom genau diesem Partner (in) – wie von den Eltern - wieder verletzt zu werden, geschimpft zu werden, schon wieder etwas falsch gemacht zu haben.**

Sie haben unsichtbar Angst vor dem Partner (in), vor seinem unberechenbaren Verhalten, vor Zurückweisung, vor Ablehnung und Angst vor Aggression.

Sie leben in diesem fatalen „Urkonflikt" ganz vieler Menschen und Partnerschaften, so wie ich ihn immer wieder in den Psychotherapien im Seelenfundament vieler meiner Patienten entdecken konnte:

Auf der einen Seite ist die Sehnsucht nach Liebe (dem verlorenen Paradies) und auf der anderen Seite ist die gleichzeitige Angst vor dem Partner.

Die Frage steht dann im Raum:
- *In wieweit kann ich mich nun auf diesem Hintergrund auf andere Menschen, den Partner (in) einlassen?*
- *Wie viel Vertrauen kann ich ihm /ihr entgegenbringen?*
- *Wieweit kann ich mich anderen gegenüber öffnen?*

„und so gehen viele mit großer Liebe in eine Partnerschaft, in eine Ehe, bis sie die Erfahrung mit ihrem Partner(in) machen, das auch er/sie die Macht hat sie zu verletzen.

Und es „erwachen" daraufhin tief aus ihrem Unterbewusstsein die negativen Erinnerungen-Erfahrungen, die sie als schwache Kinder mit ihren Eltern gemacht haben.

Und nun beginnen sie (mit der Angst des Kindes von damals, aber mit der Kraft des Erwachsenen von heute), ihren geliebten Partner/in zu bekämpfen, sich zu verteidigen, zurückzuziehen, ihn/sie ins Leere laufen zu lassen, oder aus all diesen Schwierigkeiten auszubrechen, durch Trennung, Scheidung oder so genanntes „Fremdgehen."

...oder sie bemerken nichts, haben Angst vor Veränderung, beißen einfach die Zähne zusammen, halten einfach durch, verdrängen ihre Probleme, stecken den Kopf in den Sand und werden dann dafür krank oder schlucken Psychopharmaka.

...um vielleicht irgendwann einmal zu erkennen, das nicht der /die anderen „Schuld" an der „Misere" meines Lebens ist, sondern das ich mich selbst auf den Weg machen muss, diese Konflikte, diese Angst-Schattenseiten in mir zu entdecken, sie zu erkennen und sie soweit als machbar in Ordnung zu bringen.

Ist Suchen gleich Versuchung?
Hier auf diesem Camino erkenne ich nun: Auch ich war – wie so viele andere - unsichtbar, wie ein leerer Brunnen, immer auf der Suche nach dem Teil meiner Mutter, nach dem Vater und der Familie, - die ich nie hatte!
Auch ich war mein ganzes Leben lang auf der Suche nach dem verlorenen Paradies.
Ich war auf der Suche nach Liebe, Nähe, Wärme, Zuneigung und Anerkennung. Ich war auf der Suche, ob in irgendeiner Frau, die es mir gut meint, nicht der Teil meiner Mutter zu finden sei, den meine kindliche Seele so dringend gebraucht hätte.

Aber, so frage ich mich: Bringt mich dieses Suchen nach dem „verlorenen Paradies" nicht auch automatisch in Versuchung? Ich denke ja.

Das heißt also: Menschen suchen unter Umständen ein Leben lang unbewusst nach den Dingen, die ihrer kindlich-göttlichen Seele fehlen (z.B. einen anderen Partner(in) der/die „besser" zu mir passt) und... sie sind dadurch ständig in der Versuchung göttliche Gesetze zu übertreten...z.b. „Du sollst nicht begehren Deines nächsten Weibes..."

**Diese Erkenntnis ist für mich hart, denn das bedeutet ein Leben in höchster Aufmerksamkeit und Achtsamkeit, um diesen beiden Polen gleichzeitig gerecht zu werden. Wie alt muss man da wohl werden um das zu können?
Ich frage mich nun wieder einmal, wie schon so oft auf diesem Camino: „Was habe ich da in meinem bisherigen Leben alles falsch gemacht?"**

Das Erschütternde daran ist für mich, dass ich all diese Dinge selbstverständlich weiß, sie gehören zum Rüstzeug eines Therapeuten. Aber die Erkenntnis, das auch ich ganz genau ein Leben lang unter diesen Konflikten gelitten und Partnerschaften auf diesem Hintergrund zerstört und anderen weh getan habe, bereitet mir nun tiefes Unbehagen. Ich sehe, ich habe da viel abzubitten. Ich spüre, die Steine im Rucksack meines Lebens, die ich nach Santiago mitnehmen muss, werden immer mehr und immer schwerer. Aber ich bin Santiago von Herzen dankbar, für die schmerzhafte aber konsequente Art seiner Seelentherapie, durch die er mich hier auf diesem Camino bisher geleitet hat. Ich bin mir sicher, in der Unruhe meiner häuslichen Umgebung wäre das alles nie möglich gewesen.

Köstlicher Kaffee
Nach ca. zwei Stunden erreiche ich die Stadt Mansilla de las Mulas. Sie schaut schon von fern noch sehr mittelalterlich aus, denn sie ist noch von einer gut erhaltenen und mächtigen Stadtmauer umgeben. Die

Wehrtürme sollen sogar aus dem 11. Jahrhundert stammen. Im Mittelalter soll diese Stadt für den Handel und die Region von großer Bedeutung gewesen sein.
Vor einer Bar sitzen die zwei französischen Pilgerinnen, mit denen ich gestern, im Schatten der Kirche, den Mittag verbracht habe. Sie winken mir zu. Ich setze mich zu ihnen und bestelle mir auch einen Café con leche. Wir plaudern über unsere Herkunft. Sie erzählen, sie kämen aus Paris und seien schon zehn Wochen unterwegs. Sie wären vorher in Lourdes gewesen und seither von Lourdes nach Santiago zu Fuß unterwegs. Da fällt mir vor Staunen die Kinnlade herunter. Ja, sagen sie, wenn es ihnen möglich ist, so wollen sie von Santiago sogar noch weiter nach Fatima in Portugal. Zeit hätten sie, Geld auch, nur die Gesundheit und die göttliche Kraft müssen noch dabei sein. Toll!
Der Cafe duftet köstlich, schmeckt mir aber ohne Zucker wie gebratenes Schuhleder. Also Zucker hinein und nun schmeckt er auch köstlich. Ich und Kaffeetrinken, das habe ich ja noch nie getan.
Dieser Camino stellt so langsam mein ganzes Leben und meine Grundsätze auf den Kopf.

Durch die Vororte

Der Camino führt über eine lange mittelalterliche Brücke und dann immer in der Nähe einer stark befahrenen Straße entlang. Immer öfter durchquere ich Ortschaften und kleine Städte mit Gewerbegebieten, die schon Vororte von Leon sein können. Entsprechend unruhig ist es auf und neben dem Camino.

Irgendwann führt der Camino neben einer Schnellstraße entlang, so dass jeder der hier immer viel zu schnell fahrenden Lastwagen, zu einer Lebensgefahr wird. Abgesehen von dem Dreck, Staub und Abgasen, die man im Sog dieser Raser ständig einatmen muss.
Plötzlich sehe ich in der Ferne Leon, die Stadt, als Wahrzeichen die berühmte Kathedrale.

In Leon
Der Camino führt weiter durch Vororte, über einen Fluss und dann direkt in die belebte Stadt hinein. Ich sehe viele Menschen, die sich durch die alten, engen Gassen drängen. Der Camino führt mich in Richtung zur Basilika am Kloster der Benediktinerinnen vorbei, die in ihrem Haus eine Herberge für die Pilger bereitstellen. Obwohl der Reiseführer von mehreren Herbergen hier in Leon spricht, habe ich aufgrund der Schmerzen in meinen Füßen keine Lust weiter zu suchen.
Das Kloster selbst ist geschlossen, aber der danebenliegende Schulkomplex ist für die Pilger geöffnet. Ich gehe durch einen großen Hausgang und mir kommt eine freundliche Frau entgegen, die mir einen Pilgerstempel gibt. Meine Credencial ist nun voller Stempel, denke ich nicht ohne Stolz. Ich beginne ab hier mit einer neuen Credencial, die ich hier kostenlos bekomme. Wir plaudern ein bisschen miteinander. Schlafplätze, selbstverständlich gäbe es die und es sei auch noch genügend frei.

Sie führt mich über einen riesigen Innenhof, der von allen Seiten von fünfstöckigen Gebäuden eingeschlossen ist, in dem es brütend heiß ist.

Ich werde in eine große Halle gebracht, in der ganz eng gelegt, gut 100 lederne Sporthallenmatten auf der Erde liegen. In dieser Halle ist es stickig und schrecklich heiß. Trotzdem war ich erst einmal zufrieden, denn ich wusste wenigstens in dieser fremden Stadt, wo ich hingehöre und wo ich schlafen kann.

Da das Kloster in der Nähe der Kathedrale ist, gehe ich diese nach dem Duschen besuchen. Wunderschön! Alles ist hier so ganz anders als in Burgos. Diese Kathedrale gilt als die schönste Kathedrale von ganz Spanien. Sie stammt aus dem 13./14. Jahrhundert und ist im Stil der französischen Gotik erbaut. Sie hat mich wegen ihrer offenen Bauweise, Feingliedrigkeit und ihres schönen Lichtes aufgrund der vielen riesigen bunten Fenster schlichtweg begeistert.
Aber „heilige Gedanken oder Gefühle", so wie in den letzten Tagen, kann ich hier nicht spüren. Ganz im Gegenteil. Die vielen Menschen, die Unruhe, die Konzentration auf all das Fremde, haben mich völlig im Außen leben lassen. Aber ich denke das gehört auch dazu.

So bin ich am Nachmittag wie ein Tourist mit einem Stadtplan in der Hand durch die Altstadt, durch kleine Gässchen und die Fußgängerzone geschlendert, bzw. habe mich oft durch die Menschentrauben durchdrängeln müssen. Abends kam ich mir vor wie in Italien. Überall in der Altstadt sind Restaurants geöffnet. Man konnte an bunten und schön gedeckten Tischen im Freien sitzen und essen. Es war ein lauer Abend, es gab Straßenmusik und es herrschte südländische Atmosphäre. Hier sollte ich wirklich einmal einige Tage Urlaub machen, zumal der alte Teil von Leon ein geschichtsträchtiges Museum zu sein scheint.

Ich setzte mich in eines dieser Straßenrestaurants, esse mit Genuss ein Pilgermenü und genieße dieses zwar unruhige, aber freundliche Ambiente um mich herum. Um 21.30 Uhr bin ich wieder in der Herberge, denn ab da ist nach strenger Klosterordnung Bettruhe angesagt.

Nach einiger Zeit erkenne ich, ich hätte besser bis Mitternacht die Atmosphäre des Straßenrestaurants genießen und auf einer Parkbank übernachten sollen, denn, wie kann man in einem brütendheißen Raum schlafen, der mit mehr als 100 Personen übervoll belegt war, noch dazu ohne ein geöffnetes Fenster? Ein weiterer Störfaktor war der teilweise widerliche „Schweißgeruch", der wie eine Dunstglocke in dieser Halle hing. Es war schrecklich! So war es nicht verwunderlich, dass viele unruhig schliefen. Ich auch! Ich habe mich immer wieder hin- und her gedreht und ich war endlich froh, als der 1. Wecker piepte.

Es war ein großer Aufbruch, denn fast alle „Pilger" schauten, dass sie aus dieser Bruthöhle herauskamen, die bis zum Morgen kaum ihre Wärme verloren hat.

✳✳✳✳✳

Wenn ich das gewusst hätte...

Wenn ich die Gabe besessen hätte, in die Zukunft zu schauen, so wäre es ein Gebot der Vernunft gewesen, wegen meiner entzündeten und ewig schmerzenden Füße, auch wegen der schon einsetzenden Erschöpfung meines Körpers, hier in Leon, den Wander- Pilgerweg zu beenden... oder wenigstens einmal einige Tage Pause einzulegen.

Warnhinweise dahingehend, das zu tun, gab es zunehmend genug.

Klar, ich hätte mich ja nur in den Bus setzen zu brauchen, oder mit der Eisenbahn nach Santiago voraus fahren können, wie viele andere das auch tun, aber das ist mir überhaupt nicht in den Sinn gekommen.

Nein, ich wollte als Pilger nach Santiago.

Ees zog mich geradezu wie ein Magnet dahin, als Pilger, zu Fuß, mit Rucksack und Wanderstab... so wie die „alten Pilger" immer beschrieben werden.

Und somit beginnt ab jetzt für mich das wirkliche Pilgern, so wie es von vielen oft beschrieben wird.

Aber was das in der Konsequenz für mich, für meinen Körper, wirklich bedeuten würde, das habe ich nicht geahnt.

Wie sagt man so schön:
„Und somit nimmt das Schicksal seinen Lauf", das Gott für mich ausersehen hat.

Denn ab hier, auf den restlichen 300, der 800 Kilometer bis Santiago, beginnt mein wirkliches Pilger-Martyrium...

*****

21. Tag: Leon - La Virgen del Camino - Hospital de Orbigo

Die Welt der jungen Seelen

Als ich in der Früh die Herberge verließ, war es noch sehr dunkel. Gott sei Dank, hatte ich einen Stadtplan und fand mich so zurecht. Ich ging erst durch kleine Gässchen, die auch hier von orangen Hauslaternen beleuchtet waren. Ich ging dann über einen riesigen Platz, durch große Straßen, erreichte dann die Uferpromenade eines großen Flusses, der ich folgte. Da ich einen Stadtplan in der Hand hatte, wurde ich auch von anderen herumirrenden Pilgern nach dem Weg gefragt, sodass wir auf dieser Uferpromenade zu sechst in Richtung des Jakobsweges gingen.

So lernte ich Alfonso und Magnolia kennen, ein Studentenpaar aus Brasilien. Sie erzählten mir, sie machten eine Rundreise durch Spanien, hätten drei Tage lang Leon besucht und wollten nun von hier aus zu Fuß nach Santiago. Pilgern? Ja und nein, nachdem sie nun schon einmal hier wären und Zeit hätten, gehöre Kult und Kirche (wörtlich!) einfach mit dazu, das sei eben das „alte Spanien. Zwischendrin hängten sich noch weitere Pilger an uns an, die sich verlaufen hatten, bis wir endlich an einer Brücke die Markierungen mit der Jakobsmuschel fanden, die uns wieder auf den Camino führten.

Nach der langen Brücke ging es weiterhin durch viele Straßen, über eine Fußgängerbrücke, Bahnüberführung immer stadtauswärts. Die typischen großen Stadthäuser verschwanden langsam. Ich erreichte den Außenbezirk von Leon mit den kleinen Wohnhäusern. Die Straße führte immer bergauf durch ein Gewerbegebiet und erreichte nach ca. zwei Stunden den Vorort La Virgen del Camino, der an einer stark befahrenen Schnellstraße liegt.

Gott, Pilgern und Heilige? Alles Quatsch!
Kurz vor La Virgen del Camino überholte mich im Laufschritt Jose, ein kleiner völlig überdrehter Spanier, der 10 Minuten später in einem voll besetzten Straßencafe sitzt und mich heftig heranwinkt. Frühstück an der Schnellstraße? Auch eine gute Idee. Ich schnallte meinen Rucksack ab, stelle diesen zu den anderen vielen Rucksäcken dazu und setzte mich zu Jose. Ich bestellte mir, ganz nobel, ein typisch spanisches Frühstück: einen Café con leche, einen Orangensaft und ein Croissant.

Jose redete wie ein Wasserfall auf mich ein. Er sei Marathonläufer, erzählt er mir. Leon – Santiago, das mache er in ein paar Tagen mit links. Aber das sei doch ein Pilgerweg, so meine Frage. *„Na ja"*, so er und deutete auf die vielen bunt angezogenen Radfahrer, die um uns herum sitzen oder ständig an uns vorbeifahren: *„Die machen das alle ja auch nur aus sportlichem Ehrgeiz."*

Wobei für mich wieder einmal die Pilger-Frage im Raum steht. Für Jose passt Pilgern absolut nicht mehr in die heutige Zeit. *„Sport und Leistung, das ist heute angesagt, wie im Beruf, comprendes amigo?"* *„Und Du"*, sagte er und deutet auf meine Jakobsmuschel, *„das passt doch alles nicht mehr hier her, das ist doch alles nur alter katholischer Firlefanz und* *alte Tradition! Was bringt das heute noch? Ein Papst, der auf der ganzen Welt die Erde küsst? Pilgern? Das macht doch nur die Kirchen reich. Gott? Wo ist der? Schau Dir mal diese Welt an: Kriege, Lug und Betrug.*

Vor einiger Zeit habe ich meine Frau mit einem anderen im Bett erwischt. Die hat mir auch einmal in einer Kirche am Traualtar ewige Treue geschworen. Gott, Pilgern, Heilige..., das ist doch alles nur Quatsch." Thema vorbei!
Er sagte es verärgert, stand auf, zahlte und sauste davon, ohne sich von mir zu verabschieden.

Die Welt der jungen Seelen
Was mir blieb, war langes Nachdenken. *Ich denke mir, so unrecht hat er ja nicht. Das ist eben seine Sicht der Dinge, es ist seine Wahrheit. Aber die Welt ist nicht nur heute so, so stark auf das Außen gerichtet. Das war doch schon immer so. Da hat sich seit der Zeit Kain und Abels bis heute kaum etwas verändert. Die jungen Seelen sind einfach viel zu viele geworden. Die sind am Beginn ihrer Seelenreise. Die leben noch voll in der Welt der Materie.*

Jose ist geradezu ein Musterbeispiel einer solch jungen Seele: Sport, Leistung, Geld, Geltung, Macht..., das Leben, das sie vertreten und repräsentieren, dafür kämpfen sie... und alles andere ist Quatsch.

Die jungen Seelen sind nicht nur mehr, sondern die dunklen Triebkräfte der Materie in ihnen sind stark, sehr stark sogar. Im Mittelalter wurden diese Triebkräfte noch Satan genannt. Auch wurden damals diese dunklen Kräfte, die oft das

Unterbewusstseins vieler Menschen beherrschten, als Satan personifiziert, sodass „Satan" z.B. weibliche Seelen für seine Ziele benutzt, sie missbrauchen und verführen konnte... und man verbrannte deshalb diese unschuldigen jungen Frauen. Es ist schrecklich, darüber nachzudenken.

Gott sei Dank, das die jungen Seelen heute umgelernt haben und nicht in allem, wie im Mittelalter, Ketzertum sehen, Inquisition, Hexenverbrennungen und die selbstgerechte, heilige Kriege führen müssen. Gott sei Dank, das wir wenigstens aus dieser Phase heraus sind.

Aber, wir haben alle einmal als junge Seelen unsere Seelenwanderung begonnen und unser Entwicklungsweg ist, wir müssen uns aus der Materie heraus zur Spiritualität entwickeln. Das ist ein langer und weiter Weg.

Nach Ruhe und Frieden, nach Kompromissen, Toleranz und gemeinsamen Wegen suchen, auch auf spirituellem Hintergrund, das ist die Welt der alten, erfahrenen, gereiften Seelen und diese haben es in unserer Welt der vielen jungen Seelen nicht gerade leicht.
Auch hier auf diesem Camino, scheint mir die große Gruppe der jungen Seelen weit überpräsentiert und doch, sie sind auf dem Camino, auch auf IHREM Camino, sicher ohne zu wissen, was das für sie bedeutet, aber Gott „arbeitet" an uns allen!
Dieser Gedanke ist tröstlich.

Ab Leon beginnt die 3. Etappe des Camino. Da Leon verkehrsmäßig sehr gut zu erreichen ist und es bis Santiago nur noch knapp 300 Kilometer sind, steigen auch hier wieder viele „Pilger" neu in den Weg ein und investieren für die letzte Etappe bis Santiago 14 Tage Urlaub. Diese Neuen sind nun wieder ganz anders.

Wir „Alten", die wir in St. Jean Pied oder Roncesvalles begonnen haben, wir hatten noch 800 Kilometer vor uns und jeder seine Jakobsmuschel um. Wir fühlten uns als Pilger und uns gegenseitig verpflichtet. Jeder grüßte jeden mit dem Jakobsgruß „Buen Camino", wie gesagt, jeder jeden.

Seit Leon sind auf diesem „Pilgerweg" in den letzten 2 Stunden 84 Radfahrer an mir vorbeigefahren, die hinten an der Satteltasche die Jakobsmuschel befestigt haben und kein einziger hat gegrüßt. Gleichzeitig sind ab hier noch mehr „Fußpilger" unterwegs, mit immer neuen Gesichtern.

Ab jetzt wieder bergauf
Auffällig ist für mich auch: Nicht nur die Menschen haben sich verändert, sondern auch die Landschaft hat sich gewandelt. Waren es zwischen Burgos und Leon die großen, endlos weiten Getreidefelder, die mich wegen der Weite der Landschaft begeistert haben, so durchwandere ich hier nun eine herrliche großflächige Heidelandschaft, mit vielen lockeren Zwergsträuchern, Ginster und Lavendel. Es ist die trockene Hochfläche des Paramo von Leon. Weit im Hintergrund kann ich schon schemenhaft die Montes de Leon, die Leoner Berge erkennen, auf die der Camino nun zuführt. Nach ca. 200 Kilometer durch die flache „Bratpfanne" zwischen Burgos und Leon, geht es ab jetzt wieder bergauf, mit erheblichen Höhenunterschieden.

Auf dem Weg lerne ich eine bildhübsche deutsche Studentin aus Bremen kennen, mit dem schönen spanischen Namen Isabella. Sie erzählt mir, dass sie seit dem Frühjahr in Barcelona lebe und dort Sprache und Touristik studiere. Sie möchte gerne in Spanien leben und, weil das für sie so dazugehört, nun eben den spanischen Pilgerweg kennenlernen. Als Pilgerin, frage ich sie? Nun ja, sie sei schließlich evangelisch, pilgern ist was aus dem Mittelalter und für alte katholische Leute (wörtlich). Das passt absolut nicht für sie. Aber der Weg soll sehr schön sein, außerdem wandere sie gern.

„Ampollas", Blasen an den Füßen
In einem kleinen Ort sitzt am Straßenrand eine junge Frau und weint. Ihr Mann steht hilflos davor, redet auf sie ein. Neben beiden stehen die Rucksäcke. Die Frau hat ihre Schuhe und die Socken ausgezogen und reibt die Füße. Aha, denke ich, ampollas (Blasen), ein auf dem Camino häufig gebrauchtes Leidens-Wort.

Ich gehe langsam auf beide zu, grüße und frage ob ich helfen kann...und so kommen wir ins Gespräch. Beide sind Spanier und seit kurzer Zeit verheiratet. Ja, sie hätten extra ihren Urlaub so gelegt und sich auf diesen Weg nach Santiago gefreut. Nein, so die Frau, sie hätte sowieso Bedenken wegen der langen Strecke gehabt, aber ihr Mann wollte ja unbedingt diesen Weg hier gehen... und er steht ganz betreten und schuldbewusst dabei, als sie das so anklagend sagt. (Hier gibt es anscheinend ein tiefer gehendes Beziehungsproblem, was die beiden bisher anscheinend noch gar nicht richtig bemerkt haben).

Sie wären extra in einem Sportgeschäft gewesen, hätten sich extra Bergschuhe, feste Socken, Rucksäcke und Bekleidung für diesen Weg hier gekauft und nun nach gut zehn Kilometer kann die Frau vor lauter Schmerzen nicht mehr weiter. Sie hat an beiden Hacken zwei ungute große Blasen, die natürlich sehr wehtun.

Sie ist noch nie so lange Strecken gelaufen, erzählt die Frau. Und nun habe sie am Hacken diese Blasen, die schrecklich wehtun. Sie kann nicht mehr und sie möchte jetzt sofort zu einem Arzt und dann wieder nach Hause, sagt die Frau ein bisschen hysterisch, oder besser mit typisch südländischem Temperament, zwischen Tränen und Anklagen an ihren Mann.

Ich versuche nun, die Frau als „alter Pilgerprofi" (und Therapeut) erst einmal zu beruhigen. Beide staunen, als ich ihnen erzähle, dass ich schon seit ca. 500 Kilometer unterwegs bin und seit Hunderten von Kilometer mit schlimmen Fußentzündungen gehe...und das Blasen auf diesem Camino zwar nicht sein müssten, aber bei vielen Pilgern völlig normal seien. Für Blasen gäbe es heute die modernen Gelpflaster. Wichtig seien eingeschweißte und ungewaschene Strümpfe, eingelaufene Schuhe mit gutem Fußbett und das tägliche Einkremen der Füße mit Vaseline. Was? Eingeschweißte und ungewaschene Strümpfe? Beide rümpfen die Nase. Das hätten sie ja noch nie gehört, davon habe der Verkäufer im Sportgeschäft kein Wort gesagt.

Der Verkäufer war eben sehr geschäftstüchtig. Beide waren völlig neu eingekleidet, gut 2000 € hätten sie für alles bezahlt, wie der Mann erzählt. Sie hatten neue Strümpfe und völlig neue Schuhe an... also ein Garantieschein für alle möglichen Fußprobleme.

Ich habe der Frau dann die Blasen aufgestochen und ihr zwei schöne Gelpflaster darüber gelegt... und mich dann von den beiden verabschiedet.
Wie oft habe ich nun schon auf diesem Camino verzweifelte Frauen mit ähnlichen Fuß-Problemen erlebt.

In Villar de Mazarife
Gegen Mittag, nach ca. 22 Kilometer Weg, erreiche ich ziemlich „kaputt" den Ort Villar de Mazarife. Weil ich heute „die Nase voll" habe und hier bleiben und übernachten möchte, gehe ich als erstes in die dortige Herberge. Aber schon beim Betreten des Hauses ist mir sofort klar, aufgrund von Schmutz und Unordnung würde ich hier nur beim schlimmsten Unwetter bleiben.

Was hier als Herberge angeboten wird, empfinde ich nicht nur als einfach, nein das ist für mich wie im finstersten Orient. Wobei der urige nette Innenhof durchaus zum Verweilen einladen würde, bei mehr Ordnung, Pflege und Sauberkeit.

Also gehe ich erst einmal in den kleinen Supermarkt des Ortes und kaufe mir mein Mittagessen. Ich suche mir ein Plätzchen im Schatten der Kirche, die auf allen Vorsprüngen mit Storchennestern und den klappernden schwarz-weißen Gesellen belegt ist. Vor der Kirche treffe ich Isabella wieder, die gerade mit einer Gruppe von

Spaniern redet. Entsprechend laut geht es her. Auch sie alle sind unzufrieden mit der Herberge. Sie überlegen, ob sie nicht weitergehen, denn der nächste Ort ist als Pilgerort sehr bekannt. Aber das würde noch einmal einen Marsch von weiteren 16-18 Kilometer bedeuten und das am Nachmittag und in der Sonne. Ich werde gefragt, ob ich in der Gruppe mitkomme. Was tun? Ich sage ja, aber erst wollen wir alle einmal Mittag machen.

Was ich sonst bei anderen Gruppen immer erlebe, wenn die so laut schwatzend an mir vorüber rennen, das erlebe ich nun direkt mit. Ich gehe mit der Gruppe zusammen zum nächsten Ort. Die legen ein Tempo vor...und wie Südländer nun einmal sind, sie reden, reden, reden.

Der Weg zieht sich, Kilometer um Kilometer. Es ist heiß und stickig. Endlich kommen wir im Ort Hospital de Orbigo an, welchen wir über eine wunderschöne alte, noch im Verkehr befindliche, Römerbrücke betreten.

Die Herberge ist eine Überraschung. Freundliche Aufnahme, ein urig schöner Innenhof, einfache aber saubere Zimmer. Was Herz möchtest du mehr?

Diese Herberge soll 1993 vom Christophorus Jugendwerk der Caritas renoviert und neu aufgebaut worden sein. Ein Kompliment an die Initiatoren.

Ich gehe in einen Supermarkt zum Einkaufen und danach in ein uriges Restaurant zum Pilgermenü. Anschließend schreibe ich noch Tagebuch.

Als ich dann um 22.00 Uhr im Bett liege, denke ich über den heutigen Tag noch einmal nach: Die Stadt und Herberge in Leon, Alfonso und Magnolia, Jose, die jungen Seelen, das Paar mit den Blasen am Weg, Isabella, die orientalische Herberge, der lange Weg am Nachmittag mit der lauten Gruppe.

Und nun, die freundliche Herberge hier und die freundliche Aufnahme dazu und ich erkenne wieder einmal: dieser Camino ist für mich ein großes Geschenk. Danke Santiago...

Aber: Wegen meiner schmerzenden Füße habe ich wieder einmal nicht so gut geschlafen.

*****

22. Tag: Hospital de Orbigo - Astorga –
Santa Catalina de Somoza

Tu, was Dein Herz Dir sagt...

In der Früh, als ich wach werde ist es noch dunkel. Da ich die Schlafenden nicht stören möchte, bringe ich, wie die anderen auch, meine Sachen ins Freie und es beginnt – beim Schein der Taschenlampe - das übliche Rucksackpacken, alles Kontrollieren und Fertigmachen. Mit Sorgfalt kreme ich mir meine schmerzenden Füße mit Hirschtalg ein, Funktionssocken darüber und ab geht es in die Schuhe.

Ich verabschiede mich von den sehr netten Betreuern dieser Herberge, die mich noch unbedingt zum Frühstück einladen möchte. Aber meine Frühstückszeit ist dann, wenn mein Körper mir Hunger signalisiert und das ist meist so gegen 9.30 Uhr. Außerdem mag ich in der Früh nicht die üblichen Marmeladen- oder Nutellabrote. Das einzig Wichtige für mich in der Früh ist: ich nehme die Tabletten mit Vitaminen und Mineralstoffen und trinke ca. einen Liter Mineralwasser. Danach fülle ich mir noch einmal meine Wasserflasche zum Mitnehmen auf...und ab geht es.

Nach ein paar Häusern führt der Camino sofort hinaus in die Landschaft die sehr schnell karg und hügelig wird. Ab jetzt geht der Weg ca. 30 Kilometer ständig langsam bergauf, am Ende durch die Leoner Berge hindurch, als erstes Höhenziel zum berühmten Cruz de Hierro ca. 1500 m hoch.

Im Moment geht es zwischen terrassenförmig angelegten Obst- und Weingärten immer sanft bergauf. Nach einiger Zeit erreiche ich wieder einmal die völlig ebene Hochfläche eines Paramo. Ich wandere zwischen Feldern und alten Steineichenwäldern dahin. Am Ende dieses Paramo erreiche ich das berühmte Steinkreuz von Santo Toribio. Hier lege ich eine kurze Rast ein, denn von hier habe ich eine großartige Aussicht auf Astorga, in die weite Landschaft und die Berge im Hintergrund. Von hier beginnt nun der alte Abstieg in Richtung Astorga, den schon seit Jahrhunderten Millionen von Pilgern gegangen sind.

Dauerschmerzen
Da mir heute in der Früh meine Füße schon sehr weh tun, habe ich mir erst einmal die Sandalen angezogen. Aber weil der Weg steinig und schotterig wurde, habe ich die Sandalen bald wieder gegen die festen Trekkingschuhe gewechselt. Der Nachteil: sobald der Fuß warm wird und anschwillt, außerdem geht es jetzt bergab, gibt es in den festen Schuhen bei jedem Schritt erneute Schmerzen.

„Klar, denke ich, meine Füße würden endlich einmal Ruhe brauchen, die tägliche mechanische Belastung durch das Gehen, das ständige Hin- und Her kippen des Fußes auf diesen steinigen Wegen, das zusätzliche Gewicht des Rucksacks, alles das lässt einfach die Entzündung nicht zur Ruhe kommen, trotz der guten Salben. Es ist ein Kreuz.

Da ich seit 300 Kilometer eigentlich nur noch mit auf- und abschwellenden Dauerschmerzen in den Füßen gehe, beginnt dieser Camino für mich wirklich zu einem Leidensweg zu werden. Natürlich könnte ich aufhören, abbrechen, heimfahren, aber das möchte ich auf keinen Fall. Ich will nach Santiago. Also halte ich diese Schmerzen aus und gehe weiter."

In Astorga

Nach ca. 18 Kilometer erreiche ich die alte Römerstadt Astorga. Diese Stadt soll für den geschichtsbegeisterten Besucher (der ich nur bedingt bin) eine Fundgrube sein. Römische Stadtmauern, ein römisches Tor, römische Thermen, Tempel, Häuser, Kanalsysteme, Ausgrabungen, einige berühmte Museen usw.

Mich interessiert mehr der Camino. Da mir meine Füße schon wieder sehr wehtun und es brütend heiß ist, gehe ich auf die Suche nach der Kathedrale und Herberge durch die verkehrsreiche Stadt, denn ich will mich ausruhen. Wieder einmal frage ich mich, warum es, wie in vielen anderen Fällen, nicht auch für die Städte zwei Wegführungen geben kann. Für die Stadt- und kulturbegeisterten „Pilger" den Stadtweg und für die ruhesuchenden „Pilger" den ruhigen Landschaftsweg, außen vorbei.

Ich frage einen Mann nach dem Weg zur nächsten Pilgerherberge. Seine Antwort verblüfft mich: *„Das kommt darauf an, was sie ausgeben möchten. Die erste Herberge ist...und sie kostet 5€, die andere Herberge ist viel besser und kostet 7€, oder noch besser sind die Privatquartiere, da könnte ich Ihnen...empfehlen, die kosten 10 – 12 € und die finden sie..."* Ich bin von der Fülle der Informationen wie erschlagen, finde es aber schön, so ausführlich informiert worden zu sein.

Ich gehe an der Kathedrale vorbei zur Herberge, die sich ganz in der Nähe befindet. Dort bekomme ich einen Pilgerstempel in meine 2. Credencial. Der Herbergsvater fragt mich, ob ich einen Schlafplatz möchte? Nein, da es gerade später Vormittag ist, möchte ich heute noch weiter gehen. Aber ich möchte mir vorher doch noch die berühmte Kathedrale ansehen. Er schlägt mir vor, dass ich meine Sachen einfach hier lassen soll, wenn ich die Kathedrale besichtigen möchte. So kann ich ohne Gepäck gehen, was ich gern annehme.

„Gott, wo bist Du?"
Danach gehe ich in die berühmte Kathedrale, die in ihrer Architektur Gotik- mit Renaissanceformen verbindet. Ich brauche einige Zeit, um mich an den Baustil zu gewöhnen. Im Inneren macht die Kirche auf mich einen ruhigen Eindruck. Aber der allerseits gelobte und beschriebene Hochaltar erschlägt mich geradezu mit seiner Figurenfülle und Dramatik der Darstellungen.

Ich sitze in einer Bankreihe, versuche zur inneren Ruhe zu kommen, sehe die vielen Menschen herumlaufen und...es rührt sich nichts in mir.

„Ich bin sehr nachdenklich. Ich hatte nämlich eben, direkt vor der Kathedrale ein Erlebnis, das noch in mir nachklingt. Draußen sitzt ein rassiger Spanier, der auf seiner Gitarre tolle Lieder zum Besten gibt. Jeden Pilger begrüßt er mit einem Caminolied, das mich sehr berührt hat. Der Text spricht davon, dass der Pilger Familie und Haus verlässt, Strapazen auf sich nimmt, um seinen Weg nach Santiago und zu Gott zu gehen.

Strapazen habe ich im Moment mit meinen ewig schmerzenden Füßen wirklich genug, denke ich mir. Aber bin ich hier wirklich auf dem Weg zu Gott?

Dieser Liedtext hat mich völlig irritiert und ich frage mich warum? Was ist nur zurzeit mit mir los? Seit ich auf dem Weg nach Leon und aus der „Bratpfanne" heraus bin, spüre ich Gott nicht mehr...und ich leide darunter.

Wo ist nur diese schöne meditative innere Ruhe der letzten Woche geblieben? Seit Leon ist alles um mich herum so unruhig. Diese vielen Menschen mit ihren unruhigen Schwingungen und ihrer Hektik kosten mich enorm viel Kraft. Ich komme mir auch im Moment so ausgelaugt, so richtig depressiv vor.

„Lieber Gott – Hl. Santiago, ich kann Euch hier in diesem so genannten Gotteshaus nicht finden...ja, ich konnte Euch noch nie in diesen großen, Prunk beladenen und unruhigen Kirchen finden. Ich kann Euch hier nicht spüren, obwohl alle möglichen Symbole und Figuren um mich herum von Euch sprechen (sollen).

...und ich spüre ganz deutlich, ich möchte hier weg, schnell weg. Ich möchte wieder auf das Land, wo die Luft rein, die Landschaft weit und mein Herz ruhig ist und ich Gott wieder nahe sein kann. Ich möchte wieder auf den Camino der ruhigen inneren Schwingung."

Aber bevor ich die Stadt verlasse, muss ich noch etwas für mein leibliches Wohl tun, denn ich habe Hunger. Ich stöbere in der Hitze durch die Straßen und drängle mich durch die vielen Menschen. Ich bin auf der Suche nach einem

Supermarkt, einer Bäckerei und einem Metzgerladen und kauf mir mein Mittagsbrot zusammen. Als ich endlich alles beieinander habe, gehe ich in eine der großen Parkanlagen neben der Kathedrale, wo ich Ruhe suche und im Schatten gern Mittag machen möchte...und genau in diesem Schatten lerne ich plötzlich Sophie aus Württemberg kennen, die genau das gleiche möchte wie ich: Im Schatten sitzen, essen und sich ausruhen.

Sophie und ich, wir sind uns auf Anhieb sympathisch. Da jeder von uns gerade vorher beim Einkaufen war, setzen wir uns zusammen ins Gras, plaudern und essen miteinander, Brot, gekochten Schinken, Käse, Tomaten, Pfirsiche und zum Abschluss ein süßes Plunderstück.

Familie oder Karriere?
Natürlich kommt auch die Frage: „Warum gehst Du diesen Camino?" Sophie erzählt mir ganz offen, sie sei auf diesen Camino gegangen, weil sie die Antwort auf eine Lebensentscheidung suche. Ihre Frage ist: entweder Beziehung, Heirat, Kinder, oder Beruf, Aufstieg und Karriere. Sie habe sich dafür extra Urlaub genommen.

Nein, so Sophie, sie glaube nicht an Gott, eine höhere Macht von oben und den katholischen Firlefanz, aber sie finde den Camino schön und brauche diese Auszeit zum Nachdenken. Und sie wollte weg, weit weg von daheim und all den Problemen der letzten Zeit.
Auch wenn sie nicht an einen Gott glaube, aber vielleicht findet sie hier wirklich die Antwort um die sie ringt.

Da es aber auch hier in dem Park sowie in der Stadt, aufgrund der vielen Menschen und des Straßenverkehrs schrecklich unruhig ist, beschließen wir nach dem Essen von hier fort zu gehen. Sophie fragt mich, ob ich bis zum nächsten Ort mit ihr zusammen gehen möchte?

Gern. Nachdem ich mir in der Pilgerherberge meinen dort gelagerten Rucksack abgeholt habe, gehen wir nun zusammen weiter und verlassen diese unruhige Stadt. Es ist nun Mittag und brütend heiß.

Sophie gefällt mir. Sie ist nicht nur bildhübsch, sondern sie hat auch eine sehr offene und direkte Art. Sie scheint sich auch ihrer Probleme sehr klar bewusst zu sein. Ich denke mir: endlich einmal keine Wander- oder sportlichen Motive.
Endlich einmal jemand, der wirklich auf „seinem inneren Camino" ist und der nach Antworten und nach Werten sucht… und auch noch dazu steht. Wir haben während des ganzen Weges nur über ihr momentanes Lebensthema gesprochen.

Ich hatte den Eindruck Beruf und Karriere, Geld und Unabhängigkeit, scheinen für diese junge Frau (wie für viele andere junge Frauen unserer heutigen Gesellschaft) einen sehr hohen Stellenwert zu haben, was sie auch bestätigt.

Am liebsten würde sie Beziehung, Heirat und Kinder mit Beruf und Karriere verbinden, wie das viele Frauen praktizieren. Aber genau das möchte ihr Partner nicht. Er möchte von ihr eine klare entweder – oder Entscheidung: Entweder ihre Karriere oder Familie. Wenn sie sich für ihren

Beruf entscheidet, dann würde er sich von ihr trennen und sich eine andere Frau suchen. Denn er sei gut 40 Jahre alt und möchte nun unbedingt eine Familie haben, aber keine Frau die zwischen Familie, Kinder, Beruf und Karriere hin und her hetzt und nur noch überfordert und gestresst ist und irgendwann als Frau nicht mehr zu gebrauchen ist. Klare Worte denke ich mir. Der Mann hat anscheinend Erfahrung! Er möchte eine Familie, Heirat und Kinder und eine Frau, die sich in Ruhe darum kümmern kann. Sophie ist völlig zerrissen.

Ich denke mir der Mann hat Recht. Auch meine therapeutische Erfahrung mit vielen Frauen ist: Gleichzeitig Familie haben, Kinder, Haus, und noch Beruf, Karriere, Freizeitstress... da ist irgendwann einmal alles zu viel. Irgendwann bleibt Irgendwer in diesem Programm mit Sicherheit auf der Strecke: Der Mann, die Beziehung, die Karriere, die Kinder, oder die Frauen selbst, die dann unter Umständen von Tabletten, Ärzten und Psychopharmaka leben...und damit sind die Probleme für die Zukunft schon vorprogrammiert.

Ich teile aus meiner therapeutischen Erfahrung die Meinung des Mannes: Man kann sich nur auf eine Sache richtig konzentrieren. Die Erfahrung zeigt, (was viele nicht gern hören) die Frau wird nämlich auch älter, auch ihre Schaffenskraft lässt irgendwann nach, aber das Volumen wird immer mehr.

Die Kraft für alles, für Familie, Kinder, Beziehung, Haus, Organisation und auf der anderen Seite Beruf, Karriere usw.

braucht sich immer mehr auf...das ist ein Naturgesetz. Wieviele Frauen habe ich im Lauf der Jahre in meiner Praxis erlebt, die diese Dauerüberforderung dann mit Depressionen, psychosomatischen Problemen oder Krankheiten und Psychopharmaka- Therapie bezahlt haben.

Aber die typische Lösung in der heutigen Zeit für diese maßlose Überforderung der Frauen, ist dann irgendwann der „Befreiungsschlag", die Scheidung, das Singleleben mit den Kindern und die Illusion, dass es ohne diese Beziehung nun besser wird.
Frauen bezahlen oft einen hohen Preis.

Sophie sieht das alles sehr klar und ganz genau so, auch aus der Erfahrung von einigen Freundinnen, die nun als Single mit den Kindern ohne Mann allein, aber nicht unbedingt besser da stehen. Nein, so möchte sie das absolut nicht.

Aber, so Sophie, sie gehe nun bald auf die 40 zu. Sie sagt, auch für sie ticke die biologische Uhr, wenn es um Kinder gehe. Sie weiß, sie muss sich jetzt entscheiden. Ihr Partner hat wirklich Recht. Andererseits, sie habe lange Zeit studiert, habe jetzt einen tollen Beruf, eine leitende Stellung, sei sehr anerkannt... und die Liebe zu ihrem Partner...die sei auch nicht mehr „so warm."

Irgendwann, beim Gehen durch das Land, weit hinter Astorga, bleibe ich plötzlich stehen, schaue ihr direkt in die Augen und frage sie:

„Sag einmal Sophie, so ganz schnell aus dem Bauch heraus, welches Bild ist stärker in Dir: Dein Beruf oder eine Familie mit Kindern, Haus usw.?"

„Mein Beruf ist mir sehr wichtig", kommt ihre Antwort wie aus der Pistole geschossen . Ich sage zu ihr:

*„**Quäle dich nicht, sondern tue, was Dein Herz Dir sagt!**
Aber tue ja nichts,
was Dir Deine Schuldgefühle einreden."*

Sophie hat plötzlich Tränen in den Augen. Sie geht lange Zeit schweigend neben mir her…denn ihr ist klar, dass dieser Satz in der Konsequenz, auch die Trennung von einer langjährigen Beziehung bedeutet.

Das waren jetzt fast drei intensive Therapiestunden. Ich glaube, ich komme aus meiner Rolle überhaupt nicht heraus, ganz gleich wo ich bin. Oder soll das so sein?
Ich frage mich wieder einmal:
„Diese Begegnung mit Sophie und das Durcharbeiten ihres Problemkomplexes, das war doch kein Zufall?"

Sind wir Menschen wirklich wie Marionetten, die „von Oben" zu einem bestimmten Zweck einfach zusammengeführt werden.

Wie häufig hatte ich schon diesen Eindruck.

Santa Catalina de Somoza: „Schmuddelige Bar"

Gegen 15.00 Uhr kommen wir schließlich in Santa Catalina de Somoza an. Wir sind von der kleinen, engen und stickigen Herberge nicht gerade begeistert, aber für mich gibt es keine Alternative.

Schluss für heute, denn meine Füße schmerzen mir fürchterlich. Ich fühle mich, auch nach diesem anstrengenden Gespräch, wie ausgelaugt.

Außerdem habe ich Hunger und einen schrecklichen Durst. Zu allem Überfluss gibt es in diesem Ort nichts zu kaufen, außer in der schmuddeligen Bar nebenan, wo alles sehr primitiv ist. Also bestelle ich mir ein hoffnungslos überteuertes Bocadillo mit Jamon und Käse, Wasser und eine Cola.

Aber der Schinken: Ein riesiges geräuchertes halbes Hinterteil von einem Rind, noch mit Fuß und Huf daran, steht im Gastraum offen herum, nur mit einem Lappen bedeckt und so für alles Mögliche summende und brummende Viehzeug erreichbar. Der Wirt nimmt den Lappen weg, säbelt ein paar Scheiben davon herunter, legt diese in das Brötchen und deckt den Schlegel wieder zu. Das gleiche tut er mit dem Käse.

Eigentlich gefällt mir das alles gar nicht. Aber da ich Hunger habe, esse ich alles mit Heißhunger. Nur irgendwie hat es mir vor dieser „schmuddeligen Atmosphäre" in dieser Bar gegraust.

Da die „Herberge" eng und stickig ist und es auch keinen schattigen Hof gibt, liegen einige „Pilger" halbnackend auf ihrer Isomatte mitten auf der Hauptstraße im Schatten des Hauses und schlafen..., was immer man darüber denken mag. Das erinnert mich an Witzzeichnungen aus Mexiko!

Gegen 18.00 Uhr wird es plötzlich bunt! Eine Gruppe, bestehend aus 5 italienischen Paaren fallen in die Herberge ein und das unruhige oder lebensfrohe italienische Geschnatter reißt bis zum Schlafengehen nicht mehr ab. Außerdem gibt es ausgerechnet an diesem Tag in dem kleinen Ort eine Fiesta. Irgendwann ziehen viele Einwohner des Dorfes, teilweise verkleidet, trommelnd, pfeifend und mit Kastagnetten klappernd durch die Straßen des kleinen Ortes.

Anschließend gibt es – ausgerechnet direkt neben der Herberge – die ganze Nacht hindurch, schrecklich laute Discomusik. Mit Schlafen war also wieder einmal nichts!

*****

23. Tag: Santa Catalina de Somoza –
Rabanal del Camino - Foncebadon

Der Zusammenbruch

Im Schlafraum der Herberge ist es stickig und brütend warm. Es gibt nur ein kleines Fenster, das offen ist, viel zu wenig für 20 Personen. Außen dröhnt während der ganzen Nacht die laute Discomusik. Hier drinnen schnarchen einige begnadete Schläfer. Irgendwann piept wieder ein Wecker, und es wird unruhig.

Plötzlich überall Getuschel und Geraschel. Besonders übel in dieser Stille sind Plastiktüten, die zusammengerollt werden. Das schmeißt dich glatt aus dem Bett. Außerdem blenden mich immer wieder irgendwelche Taschenlampen im Gesicht. Einige haben, wie die Bergleute, Stirnbänder um den Kopf, an denen kleine Lampen befestigt sind, mit denen sie sich nun beim Packen leuchten. Da es Menschen gibt, die anscheinend ihren Kopf nicht bei der Sache haben, trifft mich der Strahl irgendeiner Taschenlampe immer wieder im Gesicht.

Heute liegt wieder ein wichtiger Abschnitt des Jakobsweges vor uns: Es geht auf den Gipfel des 1504 m hohen Passes mit seinem berühmten Eisernen Kreuz. Er ist ca. 20 Kilometer entfernt und ein zentraler Punkt für diesen Camino.

Da mich die Frühaufsteher nun so richtig wach gemacht haben, ich andererseits wegen der Hitze, dem Schnarchen und den Schmerzen in meinen Füßen sowieso nicht gut schlafen konnte, stehe auch ich auf und mache mich fertig, denn bei diesem Herumrumoren, Geraschel und Geflüster, Tür auf, Tür zu und dauernde Toilettenspülung usw., kann ich sowieso nicht mehr schlafen.

Aber, ich bemerke, dass ich mich heute nicht so wohl fühle und mache mich deshalb nur unlustig fertig.

14 Tage bis Santiago
Als ich ins Freie trete, ist es noch stockdunkel und richtig kühl. Unzählige Sterne stehen noch leuchtend am Himmel. Es ist ein grandioser Anblick. Wann sehe ich bei uns schon einmal einen so klaren Sternenhimmel?

Ich wundere mich, dass ich nicht den hellen Schimmer des Morgens sehe, wie sonst immer in der Früh. Vor der Herberge erkenne ich nun, wer da so unruhig war und es so eilig hatte aufzustehen. Es ist die ganze italienische Gruppe. Die Leute stehen taschenlampenschwenkend abmarschbereit und schnattern gedämpft durcheinander. Ich frage eine Frau auf Italienisch, wie spät es sei und sie antwortet mir 3. 30 Uhr. Mich trifft fast der Schlag!

Ich frage die Frau, warum die italienische Gruppe so früh losgeht. Ja, erzählt sie mir (...und ihr Tonfall klingt dabei nicht ganz glücklich), sie seien von Mailand mit dem Flugzeug, über Madrid nach Leon gekommen. Sie hätten nur 14 Tage Zeit und schon die Rückflugtickets gebucht.

Deshalb müssen sie die Zeit nutzen und spätestens in 12 Tagen in Santiago sein.
In 12 Tagen? Das bedeutet für die 260 Kilometer bis Santiago, täglich mindestens 22 Kilometer Wegstrecke durch das bergige Galicien und den Druck dazu, rechtzeitig am Flughafen zu sein und das auch schaffen zu müssen. Caminorennen aufgrund der Zeitzwänge also. Welch ein Gruppenzwang für den Einzelnen. Da darf nicht einmal eine Blase am Fuß dazwischenkommen, stelle ich mir vor. Wer sich das nur ausgedacht hat?

Deshalb frage ich vorsichtig ob sie alle Pilger seien. *„Ja, selbstverständlich seien sie alle Pilger"*, sagt die Frau voller Überzeugung. *„Schließlich sind sie als Italiener doch überzeugte Katholiken und sie sind zum Grabmal des Heiligen Jakob unterwegs. Deshalb sind sie doch schließlich hier"*...und schon gab der Chef der Gruppe das Zeichen zum Losgehen. Losgehen? Nein, losrennen im wahrsten Sinne des Wortes ist besser ausgedrückt, denn dieser legt ein gewaltiges Tempo vor und die Gruppe saust im Gänsemarsch hinter ihm her.

Da ich der letzte der Gruppe bin und es um mich herum so stockdunkel ist, dass ich nicht einmal den Weg vor mir sehen kann, so tipple ich, so gut es geht, hinter meinem Vordermann her, mich irgendwie am Schein der Taschenlampen von vorn orientierend. Das erinnert mich an die berühmten gruseligen Nachtmärsche bei den Pfadfindern.

Brechdurchfall

Im Lauf des Weges bemerke ich, mir ist nicht gut, ja mir wird zunehmend immer mehr übel. Irgendwie kommt mir dieses Bocadillo, mit dem von Fliegen besetzten Schinken von gestern, immer wieder hoch. In meinem Bauch rumort es immer heftiger. Da es endlich langsam hell wird, setze ich mich von der Gruppe ab, lasse sie einfach weiter rennen. Das ist nicht mein Tempo und in meinem momentanen „Zustand" schon gar nicht. Ich denke mir, das ist denen auch gleich, denn niemand fragt mich, niemand schaut sich nach mir um, niemand vermisst mich. Die Gruppe rennt einfach weiter, rennt, rennt und ist bald aus meinen Augen verschwunden.

Ich bin allein. Um mich herum ist Grabesstille, bis auf das morgendliche Konzert der vielen Vögel. Der typische morgendliche Geruch liegt in der Luft, den ich sonst so mag. Aber ich kann das alles nicht genießen. Irgendwann ist meine Übelkeit so groß, dass ich in die Büsche gehe, mir den Rucksack herunter reiße und schon meldet sich das Bocadillo von gestern durch Erbrechen und starkem Durchfall. Mein Körper entleert sich heftig, Brechen und Durchfall gleichzeitig. Das hat mir gerade noch gefehlt.

Jeder ist sich selbst der Nächste

Danach ist mir speiübel und ich fühle mich plötzlich entsetzlich schwach. Klar, auf den Brechdurchfall folgt nun der Kreislaufzusammenbruch. Ich sitze im taunassen Gras, zittere, habe kalten Schweiß auf der Stirn, Herzrasen und ich könnte vor Übelkeit und Schwäche umfallen.

Immer öfter kommen nun Pilger, Wanderer, Touristen oder wer immer sie sein mögen und gehen an mir vorbei. Aber niemand bleibt bei mir stehen, niemand fragt mich, obwohl ich wie ein Häufchen Elend dasitze und bestimmt auch so ausschaue. Es hätte mir ja sowieso niemand helfen können.

Ich hätte so etwas sofort gesehen und wäre gewiss nicht an einem leidenden Pilgerbruder vorbeigegangen. Klar, jeder ist sich anscheinend auch hier selbst der Nächste. Viele sind so selbstvergessen mit sich selbst beschäftigt, anscheinend sogar hier auf diesem Camino.

Schwäche und Übelkeit
Nach einiger Zeit geht es mir langsam etwas besser. Ich schnalle mir wieder den Rucksack auf, Stöcke in die Hand und versuche langsam weiter zu gehen. Aber ich spüre, ich habe keine Kraft mehr. Ich schleppe mich nur noch Schritt für Schritt dahin. Der Rucksack drückt mehr denn je, die Füße tun mir schrecklich weh, und es geht in der immer wärmer werdenden Sonne immer bergauf.

Ich komme durch einen Ort, aber ich nehme diesen vor lauter Übelkeit gar nicht richtig wahr. Ich bin so mit mir, mit meiner Schwäche, Übelkeit und dem was mir nun gerade passiert beschäftigt, das ich nichts um mich herum richtig wahrnehme.

Später bemerke ich, ich habe gerade den alten und berühmten Pilgerort Rabanal del Camino durchquert, aber wie, das weiß ich bis heute noch nicht. Dieser berühmte Ort des Pilgerweges möge mir meine Unaufmerksamkeit aufgrund der Situation verzeihen.

In einer Kurve steht ein einzelner Baum mit viel Schatten darunter. Mir ist wieder speiübel. Ich kann nicht mehr, ich will nicht mehr.
Also Rucksack runter und die Geldtasche und Wasserflasche abschnallen, ISO - Matte in den Schatten legen, Schlafsack als Kopfkissen darauf und hinlegen, nur hinlegen, das ist alles eins. Ich bin froh, dass ich liegen kann, denn ich fühle mich so elend, so schlapp, so unendlich schlapp.
Das muss so ein Gefühl wie kurz vor dem Sterben sein. Ich lasse alles los, lasse mich einfach fallen. Was die anderen von mir denken, die an mir vorbei gehen, ist mir in diesem Moment völlig egal. Ich lege noch meine Jakobsmuschel auf den Rucksack, sodass für jeden sichtbar ist, dass hier ein Pilger liegt. Bitte, Santiago hilf mir, sind meine letzten Gedanken, und ich schlafe vor Erschöpfung sofort ein.

Weit entfernt höre ich immer wieder Pilger, Wanderer, Radfahrer usw. an mir vorübergehen, vorbeifahren, aber das ist mir in meinem Zustand von Übelkeit und Schlappheit völlig egal. Obwohl ich keine fünf Meter vom Straßenrand entfernt und für jeden sichtbar hier liege, kommt niemand zum Fragen. Wäre ich nun tot, so würde wohl auch jeder der Vorübergehenden meinen, hier liegt am späten Vormittag ein Pilger und schläft seinen Rausch von gestern aus...

So dämmere ich einige Stunden vor mich hin, solange, bis durch das Weiterwandern der Sonne kein Schatten mehr da ist, und ich voll in der heißen Sonne liege. Es muss so gegen Mittag sein. Ich packe mühsam wieder alles zusammen und schleppe mich bis zur nächsten Ortschaft nach Foncebadon weiter. Das ist ein einsames Bergdorf mit urigen Steinhäusern, von denen viele eingestürzt sind. Einstmals soll es ein wichtiger Ort für den Camino gewesen sein, ja vor Hunderten von Jahren soll hier sogar einmal ein Kirchenkonzil stattgefunden haben. Der Ort macht einen heruntergekommenen Eindruck. Normalerweise wäre ich sicher schnell durchgegangen. Heute jedoch, suche ich die Herberge auf, die von einer christlichen englischen Pilgergemeinschaft völlig neu errichtet worden ist.

Foncebadon: liebevoll und besorgt
Die Betreuerin, eine kleine quirlige Spanierin, sieht mir mein „Elend" sofort an der Nasenspitze an. Sie verfrachtet mich sofort in ein Bett des noch völlig leeren Schlafsaals, was ich dankbar annehme und bis zum Abend nicht mehr verlasse.

Eine andere Pilgerin, Gabriella, kümmert sich liebevoll und besorgt um mich, fragt immer wieder wie es mir geht, ob ich etwas brauche, ob sie etwas für mich tun kann und, und, und. Es tut so gut in der kuscheligen Wärme des Schlafsacks zu liegen, die Ruhe, Wärme und Sicherheit der Herberge zu spüren und von der Betreuerin liebevoll umsorgt zu werden. Aber ich mag absolut nichts essen, absolut nichts, mir würde es sonst bestimmt wieder „den Magen umdrehen", nur immer wieder einmal vorsichtig an einem Kamillentee schlürfen, denn ich brauche Flüssigkeit.
Inzwischen füllt sich die Herberge. Alle, wirklich alle, sind ganz leise und nehmen auf mich Rücksicht. In dieser Herberge, 1400 m hoch, herrschen eine traumhafte Ruhe und ein traumhafter Frieden. Die Herberge hat auch eine gute Schwingung.

Ab 19.00 Uhr richtet die Betreuerin und alle die Lust zum Helfen haben, das Abendbrot her, das um 20.00 Uhr im Speisesaal gedeckt wird. Ich setze mich zu den anderen an den Tisch und trinke wieder brav meinen Kamillentee. Ich fühle mich vom Kreislauf schon wieder einigermaßen stabil, bis auf ein bisschen Pudding in den Beinen. Am Tisch wird in buntem Sprachgemisch geredet. Ich wäre froh, könnte ich das schnell gesprochene Spanisch verstehen.

Von guten Mächten...
Um 21.00 Uhr treffen sich einige von unserer Tafel in der daneben liegenden, neu aufgebauten Kirche zu einer Abendandacht. Es ist mir ein tiefes Bedürfnis, hier in der kleinen Kirche zu sein und mich Gott nahe zu fühlen. Dankbar bin ich dafür, dass es mir schon wieder um so vieles besser geht.

Wir werden aufgefordert, jeder aus seinem Land, ein passendes Lied zu singen, was erst einmal auf betretenes Schweigen stößt.

Als aber dann ein anwesender Japaner, ein christlicher Japaner hier auf diesem Camino, der noch dazu gut spanisch spricht, mit einem geistlichen Lied aus seiner Heimat begann, trauten sich auch die anderen.

Ich singe einige Strophen meines Lieblingsliedes, das Lied vom evangelischen Pfarrer Dietrich Bonhoeffer, der im Januar 1945 in Berlin Plötzensee für seine christliche Überzeugung hingerichtet wurde: (Hier nur der Refrain)

*„Von guten Mächten wunderbar geborgen,
erwarten wir getrost, was kommen mag.
Gott ist bei uns am Abend und am Morgen
und ganz gewiss an jedem neuen Tag."*

Dieses Lied oder mein Gesang wurde von den Anwesenden geradezu mit Begeisterung aufgenommen, sodass ich vor dem Schlafengehen gebeten wurde, dieses Lied im Schlafsaal noch einmal für alle zu wiederholen. Unsere Heimleiterin war so gerührt, das ich rechts und links je ein Busserl extra bekam. Auch mich berührt dieses Lied immer wieder sehr tief. Ich denke mir, Gott ist uns in diesem Lied sehr nahe, so wie diesem Pfarrer, dem dieser Text in seiner Todesnacht eingegeben wurde, und es gibt auch heute noch Menschen, die das genau spüren können.

Dann ging es ins Bett und bis auf ein ständiges Ziehen und Krampfen im Bauch/Darm, schlief ich ganz gut. Gott sei Dank habe ich meine Darmbakterien dabei, die mir nun, hochdosiert eingenommen, wunderbar geholfen haben.

Bilanz: Totaler Zusammenbruch
Ich ziehe einmal Bilanz: Ich denke, das, was ich heute erlebt habe, das war ein totaler Zusammenbruch. Das Bocadillo mit dem Schinken aus der Schmuddelbar, war nur der Alarmknopf, der Auslöser dafür:
Ich gehe nun schon seit 23 Tagen täglich 25 bis 30 Kilometer, in brütender Hitze von oft über 40 Grad. Die dauernde Anstrengung ist ungewohnt. Ich glaube, mein Körper ist – auf dem Hintergrund meiner Vorerkrankungen - doch nicht so stabil, wie mein „Kopf" das gern hätte und brauchen würde um

leicht nach Santiago zu kommen. Ich glaube: Mein Körper zehrt schon seit einiger Zeit von seinen Reserven. Ich bin einfach ausgebrannt.

Auch bin ich ein „Schreibtischtäter." Außerdem gehe ich schon seit 2 Wochen mit teilweise schlimmen Fußschmerzen, das heißt mit einer Entzündung im Körper, die meinen Organismus enorm belastet. Hinzu kommt das teilweise ungewohnte Essen... und so hat mir mein Körper jetzt „die rote Karte" mit dem Stopp -Schild darauf gezeigt.

Ich ärgere mich über mich selbst, dass ich diesen Schinken in dieser primitiven und schmutzigen Bar gestern gegessen habe. Ich hatte sofort die richtigen Antennen für die Situation, als der Mann mit seinen schmutzigen Händen und dreckigen Fingernägeln den schmutzigen Lappen von dem von Fliegen verdreckten Schinkenschlegel nahm und Scheiben davon abgesäbelt hat. Aber mein Hunger hat mich in diesem Moment blind für mein Gefühl gemacht. Das muss ich jetzt büßen. Wie oft habe ich schon diese schmuddeligen Bars oder Geschäfte hier auf dem Land erlebt. Ich hätte doch gewarnt sein müssen. Wo war denn da meine sonst immer vorhandene Achtsamkeit?

Ich habe es doch schon so oft gesehen, dass die Spanier hier einen ganz anderen Begriff von Sauberkeit und Hygiene haben als wir in Deutschland. Aber diese Selbstvorwürfe kommen nun zu spät, ich muss in Zukunft wieder mehr aufpassen.

„Ich würde lieber verhungern..."
Gabriella hat mir dann noch einen letzten Tritt zu der Geschichte gegeben. Sie hat sich vorhin an den Kopf gefasst und mich so richtig geschimpft, als ich beim Abendbrot diese Schinken-Geschichte erzählt habe.

Sie sagte mir: *„Wie kannst Du denn auch als Vegetarier diesen Schinken essen. Gott seis geklagt, aber bei uns in Spanien wird sehr viel, viel zu viel Fleisch gegessen. Weißt Du wie hier teilweise Vieh gehalten, gefüttert und aufgezogen wird? Das Fleisch ist von innen voll von Müll des industriellen Mastfutters, Masthormonen, Antibiotika, Stoffwechsel – Müll, Säuren und den Todeshormonen vom Transport und Schlachten der Tiere. Von außen ist das Fleisch oft verräuchert, mit Schimmelpilzen verunreinigt und von Fliegen und allen möglichem Viehzeug verdreckt. Das ist doch für einen vegetarischen Organismus alles viel zu toxisch (giftig).*

Außerdem, wer kauft sich denn hier auf dem Land in einer dieser Bars etwas zum Essen? Die starren doch oft von Dreck, Unrat und mangelnder Hygiene. Das vertragen ja nur die daran gewöhnten Einheimischen. Ich würde lieber verhungern, als mir da etwas kaufen."
Na, bravo, denke ich mir. Die hat es mir aber so richtig gegeben, ...und Gabriella ist Spanierin, Biologin und selbst überzeugte Vegetarierin!

Die Esoteriker sagen immer: „Leid ist Lehre".
In dieser Nacht rede ich wieder sehr intensiv mit Gott. Heute spüre ich ihn wieder, und ich bin glücklich darüber. Ich frage ihn, was ich aus all diesen Dingen für mich lernen soll?

Denn mir ist klar: Dieser Zusammenbruch war kein „Zufall"... und mir ist klar: *wenn ich nach Santiago kommen möchte und ich möchte! dann muss ich ab sofort langsamer gehen, mehr Pausen einlegen und sofort wieder zu meiner vegetarischen Ernährung zurückkehren, was mir mit Sicherheit nicht schwer fällt.*

*****

24. Tag: Foncebadon – El Acebo - Riego de Ambros - Molinaseca

Bewusst leben

Zu dem ganzen heutigen Tag fällt mir eine kleine Geschichte ein, die ich vorausschicken möchte:
„Kein Zen-Schüler würde es je wagen einen anderen zu belehren, wenn er nicht selbst mindestens 10 Jahre bei einem Meister gelernt hätte. Nachdem der Schüler seine 10 Lehrjahre beendet hatte, wurde er selbst Meister. Eines Tages besuchte er einen alten und weisen Meister. Da es regnete, trug er feste Schuhe und einen Regenschirm.

Als er eintrat sagte der alte Meister zu ihm: „Du hast doch die Schuhe und den Regenschirm vor der Tür gelassen, nicht wahr. Sag mir, steht der Schirm rechts oder links von den Schuhen?" Der junge Meister wusste keine Antwort und war verwirrt. Er bemerkte, dass er so mit dem Regen beschäftigt war, das er einfach automatisch, aber nicht bewusst gehandelt hatte."
So erging es mir an diesem heutigen Tag:

Heute Morgen geht es mir schon wieder besser. Mein Darm krampft zwar noch etwas, aber ich fühle mich aufgrund der Ruhe und der guten Darmbakterien schon wieder einigermaßen, wofür ich sehr dankbar bin. Einige der Pilger sind schon unterwegs, andere sind gerade beim Gehen, denn draußen ist es hell und die Sonne scheint schon. Heute ist mir das egal, heute lasse ich mir viel Zeit, ja heute frühstücke ich sogar etwas.

Freiwilligkeit wird oft ausgenutzt
Da schon alle aus dem Haus sind, sitze ich mit der Betreuerin noch allein im Speiseraum. Wie gestern Abend trinke ich wieder Kamillentee und knappere einige trockene Zwiebacke dazu.

Die gute Hausfrau klagt mir dabei ihr Leid: Sie erzählt mir betrübt, dass sie des Abends oft nur mit 2 oder 3 Personen/Pilgern in der Kirche sei, obwohl die Herberge voll belegt ist. Wir tauschen Gedanken über Pilgern, christlichen Glauben, Spiritualität usw. aus. *„Nein", sagt sie, „Das siehst Du doch selbst, diese vielen, insbesondere jungen Menschen, das sind doch alles keine Pilger.*

Kein Morgentischgebet, kein Abendtischgebet, kein Kirchenbesuch, nur den Service nutzen, viel Unruhe verbreiten, bis Rücksichtslosigkeit. Kilometer abarbeiten und das war es ... und in unserer Kasse ist auch nichts drinnen. Am nächsten Morgen sind die alle weg... Übrig bleibt schmutzige Wäsche, überall Abfall, oft verdreckte Sanitäranlagen... und wer bringt das alles bis mittags wieder in Ordnung?"

In der Tat: Alles, was diese und ähnlich geführte Herbergen bieten: Frühstück, Abendbrot, Übernachtung, Sanitäranlagen, Wasser, Heizung, Reinigung, Service usw., alles das soll sich durch freiwillige Spenden selbst finanzieren..., was aber nur funktioniert, wenn auch wirklich gespendet wird. Aber diese Freiwilligkeit wird von vielen einfach schamlos ausgenutzt. Hier werden diese Pilgerherbergen, die sich von Spenden finanzieren müssen und von Freiwilligen kostenlos betreut werden, einfach für billigen Urlaub missbraucht, so wie ich es auch in anderen Herbergen erlebt habe.

Wieder stehen für mich Fragen im Raum: *„Würde ein Pilger, der wirklich als Pilger zum Grabmal des Hl. Jakobus aufgrund eines Anliegens unterwegs ist, diese christliche Herberge missbrauchen und sie um die freiwillige Spende prellen?" „Nein",* denke ich, *„ein wirklicher Pilger macht das nicht."*
Also wer sind diese anderen? Wie immer: Wanderer und Touristen zu Fuß, oder zu Rad, Trittbrettfahrer also, auch wenn sie sich Pilger nennen sollten und sich eine Credencial abstempeln lassen.

- *Ein wirklicher Pilger versteht, wie wichtig es ist, sich diese Herbergen zu erhalten.*
- *Ein wirklicher Pilger versteht, wie wichtig es ist, sich diese gutwilligen Menschen, die hier freiwillig und ohne Bezahlung ihren Gottes - Dienst für uns Pilger tun, zu erhalten.*
- *Ein wirklicher Pilger versteht, dass das Führen einer Herberge eben Kosten bereitet.*
- *Ein wirklicher Pilger versteht, das Frühstück und Abendbrot nicht nur hergerichtet werden müssen, sondern dass die Lebensmittel alle erst einmal eingekauft werden müssen.*

Mich ärgert diese Gedankenlosigkeit, oder auch der bewusste Missbrauch dieser Herbergen auf freiwilliger Spendenbasis. Aber auch das ist wieder typischerweise die Welt der jungen Seelen. Alte Seelen würden so etwas nie tun!

1. Europäische KulturStraße

Der Fairness halber muss ich mir immer wieder in Erinnerung rufen, (wenn ich als Pilger wieder einmal über die Auswüchse des Tourismus auf diesem Camino enttäuscht bin), dass dieser Jakobsweg seit 1987 zur 1. Europäischen KulturStraße erhoben worden ist (wer nur auf diesen Namen gekommen ist?). Seither hat hier jeder ein legitimiertes Recht zu gehen, Ausflügler, Wanderer, Touristen, Kulturinteressierte, Radfahrer und nicht nur wir Pilger. Wenn man den Menschen zuhört, die hier am Jakobsweg leben, so werden die echten Pilger immer weniger, die Wander-Touristen immer mehr. Dem muss man eben Rechnung tragen.

Ich denke, für diese vielen unterschiedlichen Menschen braucht man ganz einfach klare Regeln. Zum Beispiel: Übernachtung mit Service kostet eben 10€ die Nacht... und damit basta. Dann kann sich jeder überlegen ob er das will oder nicht will und das Klagen wegen Missbrauchs der Herbergen durch sogenannte Pilger, Touristen oder Wanderer, hört damit endlich auf.

Santiago ruft mich
Die gute Frau meint, ich solle doch noch einen Tag bleiben und mich besser noch etwas ausruhen. Sie mahnt mich da eindringlich. Platz sei da, alles sei kein Problem...und außerdem, so angenehme „Gäste" wie mich, habe sie nicht alle Tage. Also wenn ich möchte..., denn bis nach Santiago seien es noch ungefähr 250 Kilometer und bald geht es durch Galicien, Berg auf, Berg ab und oft durch extremen Klimawechsel. Da braucht man Kraft.

Sie habe das schon oft erlebt, so die Betreuerin, dass Pilger, die von weit herkommen, hier plötzlich krank werden, oder krank ankommen, weil ihr Körper einfach ausgelaugt sei und keine Kraft mehr habe. Aber gerade jetzt wird die Kraft gebraucht, denn ab jetzt geht es wieder über die Berge. Also: *„Bleib besser noch einen Tag hier und ruhe Dich aus"*, so die besorgte Betreuerin. *„Nein, ich möchte weiter gehen. Santiago „ruft" mich, ich spüre es ganz deutlich."*

„Mein 1. Schutzengel"
Bevor ich gehe, bedankt sich die Hausfrau noch einmal überschwänglich für mein Lied von gestern. Es klingt ihr noch in den Ohren, sagt sie. Stimmt! Wer einmal „Von guten Mächten" gehört hat, der wird es gewiss so schnell nicht vergessen, wenn er sich darauf einlässt. Auch dieses Lied hat eben sein Geheimnis.

Wir verabschieden uns sehr emotional voneinander, und ich bedanke mich herzlich für ihre Liebe mir gegenüber, was doch alles nicht selbstverständlich ist.

Sie war wirklich **„Mein 1.Schutzengel"** hier auf diesem Camino, in einer Situation, wo ich das erste Mal so richtig hilflos war. Entsprechendes schreibe ich auch noch ins „Hüttenbuch".

Cruz de Hierro: wie auf einem Rummelplatz
Langsam beginne ich den Aufstieg, die letzten 150 Höhenmeter zum Cruz de Hierro, 1504 m hoch. Oben angekommen bleibt mir geradezu die Luft weg.

Es ist hier laut wie auf dem Rummelplatz. Überall liegen Fahrräder herum. Große Gruppen von Jugendlichen brüllen, schreien, lachen, rennen herum. Viele von ihnen rennen immer wieder den großen Steinhaufen hinauf und hinunter, den im Lauf der Jahrhunderte die vielen Pilger – jeder mit einem Stein – zusammengetragen haben, in dessen Mitte auf einem Mast das berühmte Eiserne Kreuz steht. Es ist ein Meilenstein für Pilger auf dem Weg nach Santiago.

Jeder Stein, der von den Pilgern hier her getragen wurde und der nun dort liegt, ist sein Symbol für Sorgen, Probleme, Sünden usw. welche die Pilger durch die Jahrhunderte hier auf ihrem Weg nach Santiago unter diesem Kreuz abgelegt haben, auf denen nun Horden von Jugendlichen herum trampeln. Das empört meine Seele.

Auf diesem Steinhaufen rennen die Jugendlichen johlend hinauf. Oben beim Kreuz stehen sie in Siegerpose und wollen fotografiert werden. Sie fotografieren sich gegenseitig, zu zweit, zu dritt, in Gruppen, unter Gebrülle, Geschreie und affektiertem Gelache, schreien von oben ihre Anweisungen nach unten, von unten nach oben.
Aber auch erwachsene Pilger und Wanderer klettern auf den hohen Steinhaufen am Kreuz und wollen oben fotografiert werden.

... wenn es mit der nötigen Achtung geschieht!
Meine Freude als Pilger, diesen wichtigen Meilenstein hier auf meinem Pilgerweg durch Wind und Wetter, über Stock und Stein, mit Schmerzen, und nun auch noch Krankheit, nach 600 Kilometer Fußweg endlich erreicht zu haben und

Gott dafür nun an seinem Symbolkreuz dafür danken zu wollen, wandelt sich aufgrund dieses Zirkusses hier in angewiderte Abwehr. Hier treffen wirklich unterschiedliche Welten aufeinander.

Hier treffen nun genau die Probleme zusammen, die entstehen, wenn ein traditionell, spiritueller Pilgerweg zu einer Europäischen Kulturstraße, also in einen Tourismus-Wanderweg umdeklariert wird. Wirtschaftlich gesehen rentiert sich dieser Schritt für Spanien unbedingt, denn der spanische Norden, durch den der Jakobs-Pilgerweg führt, war immer das Armenhaus Spaniens. Tourismus bringt eben Geld ins Land. So gesehen, war der Schritt, diesen alten Pilgerweg, zu einem Europäischen multikulturellen Weg zu erheben, ein geschickter Schachzug.

Somit wird damit auch Außenstehenden die Möglichkeit geboten, eine andere Kultur, Menschen, Klöster, Burgen, Kirchen, Ruinen, Landschaften, auch Pilger und das Pilgerwesen, vielleicht auch Spiritualität und andere Gedanken kennen zu lernen.

Und ich denke, das ist gut so..., wenn es mit der nötigen Achtung geschieht!

„mala educacion"
Ebenso wie mir ergeht es anscheinend den beiden älteren, fast weißhaarigen französischen Pilgerinnen, die auch in der letzten Herberge mit mir zusammen übernachtet haben. Sie sitzen weit ab von diesem Rummel hier, am Rand und

winken mir freundlich zu. Sie freuen sich, dass es mir wieder besser geht.

Eine der beiden Frauen spricht sehr gut Spanisch. Sie erzählt mir, beide seien geradezu entsetzt, was sie hier erleben. Das soll der spirituelle Jakobsweg sein? Das ist ja scheußlich hier. Und niemand sei da, der den Horden von losgelassenen Jugendlichen Achtung vor diesem geschichtsträchtigen und heiligen Ort beibringt.

Ja, beide seien geradezu empört. Aber, so meint die Französin, eigentlich könne man ja auch von Spaniern nichts anderes erwarten. Spanier seien ja schließlich in Frankreich wegen ihrer lauten und aufdringlichen Art bekannt und deshalb wenig beliebt. „Mala educacion" nannte sie als Französin ihre spanischen Nachbarn: „unerzogen oder ungezogen."

Eine der beiden Französinnen hatte gestern Abend große Probleme mit Blasen an der kleinen Zehe und am Hacken. Ich habe ihr gestern schon beide aufgestochen, was ihr sehr geholfen hat. Aber nun sitzt sie wieder mit schmerzverzerrtem Gesicht da, denn die Blasen haben sich wieder nachgebildet und sie sind wieder voller Lymphflüssigkeit. Also öffne ich sie erneut mit einer Nadel und Pflaster darüber. Das tut weh.
Sie erzählt mir, sie hätten den Camino in Saint Jean Pied begonnen und seien bis Burgos gegangen. Wegen ihrer schmerzenden Füße seien sie von Burgos mit dem Bus bis Leon gefahren und seither wieder zu Fuß unterwegs. Aber

immer wieder habe sie diese unguten Blasen. Während die Damen sich noch ausruhen möchten, gehe ich weiter.

Mit großem Gejohle fahren immer wieder Radfahrer nun abwärts ins Tal. Andere kommen wieder bergauf. Ich gehe völlig konsterniert weiter, ich will nur weg von diesem Rummel.

Aber die Aussicht von hier oben ins Land ist großartig. Der Weg führt nun gut 6 Kilometer über diese Hochebene. Pinien, Ginstersträucher und viele niedrige Pflanzen bestimmen das grüne Bild dieser malerisch schönen Landschaft. Erst geht es bergab, um dann in Richtung Sendeturm wieder hinauf zu klettern... und das alles in der brütenden Sonne. Immer wieder werde ich von Wanderern mit Rucksäcken auf dem Rücken, oder von Gruppen überholt. Ich frage mich. Wo kommen denn nur all diese Leute her? Sind das alles Pilger, Wanderer, Touristen oder was auch nahe liegend sein kann Ausflügler? Sicher.

Ein perfekter Saustall
Nach ungefähr drei Kilometer komme ich in den verlassenen Ort Manjarin, der sich durch einige eingestürzte Häuser zeigt. Hier findet sich eine kleine Privatherberge, die so primitiv ist, dass sie den Namen Herberge eigentlich nicht verdient. Auch wenn Herbergen durchaus ursprünglich sein dürfen, kein Licht, kein Wasser, nur einen Brunnen vor der Tür usw., so können sie doch wenigstens sauber sein. Diese hier empfinde ich - mit Verlaub – was Sauberkeit und Ordnung betrifft, auf bayerisch gesagt als einen perfekten

Saustall. Auch in den Reiseführern wird diese Herberge deshalb abgelehnt.

Immer wieder werde ich beim Abstieg von Radfahrergruppen überholt, die sich teilweise laut schreiend die abschüssige Teerstraße hinunterrollen lassen. Das täte ich jetzt auch gerne, denke ich wehmütig – aber ohne so zu schreien. *Es geht steil abwärts. Meine Füße schmerzen wieder stark, denn beide großen Zehen stehen ständig vorne an. Ich habe große Angst vor weiteren Entzündungen, denn die großen Zehen sind schon blau unterlaufen.*

Irgendwann gegen Mittag komme ich im Bergdorf El Acebo an, hole mir in der dortigen Bar eine große Flasche Wasser, aber ab heute keine Cola mehr. Auch mit dem Wasser, aus dem so schön plätschernden Bergbrunnen, bin ich jetzt sehr vorsichtig geworden. In einem Gespräch mit anderen Pilgern höre ich auch, dass einige von ihnen unter Brechdurchfällen leiden.

Immer weiter geht es hinunter. Die Hitze ist fast unerträglich. *Seit einiger Zeit spüre ich wieder die Kraft- und Energielosigkeit von gestern. Außerdem ist mir plötzlich wieder übel, was langsam immer stärker wird. Vielleicht hatte die gute Betreuerin doch Recht: Ich hätte besser noch einen Tag ausruhen sollen.*
Ich spüre jetzt deutlich, ich habe mich übernommen. So stabil wie ich geglaubt habe, bin ich noch lange nicht. Plötzlich wird die Übelkeit und Schwäche wieder so stark, dass ich mich unbedingt hinlegen muss. Ich schaffe es gerade bis in den Schatten eines großen Baumes und lege mich wie gestern sofort wieder hin.

Rucksack runter, Isomatte in die Wiese, Schlafsack als Kopfkissen und ich bin sofort vor Schwäche eingeschlafen.

Irgendwann am Nachmittag werde ich von einem Donnerschlag wach. Der Himmel über mir ist bedrohlich dunkel, es donnergrollt wieder. Seltsam! Das sieht ja nach Unwetter aus. Das habe ich seit zwei Wochen nicht mehr erlebt. Ich erinnere mich nun an die Aussage der Betreuerin von der letzten Herberge, die sagte, ich komme jetzt nach Galicien, da verändert sich das Klima, es regnet dort öfter. Kaum gedacht und schon schüttet es los...und wie. Der Baum hält zwar erst einmal dicht, aber ich krame schnell aus dem Rucksack ganz unten den Regenumhang hervor ... und stehe wieder vor einem Rätsel. Ich schaffe es einfach nicht, diesen Riesenumhang allein hinten über den Rucksack zu ziehen, der nun nass wird. Gott sei Dank hört es nach einiger Zeit wieder auf. Aber nun ist der Weg nass und rutschig und es geht weiter steil bergab. Das jetzt auch noch! Außerdem ist es plötzlich wesentlich kühler als vorher, ja geradezu frisch geworden.

Weg des Karmas?
Auf einem abenteuerlichen Steilhangpfad, der ebenso durch unsere bayerischen Berge führen könnte, gehe ich vorsichtig tastend weiter bergab. Ich bin froh um meine Stöcke, die mir hier Stabilität und Halt geben. Der Himmel ist immer noch dunkel und grau. Schwere Wolken ziehen. Wieder fängt es an zu regnen. Ich eile auf einen großen Baum zu, unter dem schon zwei Frauen stehen.
Hier lerne ich (welch seltsamer „Zufall") zwei Münchnerinnen kennen, die mir erzählen, sie picken sich

auf dem Camino nur die schönen Wege und Städte heraus und machen dort Urlaub. Sie fahren von einem Ziel zum anderen per Autostopp, das kostet nichts. Autostopp sei kein Problem, so die eine, sie kämen überall mit. Ob sie Pilger seien, frage ich. Selbstverständlich, die eine, wir wollen doch nach Santiago. Schlafen? Na selbstverständlich in den Pilgerherbergen, so billig kannst Du doch nirgendwo Urlaub machen wie hier, so die ehrliche Antwort.

Die Wortführerin der beiden verrät mir auch noch ihre Ansicht über den Camino:
„Alle Menschen die hier gehen, seien im früheren Leben hier schon gegangen. Sie müssen das wiederholt tun, um sich hier wieder zu treffen, denn das ist alles im Karma festgelegt und somit kein Zufall." Ich sage nicht viel zu diesen esoterischen Gedanken.
Kaum das der Regen etwas nachlässt und schon sind die beiden weg. Anscheinend bin ich als Pilger für sie nicht der richtige Gesprächspartner.

Molinaseca, eine richtige kleine Zeltstadt
Irgendwann komme ich in das Städtchen Molinaseca, welches ich wieder über eine alte Römerbrücke betrete. Das Städtchen ist wirklich malerisch. Leider ist alles nass, kalt, grau und ungemütlich, überall tropft es noch. Am anderen Ende des Orts befindet sich das Refugio, eine richtige kleine Zeltstadt. Auch ich bekomme einen Schlafplatz in einem Zweimann - Zelt zugeteilt, welches ich mit Miguel, einem Spanier teile, der kaum mit mir redet.

In der Zwischenzeit hat der Wind die Wolken vertrieben. Die Abendsonne kommt wieder heraus, die schnell wieder wärmt und die Straßen trocknet.
Nach dem üblichen Auspacken, Duschen, Umziehen, gehe ich in den Ort zum Einkaufen zurück. Ein Mann in einem kleinen Supermarkt bedient mich sehr freundlich. Ich kaufe mir mein Abendbrot zusammen: Ziegenkäse, Tomaten, Pfirsiche, Brot und Mineralwasser..., das vertrage ich alles mit Sicherheit.

Mir langt das wieder einmal!
Als Nächstes gehe ich zu einer Apotheke, denn ich brauche für meine Füße Vaseline. Als ich den Laden betrete, komme ich gerade in eine unangenehme Situation:
Eine junge Frau, offensichtlich eine Pilgerin, versucht gerade hoch erregt der Apothekenhelferin erst in Spanisch, dann in Italienisch, dann noch in Englisch ihr Problem mit einem ihrer sichtbar geschwollenen Füße zu erklären, was sich diese Apothekenhelferin mit offensichtlicher Gleichgültigkeit und Desinteresse anhört.
Dann dreht diese sich einfach um und geht ohne ein Wort zu sagen weg. Nach einiger Zeit kommt eine ihrer Kolleginnen von hinter hervor und das Ganze beginnt wieder von vorn. Die Pilgerin ist hilflos und emotional sehr erregt. Sie versucht es auf Englisch, Italienisch ja sogar Spanisch, aber auch diese Apothekenhelferin will anscheinend nicht verstehen. Mich beginnt dieses Verhalten zu ärgern.
Der Laden ist voll von Pilgern / Wanderern. Alle verstehen die Situation und warten darauf was nun passieren wird. Verärgert mische ich mich ein und sage zu dem Fräulein,

"Sie sehen doch die Frau hat Fußprobleme und Schmerzen. Haben Sie nicht einmal einen Stuhl?" Ruhe ist plötzlich im Laden...und schon ist der Stuhl da.

Ich schaue mir den Fuß an. Na, das kenne ich doch von mir: Sehnenscheidenentzündung und wahrscheinlich Knochenhautentzündung der Fußwurzelknochen. Die Frau erzählt sehr emotional dass sie Italienerin sei. (Habe ich sowieso schon bemerkt). Also plaudern wir erst einmal auf Italienisch weiter und plötzlich entläd sich ihre Anspannung und sie fängt laut zu weinen an. Ihr Mann steht völlig hilflos dabei, streichelt sie immer liebevoll und sagt immer wieder: „Amore, non piangere." (Nicht weinen, Schatz)

„Die wollen mich einfach nicht verstehen"
Carla, so der Name der Italienerin, erzählt mir sehr emotional ihr ganzes Leid. Sie seien von Verona über Madrid bis Leon mit dem Flugzeug geflogen und ab da zu Fuß gegangen. Aber sie sei Professoressa (Lehrerin) und kein Maulesel für die Berge, und sie schaut dabei ihren Mann Lorenzo böse an. Bald begannen ihr die Füße weh zu tun. Es wurde immer schlimmer und so begann ihre Odyssee quer durch mehrere spanische Apotheken. *„Die wollen mich einfach nicht verstehen"*, so Carla. *„Was sind das nur für versturte Menschen hier"*, schimpft sie laut. Ich verstehe sie gut!

Ihr Problem ist nämlich: Da sie auf Ibubrufen oder Voltaren allergisch reagiert, wusste in den Apotheken niemand was man ihr geben sollte. Ich erkläre ihr einiges, beruhige sie und wir probieren es mit dem schönen alten Hausmittel, mit der alten Arnikasalbe, die es Gott sei Dank in dieser Apotheke zu kaufen gab. Danach gehen wir langsam zusammen zur Pilgerherberge, während ihr wirklich liebeswerter Ehemann noch zum Einkaufen geht.

Liebe allein reicht oft nicht
Dann machen wir im Freien der Herberge zusammen Abendbrot. Ich bemerke, wie gut mir das Essen tut. Es macht mir viel Freude, mit diesem jungen Ehepaar zusammen den Abend zu verbringen. Allerdings: Der Therapeut in mir bemerkt wieder einmal eine alte Wahrheit: *„Liebe allein reicht einfach nicht für eine Beziehung"*...und so spüre ich sehr schnell, das auch bei den beiden der „Haussegen" ganz schön schief hängt. Die beiden würden einmal eine Familientherapie brauchen, denke ich mir.
Sie (ganz Italienerin) möchte nämlich unbedingt ein Baby, möglichst gleich zwei, drei und daheim bleiben. Er möchte erst seinen Beruf aufbauen, Haus bauen oder kaufen und dann... Beide wollten den Jakobsweg nutzen, um sich hier über einen gemeinsamen Weg klar zu werden. Also haben wir lange darüber geredet.

Als es dunkel wird, kommt ein junger Spanier mit seiner Gitarre und ich erblasse vor Neid, wie toll er spielt. Um 21.45 Uhr ist Schluss mit Lustig und ab 22.00 Uhr ist wirklich „Lagerruhe", bis auf die verrückten Mopedfahrer, die ständig an der Straße am Lager vorbeiknattern. Was ich nach all den heißen Tagen und Nächten nicht vermutet habe, die Nacht ist feucht und frisch. Ich friere, sodass ich bald im meinen schönen warmen Schlafsack hineinkrabble.

Hier in dem engen Zelt auf der Matratze liegend, komme ich nun langsam wieder zu Ruhe. Ich bemerke, wie wenig ich Gott heute bewusst Anteil an meinem Leben gegeben habe. Ich war wie daheim oft, so auch hier und heute, mit allen möglichen Dingen beschäftigt: mit dem intensiven Gespräch mit der Betreuerin in der Herberge, mit meiner Krankheit, mit diesem Rummelplatz am Cruz de Hierro, mit den beiden Französinnen, dem Abstieg, dem Gewitter, dem Regen, dem nassen und rutschigen Bergpfad. Dann kamen die beiden Münchnerinnen dazu, dieses italienische Ehepaar, die Situation in der Apotheke...Puh, das ist aber viel an einem Tag!
So habe ich Gott in mir, in all den Situationen, gar nicht mehr wahr genommen.

„Und doch hat er, hat sein Schutzengel behütend seine Hand über mich gehalten, sonst wäre ich ja nicht hier. Diese Tatsache macht mich sehr traurig. Warum bin ich denn sonst auf diesem Pilgerweg?
Danke Santiago, danke Gott, danke mein Schutzengel. Danke für Eure Liebe zu mir. Ich bemerke wieder einmal, ich muss besser aufpassen, wie der junge Meister in der Eingangsgeschichte. Ich muss mein Leben bewusster leben.

*****

25. Tag: Molinaseca – Ponferrada – Villafranca del Bierzo

An der Puerta del Perdon

Da unsere Zeltherberge direkt an der Straße, aber auch gleichzeitig im Freien liegt, werde ich in der Früh durch lautes Vogelgezwitscher, fahrende Autos und von Rückenschmerzen wach. Ich habe hier im Zelt nicht gut geschlafen. Ich fühle mich wie „gerädert" und bin total verspannt. Aber, das gehört auf diesem harten Boden anscheinend irgendwie mit dazu.

Für mich beginnt die übliche Prozedur des Zusammenpackens und Herrichtens. Nur, hier in dem engen Zelt ist alles wesentlich schwieriger als in einem großen Bett. Also trage ich wieder all meine „Habseligkeiten" ins Freie und packe dort meine Sachen zusammen.
Von meiner Schwäche oder Übelkeit spüre ich nichts mehr. Von dieser Seite her geht es mir wieder gut. Nur, heute tun mir meine Füße schon in der Früh weh. Ich hoffe, dass ich gut über den Tag komme.

Als es beginnt hell zu werden gehe ich los, in Richtung der alten und geschichtsträchtigen Hauptstadt der Region Bierzo, nach Ponferrada.

Im Freien ist es kühl und da es gestern geregnet hat, noch so richtig dunstig. Es ist die Stimmung eines frühmorgendlichen Herbsttages. Der Himmel färbt sich gerade rötlich. Die Sonne versteckt sich noch blutrot hinter Nebelschleiern. Es liegt ein unbeschreiblicher Herbstgeruch in der Luft. Es verspricht ein schöner Tag zu werden.

Der Camino führt der Straße entlang und dann immer leicht bergauf, was mir beides - wegen meiner schmerzenden Füße und wegen des schweren Rucksacks – heute sehr schwer fällt. Ich bemerke, irgendwie geht es nicht so gut voran. Mir fehlt der Schwung.
Ich frage mich wieder einmal: oder bin ich nach 3 ½ Wochen ausgebrannt und sind meine Reserven verbraucht?

Ich berühre wieder meine Jakobsmuschel und bitte den Hl. Jakobus, bitte Gott mir die Kraft zu geben um in Santiago anzukommen. Ich rufe mir wieder meinen Zusammenbruch in Foncebadon in Erinnerung und was ich daraus lernen wollte:
Ich muss kürzere Strecken gehen, langsamer gehen und größere Pausen machen, denn: In der Ruhe liegt die Kraft.

Mir fällt dabei Dorothea ein, eine sehr liebenswerte, etwas ältere und weise Dame, ein langjähriges Mitglied einer meiner Therapiegruppen. In Situationen wie der meinen, gab sie gern eine Erfahrung ihres Lebens weiter:

„Du schaffst jeden Weg und jeden Berg,
Du musst nur langsam gehen."

Als ich mir das alles wieder einmal klar gemacht habe, singe ich „Heilig, Heilig, Heilig, ist der Herr", als

Morgengebet und voller Dankbarkeit für diesen Tag und dass ich hier sein darf... und ich fühle mich wesentlich besser.

In einem Flusstal zur rechten Seite stehen hohe Elektromasten, auf denen sich überall Storchennester befinden. Ich bewundere diese schwarz - weißen großen Vögel, die entweder auf ihren riesigen Nestern sitzen und klappern oder meist zu mehreren durch die Luft fliegen.

Nach einiger Zeit verlasse ich die Hauptstraße und der Camino führt über Nebenwege in Richtung der von hier oben gut sichtbaren Stadt Ponferrada, durch Felder und Außenbezirke mit teilweise schönen Villen.

Am Stadtrand verlaufe ich mich erst einmal, wegen unklarer Ausschilderung. Ein spanisches Ehepaar, welches ich nach dem Weg frage, erklärt mir dann, wie ich zur Pilgerherberge komme, die ich so gegen 9.30 Uhr erreiche.

Pilgerherberge: hektische Betriebsamkeit
Als ich die schöne und großzügige Pilgerherberge betrete, komme ich so richtig ungelegen. Vier Erwachsene sind gerade dabei den Boden zu wischen, die Küche zu putzen, aufzuräumen und es stehen riesige Plastiksäcke im Raum, vollgestopft mit Abfällen und Müll. Überall ist hektische Betriebsamkeit. Alles blinkt vor Sauberkeit.

Was ich hier erlebe ist für mich neu, denn bisher kam ich immer am Nachmittag in die Herbergen, wo ja alles fertig ist. Da habe ich dieses tägliche Aufräumen, Ordnung machen, Putzen, was ja eine Grundvoraussetzung in jeder Herberge sein sollte, nie erlebt. Ich erkenne wieder einmal: Ich bin ganz schön gedankenlos. Wie war das mit bewusst leben? Die Betreuer schauen mich nicht gerade begeistert an, dass schon wieder so ein lästiger Kerl hierher kommt und etwas von ihnen will. Noch dazu um diese Uhrzeit. Entsprechend knurrig ist erst einmal auch der Ton des älteren Betreuers, als ich um einen Stempel in meine Credencial bitte. Eine Frau kommt und spricht meinen „Betreuer" auf Deutsch an. Ich höre, die Herberge wird überwiegend von Deutschen geführt und betreut.

Alle vier scheinen mir völlig überstresst. Ich frage, nein ich bitte darum, ob ich mich hier eventuell rasieren dürfe, da in der letzten Herberge der einzige Spiegel nicht nur sehr klein und im Dunkeln versteckt, sondern auch noch hoffnungslos verdreckt war?

Nach einem kurzen Gespräch mit der deutschen Betreuerin meint diese: *„Kannst du hier alles bestens haben, ich habe es gerade geputzt."* Und in der Tat. So ein schönes Bad und so schön sauber, das habe ich seit Roncesvalles nicht mehr erlebt. Das muss ja eine enorme Arbeit gewesen sein, dieses große Bad so sauber zu putzen…und das jeden Tag. Mein Kompliment! Da macht rasieren, waschen und duschen wieder einmal richtig Spaß.

„Wir werden hier richtig missbraucht"
Danach gönnen sich die vier netten Betreuer eine kurze Verschnaufpause und plaudern mit mir: *„Was glaubst Du"*, so die Betreuerin, *„was hier in den Sommermonaten los ist. Wir haben oft am Tag bis zu 200 Leute hier, vornehmlich Spanier und*

spanische Gruppen. Und gerade die wollen unbedingt bevorzugt behandelt werden.

Man sollte diese Leute alle wegschicken. Wir werden hier in dieser Pilgerherberge als eine Art Dienstleistungsbetrieb für billiges Unterkommen und möglichem Totalservice geradezu missbraucht"... und sie erzählte über ihre tägliche Erfahrung und von dem, was ja auch ich in anderen Herbergen sah und was auch mich störte!"

„Am Vormittag," so die **Betreuerin** *„kommt oft plötzlich ein Bus daher, schmeißt uns einfach 60 Rucksäcke her und alles Mögliche andere Zeug dazu, und wir sollen das so einfach und selbstverständlich erst einmal wegräumen und sicher aufbewahren.*

- *Dann am späten Nachmittag kommen oft Horden von spanischen Jugendlichen.*
- *Diese schreien, brüllen, rennen hier herum, suchen ihre Sachen, schmeißen alles durcheinander.*
- *Dann passt ihnen dies und jenes nicht. Insbesondere die jungen Mädchen kommen ständig und wollen etwas anderes. Diese sind völlig unerzogen, ständig fordernd, unhöflich, aufdringlich und oft brüskierend frech...*
- *In der Früh sind die Sanitäranlagen oft völlig verdreckt, Toilettenpapier fehlt oder wird rollenweise herumgeschmissen, wie wenn hier täglich Fasching wäre.*
- *Überall liegen Plastikflaschen und Müll herum, auch Essensabfälle, Brotkrümel und – Reste.*
- *Die Schlafräume sind oft ein Saustall, und wir müssen hier wie die Irren putzen und räumen, und das alles für 5€ die Nacht.*

Ich habe plötzlich einen großen Respekt vor der Tagesleistung dieser Betreuer. Das ist wahrhaftig Schwerarbeit.

Ist das spanische Mentalität?
Mir fallen dazu die gleichen Klagen anderer Herbergsbetreuer ein, sowie die Aussagen der zwei Französinnen der letzten Herberge, die sagten, ihre spanischen Nachbarn seien in Frankreich oft unbeliebt. Sie seien zu laut, zu aufdringlich, auch unerzogen bzw. ungezogen.

Nun, so denke ich mir, das deckt sich ja auch alles mit meinen Erfahrungen, die ich bisher hier auf diesem Camino „machen durfte".

Ich denke dabei an das abfällige Verhalten mir gegenüber im Pilgerbüro und von dem Geistlichen in Roncesvalles, an die Betreuerin in Estrella, die mich so bloßgestellt hat, an die Verkäuferin in Burgos, die mich unbedingt betrügen wollte, an zwei andere junge Verkäuferinnen, die sich hinter der Käsetheke eines Supermarktes 20 Minuten lang bestens amüsiert, aber die einfach nicht bedient haben, obwohl davor eine Schlange von Menschen stand.

Ich erinnere mich an die Hausfrau, die mir ihre Küchenabfälle als Pilgermenü vorsetzte, an die Bedienung, die uns Pilgern lustlos die Suppe hinknallte, das alles über den Tisch spritzte, an die abfällige Behandlung der hilfesuchenden Italienerin in der Apotheke und viele andere unliebsame Erlebnisse in Geschäften und Gastronomie..., was alles in mir sehr nachdenkliche

Erinnerungen hinterlassen hat. Irgendwie passt das alles mit dem zusammen, auch das worüber nun diese Betreuerin klagt.

Wo sind die anderen?
...und doch, denke ich, so sind doch nicht alle. Die Betreuerin und Gabriella in Foncebadon, die sich so liebenswert um mich gekümmert haben, als ich krank war, das können doch keine Ausnahmen sein?
Ja, wo sind die anderen, die liebenswerten, warmherzigen, offenen, entgegenkommenden, sensiblen Spanier? Langsam bin ich ganz verwirrt.

„Bescheidenheit ist eine Zier"...
Dazu erinnere ich mich auch an einen Besuch in einer Bar in Castorjerez, als ich mir dort einen Kaffee bestellen wollte. Ich stand schon einige Zeit am Tresen, direkt dem Barkeeper gegenüber. Der rannte hin und her, schaute an mir vorbei, durch mich hindurch als wenn ich nicht da wäre. Er fragte mich auch kein einziges Mal nach meinen Wünschen, und ich wurde absolut nicht bedient. Aber, immer wieder kamen neue Spanier und schrien schon von der Tür her dem Barmann ihre Wünsche zu. Der flitzte hin und her und alle bekamen sofort was sie wollten. Nur ich, der ich brav wartete und schon lange an der Reihe gewesen wäre, ich hätte in diesem System tot umfallen können, das schien denen hier völlig egal zu sein.

Erst dachte ich mir, dem passen meine Pilgerausrüstung und meine blonden Haare nicht. Irgendwann stand ein deutsches Paar neben mir und die Frau rief dem Barmann sofort laut zu, dass sie zwei Kaffee möchte...und flugs standen diese am Tisch. Ich fragte sie, ob sie für mich nicht auch bestellen könne? Ja, ob ich denn kein Wort Spanisch spreche? Klar, genug sagte ich, aber der Mann bedient mich einfach nicht. Nach einem kurzen Gespräch mit dem Barmann, lachten wir alle.

„Hier muss man sofort und laut, sehr laut sagen was man will", sagt der Barmann...und mit Blick auf mich, *„Ich dachte, der weiß noch nicht was er will!"* Ok...Andere Länder, andere Sitten!

In der nächsten Bar hatte ich sofort die Gelegenheit die Zauberwirkung des Systems „jeder ist sich selbst der Nächste" zu testen: Ich rief laut über die Theke *„Un Café con leche, por favor"*, und sofort stand der Kaffee da.

Wer am lautesten schreit...
Ich habe durch die Erziehung meiner Mutter gelernt rücksichtsvoll zu sein, also sich anzustellen, nicht vorzudrängeln, abzuwarten bis Du aufgefordert wirst, usw., was ich bis heute als eine Wertstellung für das Leben in Gemeinsamkeit empfinde. Aber all diese deutschen, auch britischen Werte, gelten anscheinend hier in Spanien nichts. Ich habe den Eindruck:

> *„Wer hier am lautesten schreit,*
> *der bekommt am ehesten was er möchte"*

Mit fällt dazu wieder das Gebrülle und Geschreie der fünf Erwachsenen ein, die in einem kleinen Ort hinter mir auf einer Parkbank saßen und die ständig auf das kleine Kind der Tochter einschrien.

Na, ja…wieder was gelernt. Das Ganze erinnert mich auch an meine erste Spanischlehrerin Magnolia, eine Kolumbianerin. Sie erzählte mir, dass sie mit großen Erwartungen in das Mutterland ihrer Sprache gefahren sei. Sie sei aber von den lauten und unruhigen Spaniern und der Art und Weise, wie diese mit sich selbst und mit dem Leben umgehen, geradezu entsetzt gewesen.

„Die wollen nie warten"
Als ich mit der Betreuerin noch mitten im Gespräch bin, kommt plötzlich ein junges spanisches Fräulein auf uns zu und fragt sofort laut und aufdringlich dazwischen.

„Das ist auch so eine typische spanische Unart, die ich ständig erlebe", so die Betreuerin. *„Die wollen nie warten und müssen immer sofort ihren Willen haben. Obwohl sie doch sieht, dass wir im Gespräch sind, fragt sie ohne Abzuwarten, ohne Respekt und Entschuldigung einfach dazwischen, und sie sind dann beleidigt, wenn sie nicht sofort ihren Willen kriegen."*

…und ich bin ganz verblüfft, genau das passiert. Die Betreuerin sagt dem jungen Fräulein auf spanisch, sie möge bitte einen Moment warten, sie sähe doch, sie sei in einem wichtigen Gespräch. Böse blitzen in diesem Moment die Augen der jungen Dame. Sie verzieht ihr Gesicht, zischt etwas vor sich hin, stampft kurz mit dem Fuß auf, dreht sich um und geht hoch erhobenen Hauptes beleidigt davon. Jetzt bin ich wirklich platt.

„So," die Betreuerin, *„so geht das den ganzen Nachmittag und die halbe Nacht."* Aber nun komme ich wirklich ins Stottern.

Und wieder kommt das Pilgerthema:
„Ja aber, das sei doch hier eine Pilger-Herberge", frage ich. *„Pilger, wo siehst Du den jetzt in der Sommerzeit Pilger? Da bist doch Du eine große Ausnahme. Jetzt sind hier Ferien. Jetzt sind wir nur eine billige Unterkunft für Urlauber.*

Pilger, so wie du, die gibt es um diese Zeit sehr wenige. Die echten Pilger kommen im April/Mai, manche sogar im Winter. Das sind zumeist ältere, rücksichtsvolle und auch leise Menschen mit Dankbarkeit für jeden Handschlag. Da gibt es dann bei Kaminfeuer und einem Glas Wein wunderbare Abendgespräche über das Leben, Lebensschicksale, Pilgergedanken und Glauben. Aber jetzt?"

„Ja könnt Ihr denn diese Jugendlichen nicht einfach zurückweisen, wenn die keine Pilger sind?" frage ich. *„Die kommen alle mit dem Pilgerausweis, der Credencial, die man überall umsonst bekommt, also sind sie Pilger, und wir müssen sie aufnehmen, so die Frau."*

Nun ja, so denke ich mir, ich möchte auch tolerant sein und weiter voraus denken. Man weiß ja nie, ob nicht der eine oder andere Jugendliche nicht auch etwas für sich von diesem Camino mitnimmt, Samenkörnchen für die Zukunft sozusagen. Die Frage ist nur ob sie gute Lehrer oder Vorbilder haben, die sie in die Spiritualität des Caminos einführen. Gaudi gehört in dem Alter einfach mit dazu. Nur,

dass die deutschen Betreuer sich hier ausgenutzt vorkommen, das kann ich gut verstehen.
Ich bedanke mich bei den deutschen Betreuern und überlege mir, ob ich mich nicht auch als Betreuer für eine Pilger- Herberge melden und zur Verfügung stellen sollte. Es würde mir zusagen. Dienst am Pilger ist auch Gottes Dienst. Aber ich glaube, ich würde knurrig werden, wenn ich den Eindruck hätte, ich werde ständig ausgenutzt und für billigen Urlaub missbraucht.

In Ponferrada
Ich gehe durch die verkehrsreichen Straßen in den Stadtkern von Ponferrada, denn ich möchte die ehemalige Templerburg und die Kathedrale besichtigen. Von weitem schon leuchtet mir das helle Gestein der mächtigen Burg entgegen, die auf einem Hügel inmitten der Stadt gelegen ist. Ich steige den Weg hinauf und besichtige die Ruinen der alten und mächtigen Burg, die im 12. / 13. Jahrhundert zum Schutz der Pilger und zum Sichern der Brücke über den Fluss Sil gebaut worden sein soll. Ich fand die Templerburg faszinierend.

Vom Orden der Templer
Das Wort „Templer" begegnet dem aufmerksamen Pilger auf dem spanischen Jakobsweg immer wieder. Die Templer waren Kreuzritter, Ritter und Mönche zugleich, die 1118 in Jerusalem den Templerorden (Die Beschützer des Heiligen Tempels) gründeten. Sie übernahmen die Aufgabe, die heiligen Stätten und Pilgerwege zu beschützen. Ihr Management war so erfolgreich, dass sie innerhalb einiger Jahrzehnte das Transport- und Finanzwesen der

christlichen Welt kontrollierten. Sie errichteten beispielsweise ein Banksystem mit Einzahlen und Abheben. Sie verwalteten so das Geld wohlhabender Pilger, die so vor Raub und Überfällen sicher waren. Sie errichteten entlang des Pilgerweges Templerkirchen, Templerburgen, Templerhospitäler, Templerstationen, sicherten die Pilgerwege, Brücken und Stationen.

Da dieser „Zuspruch und die ständig wachsende Macht" der Templer den französischen König Phillip IV störte, verbot auf sein Betreiben hin Papst Klemens V. 1307 den Orden. Den Templern wurde Hexerei und Satanskult vorgeworfen. Die Organisation der Templer wurde zwar von Kirche und Staat übernommen, aber die Bauwerke der Templer verfielen im Lauf der Jahrhunderte.

Gott, warum lässt Du das zu?
Ich saß nun hier im Schatten einer Mauer der ehemaligen mächtigen Templerburg und dachte darüber nach, warum viele Menschen so kleinmütig, so missgünstig, neidisch und eifersüchtig sind? Aus diesen negativen menschlichen Eigenschaften erwachsen dann das Urteilen, Verurteilen, Anklagen, Beschuldigen..., was am Ende wieder in Streit, Abgrenzungen bis hin zu Kriegen führt. Unsere Weltgeschichte ist voll davon.
Das typische Beispiel hier: ...weil die Templer dem französischen König Phillip IV zu mächtig wurden, verbot auf sein Betreiben hin Papst Klemens V. 1307 den Orden mit der Begründung von Hexerei und Satanskult.
Es ist immer wieder die alte Geschichte von Kain, der aus Missgunst, Neid, Eifersucht seinen Bruder Abel erschlug.

Und Gott greift da nicht ein.

Er lässt es einfach zu, weil er uns Menschen, als Seine Geschöpfe zutraut, auf Seine Gesetze zu hören und Richtig von Falsch zu unterscheiden...und weil wir aus all dem Negativen lernen sollten.

Aber solange es die vielen Menschen gibt, die immer Angst haben zu kurz zu kommen, so wird es Missgunst, Neid und Eifersucht geben und es wird sich nichts verändern. Das ist die typische Welt der jungen Seelen.

„Ach Gott weißt Du, oft habe ich den Eindruck, viele Menschen haben auf dem Weg zu Dir noch nicht einmal den Stand eines Neandertalers erreicht. Sie rennen immer noch mit der Keule durch den Wald ihres Lebens und schlagen ständig vor lauter Angst, zu kurz zu kommen, um sich."

Danach besuche ich die bedeutende Wallfahrtskirche De la Encina, ein wunderschöner Renaissancebau. Die Kathedrale hatte sofort mein ganzes Herz. Schön, einfach schön. Füllig, aber nicht überladen mit einer wunderbaren Schwingung.

Tiefe Ergriffenheit
Ich legte meinen Rucksack und die Stöcke ab, setzte mich in eine Bank, bete, versinke in das innerste meines Lebens, nehme zu Gott Kontakt auf... und plötzlich laufen mir wieder die Tränen herunter.
Warum nur? Wenn ich in mich hinein spüre, so ist da eine Vermischung aus Freude und Dankbarkeit hier in Seiner Kirche in Ponferrada, hier auf dem Jakobsweg zu sein.

Vielleicht ist es auch der Schmerz über die Dinge und Erkenntnisse meines Lebens, die mir der Camino bisher gezeigt hat und die ich nun mit mir herumtrage.

Vielleicht ist es auch der ganz handfeste Schmerz meiner Füße, vermischt mit körperlicher Erschöpfung, aber schlussendlich: ich weiß es nicht. Ich weiß nur eines, dass Kirchen, wie diese hier, in denen ich mich Gott ganz nah fühlen kann, schon immer auf mich die Wirkung tiefer Ergriffenheit gehabt haben.

Gott ist mir da so nahe, dass auch mein alter Wunsch Geistlicher zu sein, sich in meinen inneren Bildern immer wieder erfüllt und lebendig wird. „ES" lebt einfach in mir…schon immer.

Irgendwann werde ich von lautem Poltern und ständigem Zischen aus meiner inneren Betrachtung ins hier und jetzt zurückgeholt. Ein Kirchendiener stampft polternd durch die Reihen und besprüht alle Bänke mit Desinfektionsmittel, der einfachheitshalber mich als Kirchenbesucher auch gleich mit. Na, das reicht mir jetzt aber! Die ganze Kirche stinkt nach irgendeiner Chemie. Wer jetzt keinen Lungenkrebs möchte, sollte schnell flüchten. „So schön" bin ich aus einer Kathedrale noch nie hinauskomplimentiert worden…und draußen bin ich.

Danach sitze ich auf einer Bank im Schatten vor der Kirche, esse etwas und schaue den Menschen zu, die kommen und gehen. Ich sehe immer wieder sportlich gekleidete Radfahrer, Touristengruppen, Besucher, andere, die in einem Führer lesen und viele mit Rucksäcken und Wanderstab. Auch die Cafés und Restaurants, hier auf dem schönen Platz vor der Kirche, sind teilweise schon gut besetzt.

Es ist nun später Vormittag und ich muss entscheiden, hier bleiben oder weiter gehen, denn meine Füße tun mir sehr weh. Wenn ich allerdings an eine Herberge mit 200 schreienden Jugendlichen und an all das denke, was mir die Betreuerin erzählt hat, dann ist meine Entscheidung klar: *„Ich gehe weiter bis zur nächsten Herberge."*

Ich gehe weiter in Richtung Villafranca. Es wird ein mühsamer Weg. Der Camino führt fast 10 Kilometer immer nur an einer großen Straße entlang. Das bedeutet für mich in brütender Sonne Asphalt treten, immer stadtauswärts durch die Vororte von Ponferrada, zwischen Häusern, Geschäften, eiligen Menschen. Neben mir auf der Straße, fahren ständig Autos und LKWs, die den schwarzen Ruß ihrer Dieselmotoren hinter sich herziehen.

Nach ca. 10 Kilometern durchquere ich den Ort Camponaraya, der mir in der frühen Nachmittagszeit wie verlassen vorkommt, weil alle Geschäfte geschlossen sind und die Menschen, wegen der Hitze, die Straßen meiden. Nach diesem Ort führt der Camino noch über eine Autobahnbrücke um sich endlich danach durch Weinberge zu winden. Ich finde es wunderschön hier. Es macht mir Freude, endlich wieder durch das Land zu gehen, wo ich mich so wohl fühle.

Ich erreiche den Ort Cacabelos. Auch hier schaut alles wie ausgestorben aus. Mein Pilgerführer sagt mir, dass es hier eine gute Herberge gäbe. Aber ich bin im Moment so mechanisch im Gehen, spüre meine Füße kaum, dass ich beschließe einfach bis Villafranca weiter zu gehen.

Da die Erde der Landschaft die Wärme nicht mehr aufnehmen kann, strahlt sie diese zurück und flimmert in der Nachmittagshitze. Im Ort Pieros komme ich an einen Brunnen, an dem sich gerade eine Gruppe Jugendlicher erfrischt. Als diese weiter gehen würde ich den Brunnen am liebsten leer trinken, so groß ist mein Durst.

Aber ich habe die berechtigte Angst vor krankmachenden Bakterien. Die Chance, dass sich bei dieser Hitze, hier im Wasser Streptokokken, Staphylokokken, Colibakterien und/oder andere „freundliche Krankmacher" befinden, die ist sehr groß. Eine Brech-Durchfall- Attacke reicht mir.

Also trinke ich nichts, stecke dafür aber meinen Kopf ins Wasser, mache meinen Hut tropfnass und setze mir diesen tropfend wieder auf den Kopf. Das tut richtig gut. Aber nach 20 Minuten ist er schon wieder trocken.

In Villafranca
Endlich, so gegen 16.00 Uhr komme ich in dem berühmten Pilger - Ort Villafranca del Bierzo an, der auch wegen seiner zahlreichen Kirchen, Monumenten und ehemaligen Pilgerhospitäler das kleine „Santiago" genannt wird. Der Ort wurde für den Jakobsweg ca. im 12. Jahrhundert gegründet. Der Ortsname Villa – Franca (Stadt der Franken /

Franzosen) zeigt heute noch an, das der Ort über lange Zeit von Franzosen besiedelt war, vielleicht auch von diesen gegründet wurde.

Ich gehe zuerst in die Herberge. Hier summt es wie in einem Bienenstock, so wie ich es schon oft erlebt habe. Überall ist Unruhe, ein Kommen und Gehen. Nach langem Anstehen bekomme ich von einem knurrigen Mann (dem hier anscheinend alles zu viel ist) den Stempel in meine Credencial und in einem Stockbett oben einen Bettplatz. Ich treffe Gabriella, die Pilgerin wieder, die sich in Foncebadon so liebevoll um mich gekümmert hat, die im Bett unter mir gerade dabei ist ihre Sachen auszupacken. Ich freue mich, die gute Seele wieder zu sehen.

Nach dem Auspacken meiner Sachen, duschen und umziehen gehe ich die berühmten Kirchen besichtigen und danach zum Einkaufen. Da Villafranca direkt an einem Hang mit starkem Gefälle liegt, muss ich zum Einkaufen in die Unterstadt bergab und mit den gefüllten Tüten zur Herberge wieder bergauf, was mir mit meinen schmerzenden Füßen sehr schwer wird.

An der Puerta del Perdon
Ich nehme mir mein Tagebuch und mein Schreibzeug, meine Esswaren und einen Stuhl und setze mich in den Schatten des Portals der nahe liegenden Kirche. Ich will heute nur noch meine Ruhe haben, meine Füße pflegen und viel schreiben, was aber nicht geht. Ständig kommen Leute daher und fotografieren das Portal und mich dazu.

Ich erfahre, ich sitze im berühmten Nordportal der Kirche Santiago, in der berühmten Puerta del Perdon (Tor der Vergebung und der Absolution). Das bedeutet: wer auf dem Pilgerweg erkrankt oder nicht mehr weiter kann, bekommt schon hier die Absolution, den Ablass seiner Sünden und nicht erst in der Basilika in Compostela.

... und ich sitze hier so völlig unbedarft. Nein, nicht ganz. Diese Kirche, dieses „Portal der Vergebung" hat mich schon vorhin beim Vorbeigehen magisch angezogen, weil ich hier so eine gute Schwingung spüre.

Natürlich öffnet sich nun meine Seele. *„Seit 25 Tagen bin ich nun schon unterwegs. Santiago hat mich auf diesem Weg tief in mein Leben schauen lassen. Ich weiß: ich trage vieles im Rucksack meines Lebens herum, was ich bereue getan zu haben, was man kirchlich Sünden nennen würde.*
Ja, ich fühle mich auch krank, fühle mich völlig ausgelaugt. Auch meine Füße schmerzen nach diesem Marsch wieder sehr. Sie sind auch dick und geschwollen." Ich frage Gott und Santiago: *„Erfülle ich nun, hier in Deinem Portal sitzend, die Bedingungen für die Vergebung meiner Sünden?"*

Ich schließe die Augen und bitte:
*„**Gott, Du bist die Liebe, die Vergebung und Verzeihung. Nimm auch mir die Dinge ab, verzeihe sie mir, die ich als Mensch in meiner Dummheit, Dir oder anderen Menschen gegenüber getan habe. Verzeihe mir auch meine Mutwilligkeiten in meiner letzten Partnerschaft und das es mir nicht gelungen ist diese fest zu halten, was mir alles aus jetziger Sicht herzlich Leid tut.***

Ich werde mich bemühen aus meiner Vergangenheit zu lernen, mein Leben bewusster zu leben und Dich und Deine Gesetze mehr ins Zentrum meines Lebens zu setzen, denn Du bist der Weg, die Wahrheit und das Leben."

...und ich habe den Eindruck Gott antwortet mir, denn plötzlich ist in mir tiefe Ruhe und tiefer Frieden. Ich fühle mich richtig leicht.

Bis zum Dunkelwerden sitze ich in dieser Puerta del Perdon, schreibe, denke nach, meditiere, bete. Danach gehe ich in die Herberge, denn ich bin sehr müde, und ich habe schlimme Schmerzen in beiden Füßen.

Schlampige Führung und Rücksichtslosigkeit

In dieser Herberge ist es unordentlich, unaufgeräumt, teilweise insbesondere im Außenbereich geradezu verdreckt... und es geht zu wie auf einem Rummelplatz. Obwohl es schon nach 22.00 Uhr ist, (normalerweise Bettruhe in allen Herbergen) ist es hier noch schrecklich laut, wird herumgeschrien was das Zeug hält und niemand sorgte für Ruhe und Ordnung.

Gerade als ich endlich am Einschlafen bin kommen noch schön verteilt so zwischen 22.30 Uhr bis 24.00 Uhr drei spanische Paare an. Obwohl alle in diesem Schlafsaal schon schliefen, wurde von den Spaniern rücksichtslos immer wieder das Deckenlicht angeschaltet, ausgeschaltet und jeder begann unter lautem Reden mit dem Partner langsam seinen Rucksack aus- bzw. umzupacken, sich auszuziehen, ins Bad, Toilette usw. zu gehen. Dabei ging jedes Mal die Tür zum Gang auf und knallte danach laut ins Schloss, wie wenn das nicht auch alles leise ginge. Als endlich die drei Paare im Bett lagen, wurde es noch schlimmer, denn jetzt begannen alle 3 Männer kräftig zu schnarchen. Nachdem es auch noch brütend heiß war in diesem Raum, war das für mich eine schlimme Nacht... und ich hätte dringend Schlaf und Erholung gebraucht.

Pünktlich um 5.00 Uhr pfiff dann der Wecker der Spanier und die Rücksichtslosigkeit begann in nun umgekehrter Reihenfolge. Da die meisten Pilger ihre Sachen in den Rucksäcken in Plastiktüten, nach Themen geordnet, verpackt haben, gibt das beim Ein- und Auspacken ein schrecklich lautes Geraschel in der Stille. Auch flog die Tür ständig laut ins Schloss, sie redeten laut miteinander, wie wenn niemand schliefe, polterten hin und her... und ich war so sauer, dass ich die Spanier laut verärgert anschimpfte, sie mögen doch bitte ihre Rucksäcke im Hof draußen packen und nicht hier im Schlafraum, was von ihnen beleidigt registriert wurde.

Als dann aber die Spanierin unter mir auch noch losschimpfte, funktionierten endlich diese rücksichtslosen Menschen und zogen beleidigt unter Schimpfen ab. Nur die Nachtruhe war sowieso vorbei.
Diese Summe an Missständen lagen allein an der sicht- und spürbaren Schlamperei der Führung in dieser Herberge, die zwar nicht zu dumm war von jedem 5 € zu kassieren, die aber absolut nichts für Regelung und Ordnung tat.

*****

26. Tag: Villafranca del Bierzo - Vega de Valcarce

„Mein Gott, warum hast Du mich verlassen?"

Schwere Krise
Nach dieser fast schlaflos verbrachten Nacht, in der ich mich aufgrund der Schmerzen in den Füßen, der stickig / warmen Luft in dem Raum und der Schnarchkonzerte der drei Spanier immer wieder hin und her warf, hatte ich in der Früh wieder eine Krise.
Meine Füße taten immer noch schrecklich weh. Jetzt hatte sich auch noch der rechte Fuß entzündet, war geschwollen und schmerzte sehr. Ich war unausgeschlafen, und ich hatte von diesem Saustall hier, auf Bayerisch gesagt: „so richtig die Schnauze voll."
Ich konnte, ich wollte einfach nicht mehr weiter. Mir erschien auf dem Hintergrund der immer stärkeren Dauerschmerzen in meinen Füßen und der zunehmenden Erschöpfung alles sinnlos. Außerdem wusste ich, dass es ab jetzt wieder auf und ab durch die Berge gehen würde und mir war klar, mit diesen entzündeten Füßen und meinem erschöpften Körper, schaffe ich das nicht mehr.
Ich war einfach fertig, ausgebrannt und depressiv. Meine Bereitschaft zum Abbrechen und Heimfahren war sehr groß.

Ich erzählte Gabriella unter mir, dass ich nicht mehr kann, nicht mehr mag und Heim fahren möchte... und sie erzählte mir viel, was ich nicht verstand, ja sie schimpfte laut und heftig auf mich ein. Aber ich verstand, dass sie mir gehörig

die „Leviten" las, von wegen Verantwortung und Durchhalten dessen, was man sich einmal vorgenommen hat.
Dann war sie fertig. Sie verabschiedete sich von mir mit einem „Adios", ohne eine Umarmung, ohne Bussi rechts und links (wie bei unserem letzten Abschied in Foncebadon). Ohne ein gutes Wort, ohne ein Wort des Verstehens meiner Gedanken und Situation drehte sie sich einfach um, knallte die Tür zu und weg war sie... und plötzlich war es ganz still und ich war alleine im Raum. Ich war in diesem Moment platt: Das nennt man Provokations- und Schocktherapie in einem.
Ich fühlte mich unverstanden, hilflos, alleingelassen, wütend..., wie ein kleines Kind (auch von der Gabriella, meinem Schutzengel von Foncebadon, die sich während meiner Brech-Durchfall - Attacke so liebevoll um mich gekümmert hat).

Abbrechen? Das verzeihe ich mir nie.
Ich setzte mich hin und heulte einfach los. Ich kämpfte mit mir einen schweren Kampf. Wenn ich jetzt, nach 600 Kilometer Pilgerweg, so kurz vor dem Ziel abbreche, so dachte ich, das verzeihe ich mir nie. Ich habe in der Zwischenzeit so viele Pilger erlebt, die wegen Kreislaufproblemen in dieser Hitze, oder wegen Fußproblemen abgebrochen haben. Aber ich, ich käme mir wie ein Versager vor.
Nein, ich will, ich muss nach Santiago. Gabriella hat Recht: Ich muss mir selbst treu bleiben, auch wenn ich wie die „alten Wallfahrer" nur noch mit starken Schmerzen und zunehmenden Krisen gehen muss. Ich tröstete mich mit dem Gedanken: Heilige wurden auch nicht dadurch Heilige, dass es ihnen gut geht. Eine

Geburt tut auch weh und trotzdem schafft sie neues Leben, also... Nun denn, so entschied ich mich nach vielen Tränen, ich versuche es noch einmal. Ich fasste auf meine Jakobsmuschel, aber ich spürte im Moment nichts und machte mich fertig.

„ Mein Gott, warum hast Du mich verlassen?"
Da ich heute als Letzter die Herberge verließ, war es draußen schon hell und es wurde schon wieder warm. Der Weg führte von der Santiago Kirche steil hinunter in den Ort und über eine alte Brücke die den Fluss Burbia überspannt. Tief unter mir fließt der Fluss dahin. Ich frage mich bei all diesen Brücken immer wieder, wie haben es die Wallfahrer und Pilger in den früheren Jahrhunderten nur geschafft, über diese Flüsse zu kommen? Zu welch einem Segen wurden da die Brücken, die von Königen extra für die Pilger gebaut wurden, über die wir heute so selbstverständlich gehen.

Der Camino führte, Gott sei's geklagt, immer die Straße entlang, also wieder Asphalt treten. Einige Kilometer führte er sogar unter einer, auf riesigen Betonsäulen hoch gebauten Autobahn entlang, ein anderesmal durchquerte er einige kleine Orte.

Die Schmerzen in beiden Füßen werden immer unerträglicher. Ich schleiche nur noch so dahin, weiß nicht mehr wie ich gehen soll, denn jeder Schritt tut nur noch weh. Aber nicht nur die Füße schmerzen. Der Schmerz geht bei jedem Schritt von den Fußsohlen bis zu den Haarwurzeln auf meinem Kopf durch mich hindurch.

Ich spüre, dieser Jakobsweg wird langsam zu meinem persönlichen Kreuzweg und ich denke wie Jesus: Ich habe diesen Weg auf mich genommen, also muss ich ihn durchleiden.
Aber mein Ego fragt: muss ich das wirklich? Ich muss doch nicht die Welt von ihren Sünden erlösen, mir reicht schon mein eigener „Seelenmüll" am Buckel, wenn ich den „erlösen" kann. Wenn ich daheim geahnt hätte, was hier auf dem Jakobsweg auf mich zukommt...
Ich fühlte mich jetzt wirklich wie Jesus am Kreuz: nur noch elend. Ich spüre, ich kann einfach nicht mehr! Immer wieder fasste ich auf meine Jakobsmuschel, bitte um Kraft und Hilfe, aber ich habe den Eindruck, auch sie antwortet mir nicht mehr. Das ist wirklich ein „Tripp" durch die Hölle.

Genau so fühle ich mich jetzt: Von Schmerzen geplagt, ausgebrannt, hilflos und auch von Gott verlassen... und ich bin verzweifelt. Ich stehe an einem Baum, lehne meinen Kopf an seinen Stamm... und vor lauter Schmerzen, Wut auf mich und meine Unfähigkeit weiter zu gehen, vor lauter Scham, Verzweiflung und Hilflosigkeit, laufen die Tränen herunter.
Jetzt verstehe ich endlich Jesus, als er am Kreuz in dieser Qual rief. „ Mein Gott, warum hast Du mich verlassen?"

Nur ist diese Situation des Jesus für mich paradox, denn Jesus ist Gott, der sich in seinem schlimmen Leid am Kreuz so sehr als Mensch fühlte, dass er sich von Gott (von sich selbst) verlassen fühlte. Gott weiß also, wie ein Mensch sich im Leid fühlt und er weiß, was Leid ist. Er hat es selbst erfahren, also weiß er jetzt auch, wie es mir geht.

„Ich weiß Gott, Du bist kein Supermarkt und kein Weihnachtsmann, der nur Wünsche erfüllt... und da Du mir nicht hilfst, wird wohl mein Leid einen Sinn haben, den ich im Moment nur noch nicht erkenne, " so sage ich mir.

Ich fühle mich als Versager
Nach 18 Kilometern erreichte ich – so völlig am Ende meiner Kraft wie noch nie - den Ort Vega de Valcarce. Gleich am Ortseingang treffe ich auf eine Herberge, an die ein Restaurant angeschlossen ist. Das kommt mir gerade recht. Ich hinkte in die Herberge. Der Mann hinter der Theke, gleichzeitig Hospitalero, fragt mich freundlich und schaut mich dabei mit durchdringenden Augen an, wie wenn er in mir lesen möchte, ob ich krank bin, da ich so blass aussehe?
Als ich ihm alles erzählt habe, versteht er mein Problem sehr gut. Er empfiehlt mir dringend auszusetzen und eine Ruhepause einzulegen, damit die Entzündung abklingen könne. Was soll ich auch sonst tun?
Mein rechter Fuß ist jetzt richtig dick und so geschwollen, das ich kaum die Schuhe ausziehen kann. Beide Füße tun sehr weh und ich bin fix und fertig...
Ich erkenne: Ok, ich habe es noch einmal versucht, aber ich muss akzeptieren, ich bin ausgebrannt, nach 26 Tagen täglichen Gehens mit entzündeten Füßen, einer Brechdurchfallattacke und einem großem Schlafdefizit. Aus, Ende, das wars!

...und ich wollte nie so werden wie Mutter!
Und plötzlich erkenne ich mit Erschrecken: Das ist genau das Programm meiner Mutter gewesen: Ihre Botschaft war immer:

„Du darfst nicht krank sein. Du darfst keine Schwäche zeigen. Du musst die Zähne zusammenbeißen. Du musst immer gut und stark sein. Du darfst keine Angst zeigen…Was „man" sich vornimmt, führt „man" zu Ende…usw.usw." und wie oft hat sie mich einfach in die Schule gejagt, auch wenn ich Fieber hatte.
Psychologisch gesehen, bin ich aufgrund dieses Mutterprogramms der klassische „Angst vor Schwäche" Typ geworden, also ein Mensch, der immer alles daran setzt, freundlich, liebenswert, korrekt, pflichtbewusst und leistungsorientiert zu sein und für den es Schwäche einfach nicht zu geben hat."

„Schwäche zeigen, heißt versagt zu haben!"

…das war Mutters Botschaft. Dieses Programm habe ich ja nun hier bis zum bitteren Ende ausgekostet.

„Na, Bravo, liebe Mama. Da hast Du mir ja was Schönes beigebracht. Jetzt erkenne ich es ganz genau. Das ist ja ein K.O. – Programm, mit dem ich da mein Leben gestaltet habe. Ach du meine Güte…und ich wollte nie so werden wie meine Mutter."

Der freundliche Herbergsvater hat scharfe Augen und für die Probleme aller weiteren Pilger ein offenes Ohr. Hie und da kommt er einmal kurz zu mir, und wir plaudern ein bisschen. Abends gibt es im Gastzimmer ein gemeinsames Abendbrot und ab 21.30 Uhr liegen wir alle im Bett. Vorher werden die Füße noch einmal kräftig mit einer entzündungshemmenden Salbe einmassiert.

*****

27. Tag: Vega de Valcarce - O Cebreiro - Triacastela

Begegnung mit einem Engel

Zu meiner Überraschung: In dieser Nacht habe ich endlich wieder einmal gut geschlafen. Sicher, ich war erschöpft, aber in diesem kleinen Schlafraum gab es auch keinen Schnarcher. Die Luft war kühl und frisch im Raum, denn die Fenster waren sperrangelweit offen und mein Bett stand direkt neben dem Fenster. Ja, ich musste mir in der Nacht sogar meinen Pullover überziehen, und ich kroch sogar das erste Mal in meinen Schlafsack. Darin war es herrlich warm und es gab mir ein Gefühl von Sicherheit, wie in Mamas Bauch.

In der Früh wurde alles erklärbar. Wir hatten in der Nacht nur 10 Grad Außentemperatur. Unser Herbergsvater meinte dazu, ja da kündigt sich der Herbst an, wir seien schließlich schon in den Bergen und bald in Galicien.

Es ist aus und vorbei!

Meine Füße hatten sich zwar wieder etwas beruhigt, aber mir war nach meinem gestrigen „Kreuzweg" klar, dass ich die heutige Tour mit diesen Füßen, noch dazu auf den 1250 m hohen El Cebreiro, mit noch einmal 630 m Aufstieg, nicht mehr schaffen würde. Nein, das konnte ich mir nicht mehr zumuten. Heute war mir klar: Es ist aus und vorbei, Schluss mit der Angst vor Schwäche.

Ich darf schwach sein! Ich muss mich nicht als Versager fühlen. Ich habe alles was mir möglich war gegeben. Ich schluckte diese Erkenntnis mit Ruhe, ja sogar tiefer Ruhe, denn geheult und mich bemitleidet hatte ich genug.

Mir wird klar, dieser Jakobsweg ist für mich zu einer Reise, ein Selbsterfahrungsweg zu meinen innersten Quellen geworden, aber auch zu einem Kreuzweg, ja bis ans Kreuz selbst. Auf eine „Auferstehung" darf und kann ich nicht mehr hoffen, jetzt bin ich dran, mit Vernunft und Akzeptanz, diesen Camino hier mit Würde zu Ende zu bringen.

Gehen, nein! Mit diesen dick geschwollenen und stark schmerzenden Füßen, keinen Meter mehr! Ich überlegte, wie ich wieder nach Ponteferrada zurückfahren und von dort über Madrid heimfahren könne. Aus also, nach gut 600 Kilometer Camino, so dachte ich resigniert... aber, der Camino hat so seine Geheimnisse.

Heute war mir alles egal. Ich nahm mir sogar Zeit zum gemeinsamen Frühstück. Als dann alle anderen Pilger schon zum Aufstieg unterwegs waren, sprach ich mit unserem freundlichen Herbergsvater wegen des Fahrplans mit dem Bus zurück usw. nach Ponteferrada, Madrid usw.

Mein 2. Engel
Der schaute mich wieder so seltsam durchleuchtend an und fragte mich: ja, ob ich nicht weiter nach Santiago wollte? Ich sagte ihm: *„ Klar, sehr gern sogar, aber mit diesen entzündeten Füßen, schaffe ich den heutigen Aufstieg von gut 700 m auf den El Cebreiro auf keinen Fall"* (was ich unter normalen Umständen jedes Wochenende beim Bergwandern tue).

„Nein, nein" sagte er, *„Ich muss sowieso auf den El Cebreiro hinauf fahren und für die anderen Pilger die Rucksäcke hinaufbringen. Du kannst doch einfach mit mir mitfahren."*

Mir standen plötzlich Tränen in den Augen. Ich war so gerührt. Ich hatte mich schon vom Camino verabschiedet und hatte mich schon als Versager daheim sitzen sehen...und nun schickt mir Gott diesen Engel, der mir die Möglichkeit gibt, weiter zu kommen.
Dieser freundliche Mann hier ist mir einfach geschickt worden. Ich bin mir ganz sicher: Er ist mein guter Engel, der nun für mich sorgt. Das ist wieder so ein Geheimnis des Camino.
Wie heißt der nette Spruch:

„Wenn Du meinst es geht nicht mehr,
kommt irgendwo ein Lichtlein her."

Aber geschenkt wird mir diese Fahrt auf den El Cebreiro nun auch nicht. Seit vielen Jahren habe ich nämlich auf engen, einspurigen Bergstraßen, ohne Leitplankenschutz mit Steilabhang auf einer Seite, so mein Gruseln, also Ängste.
Ich setzte mich also in das verbeulte Auto meines Engels, hinten angehängt ein Anhänger voller Rucksäcke. Der Sicherheitsgurt funktionierte nicht, kein Airbag, Aschenbecher zum Überlaufen voll. Mein Engel setzt sich gemütlich in sein Auto, zündet sich als erstes einmal eine Zigarette an, legt eine Musikkassette mit spanischer Volksmusik ein – dreht volle Kanne die Musik auf, die er laut

und lustig mitsingt und los geht es, dass mir hören und sehen vergeht.
Er fährt nicht die alte Pilgerstraße, die heute als geteerte Autostraße auf den El Cebreiro führt, sondern er fährt von hinten über die kleinen Dörfer und Ortschaften den Berg hoch, wobei der Zustand der Straßen immer schotteriger wird, je höher wir kommen. Aber meinem Engel macht das anscheinend nichts aus. Er kennt anscheinend die Gegend „wie seine Westentasche." Er grölt, pafft, rast wie ein Verrückter und hupt vor jeder Kurve wie ein Wilder, ohne aber das Gas wegzunehmen, wie wenn alle auf sein Kommando hören und vor den uneinsehbaren Kurven seinetwegen stehen bleiben würden.
Langsam wird die Bergstraße auch noch immer enger, fast einspurig und wir kommen immer höher. Plötzlich vor einem Haus bremste er. Aussteigen. Da ist eine Bar darin. Die Frau hinter dem Tresen kennt ihn anscheinend gut. Sie mixt ihm sofort ein halbes Glas voll mit, ich vermute hochprozentigen Köstlichkeiten, die sie aus dem Regal hinter sich nimmt, was mein Engel genüsslich schlürft. Mein Gott dachte ich, wenn das mal gut geht.

Aber jetzt, jetzt wurde die Sache erst richtig bunt. Wir waren ja erst auf der halben Höhe angekommen. Jetzt kam eine einspurige ungesicherte Bergstraße, ein Schotter- und Schlaglochweg nur noch, der sich so schön am ungesicherten Abhang dahin zog, in Serpentinen immer schön bergauf.
Aber mein Engel fuhr laut singend, rauchend, wie ein Rennfahrer mit dem 3. Gang die enge Straße hoch, eine riesige Staubwolke hinter sich herziehend. Der Wagen

schaukelte dabei lustig hin und her, hüpfte über Schlaglöcher und Steine, fuhr in großen Schlangenlinien, pfiff oft nur mit 2 Rädern über den Abhang durch die Kurven, während ich mich mit der rechten Hand am Deckengriff und mit meiner anderen Hand am Türgriff festklammerte – in der Erwartung, dass der Wagen jeden Augenblick über den Abhang schießt.
Da aber anscheinend sein Oberengel meine Stoßgebete sehr ernst nahm, steuerte er meinen jetzigen Engel so, dass wir zwar ohne Auto- und Verkehrsprobleme, ich aber mit weichen Knien und etwas blass um die Nase oben am 1250 m hohen El Cebreiro ankamen.
Ich war diesem Mann, meinem 2. Engel, zutiefst dankbar, denn ohne ihn säße ich jetzt in einem Bus nach Ponferrada.

Wie eine Auferstehung
Ich gehe als Erstes in die wunderschöne Wallfahrtskirche auf dem El Cebreiro, mit seiner berühmten Madonna, in der leise gregorianische Gesänge zu hören sind. Diese Pilger- und Wallfahrtskirche ist deshalb so berühmt, weil es hier im 14. Jahrhundert einmal ein Blutwunder gegeben haben soll.

Dankbar und gerührt sitze ich dann längere Zeit in der Bank dieser Kirche. Das mir dieser Engel in meiner Not begegnet ist, der mir die Möglichkeit geboten hat nun hier in dieser berühmten Wallfahrtskirche auf dem El Cebreiro zu sein, bedeutete für mich, das Gott möchte, das ich nach Santiago komme und nicht heimfahre. Es ist für mich, nach all der Depression der letzten Tage, wie eine Auferstehung.
Freude ist in mir, große Freude, die mich im Moment die Probleme mit meinen Füßen richtig vergessen lässt. Santiago ruft

mich, ich spüre es. Ultreia, heißt es nun für mich, im wahrsten Sinne des mittelalterlichen Pilgerrufs oder Pilgergrußes: Weiter, bedeutet er, auf nach Santiago!

O Cebreiro, Ort der Besonderheiten

Unterhalb des Berges El Cebreiro verläuft nicht nur die Grenze zwischen Galicien und Leon/Castillia, sondern dieser Berg ist auch eine geografische Wetterscheide. Wie sagte der Herbergsvater: Galicien ist kühl und feucht. Auch jetzt ist es trotz des Sonnenscheins hier oben geradezu frisch und kühl. Oft liegt hier bis in den Mai hinein Schnee, sehr oft regnet es oder es ist nebelig, dunstig und feucht. Somit ist es erklärlich, dass dieser Gebirgsort O Cebreiro, schon immer als Pilgerort für den Camino sehr wichtig war, weil sich hier die erschöpften Pilger, nach dem anstrengenden Aufstieg, erholen, waschen, schlafen und versorgt werden konnten. So gab es über Jahrhunderte hier auch ein Hospital.

Eine weitere Besonderheit stellen hier die runden oder ovalen Natursteinbauten mit den mit Stroh gedeckten Dächern dar, Palloza genannt, deren Baustil nachweislich auf keltischen Ursprung von vor 2500 Jahren zurückgeht. Auch spricht man ab hier nicht mehr Castellano, also Spanisch, sondern das mit dem Portugiesischen verwandte Galicisch.

Da die Grenze der Region Galicien unterhalb des El Cebreiro beginnt, und es ab hier bis Santiago noch genau 152 Kilometer sind, beginnt für die Pilger ab der Wallfahrtskirche der Countdown nach Santiago. Ab hier stehen alle 500 Meter kleine Betonsäulen mit dem Symbol der Jakobsmuschel, auf der die restlichen Kilometer bis Santiago abzulesen sind.

Die Aussicht von hier oben ins Land ist atemberaubend schön. Alles erinnert mich an unsere grüne und waldreiche oberbayerische Alpenlandschaft. Nach einiger Zeit gehe ich auf dem Camino weiter. Es ist kühl. Ich ziehe meine Jacke über.
Plötzlich spüre ich: es fehlt mir die Wärme, welche die letzten 3 Wochen mein Element war. Auf der Strecke zwischen Burgos und Leon hätte ich jetzt mit Sicherheit zwischen 30 und 40 Grad brütende Wärme. Aber ich habe den Eindruck, das kühle Wetter tut meinen Füßen gut.

... und sie ärgern sich lautstark
Der Weg führt mich über eine Teerstraße weiter, von der aus ich eine faszinierende Sicht ins Land habe. Vor dem kleinen Supermarkt im nächsten Ort, treffe ich Mutter und Tochter aus Berlin wieder, die ich in der letzten Herberge kurz kennen gelernt habe. Da ein kühler Wind weht, nun auch mit Nebelschwaden darin, stehen sie in einer windgeschützten Ecke, ruhen sich aus, sind gerade beim Essen und ärgern sich lautstark...über die bornierte Unfreundlichkeit der Bedienung im dem Laden.

Na, das kenne ich ja inzwischen gut. ...und in der Tat: auch mir knallt das „nette" Fräulein in dem Laden unfreundlich, lustlos und ohne ein Zucken im Gesicht die Flasche mit Mineralwasser, Brot und Pfirsiche auf den Tisch. Und hätte ich beim Herausgeben nicht gut aufgepasst, so wären auch noch einige Euro in ihrer privaten Tasche verschwunden, die sie mir erst nach längerer Diskussion eiskalt herausgab...ohne Entschuldigung selbstverständlich!

Auf dem Alto do Polo, 1337m
Der Camino führt weiter durch ein Dorf, über Feldwege und erreicht nach ca. drei Kilometern und einem steilen Aufstieg den höchsten Pass des Jakobsweges in Galicien, den Alto do Polo mit 1337m. Da es ausgerechnet bei diesem Teilstück die Sonne wieder so richtig gut meint, schwitze ich beim Aufstieg sehr. Als ich die Hälfte des Anstiegs überwunden habe bemerke ich, dass ich unterwegs meinen Hut verloren haben muss.
Was soll ich tun? Zurückgehen und suchen? Ich entscheide: Der Hut ist wichtig, also zurückgehen und suchen, was ich auch tue, aber ich finde den Hut nicht. Schweren Herzens drehe ich wieder um und beginne noch einmal den Aufstieg. Ich klettere den steilen Hang empor, eine Freude für meine Füße.
Oben angekommen setze ich mich zum Ausruhen vor das urige Gasthaus, trinke Mineralwasser und Cola und trauere ein bisschen um meinen Hut, wie um einen guten Freund, den ich nun verloren habe.
Nach einiger Zeit kommt eine Pilgergruppe den Aufstieg herauf. Einer der Wanderer trägt in seiner Hand: meinen Hut, und er fragt sogar herum, ob der wohl jemanden gehört? Voller Freude und Dankbarkeit nehme ich meinen Hut wieder an mich. Danke Santiago, hier hast Du mir sicher wieder geholfen.
Danach beginnt eine sehr lange und einsame Strecke. Normalerweise rennen immer irgendwelche Leute an mir Langsamgeher vorbei, aber hier bin ich völlig alleine. Ich

treffe niemanden, niemand überholt mich. Ruhe ist um mich herum, tiefe meditative Ruhe, die ich sehr genieße. Der Camino führt 12 Kilometer über Bergpfade und landwirtschaftliche Zieh- und Schotterwege und fällt dabei bis zum nächsten Ort Triacastela über 700 m ins Tal ab. Ich empfinde diesen Weg als einen zwar wunderschönen, aber endlosen Ziehweg. Er ist eine Freude für die Kniegelenke und meine Zehen, die immer vorn anstoßen.

Wie immer, in so einsam stiller Landschaft, hänge ich meinen Gedanken und Gefühlen nach, spüre wieder Gott in mir. Ich danke noch einmal dafür, dass er mir die Möglichkeit gegeben hat, hier zu sein.
Mir fällt die Studentin Isabella ein, die uns heute Morgen beim Frühstückstisch traurig erzählte, dass sie per SMS benachrichtigt wurde, das heute Nacht ihre Oma gestorben sei und sie nun abbrechen und nach Deutschland zur Beerdigung zurückkehren müsse. Also wieder einmal das Thema Leben und Tod, hier auf dem Camino. Wir sprachen beide relativ lange darüber. Für sie mit ihren 25 Jahren war es das erste Mal, dass sie damit konfrontiert wurde.
Ich meinte, sie könne hier auf dem Camino, der Seele ihrer Oma viel näher sein, als nach einer gehetzten Heimreise, einer stressigen „weltlichen Beerdigung" und der gesamten Unruhe, die mit all den Vorbereitungen und Aktionen nun verbunden ist.
Östliche Religionen würden jetzt sogar feiern, weil der Mensch nun ins Paradies/Nirwana usw. eingeht. Wir, in unserer westlichen Kultur, trauern...weil jemand zu seinem Schöpfer, ins Paradies zurückkehrt. Welch ein Widersinn!
Gläubige Italiener drücken es immer so aus: „E` andato in

Paradieso!" Er/Sie sind ins Paradies heimgekehrt. Also, warum denn trauern?

Ich sagte zum Abschied der Isabella noch etwas, was sich nun hier in dieser Einsamkeit wieder bei mir meldete:
„Wir sind alle auf dem Camino! Aber jeder Mensch ist auf seinem, auf dem ihm bestimmten Camino!
Jeder Mensch ist in seinem Leben auf dem Weg der ihm vorgegeben, der ihm bestimmt ist... und wir müssen damit klarkommen, ob uns das passt oder nicht"

In dem Film „Herr der Ringe", sagte der Weise Gandolf am Ende des Films dem völlig verzweifelten Frodo:

„Du kannst es dir nicht aussuchen, ob du diese Sache, dieses Schicksal möchtest oder nicht. Du kannst nur darüber bestimmen, was Du aus der Situation, aus den Dingen, die Dir passieren oder ins Leben gestellt werden, machst."

...und somit bekommt jeder Mensch, die Dinge, die Menschen, das Schicksal (als Lernaufgabe) in sein Leben gelegt, die er für sich und seine Entwicklung braucht, ob ihm das nun passt oder nicht. Diesem unsichtbaren Gesetz unterliegen wir Menschen alle. Gott meint es eben gut mit uns.
Isabella dachte lange über unser Gespräch, insbesondere über den Satz nach:
„Du kannst es dir nicht aussuchen, ob du diese Sache, dieses Schicksal möchtest oder nicht. Du kannst nur darüber bestimmen, was Du aus der Situation, aus den Dingen, die Dir passieren oder ins Leben gestellt werden, machst".....

...und so blieb sie schließlich hier auf dem Jakobsweg. Sie ging allein weiter, nun auf ihrem eigenen Camino, um hier noch einmal ihrer Oma zu begegnen. Ich bin mir sicher, dass sie diese hier treffen wird.

Kalk für Santiago
Erschöpft, müde und mit wieder schrecklich schmerzenden Füßen, komme ich nach dem Abstieg in Triacastela an. Auch dieser Ort hat für den Camino und für das Pilgerwesen seine eigene Bedeutung und Geschichte. In dieser Region wurden in früheren Jahrhunderten Kalksteine gebrochen, aus denen man dann den Kalk gebrannt hat, den es zum Beispiel in Santiago nicht gibt.
Als dann in Santiago die Kathedrale gebaut wurde, mussten also die Pilger aus diesen Steinbrüchen von Triacastela - für Gottes-Lohn - einen großen Kalkstein bis nach Santiago mitnehmen, aus dem dort dann der Kalk für den Bau der Basilika gebrannt wurde. Ich denke mir: Gott sei Dank gibt es das heute nicht mehr.

Herberge in Triacastela: zu voll und zu laut
Ich sah die Pilgerherberge schon von weitem auf der linken Seite liegen. Wegen der vielen bunten Wäsche, die draußen an der Leine hängt, erkennt man sie in der Regel leicht. Denn alle Pilger waschen ständig ihre Wäsche, sogar die Männer.
Als ich die Herberge betrete, sitzen bei der Anmeldung zwei junge Fräuleins, die gerade beim Kartenspielen sind, neben sich einen Kassettenrekorder mit dröhnender Discomusik.
Eine der beiden knallt mir lustlos den Stempel in meine Credencial und erklärt mir mit einem lakonischen

Seitenblick, dass die Herberge schon übervoll sei. Ich könne ja weitergehen, es bei der anderen Herberge am Ort versuchen, oder auch hier im Gang auf der Erde schlafen. Ihre Mimik und Gestik sagt: „Was Du tust, ist mir völlig egal"...und schon klopfen die beiden wieder laut schreiend und lachend ihre Karten.

Aber die Situation war von mir erwartet. Die Strecke vom El Cebreiro nach Santiago beträgt noch genau 150 Kilometer. Für viele bedeutet das jetzt im August eine schöne Wanderwoche mit billigen Quartieren in den Herbergen, die oft nichts kosten und/oder auf Spendenbasis geführt werden. Zu meiner Enttäuschung sehe ich unter den vielen hier anwesenden Menschen kein einziges mir bekanntes Gesicht mehr. Wie schon in Burgos und Leon, so hat sicher auch in Ponferrada noch einmal die Gruppe gewechselt, beziehungsweise es sind viele Neue dazu gekommen. Nur, so voll wie hier, so habe ich eine Herberge bisher noch nicht erlebt.

Aber, Santiago sorgte auch dieses Mal für mich. Als ich noch etwas hilflos neben diesen beiden desinteressierten Fräuleins stehe, die mich einfach stehen lassen und schon wieder lautstark beim Kartenklopfen sind, kommt plötzlich ein junger Mann, mit seinem Gepäck in der Hand, aus seinem Zimmer. Er sagte dem Fräulein, er ziehe mit seiner Freundin ins Gasthaus, das sei ihm hier alles zu voll und zu laut. Dann dreht er sich zu mir und meint, ich könne gern sein Bett haben, was den beiden Fräuleins völlig egal ist. Die überschreien ihre dröhnende Discomusik, wenn eine der beiden beim Kartenspielen mogelt oder gewonnen hat.

Ich bin um diesen Schlafplatz froh, freue mich, dass es hier kleine Vierbettzimmer gibt, statt großer Schlafsäle. Ich belegte das wieder frei gewordene Stockbett oben. Auspacken, duschen, Wäsche waschen, diese aufhängen und danach für den Abend im örtlichen Supermarkt einkaufen gehen, das ist nun meine Arbeit.
Danach setze ich mich auf der Wiese in die Abendsonne, esse Weißbrot mit Ziegenkäse, Tomaten und Pfirsiche, ein Abendessen, dass mir wirklich gut bekommt.

Abends versammelt sich eine große Gruppe von Spaniern auf der Wiese. Sie machen lustige Spiele, bei denen ich einfach mitmache. Ich habe lange nicht mehr so viel gelacht. Im Gespräch mit meinem Nachbarn wird mir klar, warum die Herberge so voll ist. Die Gruppe hat bis Santiago in den Herbergen die Schlafplätze für 60 Personen vorreserviert.

Quietschende Türen
Das Schlafen war dann, trotz des Bettes, wieder einmal eine Katastrophe, die dieses Mal aus einer völlig unerwarteten Situation entstand. Der Konstrukteur dieser Herberge hatte nämlich statt normaler Türen an jedem Raum zwei halbe Schwingtüren anbringen lassen, die aussahen, wie in einem Westernsaloon. Diese hatten keine Türklinke. Man musste nur hindurchgehen. Allerdings, den Scharnieren fehlte überall etwas Öl. Sie quietschten nicht nur entsetzlich, sondern sie knallten aufgrund des Federzugs auch munter hin und her, bis sie endlich wieder in ihrer Mitte zur Ruhe kamen. So war das im ganzen Haus. Neben unserem Raum sind ausgerechnet die Toilette und die Dusche. Deren Türen quietschten besonders heftig und

laut, weil sie naturgemäß am häufigsten benutzt werden. Da die Toilette bei so vielen Menschen in der Nacht besonders häufig besucht wird, quietschten und knallten diese Türen unablässig durch die Nachtruhe. Aber um wie viel schlimmer muss das noch für all die Pilger gewesen sein, welche im Gang, im Schlafsack direkt auf der Erde vor der Toilette schliefen.

Irgendwann in der Nacht halte ich das nicht mehr aus. Ich nehme leise meine ISO-Matte und meinen Schlafsack, gehe ins Freie und lege mich unter einem Baum zum Schlafen.
Ich krieche in meinen kuscheligen Schlafsack und fühle mich hier, in dieser frischen Luft und in dieser himmlischen Ruhe von meinem Schutzengel behütet und völlig geborgen.

Es ist ein Genuss.

★★★★★

28. Tag: Triacastela - Kloster Samos - Sarria

Blick in die Seele

Als ich in der Früh wach werde, ist es noch dunkel. Meine ISO-Matte und mein Schlafsack sind leicht feucht, aber im Schlafsack war es herrlich warm. Hier im Freien, in der unberührten Stille dieser Natur, in der klaren und kühlen Nachtluft zu schlafen, noch dazu in dem tiefen Wissen, insbesondere hier von meinem Schutzengel besonders behütet zu werden, das ist für mich ein Genuss. Und so mag ich eigentlich noch gar nicht aufstehen, obwohl ich höre und sehe, wie die meisten der Pilger/Wanderer schon eiligen Schrittes losgehen.

Also hole auch ich noch etwas verschlafen meine Sachen aus dem Zimmer und wieder beginnt die tägliche Prozedur, sich selbst und den Rucksack fertig zu machen. Fröstelnd gehe ich die ersten Schritte in die morgendliche Kälte des grünen und herbstlichen Galiciens.

Markierungen
Für den heutigen Weg gibt es zwei Möglichkeiten. Der erste Weg ist zwar kürzer, führt aber wieder 250m aufwärts über einen weiteren Pass. Aber weil mir meine Füße schon in der Früh wieder wehtun, vermeide ich diesen Weg und wähle die zweite Möglichkeit, den Weg über das Kloster Samos, der zwar weiter, aber relativ eben dahingehen soll..., was man hier in Galicien so eben nennt. Außerdem haben Klöster für mich eine magische Anziehung.

Da es noch dunkel ist, verfehle ich erst einmal den für mich richtigen Weg, was ich aber erst nach einiger Zeit bemerke. Also wieder zurück, bis ich endlich wieder auf die Markierung – gelber Pfeil und Jakobsmuschel – treffe.

Überhaupt diese Markierungen: Es ist dort wo Menschenhand arbeitet, nicht immer alles perfekt, was auch hier wieder einmal zu bemerken war. Ich konnte die wichtige Markierung nicht finden, weil sie überwachsen war, was ja öfter passiert. Bei Tageslicht findet man sie trotzdem, aber im Dunkeln…

Trotzdem: Bisher haben mich diese beiden Markierungen – der gelbe Pfeil und die gelbe Jakobsmuschel auf blauem Grund - relativ zuverlässig 800 Kilometer durch das Land geführt.

Mein persönlicher Dank und meine Anerkennung gehen an all die Menschen, welche mit großer Mühe diese Aufgabe des Markierens und Herrichtens der Wege übernommen haben, was aber nicht heißt, dass es hier nicht noch einiges zu verbessern gäbe.

Nur heute war ich wohl selbst schuld, weil ich im Dunkeln die überwachsenen Markierungen nicht gesehen und so den Weg verfehlt habe.

Ärger mit der Kette

Endlich auf dem richtigen Weg, geht es immer an der Straße entlang, die kaum befahren ist. Hinter einer Kurve treffe ich auf zwei junge Fahrradfahrerinnen, die sich verzweifelt mit dem auf der Erde liegenden Fahrrad abmühen. Ich frage, ob ich helfen kann und höre erst einmal, sie sind Italienerinnen. Der einen Signorina ist von ihrem

High-Tech- Fahrrad die Kette aus der Schaltung gesprungen. Beide probieren seit einiger Zeit herum und bekommen das widerspenstige Ding nicht hinein. Nachdem ich meinen Rucksack abgelegt habe, das eine Fräulein das Rad vorn festhält, das andere Fräulein das Rad hinten aufhebt, sind es für mich noch ein paar Handgriffe und die Kette ist wieder da, wo sie hingehört. Wahrscheinlich ist die Kette beim Schalten abgesprungen, was auch die Fahrerin bestätigt. Da muss der Seilzug vom Umwerfer einfach nachjustiert werden, sonst springt sie wieder heraus, erkläre ich den jungen Damen, was denen aber egal zu sein scheint, Hauptsache, der Drahtesel funktioniert wieder... und schon sind die beiden mit einen „Grazie Signore" dahin... und ich versuche erst einmal meine schwarz verölten Hände zu säubern.

Es ist hier geradezu unheimlich
Dann führt mich der Camino weg von der Straße auf einem urigen schmalen Pfad durch halbverfallene Dörfer, die seit dem Mittelalter hier zu stehen scheinen. Dass hier, fernab jeglicher Zivilisation und Kultur, überhaupt noch Menschen leben, wundert mich sehr. Nur die vielen Autorostlauben hinter den Häusern und die neueren Wagen davor zeugen davon, dass hier doch Menschen wohnen und wir im 21. Jahrhundert sind. Ansonsten könnten diese Orte eine gute Kulisse für alte Karl May Filme geben, z.B. durch das wilde Kurdistan oder so ähnlich. Mir ist hier geradezu unheimlich, auch weil alles wie ausgestorben scheint.
Eingebrochene, halbverfallene Häuser, von Schmutz und Unrat übersäte Höfe und Hausumgebung, Häuser windschief mit kleinen oft fauligen Fensterstöcken (wie mag

es dann erst innen aussehen?), so erlebe ich häufig kleine ländliche Orte am Camino. Auch hier ist das so. Hier scheint einfach irgendwann die Welt stehen geblieben zu sein.

Erlebnis mit dem Hund
Ein kleinerer lieber Hund, etwa von Dackelgröße, hängt an einer ganz kurzen Kette an einem Haus, neben sich eine verrostete Keksdose mit schmutzigem Wasser und altem eingeweichten Brot darin, was man auf diese Art und Weise bei uns nicht einmal den Enten geben würde. Der Hund schaut mich erwartungsvoll an, steht auf und quietscht leise. Ich spreche ihn an, und er hüpft mir sofort schwanzwedelnd und freudig entgegen. Ich knie mich zu ihm nieder, und er legt mir sofort seine Vorderpfötchen auf die Schultern und lässt sich unter winselnden Lauten dankbar streicheln. Da plötzlich hinter mir, eine scharfe Stimme und ein unerwarteter Riss an der Kette. Der Hund fliegt rückwärts in ein altes Tor, dieses knallt sofort zu und weg ist er.

...noch schlimmer als finsterstes Mittelalter
Mann, da verschwinde ich lieber schnell, ja wo bin ich denn hier hingeraten? Das ist ja hier noch schlimmer als finsterstes Mittelalter. Ich möchte doch hier kein Messer im Rücken haben. Plötzlich ist mir richtig unheimlich, ja plötzlich verspüre ich hier eine seltsame Angst, ein Gefühl, was sich eigentlich mit einem Pilgerweg widerspricht.
Aber: Ich frage mich: Wie viele Pilger werden wohl im Lauf der Jahrhunderte, allein aufgrund ihrer anderen Kultur, anderen Sprache, anderen Mentalität, anderen Umgangs mit den Dingen und so programmierten Missverständnissen

bei den Spaniern (wie hier eben mit dem Hund) angefeindet worden sein, oder mussten sogar ihr Leben lassen?

Fantasie? Oh nein! Warum da erst nach Spanien schauen. Ich bin als gebürtiger Norddeutscher, hier in dem kleinen Ort in Bayern, wo ich seit gut 30 Jahren lebe und meine Praxis betreibe, für so manchen Einheimischen - heute noch - ein „Zuagroasta", ein Zugereister, ein Fremder, der einfach nicht hierher gehört. Warum? Weil er nicht genau so spricht wie die „Einheimischen", er anders denkt und deshalb oft heute noch argwöhnisch beobachtet wird.
Und je „hinterwäldlerischer" die Menschen sind, desto misstrauischer sind sie gegenüber allem was von außen kommt und ihnen irgendwie fremd ist. Da saß in früheren Jahrhunderten das Messer in der Tasche sehr locker.
Die vielen verschiedenen Menschen hier auf dem Jakobsweg, mögen für viele Spanier, insbesondere am Land, auch eine Art Kulturschock (gewesen) sein, insbesondere wenn man dem nicht offen gegenübersteht.
Nachdenklich gehe ich schnell weiter, durch dunkle, urige und feuchte Auen, Urwälder mit riesigen Farnen, die, so scheint es, über Jahrhunderte keine pflegende Hand gesehen haben. So schön dieses Gebiet hier auf der einen Seite ist, so unheimlich ist es auch... und ich bin völlig allein und habe seit der letzten Stunde keine Menschenseele gesehen. Wenn mir hier etwas passiert...

Im Kloster Samos
Endlich, nach circa 10 Kilometern Wegstrecke, erreiche ich den Ort Samos, bekannt wegen des eindrucksvollen Benediktinerklosters San Julian, dessen Blütezeit im 17.

und 18. Jahrhundert gewesen sein soll. Die Gründung durch Benediktinermönche, soll auf das 7. Jahrhundert zurückgehen.
Dieser riesige Komplex steht heute fast leer (schade), so wie ich es hier auf dem Jakobsweg bisher bei anderen ehemaligen Klöstern erlebt habe. Ich frage mich, ja warum werden diese schönen Gebäudestrukturen denn nicht mit Leben gefüllt, wenn es schon keine Mönche mehr gib? Warum müssen diese wunderbaren Bauwerke denn nun verfallen?
Ich besichtige das Kloster und bin wieder einmal von der Ausdehnung des Gebäudekomplexes, der Bauweise und von den Räumlichkeiten tief beeindruckt. Ich frage mich: wie viele Menschen müssen hier gearbeitet haben, um das alles zu erschaffen? Wie viele Menschen hat es gebraucht, um das alles mit Leben zu erfüllen und es am Leben zu erhalten, und nun... alles dem Verfall preisgegeben? Kloster Samos soll auch ein wichtiger Stützpunkt für Pilger gewesen sein, denn Helfen und Heilen war und ist immer eine der zentralsten Aufgaben der Mönche gewesen.

Der Traum von der schwarzen Madonna
Danach sitze ich in einer ruhigen Nische, und mir fällt plötzlich wieder der Traum ein, den ich vor langer Zeit so lebendig erlebt habe, wie wenn der Inhalt jetzt passiert wäre:

„Ich war im Mittelalter in einem kleinen Kloster Abt. Unser Kloster hatte in seiner Kirche eine kleine schwarze Madonna, die von vielen als wundertätig verehrt wurde. Da kamen plötzlich Landsknechtshorden und verwüsteten das Kloster, erschlugen alle meine Mitbrüder und legten überall Feuer. Voll von Panik, halb

verbrannt und von Rauch vergiftet, rettete ich die kleine Madonna und erreichte als einziger Überlebender den schützenden Wald.
Ich dachte, ein Alptraum und war am Morgen froh, dass dieser Traum vorbei war. Aber in der nächsten Nacht kam der Traum wieder... und er ging immer weiter:

Ein Engel brachte mir die Botschaft, dass ich die kleine wundertätige Madonna nach Rom bringen soll. Und so begann für mich eine Traum-Odyssee von fast einem halben Jahr. Fast jede Nacht träumte ich diesen Traum ein Stückchen weiter:

Immer wieder musste ich mich verstecken, wurde einige Male gefangengenommen, geschlagen, gefoltert, war oft krank und habe mich nach der Genesung immer wieder versteckt, die oft vergrabene und versteckte Madonna wieder geholt und ein Stückchen weiter getragen, immer wieder in Erwartung irgendwelcher Feindseligkeiten.
Ich überquerte, schrecklich frierend und hungrig, im unsäglichen Leid im Winter die Alpen, im Kampf gegen Kälte, Schnee, Sturm und Eis, oft nur noch in Lumpen gekleidet.

Ich wurde in Italien als Bettelmönch oft mit den Hunden verjagt, war immer wieder krank und trug die Madonna immer des Nachts weiter, denn es gab immer Menschen, die sie mir rauben wollten.
*Endlich nach, circa eineinhalb Jahren, mehr tot als lebendig, erreichte ich Rom, die heilige Stadt. Ich stellte unsere Madonna in der Vatikanischen Kapelle auf den Altar...und der Traum kam ab diesem Moment nie mehr wieder"...*das alles als kurze und geraffte Inhaltsangabe. Aber was habe ich damals in all diesen Traumszenen gelitten.

Meine damalige Therapeutin war von dieser halbjährigen Traumserie total fasziniert. Sie meinte, C.G. Jung hätte daran seine Freude gehabt, weil diese Traumserie ein Beweis für das kollektive Unterbewusstsein sei, an das „durchlässige" Menschen manchmal angeschlossen seien.
Andere, mit denen ich darüber geredet habe, sehen darin karmische Zusammenhänge. Für Anhänger der Reinkarnation ist es außer Frage, das ich das damals auch wirklich war und es auch so erlebt habe... Andere sprechen von einer alten Seele, die hier ihre Erfahrung durch Leid und Erlebnisse gemacht hat.
Sei es wie es sei:
Hier in diesem Kloster ist dieser Traum, diese Erinnerung plötzlich wieder da..., vielleicht auch, weil ich vorher gerade durch diese mittelalterlichen Dörfer in Angst gegangen bin. Vielleicht hat dieses Erlebnis wirklich die Erinnerung aktiviert? Vielleicht.

Eigentlich möchte ich hier nie mehr weg. Ich fühle mich hier so zu Hause... und meine tiefe Sehnsucht meldet sich: Mit meinem inneren Auge sehe ich, wie dieses Kloster lebt, wie ich mit meinen Mitbrüdern hier lebe und arbeite... Und ich möchte hier und sofort ein Mönchsgewand anzuziehen, durch die Gänge wandeln und Mensch helfen, in Frieden meditieren, um Gott nahe zu sein... weil ich einfach das Gefühl habe, hierher zu gehören.

Diese Bilder „wohnen" einfach in mir, und melden sich von Zeit zu Zeit immer wieder.
Ich denke mir: Vielleicht möchte mir Gott durch diesen Rückblick in meine Seele eine Erklärung dafür geben, warum mich der Jakobsweg so anzieht, warum Kirchen,

Klöster und Orgelmusik für mich eine so große Bedeutung haben und warum ich mich mit Menschen in meinem helfenden und heilenden Beruf so aufgehoben fühle?

Der Camino ist wirklich ein Weg der Erkenntnis, der mir immer tiefere Einblicke in meine Seele schenkt.

Drei böse Blasen

Als ich nachdenklich weitergehe sitzt auf einer Steinbank ein italienisches Paar, die Frau mit schmerzverzerrtem Gesicht. Ich spreche sie darauf an und wir unterhalten uns einige Zeit. Sie kann keinen Schritt mehr weiter, sagt sie, denn sie hat drei böse Blasen an den Hacken, die ich ihr öffne und sie verpflastere. Nun ja, ich komme einfach aus meinem Beruf nicht heraus... und viele Menschen sind auch so schrecklich hilflos.

Aber es stimmt einfach:

Ich habe noch nie so viele Menschen mit so vielen und schlimmen Wunden an den Füßen gesehen, wie hier auf dem Camino. Na, bei diesen Wegen, wen wundert es... und viele Wanderer/Pilger sind überhaupt nicht darauf vorbereitet, weder konditionell und schon gar nicht mit den richtigen Strümpfen, Schuhen und stützenden Einlagen. Da sind, bei diesen Wegen und einer Gehleistung von 20 bis 30 Kilometer pro Tag, Wunden an den Füßen geradezu vorprogrammiert. Aber dann wartet für viele das Aus. Ich vermute, die Dunkelziffer der Abbruchrate, gerade wegen schlimmer Füße, ist sehr hoch...auch ich könnte bei diesem Thema einiges an Erfahrungen dazu beitragen, denn auch meine Füße tun mir wieder schrecklich weh.

Ich trinke mit den beiden noch einen Kaffee und gehe dann weiter, die nächsten 16 Kilometer nach Sarria, meiner nächsten Station. Ich denke, dass auch diese Herberge jetzt schon wieder überfüllt sein wird, weil es jetzt schon fast 12.00 Uhr ist. Die begrenzten Plätze in den Herbergen führen in den Sommermonaten dazu, dass schon sehr zeitig in der Früh von einer Herberge zur anderen ein wahrer (Volks-) Pilger-Renn/Schnelllauf um einen billigen Schlafplatz in der nächsten Herberge stattfindet. Diesen Lauf gewinnt natürlich die Gruppe der jungen und jugendlichen „Pilger". Egal denke ich, irgendwie wird es schon gehen.

Wie sagt San Francisco von Padova in seinem tiefen Glauben:

„Seht die Vögel auf den Feldern,
sie säen nicht und ernten doch!"

„Lieber Gott," so denke ich, „lass bitte auch mich ein solcher Vogel sein, der wieder dort ernten darf, wo er nicht gesät hat."

Hans und Bärbel: Durch Alkohol zum Camino
Der Camino führt mich durch Galiciens hügelige Landschaft, über steinige Schotterstraßen, Feldwege und BauernStraßen, vorbei an Wiesenhängen, grünen Weiden, Wäldern, Ackerland und durch kleine Dörfer und Orte.
An einem Waldrand sitzt ein älteres Paar. Sie sprechen, schon von weitem hörbar, einen klassischen Kölner Dialekt.

Beide sind Liebhaber guten Essens, wie man an ihrer Figur sehen kann, offen, lustig und gemütlich und sie freuen sich, mich als Landsmann getroffen zu haben. Da meinen schmerzenden Füßen ein wenig Ruhe gut tut, setze ich mich zu ihnen. So plaudern wir erst einmal über „Gott und die Welt", bald aber bekommt unser Gespräch eine ernste Wendung, als es nämlich um die Frage geht: *„Weshalb bist Du / seid Ihr auf dem Camino?"*

Hans erzählt mir ohne Umschweife, er sei fast 20 Jahre knallharter Alkoholiker (er sagt einfach Säufer) gewesen. Er habe alles kaputtgemacht: seine Ehe, habe seine Kinder verloren, mehrfach die Arbeit gewechselt und am Ende vom Sozialamt gelebt, sei mit Pennern durch die Welt gezogen. „Ich war immer besoffen", so Hans.
Irgendwann sei er auf einer Intensivstation aufgewacht und der Oberarzt habe ihn so richtig „zur Sau gemacht, von wegen: „Wir haben hier anderes zu tun, als uns um Penner und unbelehrbare Säufer zu kümmern.
Als er dann einige Tage später miterleben musste, wie sein langjähriger Saufkumpel in der gleichen Klinik im Leberkoma krepiert ist, ihm seine Frau gleichzeitig die Scheidung auf den Tisch geknallt habe und ihm der gleiche Oberarzt „die Hölle heiß gemacht habe", wegen seiner schlechten Gesundheit und dass er genau so krepieren werde wie eben sein Kumpel, da habe er zu einer sofortigen Einweisung in eine Entzugsanstalt JA gesagt,"
so erzählt mir Hans. *„Mit wem hätte ich denn nun noch saufen gehen sollen. Mein Kumpel war tot, meine Familie kaputt, ich war allein."*

"*Die Klinik, der Entzug und die Gruppen- und Einzelgespräche, das war zu Beginn die Hölle*", so Hans. "*Aber nach einigen Monaten wollte ich keinen Schnaps mehr sehen, grübelte viel, wurde immer depressiver, hätte am liebsten wieder gesoffen, um mein Leben und meine Schuld nicht anschauen zu müssen, was ich alles mir selbst, meiner Frau, meinen Kindern und all den anderen im Suff angetan habe.*
Und da kam plötzlich ein Brief von meiner geschiedenen Frau. Die hat mir so viel geschrieben, von sich, den Kindern und dass sie sich über mich freut und hofft, dass wenn ich das geschafft habe und trocken bin, ich wieder heim komme, weil sie mir verzeiht.
"*Weißt, Du,*" so erzählt Hans weiter, jetzt mit Tränen in den Augen, "*ich habe in dieser Nacht das erste Mal in meinem Leben geheult wie ein Schlosshund und ich habe das erste Mal in meinem Leben gebetet.*

Wir hatten da so einen komischen Therapeuten, der erzählte öfter vom Jakobsweg und als ich nach acht Monaten entlassen wurde, bin ich mit dem einzigen Geld das ich hatte, sofort nach Frankreich gefahren und von dort aus als Pilger nach Santiago gegangen. Dieser Weg, das war wie eine Offenbarung. Ich habe ganz tief in mein Leben schauen dürfen und bin dann in Santiago stundenlang in der Kathedrale gesessen und habe vor lauter Reue und Schuldgefühle nur geheult und mir geschworen: Wenn ich mit Bärbel wieder zusammen sein kann, dann Nie mehr Alkohol... und ich werde versuchen, alles wieder gut zu machen.
Danach habe ich Bärbel von Santiago aus angerufen und habe ihr meinen Schwur erzählt und sie sagte nur; "O.K. dann komm heim."

Und als ich dann trocken heim kam, hat mich Bärbel wieder bei sich aufgenommen. Jetzt sind wir wieder verheiratet und wir gehen gemeinsam jedes Jahr Variationen des Jakobsweges. Der Camino hat unser Leben verändert. Wir haben nun so viele gemeinsame Ziele.
Heute leiten wir eine Selbsterfahrungsgruppe für Alkoholkranke und deren Angehörige von den Anonymen Alkoholikern und Gott ist uns sehr wichtig geworden. Also deshalb sind wir hier, so erzählte Hans", und seine Augen leuchten und er tätschelt dabei Bärbels Hand.
(Siehe dazu mein Buch: „Hör endlich auf zu trinken..." BoD-Verlag)

Die Lebensbeichte von Hans ist auch für mich als Therapeut, hier so einfach und unerwartet auf dem Camino erzählt, so umwerfend, dass auch mir im Moment die Tränen in den Augen stehen. Was soll ich dazu sagen?

„So ist das eben, denke ich, wenn einem Gott in die Arbeit nimmt. Jeder Mensch geht früher oder später SEINEN Kreuzweg, so, wie Hans und Bärbel hier, wird ans Kreuz genagelt, gequält, gemartert und stirbt 1000 Tode, um zu lernen und er wird dann auch eine Auferstehung erleben". Ich bin fest von diesem Lebensprinzip überzeugt, weil ich es bei mir und bei vielen meiner Patienten so erlebt habe. Leid ist eben Lehre.

Es ist alles überfüllt
Hans, Bärbel und ich, wir gehen nun zusammen weiter und wir plaudern über vieles, tauschen unsere Erfahrungen über Alkoholkrankheit und Erlebnisse hier auf dem Camino aus. Nach 27 Kilometern Marsch, komme ich endlich gegen

16.00 in Sarria an und find die Herberge erwartungsgemäß überfüllt vor. Hans und Bärbel gehen sofort auf die Suche nach einem Privatquartier.

Die Betreuerin der Herberge ist zu mir sehr freundlich. Aber sie bedauert, alles sei überfüllt. „Es ist Sommer", sagt sie entschuldigend. Was mir nun bleibt, ist mir entweder auch ein Privatquartier zu suchen oder im Schlafsaal auf der Erde zu schlafen, was ich dann auch tue. Aber es ist keine gute Erfahrung, zumal im gleichen Schlafsaal eine spanische Familie mit drei kleinen Kindern ist und jedes Kind belegt für sich ein großes Bett für einen Erwachsen... und die üblichen Schnarcher nehmen mir die letzte Nachtruhe.

Ich hätte ja auch gern wieder im Freien unter einem Baum geschlafen, aber draußen ist alles nass, denn es hat begonnen wie aus Kannen zu schütten. Galicien halt! Ich tröste mich: ein Pilger gehört einfach in eine Pilgerherberge. In einer Broschüre las ich dazu:

„Ein Pilger soll weder zimperlich noch anspruchsvoll, sondern dankbar für das Dach über dem Kopf sein."

Bescheidenheit ist eine Zier...
Aber diese bescheidenen Gedanken gelten anscheinend nicht für jeden! Kaum habe ich das gedacht, so höre ich im Nebenraum lautes Geschrei und heftiges Geschimpfe.
Zwei spanische Radfahrer, eben tropfnass angekommen, schreien mit der Betreuerin herum, sie seien heute schon 80 Kilometer unterwegs und sie möchten ein vernünftiges Bett haben und hier nicht auf dem Fußboden schlafen. Sie

haben schließlich eine Credencial, also ein Recht dazu und sie seien schließlich auch Spanier.

Als unsere Herbergsmutter erregt die beiden abwehrt, werden die beiden so ausfallend, dass unsere Betreuerin mit der Polizei droht, wenn sie nicht sofort das Haus verlassen.

Nach der für uns alle so unverständlichen Aufregung dieser beiden spanischen Fahrrad-Pilger, verlassen diese unter lautem Schimpfen die Herberge. Waren die etwa betrunken? Die deutsche Betreuerin in der Herberge von Ponferrada erzählte ja auch ihre Erfahrungen, dass gerade Spanier oft sehr unangenehm und unzufrieden sind und immer alle möglichen Sonderbehandlungen einfordern, so wie eben hier erlebt.

Rotes Kreuz: kostenloser Dienst für uns Pilger
Am späten Nachmittag entdecke ich, dass der Sanitätsdienst vom spanischen Roten Kreuz im Haus ist und uns Pilgern für die typischen Fußprobleme, kostenlos seinen Dienst anbietet. Ich schaue lange zu, wie drei Sanitäter und eine junge Ärztin Blasen aufstechen und Wunden verpflastern. Als ich meine beiden Füße herzeige, mit den dunkelblauen Zehennägeln und der jungen Ärztin die lateinischen Namen für Entzündung der Fußwurzelknochen und Sehnenscheidenentzündung sage, reagiert sie sehr erschreckt...und etwas hilflos.

Aber sie lässt mir einen schönen dicken und festen Verband um die Füße legen. Sie meinte Ruhe geben, einige Tage nicht laufen und Fußbäder mit Essig und Meersalz sei das

Beste. Alles lieb gemeint, Du Gute, aber ich möchte doch nach Santiago...

Trotzdem: Ich finde diesen kostenlosen Dienst für uns Pilger, noch dazu hier in der Herberge, einfach toll.
Abschließend bedanke ich mich noch bei der liebenswürdigen Ärztin und hinke mit dicken Verbänden um die Füße auf einen Stuhl, denn das Herumdrücken hat meinen Füßen alles andere als gut getan.

Anschließend, als ich im Schlafsaal zwischen den Betten auf dem Fußboden meine ISO-Matte ausbreite und mich im Schlafsack darauf ausstrecke, liege ich noch einige Zeit wach, auch wegen meiner schmerzenden Füße, die einfach nicht zur Ruhe kommen wollen.

Ich lasse den heutigen Tag in meiner Erinnerung an mir vorbeiziehen und frage mich:
„Was möchte mir Gott mit diesem heutigen, für mich so wechselseitig und ereignisreichen Tag, auch mit dem Rückblick in „meine Klosterzeit" und der Auferstehungsgeschichte von Hans und Bärbel sagen?
Was habe ich daraus zu lernen?
Ich bin langsam müde... und ich gehe wieder als Mönch durch das Kloster und trage auf meinem Lebensweg die kleine Madonna..., dieses Mal nach Santiago.

Danke, Santiago

*****

29. Tag: Sarria - Barbadelo - Ferreiros - Portomarin

Was möchte Gott mir sagen?

Heute braucht mich kein Wecker zu wecken. Ich bin vom Schlafen auf der Erde und vom Schnarchen der anderen völlig zerschlagen. Ich packe in üblicher Sorgfalt meinen Rucksack und los geht es. Draußen ist es nicht nur dunkel, sondern auch noch feucht vom Regen, dunstig und empfindlich kalt. Heute habe ich sogar meine Taschenlampe in der Hand, damit ich im Dunkeln nicht wieder an den Markierungen vorbeilaufe, denn die gelben Pfeile sind, noch dazu bei dem spärlichen orangenen Laternenlicht, oft nicht gut zu sehen….und wieder stehe ich nach einiger Zeit am Ortsende und sehe keine Markierungen mehr.
Also wieder zurück…und einige Straßen vorher finde ich an einer Hauswand einen gelben Pfeil, der in eine ganz andere Richtung zeigt.

Heute tun mir meine Füße schon von Anfang an bei jedem Schritt furchtbar weh, und wie! Ich habe Angst, dass das so weiter geht. Heißt denn Pilgern wirklich ständig leiden müssen?

Galicien: grün, problembeladen und arm
Langsam wird es hell und der Weg zieht sich durch ländliches Gebiet. Was mir hier direkt auffällt: Der Camino durchquert in relativ kurzen Abständen eine Ortschaft nach der anderen. Mir fehlt hier die Großzügigkeit und Weite der

Flächen zwischen den Ortschaften, die mich zwischen Burgos und Leon so begeistert haben. Alles erscheint mir hier irgendwie eng. Der Galicienführer erklärt dazu:

- Da Galicien sehr bergig ist, so sei hier eine großflächige Nutzung des Bodens unmöglich.
- Hinzu käme das Problem der Jahrhunderte alten traditionellen Erbteilung, die aus ehemals großen Flächen, aufgrund der Teilungen, immer kleinere Teilflächen gemacht hat, die sich zur Bewirtschaftung nicht rentieren.
- Deshalb findet man heute in Galicien statt Großzügigkeit oft Zersiedelung, Minifundien und Streusiedlungen, die mit ein entscheidender Grund für die Armut der Landschaft sein sollen.
- Hinzu kommt: Statt Vielfalt in der Landwirtschaft, wird in Galicien hauptsächlich Rindermast auf Grünflächen betrieben (Spanier sind starke Fleischesser!).
- Zu diesem Zweck habe man über Jahrzehnte eine gnadenlose Flurbereinigung betrieben, in der jede Ecke Natur zu Weiden für das Mastvieh umfunktioniert wurde, die eine andere Agrarwirtschaft fast ausschließt.
- Das letzte Verbrechen in Galizien soll das Abholzen der alten Waldbestände gewesen sein und stattdessen das Anpflanzen von Eukalyptuswäldern, die hier überhaupt nicht hergehören. Diese sehen zwar hübsch aus, deren giftige Blätter lassen aber keinen weiteren Baum, keinen Strauch, kein Gras darunter wachsen, ja selbst Insekten, Vögel und andere Kleintiere leben nicht in diesen Wäldern.
- Galicien galt schon immer als armes Land. Viele seiner Bewohner sind über Jahrhunderte deshalb auf der Suche nach Arbeit und Brot in den Süden Spaniens ausgewandert,

in andere Staaten Europas, auf die Kanarischen Inseln, aber sehr viele sind nach Südamerika emigriert.
(Ich frage mich vor diesem Hintergrund: Welch einen Wirtschaftsfaktor muss da für das arme Galicien der Jakobsweg mit seinen Hunderttausenden von zahlenden Pilgern pro Jahr und in seinem Zentrum der berühmte Wallfahrtsort Santiago de Compostela über die Jahrhunderte hinweg dargestellt haben und heute noch darstellen?)

Aufgrund dieses Wissens, werden nun die vielen kleinen Ortschaften und Weiler für mich verstehbar, durch die sich der Camino schlängelt. Unverständlich ist mir jedoch, warum hier in Galicien so viele Höfe vor Unordnung, Abfall und Unrat geradezu starren, welches ich in dieser Konzentration bisher auf dem ganzen Jakobsweg noch nicht gesehen habe...und ich bin hier in Spanien so langsam an einiges gewöhnt.
Immer wieder überholen mich Oldie Gruppen jugendlicher Pilger/Wanderer im Schnellschritt. Ein bisschen wehmütig denke ich daran:
„Als ich so alt gewesen bin, wäre das für mich auch kein Problem gewesen. Aber nach 25 Jahren schwerer Rheumakrankheit und schrecklich vielen Tabletten dazu, bin ich heute Gott zutiefst dankbar, dass er mir die Kraft und die Möglichkeit gibt, diesen Weg als Pilger, langsam aber stetig zu gehen, auch wenn mir heute meine Füße schon wieder sehr weh tun und die entzündungshemmende Salbe bisher kaum Wirkung zeigt.
In jungen Jahren hat man so etwas in der Regel noch nicht. Also sei den jungen und schnellen Pilgern/Wanderern ihr Schnelllauf um die vorhandenen Schlafplätze vergönnt".

Bis Santiago: Noch 100 Kilometer
Bei dem Weiler Brea stehen einige Pilger/Wanderer und singen laut ein Lied. Als ich näher komme erkenne ich an dem kleinen Obelisken mit der Jakobsmuschel darauf: Von hier bis Santiago sind es noch genau 100 Kilometer.
Ja, diese Erkenntnis tut auch mir (und meinen geschundenen Füßen) gut. Ich freue mich, dass ich es bis hier her geschafft habe. Das gibt mir einfach Auftrieb. Ich fasse wieder einmal auf meine Jakobsmuschel und sage Dank dafür, denn nichts ist selbstverständlich.

Plötzlich höre ich Gitarrenklänge. Da die Gitarre auch mein Lieblingsinstrument ist, muss ich da sofort hin. Zwei junge blonde Deutsche, jeder mit seiner Gitarre, sitzen inmitten einer Schar junger Spanierinnen, die kräftig mitsingen, tanzen und schunkeln.
Das gefällt mir.
Ja, auch das ist der Camino, Völkerverständigung durch Musik – und zwar handgemacht – Fröhlichkeit, singen und gemütlich Zusammensein, Abbau von Vorurteilen und Gegensätzlichkeit durch Kennenlernen bei Gitarrenklängen.
Bald überholt mich diese große Gruppe junger Leute laut redend und singend wieder im Eilzugtempo.

Portomarin, versunken im Stausee
Dann, so gegen Mittag sehe ich ihn von hier oben auf der anderen Seite des Flusstales vor mir liegen, den neuen Ort Portomarin. Das alte Portomarin, am Flussufer gelegen, ist in den 60-ger Jahren in den Wassern des Flusses Mino versunken, der hier aufgestaut wurde, ebenso viele kleine Orte, Weiler, Brücken und Wälder. Bedeutende Bauwerke

der alten Siedlung hat man aber Stein für Stein originalgetreu im neuen Portomarin oben am Berg wieder aufgebaut.
Im Tal des Stausees überquere ich die 300 m lange Brücke, die den Fluss Mino überspannt und gehe dann in der brütenden Sonne hinauf zur Neustadt. Dann stehe ich vor der Herberge von Portomarin, die 160 Betten bereitstellt.
Eine bunte Schlange von wartenden Pilgern/Wanderern steht schon davor, überall stehen Rucksäcke und Wanderstecken.

Die Compostela-Regelung: absolut unsinnig
Plötzlich eine große Überraschung. Ich treffe hier vor der Herberge Hanna aus Schweden wieder, meine „Pilgerfreundin" der ersten Tage. Sie erzählt mir, sie sei viel mit dem Bus gefahren, aber nun muss sie ja ab hier nach Santiago zu Fuß gehen, denn sie möchte die Stempel für die Pilgerurkunde in Santiago.
Ich halte diese Regel für absolut unsinnig, die besagt: **„Wer in Santiago die Compostela, d.h. die mittelalterliche Pilgerurkunde, haben möchte, der muss mindestens die LETZTEN 100 Kilometer bis Santiago zu Fuß gehen und das durch Stempel nachweisen."**

... und da nun nach Überschreiten der 100 Kilometer Marke alle die Compostela möchten, so schiebt sich täglich die „Karawane" aller Pilger und Wanderer jeweils um 20 bis 30 Kilometer weiter vorwärts in Richtung Santiago.

Da hier in Portomarin die Pilgerherberge mit 160 Plätzen zum Überlaufen voll ist, ebenso alle Privatherbergen, so

sind das im Sommer mindestens 300 Personen, die sich täglich in Richtung Santiago weiterbewegen.
Zusätzlich münden in diesen Haupt-Pilgerweg immer wieder kleine Nebenwege ein, sodass der Hauptweg immer voller wird.
Das erzeugt ganz einfach einen unangenehmen Druck, um am Ziel endlich anzukommen. Und das Rennen um die begrenzten Schlafplätze in den nächsten Herbergen, bei den viel zu vielen Pilgern/Wanderern, die mit Angst um einen Schlafplatz unterwegs sind, erzeugt weiteren Druck... und so drehten sich auch viele Gespräche um dieses Thema.
Hinzu kommen die vielen Radfahrer und Fahrradgruppen, die ja wesentlich schneller und unberechenbar sind.

Als die Betreuerin so gegen 13.00 Uhr kommt, haben Hanna und ich gerade noch Glück und wir bekommen die letzten beiden Schlafplätze. Dann die übliche Prozedur, Auspacken, Duschen, Wäsche waschen, aufhängen, einkaufen, essen.

Gegensätzlich, wie Tag und Nacht
Beim Einkaufen in einem Supermarkt treffe ich die beiden Gitarrenspieler wieder. Anschließend gehe ich zum Fluss hinunter um dort Mittag zu machen, auszuruhen, meine schmerzenden Füße ins Wasser zu stecken und mein Tagebuch weiter zu schreiben. Am Wasser lerne ich zwei ältere Lehrerinnen aus Nürnberg kennen, mit denen ich mich erst einmal angenehm unterhalte. Beide sind gegensätzlich wie Tag und Nacht.

Maria-Anna ist offen, sanft und freundlich, während Roswitha eher versteckt bis offen aggressiv und sehr misstrauisch ist, alles in Frage stellt, ständig hinterfragt, um danach die Antwort sofort wieder in Frage zu stellen. *„Ach du meine Güte, die armen Kinder und Eltern einer solchen Lehrerin"*, denke ich. Nun, vielleicht wird der Camino ihr gut tun, aber bisher schaut es noch nicht danach aus.

Als mir aber nach einiger Zeit ihre stachelige Art zu viel wird, mit der sie ständig auf ihre Freundin und bald auch auf mich einstichelte, sagte ich ihr einfach, sie solle doch einmal nicht so depressiv denken und immer gleich alles abwehren. Da reagierte Roswitha sofort mit beleidigtem Rückzug und dass sie mir meine Bemerkung nach einiger Zeit unbedingt heimzahlen musste, ist doch klar.

Nun ja, diese jungen Seelen müssen einfach immer kämpfen, müssen abwehren. Demut, Einsicht, Verstehen, Loslassen sind einfach noch nicht ihre Welt. Aber ich tröste mich: wir sind ja alle hier auf dieser Welt um zu Lernen. Gott hat uns doch nicht umsonst aus dem Paradies hinausgeschmissen. Der hat sich doch etwas dabei gedacht…, dieser Herr Gott.

Jung müsste man(n) noch einmal sein
Am späten Nachmittag erlebe ich in der großen Kirche im Ort zwei Hochzeiten direkt hintereinander. Da war wirklich Stimmung angesagt. Wie ruhig und friedlich geht es da bei uns zu.
Nachdem das frisch vermählte Paar die Kirche verlassen hat, wird es von den vor der Kirche Wartenden unter

großem Geschrei und Gejohle mit einer wahren Flut von Reis, Linsen, Erbsen, Nudeln und anderen kochbaren Suppenutensilien überschüttet, was wohl als Fruchtbarkeitssymbol zu gelten hat.

Die dunkelhaarigen und glutäugigen spanischen jungen Männer, so vom Typ Julio Iglesias, sind eher lässig elegant und sportlich schick gekleidet. Sie lassen sicher so mancher deutschen Frau das Herzchen höher schlagen.

Ich allerdings, bin da etwas bescheidener. Mir würde schon etwas von ihren fülligen schwarzen Haaren genügen, denn meine schon immer hellblonden Haare, sind nun nach fast vier Wochen spanischer Sonne noch heller geworden... Klar, man kann nicht alles haben, aber Wünsche und Träume sind doch noch erlaubt und erfreuen das Herz...auch wenn es unlogisch sein sollte.

Die jungen spanischen Frauen allerdings, so in ihrem Hofstaat zur Hochzeit hergerichtet, empfinde ich teilweise als atemberaubend hübsch...ja, ja, jung müsste man(n) noch einmal sein...philosophiert der Carlo leise vor sich hin... und dann einmal mit so einer halborientalisch / südländischen Märchenprinzessin...!

„Ruhe, Du mit Deinen weltlichen Gedanken", schimpft plötzlich mein Freudsches Über-ICH von seinem Götterthron.

„Aber," wagt mein ES aus dem Keller meines Unterbewusstseins dem Über-ICH zu widersprechen, *„Wenn unser Herrgott nicht gewollt hätte, das wir Menschen auch Liebe,*

Freude, Lust usw. empfinden und das wir auch sexuelle Wesen sind, dann hätte er uns ein Mal im Jahr für zwei Stunden eine Brunftzeit gegeben. Was ist also nun dabei, wenn mir so eine hübsche Spanierin gefällt, ha?"

"Weil du hier in spiritueller Mission unterwegs bist", antwortet mein Über-ICH ungehalten. *"Solche Gedanken gehören hier nicht auf den Jakobsweg, verstehst? Außerdem hast Du in Deinem Leben mit Deinen Weibergeschichten schon genug Unheil angerichtet, schon wieder vergessen? ...und damit Du`s Dir merkst, kosten Dich Deine sündigen Gedanken jetzt 10 Vaterunser und 10 Ave Maria"*, sagt das Über-ICH streng... *"und damit Basta!"*

"Spielverderber", mault mein ES, *"der da oben gönnt mir auch nicht die kleinste Freude. ...nicht ein Mal, dos ma in da Fantasie a bisserl jung sei derf."*

Viele von uns Pilger schauen dem Spektakel zu.
Roswitha steht neben mir und sinniert dazu, sie gäbe diesem blutjungen Paar keine 5 Jahre.
"Nun, ich wünschte ihnen wenn möglich sogar "lebenslänglich", was sie sich ja auch am Altar versprochen haben und nicht früher oder später einen Therapeuten wie mich, der dann helfen soll, eine zerrüttete Ehe wieder zu flicken, oder wenigstens die Kinder möglichst verletzungsfrei durch eine Scheidung zu bringen."

Blockade aus Eifersucht
Zum abendlichen Pilgermenü wollte ich mich mit den beiden Lehrerinnen treffen, aber es kommt nur Maria-Anna allein, mit einem von ihrer Freundin Roswitha geschickt

inszenierten Konflikt. Roswitha passt das nämlich alles nicht. Sie ärgert sich und ist anscheinend eifersüchtig. Sie meinte zu Maria-Anna: *„Geh mal Du allein, Du verstehst Dich mit dem sowieso besser... und Ihr braucht mich ja schließlich nicht. Macht Euch einen schönen Abend."*

Heiliger Narzissmus, denke ich. In einer Partnerschaft gäbe eine solche Geschichte jetzt einen herrlichen Streit.
Was Narzissmus ist, und wieso es mit Menschen wie Roswitha gerade in Beziehungen und Partnerschaften immer wieder zu unangenehmen Konflikten kommt, können Sie in meinem Buch nachlesen:
„Ich möchte Dich endlich einmal verstehen."

Um 22.00 Uhr erlebe ich zu meinem Erstaunen 160 Personen in der Pilgerherberge, wo jeder leise und rücksichtsvoll mit dem anderen umgeht.
Vor dem Einschlafen frage ich mich wieder, was heute für mich wichtig war. Vielleicht Hanna, das Wissen um nur noch 100 Kilometer bis Santiago, die beiden Lehrerinnen...ach ich weiß es nicht.
Aber ich tröste mich: Es muss ja nicht jeden Tag der Blitz einschlagen, ein kleines Leuchten reicht ja auch..., denn ich bin heute wieder 24 Kilometer in Richtung Santiago weiter gekommen. Und bis Santiago sind es nun noch 90 Kilometer. Na, ist das nix? Danke, Santiago.

*****

30. Tag: Portomarin - Palas de Rei – Casanova - Melide

Ist der Camino katholisch?

In der Früh, so gegen 5.00 Uhr, nachdem die ersten Handywecker piepten, das übliche Geraschel und Geflüster, die typische morgendliche Unruhe beim Aufstehen...und es ist noch so schön warm in meinem Schlafsack. Eigentlich möchte ich noch liegen bleiben und weiter schlafen, aber so langsam sind alle wach und nach und nach sind es immer mehr, welche die Herberge verlassen und mir Faulpelz ein schlechtes Gewissen verpassen.
Also stehe auch ich auf und mache mich fertig: Meine Füße, ich mag schon gar nicht mehr davon reden, sind noch geschwollen und haben mir die ganz Nacht weh getan. Also, gründliche Fußpflege, anziehen, Rucksack fertig machen, Schlafsack einrollen. Obwohl es draußen noch stockdunkel ist, bin ich fast der letzte, der die Herberge verlässt. Wie die Tage zuvor, ist es im Freien wieder so richtig kalt.
Es ist sehr dunkel und geradezu unheimlich. Immer wieder laufen Pilger/Wanderer an mir vorbei, suchen wie ich im Dunkeln mit Taschenlampenlicht die Markierungen. Der Camino führt stadtauswärts, über eine langgezogene Fußgängerbrücke und danach sehr lange und steil bergauf, worüber sich meine Füße mit heftigen Schmerzen beschweren.
Zeitweise zweigen andere Wege ab und dann muss ich mit der Taschenlampe die Markierungen des Camino suchen,

die auch nicht immer dort am Weg angebracht sind, wo man sie logischerweise sofort suchen würde.

Langsam wird es hell. Der Weg zieht sich durch das Land. Heute zeigt sich das erste Mal wieder so richtig die Sonne, seit ich in Galicien bin. Ich ziehe die Jacke aus, befestige diese auf dem Rucksack und weiter geht es.
Ich staune, wie viele Pilger/Wanderer unterwegs sind, die mich langsamen Geher ständig überholen. Alles jugendliche Pilger/Wanderer und viele Radfahrer. Den Pilgergruß „buen camino", den höre ich nur noch selten.
Es sind jetzt noch ca. 70 Kilometer bis Santiago. Die Radfahrer werden sehr wahrscheinlich heute noch dort sein, und ich registriere mit Erstaunen, dass ich nunmehr schon gut 700 Kilometer gegangen und seit 30 Tagen unterwegs bin. Ich hoffe, ich werde es in den letzten 3 Tagen schaffen, wenn meine Füße mitmachen, die mir nach diesem Aufstieg bei jedem Schritt so richtig schmerzen.

Ich frage mich: *„Santiago, das ersehnte Ziel, die große Hoffnung...was wird es mir bringen? ...und alles was ich bisher gesehen und erlebt habe, scheint mir plötzlich wie gestern."*

Evangelische Pilgerbetreuung?
Plötzlich, in einem kleinen Ort, eine willkommene Unterbrechung. Ein Schild besagt: Kaffee, Tee, Getränke für Pilger gratis. Nanu? Das ist aber eine angenehme Überraschung? Das hat es ja bisher auf dem Jakobsweg noch nie gegeben. Da bin ich aber neugierig. Neben einer Scheune ist ein Kaffeeautomat aufgebaut. Auch Milch, Zucker, Gebäck oder andere Getränke gibt es gratis. Wir

werden von einigen jungen Leuten aufgefordert, uns zu bedienen.

Nachdem auch vielsprachige Informationen zu christlichen Themen angeboten werden, unterhalte ich mich mit einem jungen Mann, der den Stand betreut. Er erzählt zu meinem Erstaunen, das sei ein Stand der evangelischen Kirche Spaniens, welche hier eine Pilgerbetreuung eingerichtet hat. Evangelische Kirche in Spanien? Evangelische Kirche, hier auf dem Camino? Da bin ich doch sehr verwundert.

Ja, erklärt mir der Mann, sie seien eine nicht sehr starke, aber dafür sehr aktive Gemeinde, die auch hier ihren Beitrag für die Pilger des Camino leisten möchte. Nach einem längeren, freundlichen und informativen Gespräch, gehe ich dankbar weiter.

Der warme Kaffee mit Milch und Zucker hat mir richtig gut getan und meinen Füßen die Ruhe.

Ist der Camino katholisch?

Beim Weitergehen steht für mich plötzlich eine neue Frage im Raum, nämlich ob der Camino ein rein katholischer Weg ist, was ja auch der Tradition entspräche. Aber kann das heute noch sein, wo doch die Konfessionen zwar mühsam, aber doch versuchen, aufeinander zuzugehen?

Andererseits: Nachdem auf dem evangelischen Kirchentag 2003 in Berlin es ein katholischer Priester „gewagt hat" evangelische und katholische Christen gemeinsam zur Kommunion/Abendmahl, also an den sogenannten „Tisch des Herrn" einzuladen, entsprechend dem Jesuswort:

„Wo zwei oder drei in meinem Namen versammelt sind,
da bin ich mitten unter ihnen"

da wurde dieser Priester danach von seinem Bischof aus seinem Priesteramt enthoben.
Ich frage mich: Warum werden denn heute immer noch diese trennenden Glaubenskriege geführt? Wieviele katholische Christen müssen denn noch aus der Kirche austreten, bis diese Institution endlich versteht, dass sie so mittelalterlich nicht weitermachen darf? Ist es denn immer noch nicht Alarmzeichen genug, dass viele junge Eltern keinen Sinn in der Taufe mehr sehen, immer weniger Kinder zu Kommunion und Firmung geschickt werden, die Kirchen immer leerer werden?

„lauwarme Beliebigkeitsreligion"
Dazu fällt mir ein abendliches Gespräch beim Pilgermenü ein, an dem uns ein österreichischer Pilger-Prediger das Gespräch über den Gotteswillen und die Heiligkeit der katholischen Kirche geradezu aufdrängte.
Er propagierte uns die Strenge der Kirche und der Kirchengesetze. Er war einig mit dem alttestamentarischen Gott. Er sah im Jakobsweg eine rein katholische Angelegenheit, die er vehement vertrat. Er meinte, man müsse alle die nicht katholisch seien von diesem geheiligten Pilgerweg verjagen, so wie Jesus im Tempel die Händler, Geldwechsler und Pharisäer hinausgehauen hat.
Auf meinen Protest hin sagte er mir erbost, da vertrete ich ja eine „lauwarme Beliebigkeitsreligion ohne Fundament" und eigentlich gehören solche Leute wie ich nicht auf den Camino, sondern auf einen normalen Wanderweg.
(So: bin ich jetzt sündig, das ich katholisch bin, hier gehe und selbst denke, bin ich nun von Satan verführt oder geisteskrank und neurotisch?)

Vor 300 Jahren hätte mich ein solcher Mensch sehr wahrscheinlich der Ketzerei angeklagt, weil ich „zu viel und zu falsch" denke, und er hätte mich im Brustton seiner alttestamentarischen Überzeugung Psalmen singend bei lebendigem Leib auf einem Scheiterhaufen als fehlgeleiteter Schädling verbrannt... und wie oft ist genau das durch solch fanatische Menschen passiert.

Ich empfinde es 2000 Jahre nach Christi Geburt als wenig konstruktiv, wenn wir immer noch Glaubenskriege führen, obwohl ja gerade unsere katholische Kirche ständig den liebenden, gütigen, verzeihenden und All-einigen Gott propagiert, aber ihre Kirchengesetze und – Vertreter, sich mit der All-Einigkeit in der Praxis immer noch sehr schwer tun...wie soeben sichtbar!

Ist Gott denn katholisch?
Ist nicht Gott, sehr zum Ärger aller erzkatholischen Bibeldenker, in der Gestalt des Jesus von Nazareth, sogar als Jude auf diese Welt gekommen? Tritt uns nicht Gott in den vielen Kulturen dieser Welt in den unterschiedlichsten Ausdrucksformen gegenüber?
Sind nicht Jesus Christus, ob nun evangelisch oder katholisch betrachtet, Buddha, Mohammed, Allah, Jehova, Krishna oder Atman, ja selbst Naturreligionen wie Manitou oder der große Geist, sind das nicht alles nur unterschiedliche Ausdrucksformen Des Einen, Des Einzigen, Des Großen Schöpfenden Gottes? ...und wäre es nicht so, dann könnten wir ja wieder mit dem alten Götterglauben beginnen.

Ich denke:
- *Gott hat keine Religion.*
- *Gott ist weder katholisch, protestantisch, Mohammedaner usw.*
- *Gott möchte auch keine Religionen.*
- *Gott braucht keine Religionen, denn Religionen trennen uns!*

Religionen führen zu Gegenpositionen, zu Ablehnungen, zu Hass, Fanatismus und Kriegen. Religionen und deren Vertreter haben in den Jahrtausenden schon genug Unheil und Leid auf dieser ganzen Welt angerichtet..., also genau das, was Gott nie möchte.

Gott lässt sich nicht vor den Karren irgendeiner Religion spannen. Ich frage mich: Wieviele Menschen in dieser Weltgeschichte sind über die Jahrtausende im Namen einer Religion belogen, betrogen, und Andersdenkende bekämpft, gefoltert, gequält, verbrannt und ermordet worden, bis heute.

Man denke nur an die Kreuzzüge, den 30- jährigen Krieg, den 7-jährigen Krieg, Nordirland, Israel.

Was wir endlich auf dieser Welt brauchen ist die Akzeptanz des All-Einigen-Gottes, Toleranz und eine weite und verständige Sicht von seiner Schöpfung.

Wann wird das endlich begriffen, denn, Gott ist!

Jesus sagt uns:
   „Liebet einander, wie ich Euch geliebt"

Menschen allerdings, die immer noch mit dem Finger auf andere deuten und diese zu Sündern abstempeln, die immer noch katholisch von evangelisch trennen, (oder umgekehrt), die es heute immer noch notwendig haben, Mauern zwischen den

Konfessionen aufzubauen und heilige Kriege im Namen einer Religion zu führen, diese Menschen haben die Botschaften dieses einzigen, liebenden und schöpfenden Gottes immer noch nicht verstanden, obwohl sie oft davon reden oder manche sogar darüber predigen:

„Liebe Deinen Nächsten, wie Dich selbst."

„Wer Gott wirklich sucht, wird IHN in keiner Religion, auch nicht in steinernen, mit noch so viel Prunk verzierten Häusern, auch nicht an einem Kreuz, sondern wirklich nur in seinem Herzen finden."

Mein Weg, meine Beziehung zu Gott, beschäftigte mich heute auf diesem Weg nach Palas de Rei – so kurz vor Santiago – sehr.

Alles überfüllt
Als ich endlich am frühen Nachmittag, nach 26 Kilometer Marsch, in Palace de Rei ankomme, ist erwartungsgemäß die Herberge bis oben hin besetzt. Die freundliche Spanierin am Empfang resigniert einfach vor den vielen Pilgern, die ständig kommen, und sie resigniert auch wieder wenn sie gehen. Ich könne ja im Gang auf dem Stein-Fußboden schlafen, so wird mir angeboten.
Nach einer Pause entschließe ich mich, die 6 Kilometer bis zur nächsten Herberge weiterzugehen. Es ist schwül-warm an diesem Nachmittag. Die Füße tun mir zwar weh, aber ich laufe im Moment wie ein Automat, immer den wegweisenden Pfeilen folgend. Nach ca. eineinhalb

Stunden finde ich in der nächsten Herberge die gleiche Situation vor, fast wie erwartet. Alles überbelegt.

Klar – so kurz vor Santiago, das sind jetzt noch circa 60 Kilometer, konzentrieren sich alle Pilger/Wanderer auf den Rest des Weges. Außerdem mündet jetzt der Jakobsweg, der an der Küste entlang geht und der Jakobsweg, der aus dem Landesinneren kommt, in diesen Hauptweg ein, sodass nun drei Pilgerströme aus unterschiedlichen Richtungen auf dem letzten Wegstück zusammen gehen. Von den vielen Spaniern, die jetzt Urlaub haben und diesen Weg gehen, ganz zu schweigen.
Mein Konflikt ist, nun hier zu bleiben, wo auch alles so schrecklich überfüllt ist, eventuell ein Privatquartier zu suchen, im Freien zu übernachten oder weiter zu gehen nach Melide, in eine Herberge, die mit großer Kapazität beschrieben wird.
Ich denke, jetzt bin ich eingelaufen, die Füße und meine Schultern schmerzen zwar, aber ich versuche es eben. Ich fasse auf meine Jakobsmuschel, spüre die Kraft und laufe noch einmal los… Santiago ruft mich mit dem alten Pilgerruf:

Ultreia, vorwärts!
Es ist schon Nachmittag und ich habe noch 10 Kilometer vor mir. Ich laufe, laufe, laufe, mein Körper funktioniert einfach automatisch. In meinen Gedanken bin ich aber nicht mehr auf dem Weg. Ich bin wieder beim Trance-laufen, bin weit, weit weg, spiele Möglichkeiten durch, wie mein Leben weitergehen wird, wenn ich wieder daheim bin, was ich ändern sollte und was ich ändern werde. Ich spüre meine

schmerzenden Füße, meinen Rücken, meinen ganzen Körper nicht mehr.

... und plötzlich bin ich in der Stadt Melide, inmitten eines lärmreichen Stadtfestes. Ich frage mich zur Pilgerherberge durch und bekomme dort zu meiner Freude noch einen leeren Schlafplatz, allerdings direkt neben der Toilette, deshalb war diesr noch frei. Aber das ist mir völlig egal. Wie heißt es so schön:
Ein Pilger soll weder zimperlich noch anspruchsvoll, doch dankbar für das Dach über dem Kopf sein.

...und das bin ich auch. Die übliche Prozedur beginnt, Auspacken, Bett machen, Duschen usw.

Vor dem Duschraum steht mir plötzlich Monika, eine der beiden Münchnerinnen gegenüber, die ich bei einsetzendem Regen im Berg kurz vor Molinaseca traf. Trotz der flüchtigen Begegnung von damals erkennen wir uns sofort wieder. Es wird ein sehr intensives und tiefes Gespräch.
Monika erzählt mir von einer großen Krise mit ihrer Freundin Marion, die mir damals ihre esoterischen Theorien des Jakobswegs vermittelt hat. Marion wolle seit einiger Zeit nur noch privat übernachten, da ihr die Pilgerherbergen zu ungepflegt seien.

Nach dem Duschen und Umziehen stöbere ich ein bisschen durch die Stadt, besuche die Kirche zu Ruhe, Einkehr und Dankgebet.

Pilgerweg oder Luxushotel?
Zu meiner Überraschung treffe ich die beiden Frauen danach im Restaurant beim Pilgermenü wieder. Die Stimmung zwischen den beiden ist spannungsgeladen, aber beide versuchen das zu überspielen.
Im Laufe des – erst einmal von mir geführten - Gesprächs wird es klar, dass das ztw. durchaus stimmige Argument der Marion „der teilweise wenig gepflegten Pilgerherbergen" eigentlich als eine Abwehrhaltung für ihre Freundin gedacht war.

Monika, eine eher bescheidene und sparsame Frau, meinte, ein Pilger gehöre in die Pilgerherberge. Sie könne sich auch die Übernachtungen und das Leben in Privatpensionen und Hotels und es sich gut gehen und sich verwöhnen lassen und schicke Abendprogramme dazu, auch nicht leisten. Außerdem gehören diese Dinge schon aus Prinzip für sie nicht zum Pilgern, auch nicht zu ihrem Leben. Aber sie habe aus Rücksicht auf ihre Freundin Marion und ihrer luxuriösen Lebensart immer wieder nachgegeben. Sie habe sich immer wieder zurückgenommen und angepasst.

Aber nun, circa 50 Kilometer vor Santiago, spüre sie genau, sie habe sich eigentlich von diesem spirituellen Weg etwas ganz anderes erwartet, als Auto – Stopp - fahren, schöne Hotels, Besichtigungen, Kleider kaufen und tolle Abendprogramme in irgendwelchen Bars und Clubs. (Ich wusste bisher gar nicht, dass es so etwas hier überhaupt gibt!) Und nun ist sie enttäuscht, insbesondere, wenn sie uns Pilger von unseren Erlebnissen und Erfahrungen berichten hört.

Nun ja, wenn man so unterschiedlich ist, sollte man sich seine Freunde(innen) halt besser aussuchen. Das klappt sicher in München gut, wenn man sich hie und da sieht und miteinander den Abend verbringt.

Aber mit einer narzisstischen Prinzessin, mit solch einem „Luxusweibchen" und dessen Anspruchsdenken auf einen Pilgerweg zu gehen, der im ursprünglichen Sinn immer etwas spartanisch ist, das ist wohl ein Risiko.

Hier scheint Santiago gut an beiden gearbeitet zu haben: Die Unterschiede der beiden sind nun klar auf dem Tisch und beide haben sich nun von einer ganz anderen Seite kennengelernt. Ob diese „Freundschaft" das wohl überstehen wird?
Beide entschließen sich (endlich), ab morgen getrennte Wege zu gehen. Monika möchte allein und als Pilgerin weitergehen. Marion möchte mit dem Bus nach Santiago fahren, sich dort ein schönes Quartier suchen, vielleicht noch weiterfliegen.

Wie oft habe ich in den Therapien Paare erlebt, die im Urlaub, im Hotelzimmer, in dieser ungewohnten „Zwangsnähe" heftig aneinander gerieten und deren Urlaub so – wie bei diesen beiden Frauen – zu einer unerwarteten Katastrophe wurde, zeitweise sogar mit Scheidung endete.

Das, um wie viel mehr, auf einem 4-wöchigen Pilgerweg, noch dazu wenn 2 Menschen so unterschiedliche Lebenseinstellungen haben. Das reicht erfahrungsgemäß wunderbar für einen Discobesuch oder zum Pizza essen, aber hier auf dem Camino?

Wie oft mögen wohl andere Paare oder Gruppen auf diesem Camino Ähnliches erleben. Das ist auch so ein Geheimnis des Camino ... wenn man sich darauf einlässt, werden wir Menschen sichtbar.

Abends im Bett tun mir wieder schrecklich meine Füße weh. Sie sind beide geschwollen. Ich denke an den heutigen Tag zurück, über meine Herbergssuche, über meine innere Diskussion über Religionen und über die Unterschiedlichkeit von Menschen, wie ich es bei diesen beiden Freundinnen wieder erleben durfte...

Aber auch daran, dass es von hier bis Santiago nun noch genau 53 Kilometer sind.

Danke Santiago.

*****

31. Tag: Melide – Ribadiso – Azura – Santa Irene

„Ultreia" - Vorwärts

Nach einer weiteren, sehr unruhig verbrachten Nacht, neben einem häufig aufgesuchten Bad und Toilette, mit ständigem Tür auf, Tür zu und dauerndem Rauschen der Toilettenspülung, bin ich in der Früh wieder einmal wie zerschlagen. Dann ist die übliche Prozedur angesagt, das sehr korrekte Packen des Rucksackes, die Achtung auf alle anderen Kleinigkeiten, das Eincremen der nun schon in der Früh geschwollenen und stark schmerzenden Füße.

„Wo ist nur mein Schwung geblieben?"
So gegen 6.00 Uhr stehe ich vor der Herberge. Es ist wie gewöhnlich noch dunkel und kühl.

Ich fühle mich heute wieder unausgeschlafen und wie zerschlagen, es fröstelt mich. Meine Füße schmerzen bei jedem Schritt sehr, ein Schmerz, der von den Fußsohlen bis in die Haarwurzeln steigt. Auch der Rucksack drückt schrecklich.

Ich frage mich: Wo ist nur mein Schwung geblieben, den ich zu Beginn meiner Pilger-Wallfahrt hatte? Ich komme mir heute wie ein alter Mann vor, der zu seiner eigenen Beerdigung geht. Ich bin im Moment so richtig depressiv, spüre, es sind die dauernden Schmerzen, es ist die Entzündung im Körper, es ist das Fehlen von ruhigem und erholsamem Schlaf. Ich bin einfach ausgebrannt, so kurz vor dem Ziel.

Ich schleppe mich Schritt für Schritt weiter, bewundere die Jungen, die laut schwatzend und mit federnden Schritten schnell an mir vorbeigehen. Irgendwie wird der Jakobsweg zu meiner Passion.

Die Stadt Melide wirkt im Licht der orangenen Straßenlaternen geradezu mittelalterlich und ausgestorben. Die Pfeile führen mich stadtauswärts. Ultreia! Weiter, vorwärts, immer weiter, in Richtung Santiago. Ultreia! Versuche ich mich mit diesem mittelalterlichen Pilgergruß selbst zu motivieren. Ich fasse auf meine Jakobsmuschel, bitte um Beistand und Kraft, aber Santiago schläft anscheinend noch. Nun, das fängt ja heute gut an...

Ich singe mein Lieblingslied vor mich hin: „Von guten Mächten wunderbar geborgen..." Besonders gut passt heute die dritte Strophe zu mir:

„Und reichst Du uns den schweren Kelch den Bittren,
Des Leids gefüllt bis an den höchsten Rand,
So nehmen wir ihn dankbar ohne Zittern,
aus Deiner guten und geliebten Hand."

Ref: Von guten Mächten wunderbar geborgen...

Auf der Suche nach spiritueller Hilfe

Langsam wird es dämmrig und dann relativ schnell hell. Da ich aufgrund der Schmerzen in meinen Füßen nur sehr langsam gehe, oder besser, nur noch dahinschleiche, nehme ich viele Details des Weges wahr. Inmitten eines

Waldweges erlebe ich eine Überraschung. Ich überquere einen kleinen Bach (Barreio) über eine geradezu malerisch primitive Steinbrücke.

Seitlich davon, fast wie in Meditation versunken, sitzt eine Frau mittleren Lebensalters, ihres Aussehens nach eine Spanierin. Also grüße ich sie. „Hola, buenos dias, buen camino" und höre als Gegengruß ein leises: „bongiorno."
„bongiorno," grüße ich zurück, und frage vorsichtshalber, ob sie Italienerin ist... und so kommen wir über den Zauber dieses mystischen Ortes hier ins Gespräch.
Eigentlich möchte ich jetzt in der frühen Morgenstunde weitergehen, denn bis nach Santiago sind es „nur" noch 50 Kilometer, aber irgendetwas hält mich hier gefangen.
Ich frage mich: ist es dieser malerisch-mystische Ort mit seinem Bach, dem kleinen See, der alten Brücke, der Morgen oder ist es diese Frau?
Weg sind plötzlich meine Schmerzen und Probleme, als sie mich einlädt, mich doch ein bisschen zu ihr zu setzen. Menschen, die italienisch sprechen, sind anscheinend rar.

Ich weiß nicht, woher sie das Vertrauen nimmt, aber nach einigem Meinungs- und Erfahrungsaustausch über den Camino, erzählt mir Maria, so ihr Name, ganz offen warum sie diesen Jakobsweg geht.
„Sie suche spirituelle Hilfe beim Heiligen in Santiago. Sie war 18 Jahre verheiratet, habe 2 Kinder im jugendlichen Alter und ihr Mann habe sich vor einem Jahr von ihr getrennt, wegen einer wesentlich jüngeren Frau, so Maria. Seither gehe es ihr sehr schlecht.

Sie habe immer wieder Eß- und Schlafstörungen, auch Depressionen. Sie brauche zeitweise Ärzte, oft sogar Psychopharmaka. Selbst jetzt, nach einem Jahr, komme sie mit der Situation immer noch nicht klar.
Sie sei sehr gläubig, bete viel, war aber auch schon bei Kartenlegerinnen, Astrologen, Wahrsagern, aber jeder sagt etwas anderes. Nun habe sie in einem Buch über Santiago gelesen und sie möchte dem Heiligen ihre Bitte für den Fortbestand der Ehe vortragen."

Diese Maria ist mir sehr sympathisch. Großartig finde ich, mit welchem Glauben sie den Weg hierher auf sich genommen hat... und doch hat der Therapeut in mir, so seine eigene Meinung zu dieser ganzen Angelegenheit, die mir aus vielen ähnlichen Therapiesitzungen sehr wohl bekannt ist.

Und so entsteht zwischen uns beiden, an diesem geradezu mystischen Ort, so eine Mischung aus psychologisch - mystischem Therapiegespräch, auch auf dem Hintergrund meiner langjährigen Erfahrung mit ähnlich gelagerten Fällen. Dieses Therapie-Gespräch auf Italienisch hat mich und meine letzten Reserven der italienischen Sprache ganz schön gefordert. Aber ich habe selten eine so gute Zuhörerin, wie diese sanfte und gläubige Frau erlebt, die geradezu an meinen Lippen hing und die jedes meiner Worte genau verstand.

Irgendwann, ich denke nach dem Sonnenstand ist es schon ungefähr 10 Uhr, gehen wir weiter. Viele, sehr viele Pilger/Wanderer sind in der Zwischenzeit an uns vorbeigegangen. Maria bedankte sich bei mir herzlich und sie bittet mich, sie möchte nun wieder alleine weitergehen und nachdenken, was ich natürlich nach unserem (Therapie) - Gespräch auch verstehe.

Meine Füße sind allerdings mit der gut dreistündigen Pause sehr einverstanden gewesen, aber nun beschweren sie sich wieder bei jedem Schritt. Es war wohl gestern doch viel zu viel der Belastung... und nun ist jeder Schritt eine Qual und ich schleiche schmerzgeplagt vor mich hin.
Der Weg ist heute sehr abwechslungsreich. Er schlängelt sich durch das Land, führt oft durch kleine Wälder, auch Eukalyptuswälder, was man sofort riecht. Er durchquert viele kleine Ortschaften und Siedlungen mit ein paar Häusern, die hier allerdings einen weit ordentlicheren Eindruck machen als vor Portomarin. Zeitweise führt der Camino auch steil hinauf und dann wieder hinunter, was mir meine Füße übel vermerken...und das alles in brütender Sonne.

Wegen der immer stärkeren Schmerzen bei jedem Schritt, geht es immer langsamer vorwärts... und ich wollte heute mindestens 20 Kilometer schaffen.
ch habe mich schon so darauf gefreut, eventuell morgen in Santiago zu sein.
Aber eines wird mir immer klarer: Mit diesen entzündeten Füßen und diesen schrecklichen Schmerzen, schaffe ich das nie!

Aus. Es geht nicht mehr!
Irgendwann, am frühen Nachmittag, in brütender Hitze, erreichte ich die Ortschaft Arzua. Ich habe von Melide bis

hierher circa 14 Kilometer geschafft...nur 14, denn ich kann nicht mehr. Jeder Schritt ist nur noch eine Qual, ist wie ein Dolchstoß, von unten nach oben durch den ganzen Körper.

Jetzt kann ich wirklich nicht mehr, keinen Schritt mehr. Mein ganzer Körper ist nur noch ein einziger großer Schmerz. Ich muss mich jetzt und sofort hinsetzen, sehe aber nirgendwo eine Bank. So setze ich mich auf einen Stein, direkt neben einer enorm stark befahrenen Straße, die – so glaube ich – sogar nach Santiago führt.
Ich ziehe unter großen Schmerzen die Trekkingschuhe von den stark geschwollenen Füßen herunter und bin verzweifelt.
Aus, denke ich, wirklich AUS!
Ich bin nun 40 Kilometer vor Santiago und vor Wut über mich selbst, Hilflosigkeit und Verzweiflung, weil ich nicht mehr weiter kann und ich hier sitzen und nun aufgeben muss, laufen mir die Tränen herunter.

Mir ist klar: Dieses Mal bin ich wirklich am Ende. Ich hatte meinen 1. Zusammenbruch in Foncebadon, meinen 2. Zusammenbruch am Fuß des El Cebreiro und jetzt der 3. und letzte Zusammenbruch.
Aber nun ist es endgültig aus mit dem Fußpilgern. Ich bin einfach fertig, bin ausgebrannt, ja eigentlich bin ich mit den entzündeten Füßen krankenhausreif. Diese Erkenntnis, so hilflos und so schwach zu sein, tut einfach weh.
Ich weiß nur eines: Weiter zu Fuß nach Santiago pilgern, das geht einfach nicht mehr... und ich fühle mich wieder einmal als Versager.

Mit dem Bus nach Santiago?
Auf der Straße vor mir ist ein mächtiger Verkehr in Richtung Santiago. Ständig rauschen Pkws, donnern LKWs und Busse in einer irren Geschwindigkeit an mir vorbei. Dieser laute Platz hier, bei dem ich mich schon von den vielen Auspuffabgasen halb vergiftet fühle, ist mir höchst unsympathisch. Ich muss hier dringend weg.
Plötzlich fährt sogar ein Linienbus an mir vorbei, vorn mit der Aufschrift „Santiago". Bis ich zum Nachdenken komme ist dieser an mir vorbeigerauscht.

„Ja, warum stelle ich mich denn gar so an, frage ich mich? Viele fahren mit dem Bus, einige machen sogar Autostopp... und niemand hätte aufgrund der Füße mehr Recht nun nach Santiago zu fahren als ich.
Nein, eigentlich möchte ich mir Santiago zu Fuß „er-pilgern", klingt fast wie erarbeiten, irgendetwas treibt mich dazu. Ich möchte mir meine Pilgerurkunde „Die Compostela", wirklich verdienen.
Aber ich brauche dringend Ruhe, brauche eine Aus-Zeit, bevor ich weiter gehen kann. Gut, denke ich nun, dann dauert es eben noch drei Tage länger, bis ich in Santiago bin, aber ich werde zu Fuß gehen."
Ich überlege, ob ich in der Herberge hier am Ort versuchen soll, einen Schlafplatz zu bekommen, oder das erste Mal in eine Privatherberge zu gehen, als plötzlich am Straßenrand ein Auto hält.

Mein 3. Schutzengel

Ein älterer, weißhaariger Herr steigt aus, fragt, ob mir etwas fehle, da ich keine Schuhe anhabe und so traurig dreinschaue, ob er mir helfen und mich eventuell mitnehmen könne.
Ich bin in diesem Moment in so einer Mischung aus überrascht, erfreut, schlechtem Gewissen, denn eigentlich möchte ich ja allein und zu Fuß gehen. Ein Pilger geht doch zu Fuß...oder? Andererseits ist das Gehen zurzeit mit den geschwollenen und entzündeten Füßen nicht mehr möglich.
Wieder so ein Schutzengel, geht es mir durch den Kopf, genau in dem Moment als gar nichts mehr weitergeht. Das ist doch faszinierend. Danke Gott, danke Santiago.

Ich muss nicht viel erzählen, meine geschwollenen Füße sprechen für sich. Ich frage ihn, ob er mich eventuell bis zur nächsten Pilgerherberge nach Santa Irene mitnehmen könne, denn ich hoffte, dort einen Schlafplatz zu bekommen.

Er schaut lange meine Füße an und sagt dann: *„Madonna mia"*. Dann fragt er gar nicht lange, nimmt einfach meinen Rucksack und legt ihn in sein Auto, hilft mir „Schwerbehinderten" beim Einsteigen (man müsste sich ja eigentlich schämen!) und fährt los.
Als wir an einigen Pilgern vorbeifahren, die wegen des schweren Rucksacks, mit der typischen Haltung des leicht gekrümmten Rückens vor sich hin stapften, habe ich sofort wieder ein schlechtes Gewissen, dass ich mir hier solche Vorteile verschaffe.
Plötzlich biegt mein Schutzengel von der Hauptstraße ab. Ich frage ihn, ob er nicht nach Santa Irene fährt und er

meinte „si, si" und erzählte mir noch einiges, was ich in dem lauten Auto nicht verstehe.
Immer weiter fährt er ins Hinterland, immer ländlicher wird die Gegend, bis er plötzlich vor einem älteren Haus mit großem Garten anhält.

Nächstenliebe:
Er stieg aus und deutete mir kurz zu warten. Ich bin beruhigt, denke, der Mann hat hier nur schnell etwas zu erledigen. Doch dann, nach einiger Zeit, kommt er mit seiner Frau zum Auto. Beide bitten mich in ihr Haus. Sie meinen, dass mir Ruhe sicher gut tut... und dann laden mich die beiden älteren und freundlichen Leute einfach zum gemeinsamen Mittagessen ein.
Ich bin davon total gerührt. Nach dem einfachen aber reichlichen Mittagsmahl mit einem Glas Rotwein und einer für mich ungewohnten Tasse sehr starken Kaffees danach, geht es mir von meiner „inneren Wetterlage" ein gutes Stück besser.

Die gute Frau ist wegen meiner Gesundheit sehr besorgt. Sie stellt mir im Hof, im Schatten eines großen Baumes, neben einem Wasserhahn eine kleine Wanne hin für Fußbäder, bringt mir Meersalz und Essig dazu... und sie schlägt ihre Hände über den Kopf zusammen, als sie meine stark geschwollenen Füße und die beiden blauen Zehennägel sieht.
Sie ruft sofort ihren Mann, zeigt ihm meine Füße und für beide ist klar, der Mann fährt mich nachher ins Krankenhaus. Erst als ich beiden sage, dass ich selbst Naturarzt bin und

genau weiß was ich tun muss, kann ich diesen Akt der Nächstenliebe der beiden abwenden.

Wir plauderten viel, jedenfalls soweit meine Spanischkenntnisse reichten. Ich sei Deutscher? Ja, Deutsche waren unter Franco einmal sogar unsere Verbündeten. Deutsche sind in Spanien sehr beliebt, jedenfalls die Älteren. Deutsche sind wohlerzogen, unaufdringlich, zuverlässig, ehrlich und sehr fleißig, außerdem oft sehr gebildet..., so erzählen mir die Leute ihre Vorstellungen von uns Deutschen.
Der Mann spricht neben perfektem Englisch auch relativ gut Deutsch. Er war einige Jahre in Deutschland, erzählt er, und habe in Hamburg in einer Handelsmission gearbeitet. Beide sind sehr neugierig, sie wollen viel von mir wissen, wollen wissen, welchen Vogel sie sich da eingefangen haben.

Ich bin immer noch unruhig. Ich denke, ich kann doch nicht ewig hier bleiben und den beiden zur Last fallen, aber sie meinen nur, ich solle nur nicht so besorgt sein, das kommt alles in die Reihe. Die Frau meint, ich könne mich jetzt erst einmal hinlegen, meinen Füßen Ruhe gönnen und ein wenig schlafen, ...und sie meint, ich könne doch auch über Nacht hier bleiben... Platz sei genug im Haus und das Zimmer des Sohnes sei sowieso leer... und alle meine Sorgen für diesen Tag sind plötzlich verschwunden.
Sie bringt mich in ein kleines Zimmer im ersten Stock, in dem schon mein Rucksack steht, zeigt mir das Bad daneben, sagt ich solle ruhig schlafen und mich ausruhen und geht wieder.

Freud und Leid
Als ich gewaschen auf dem Bett liege, zur Ruhe komme, zieht dieser Tag an mir vorbei: In der Früh die schmerzenden Füße, dann Maria aus Italien mit ihrem Seelenschmerz seit einem Jahr...und nun wieder die Füße...Leid, immer wieder Leiden. Ich frage mich, warum es so viel Leiden gibt?

„Leid das ist der Gegenpol von Freude, das ist wie Yin und Yang, Freud und Leid gehören einfach zusammen.
Ich frage mich bei Thema Leid: das kann doch nicht der Sinn unseres Lebens sein, oder etwa doch? Und somit bin ich wieder einmal beim Thema Leid angekommen, ohne das es ja auch keine Patienten bei mir gäbe!
Stimmt, ich lebe vom Leid der Menschen. Alle heilenden Berufe leben vom Leid der Menschen, Ärzte, Apotheker, Masseure, Physiotherapeuten, Krankenhäuser, Kuranstalten, die Pharmaindustrie und –Forschung.
Ach du meine Güte, und wovon lebt die Freude? Freizeitparks, Videoindustrie, Fernsehen, Kinos, Urlaub, es sich gut gehen lassen, Sex-Welt, Autos, Geld, Besitz..., das sind doch die Elemente unserer weltlichen Welt.

Aber ich bin hier auf dem Jakobsweg, der ja traditionell katholisch ist. Freud und Leid, katholisch gesehen würde heißen:
Leid: Sünde, Schuld, Verrat, Leidensweg, Schmerz, Qual, Kreuzigung, Tod, Trauer
Freude: göttliche Liebe, Auferstehung, Himmelfahrt, Paradies.
Das ist das Freud / Leid - Yin und Yang unserer katholischen Kirche, die man in den Bildern und Statuen, aber insbesondere in den Darstellungen von Jesus am Kreuz, auch Kreuzwegbilder

überall sehen, hören und erleben kann...auch hier auf dem Jakobsweg.
Das Übergewicht liegt aber deutlich auf dem Leid. Denn Leid erleben wir Menschen ständig, seelisch, geistig, körperlich, überall.

Aber Freud: göttliche Liebe, Auferstehung, Himmelfahrt, Paradies ist unerreichbar weit weg. Aber Schuld, Sünde und Leid werden immer noch sehr stark dargestellt, weil es die Menschen immer direkt betroffen und bewegt hat.

Nur: viele Menschen unserer heutigen Zeit haben genug von Schuld, Sünde, Leid, beten usw. Sie würden von unserer Kirche eine motivierende und aufbauende Botschaft eines liebenden Gottes brauchen... (ich übrigens auch!)
Wen wundert da der Zulauf zu Maria. Maria ist der weibliche Pol Gottes. Bei ihr steht die Liebe im Vordergrund und nicht das Leid.

Bringt Leid Erlösung?
Dabei fällt mir zum Thema Leid ein altes katholisches Kirchenlied ein, welches in meiner Kindheit immer wieder in der Messe gesungen wurde:
„O Du Lamm Gottes unschuldig, am Stamm des Kreuzes geschlachtet..., all Sünd hast Du getragen, drum müssen wir verzagen, erbarm Dich unser, o Jesu."
Mein Gott, denke ich erschreckt, was ist denn das nur für ein Text? Unschuldig geschlachtet, all Sünd getragen, wir müssen verzagen... ja wieso denn?
Ich habe das so genannte Erlösungswerk eines Gottes, der als Jesus von Nazareth auf diese Welt kam und sich „freiwillig dem Leiden des Kreuzestodes" unterwarf, wie es so schön heißt, (der

also nicht geschlachtet wurde!) um dadurch die Welt (also auch mich!) von ihren „Sünden" zu erlösen, bis heute nicht verstanden.

Es hat auch von all denen, die dieses „Erlösungswunder" von der Kanzel gepredigt haben, noch keinen gegeben, der es mir so erklären konnte, dass ich dieses sogenannte Mysterium verstanden hätte. Ich denke, dass erlöst doch nichts und niemanden, dadurch das da jemand ans Kreuz genagelt wird.

Ebenso finde ich die Erklärung von dem so genannten Sündenfall von der Eva völlig unverständlich, das nun dadurch jedes neugeborene Kind automatisch eine „Erbsünde" in sich tragen soll, und wir alle nun ein Leben lang daran leiden müssen.
Gut, bleiben wir einmal bei dieser Geschichte: Die Eva hat doch keine Sünde begangen, als sie durch Luzifer, dem obersten aller Erzengel, dem göttlichen Lichtbringer, „verführt wurde" und vom Baum der Erkenntnis aß. Gott wollte das doch so, dass wir Menschen, als seine Geschöpfe, uns Erkenntnis „einverleiben- also diese symbolisch essen", um daran zu wachsen und zu reifen. Der Preis für diese Erkenntnis ist, dass wir Menschen uns ständig entscheiden können, sollen, müssen.
Gott hat uns Menschen durch die Fähigkeit zur Erkenntnis aber auch die Möglichkeit gegeben, keine Kriege mehr zu führen, sondern aufeinander zuzugehen, tolerant zu sein, und Gott als den großen liebenden Schöpfer zu erfahren und anzuerkennen.

Ich finde die kirchlichen Vorstellungen unerträglich, dass jeder Mensch schon durch den kleinsten Gedanken, der sich nicht mit Gott und den Gesetzen beschäftigt, welche die Institution Kirche vorschreibt, dass dieser Mensch nun automatisch zum schweren Sünder wird.

Und die einzige Chance aus dieser Falle herauszukommen, ist das Verharren in Demut, das Ertragen von Leid als Konsequenz der Sünde und beten, beten, beten, Bitten um Vergebung und Verzeihung, dafür das ich ein Mensch bin, mit einer „Erb-Sünde", für die ich nichts kann. Wie heißt es so schön: „Durch meine Schuld, durch meine übergroße Schuld..."
Ich frage mich: Muss ich mein persönliches Leben nun auch noch mit meiner Erbsünde einer imaginären Eva belasten, oder mit der „Schuld" meiner Mutter, die mich in Sünde, also unehelich, geboren hat?

Mich nervt oft das „Bodenpersonal"
Nein und nochmals nein. Die Vertreter unserer Kirche haben mit ihren Leidens- und Schuldzwängen über Jahrhunderte ein wahrhaft neurotisch-depressives Zwangs- Programm für uns Menschen aufgebaut, das zwangsläufig dazu führen muss, sich nur noch sündhafter, noch wertloser zu fühlen, überall nur noch Verfehlungen und Sünden zu sehen, sich selbst dafür ständig zu geißeln und um Verzeihung und Erlösung zu beten und zu bitten.
... Und alle anderen, die nicht in dieses Bild passen, werden verurteilt und wurden früher sogar auf einen Scheiterhaufen gestellt.

„Gott, meinst Du das wirklich so? Ist das Deine Botschaft an uns Menschen? Ich denke Nein! Denn wenn Du ein Gott der Liebe bist, woran ich wahrhaft glaube, dann kann ein solch neurotisches Schuld-, Sünde-, Hölle- und Teufel - Zwangsprogramm nicht von Dir stammen, weil es uns Menschen, also Deine Geschöpfe, in schwerstes seelisches Leid und Konflikte stürzt.

Mich nervt dieses „Bodenpersonal", welches heute noch mit solchen Darstellungen und Botschaften von Dir arbeitet.
Und genau das erlebe ich in meiner Praxis in der täglichen Auseinandersetzung mit seelisch und körperlich leidenden Menschen, in Beziehungsproblemen, schweren Krankheiten von alt und jung, auch Tod... und die ewige Frage: wo ist denn nun der so genannte liebende Gott? Warum – so es ihn geben sollte – hat er das zugelassen?
Tja, warum? Und so stehe ich immer wieder in der Auseinandersetzung mit meinen Patienten, mit Gruppen, in Seminaren und Vorträgen, im Erklären der Hintergründe unseres menschlichen Leidens, Krankheit und Tot..., aber ich zweifle nie an der Existenz unseres liebenden, All-einigen und verzeihenden Gottes.

Und Gott/Jesus, Du hast Recht! Du hast Recht, das wir Menschen an uns arbeiten und uns entwickeln müssen. Dazu brauchen wir natürlich Deine Gesetze, Deine Führung, Deine liebende und auch verzeihende Hand.
Aber wir Menschen brauchen auch die Einsicht, in unsere Seele, in unser Unterbewusstsein hineinzuschauen, uns mit uns selbst auseinanderzusetzen, unser Leben auf Dich auszurichten.

Der alttestamentarische Pilger aus Österreich empfand das, was ich hier sage als eine lauwarme Beliebigkeitsreligion. Ich nenne ihn fanatisch.
Merkwürdig ist, was mir hier, so kurz vor Santiago, aufgrund der Schmerzen in meinen Füßen so alles durch den Sinn geht. Aber ich denke:

...ist nicht genau das der Sinn des Jakobsweges, während des Pilgerns über all die Fragen meines Lebens nachzudenken, mir Klarheit zu verschaffen und Antworten und Lösungen zu finden?

Ja, ich denke das ist so. Ich spüre es nun genau:

Gott/ Santiago hat mich auf diesem Jakobsweg an die Hand genommen. Ich komme mir vor, wie wenn er jeden Tag – wie bei einem Weihnachtskalender – ein neues Türchen in meiner Seele öffnet, mich hineinschauen lässt, mir immer wieder ein neues Puzzle meines Lebens hinlegt und es mich zusammensetzen lässt. Der Zweck: damit ich mich mit meiner Kindheit, meiner Mutter, meinem Leben und nun am Ende des Weges, mich mit meiner Beziehung zu Gott immer stärker auseinandersetze, um so alles besser, tiefer und intensiver verstehen zu lernen.

So ist das eben, wenn man von dem liebenden Gott an die Hand genommen wird. Er möchte mich dadurch wachsen und reifen lassen, weil er Interesse an mir und meiner Entwicklung hat...und wo kann er das besser tun, als hier auf diesem spirituellen Jakobsweg.

Danke Gott, Danke Santiago...ich habe es verstanden. Leid ist Lehre....und irgendwann bin ich eingeschlafen.

★★★★★

32. Tag: Santa Irene - Monte do Gozo - Santiago de Compostela

...*auf nach Santiago*

Als ich wach werde, kitzelt mich schon die Sonne auf meiner Nase. Die Hähne krähen fleißig... und es ist früher Morgen. Draußen ist es schon hell. Ja, es muss schon acht Uhr sein. Ich muss mich im ersten Moment erst einmal orientieren wo ich überhaupt bin, denn im Haus ist es traumhaft ruhig, die Luft war in der Nacht frisch und klar und ich habe von gestern Nachmittag bis jetzt tief und erholsam geschlafen. Sogar meine Füße haben sich etwas beruhigt.
Aber: Ich springe entsetzt aus dem Bett, da ich sonst um diese Zeit schon lange unterwegs bin. Schnell machte ich mich fertig, nur die lieben Leutchen, nötigten mich erst einmal zu einem ausgiebigen Frühstück.

Meine beiden Engel freuen sich, dass es mir besser geht, und es gibt erst einmal Marmeladenbrote, Eier, Käse, und dampfenden Milchkaffee, was ich heute auch alles gern genieße.

„Ich möchte zu Fuß weitergehen"
Danach gibt es eine besorgte Diskussion über meine Pilger-Zukunft: Die Frau meint, wegen meiner Füße, soll der Mann mich mit dem Auto einfach nach Santiago fahren, das sei ja nicht mehr weit. Er meint allerdings, er fahre mich besser erst einmal ins Krankenhaus.

"Nein", sage ich, *"Ich bin selbst Naturarzt, ich brauche deshalb kein Krankenhaus,"* was beide gut verstehen. Aber dann – und das verstehen sie überhaupt nicht: *"Ich möchte zu Fuß weiter nach Santiago gehen, denn ich bin Pilger."*
Beide meinten, ich habe wohl den Verstand verloren, mit den geschwollenen und entzündeten Füßen weitergehen...? Ich könne ja noch einen Tag hier bleiben, so ihr Angebot und mich noch ein bisschen ausruhen.

Meine beiden Engel
Ich verstand mich mit diesem liebenswerten älteren Ehepaar sehr gut, die so vieles über mich, mein Leben, den Camino und über meine Pilgerschaft wissen wollten...
"und die an mir und meinem etwas gestörten Spanienbild, so vieles wieder gut gemacht und geheilt haben, was ich mit anderen so erlebt habe."

Die Ruhe, die liebenswürdige Bewirtung, die Freude an unserem spanisch/engl. Gesprächskauderwelsch bekam mir prächtig, auch die Nachtruhe im Einzelbett ohne schnarchende Nachbarn... bis auf ein bisschen schlechtem Gewissen, denn eigentlich wollte ich den ganzen Weg zu Fuß gehen.

Aber der Heilige Santiago wird mir sicher nicht böse sein. Ich verabschiedete mich von meiner guten Fee und mein guter Engel bringt mich zum Jakobsweg nach Santa Irene, um mich kopfschüttelnd mit vielen Vorwürfen wegen meiner Unvernunft wegen der Füße wieder zu entlassen.

Ich glaube fest daran, dass mir diese beiden bescheidenen und liebenswerten Leute, als ich wirklich am Ende war – zur Hilfe in meinen (Lebens-)Weg gestellt worden sind, so wie ich es nun auf diesem Camino schon mehrfach erleben konnte, entsprechend dem Spruch:
„Wenn du meinst es geht nicht mehr,
kommt irgendwo ein Lichtlein her"

Danke ihr Lieben, Danke Santiago.

Es war wohl gut 10.00 Uhr als ich wieder auf dem Camino war und mich von den gelben Pfeilen leiten ließ. Aber meine Fußprobleme waren noch lange nicht weg und - jeder Schritt - war immer noch schmerzhaft. Jedoch heute, heute wollte ich unbedingt in Santiago ankommen, koste es was es wolle.

Die ganze Zeit über war Santiago so weit weg. Aber Santiago war das Ziel all meiner Sehnsucht und Hoffnung. Ich denke noch an den großen Brunnen zu Beginn meiner Pilgerwallfahrt, oben in den Pyrenäen, zwischen St. Jean du Port und Roncesvalles auf dem eingraviert stand: „Santiago 776 Kilometer, das war vor gut 4 Wochen .... Und nun sind es nur noch 23 Kilometer bis Santiago, normalerweise ca. 5 bis 6 Stunden Gehzeit. Meine Sehnsucht ist im Moment meinen schmerzenden Füßen weit voraus.

Wie mag es da Pilgern im Mittelalter erst gegangen sein, wenn sie weit aus Europa kommend, nach ca. 3000 Kilometer Fußmarsch hier angekommen sind?

Für andere zum „Kanal" werden

In einem kleinen Ort werde ich plötzlich aus meinen Gedanken gerissen, weil jemand laut meinen Namen ruft. Es ist Maria, meine Bekanntschaft von gestern. Sie sitzt vor einer Bar unter einem Sonnenschirm, bei einem Kaffee und winkt mir lebhaft zu, mich zu ihr zu setzen.

Wir begrüßen uns wie alte Bekannte, plaudern und tauschen unsere Erfahrungen des gestrigen Tages und Abends aus.

Plötzlich sagt sie zu mir: *„Weißt du, eigentlich möchte ich jetzt gar nicht mehr nach Santiago"* und auf meinen fragenden Blick hin erklärt sie mir etwas verschmitzt: *„Ich war nämlich gestern schon dort".* Ich bin etwas verwirrt. *„Wie"* frage ich, *„mit dem Taxi hin und zurück"? „Nein"* sagt sie, *„Du, du warst gestern für mich Santiago. Alle Antworten auf meine inneren Fragen hast du mir gestern gegeben. Ich habe die ganze Nacht kein Auge zugemacht und habe über all das nachgedacht, was wir so beredet haben und Du mir so dazu gesagt hast. Du warst gestern wie ein himmlischer Bote für mich. Ich bin dir so dankbar."*

Sicherlich höre ich manchmal Ähnliches von meinen Patientinnen, aber diese Frau rührte mich so, dass mir wieder einmal die Tränen in den Augen stehen. Verdammt noch einmal, was ist denn nur hier auf dem Camino mit mir los? Immer diese Rührseligkeit.

Nein, natürlich bin ich nicht Santiago. Aber klar, habe ich langjährige Erfahrungen mit Menschen und ihren Problemen.

„Aber wer bin ich denn schon? Mein „Kopf" weiß, das 3x3 = 9 ist. Aber welche Worte, welche Erklärungen, Mahnungen, Führungen, Anstöße usw. diese Frau für ihre Seele braucht, das weiß mein „Kopf" nicht.

Dazu brauche ich die Hilfe von „oben." Aber mein Engel weiß natürlich sehr genau, welche Botschaften diese Frau für ihre Seele und für ihre Probleme jetzt braucht. Ich, ich bin dann „nur" der Kanal, der seinen Mund für diese Botschaften zur Verfügung stellt.

Diese werden mir „von oben" eingegeben. Nennen wir diese „Hilfskräfte" einfach spirituelle Führer oder Engel. Ich glaube fest daran. Ja, ich weiß es ganz genau, dass es so ist. Wie oft habe ich dieses Geheimnis schon bei meinen hilfesuchenden Patienten erlebt.
Ich freue mich für Maria, dass es ihr plötzlich so gut geht, dass ich ihr, durch „meinen Engel geleitet", gestern die Dinge sagen konnte, die ihre dürstende Seele so dringend brauchte, das ich für sie „Kanal" sein durfte...

Aber nun drängt es mich, nach Santiago weiter zu gehen, denn ich möchte heute noch ankommen. „Nein", sagt sie, *„Ich möchte noch bleiben und es mir noch überlegen. Santiago ist mir jetzt nicht mehr so wichtig."* So gehe ich alleine weiter. Kurz und gut: Ich habe Maria nie mehr wieder gesehen.

...die Ernte einfahren

Während ich, wegen der Schmerzen in den Füßen, langsam Schritt vor Schritt setze, werde ich ständig von anderen allein oder in Gruppen überholt.

Ich bin wieder einmal bei meinem zentralen Thema des Camino:

„Warum gehe ich überhaupt diesen Weg, welches sind meine Beweggründe, was möchte ich auf den Altar von Santiago legen, was soll sich für mich dadurch in meinem Leben verändern?"

Das einzig Laute auf diesem Weg sind die vielen Jugendlichen und Radfahrer, (ja, wo kommen die denn nur alle her?). Die gehen oder fahren fast immer zu zweit oder in kleinen Gruppen eilig an mir vorbei. Meist schwatzen sie laut, reden, lachen, was man schon lange hört bevor sie überhaupt da sind und noch lange hört, wenn sie schon lange an mir vorüber sind.

Sie sind das Frühjahr des Lebens. Dazu gehört nun einmal die Lebendigkeit, die Unruhe, der Austausch, die Kommunikation, die Bewegung, das Lachen.

Ich „Oldie" hingegen, steuere nun nach „meinem Lebenssommer" auf den Herbst meines Lebens zu und der ist nicht mehr so ungestüm, sondern ruhiger. Es gibt auch sicher schon einige gelbe und braune Blätter, aber einen schönen Sonnenhimmel und viele reife und süße Früchte (die ich manchmal selbst noch nicht kenne oder wahrgenommen habe)... und mir wird klar:

„Ich bin nun dabei zu ernten, insbesondere hier, auf diesem Jakobsweg! Meine Ernte besteht hier aus Erkenntnissen über mich, über mein Leben, meine Kindheit, meine Mutter, mein so genanntes Elternhaus, meine Beziehungen, über das Leben an sich...und über meine Beziehung zu Gott.

Für diese Einweihung, hier auf diesem Jakobsweg, bin ich sehr dankbar. Und da meine Ernte reichlich ausfällt, bin ich auch ständig dabei, sie an andere zu verteilen."

Santiago ruft

Das Dröhnen eines landenden Flugzeuges „reißt" mich aus meiner inneren Betrachtung. Ich laufe neben einem Drahtzaun einer, der das Flughafengelände von Santiagos Flughafen Lavacolla abzäunt. Vorbei ist es mit der schönen Ruhe am Land, vorbei mit der inneren Betrachtung. Santiago ist heute nicht mehr eine kleine Kapelle in der Wildnis, sondern eine Großstadt, die hier schon ihre Schatten voraus wirft.

Weiter geht es, bergauf, bergab, durch kleine Waldgebiete und Ortschaften. Ich durchquere den Ort Lavacolla. Weiter führt der Camino hinunter zum Lavacolla Bach. Einst soll es für die Pilger Pflicht gewesen sein, dass sie sich vor dem Betreten der nahen Stadt Santiago, hier in diesem Bach gründlich wuschen, und sofern möglich, neu kleideten. Ich bin froh, dass ich das heute in dieser Brühe hier nicht machen muss.

Nach dem Aufstieg vom Bach, überquere ich wieder einmal eine Schnellstraße. Der Camino ändert in für mich verwirrender Form immer wieder seine Richtung, sodass ich richtig aufpassen muss und passiere nach einiger Zeit den riesigen Komplex des galicischen Fernsehens.

Auf dem „Berg der Freude"
Irgendwann am Nachmittag führt mich der Camino auf den berühmten Aussichtsberg Monte do Gozo, 5 Kilometer vor Santiago gelegen. Monte do Gozo heißt „Berg der Freude", die Freude der Pilger nämlich, endlich Santiago, das ersehnte Ziel vor sich zu sehen.

An den Hängen dieses Berges wurde 1989 aufgrund des damaligen Papstbesuches, ein riesiger Hotel- und Beherbergungskomplex hingestellt. Hier auf diesem Hügel stehen 25, für mich wenig in die Landschaft passende Wohnblöcke, mit Restaurants, Geschäften und sogar einer Rot-Kreuz- Station. Das sind moderne Containerbauten für circa 3000 Personen, in denen sich auch eine Pilgerherberge für ca. 800 Pilger befindet.
Aber alles hier „schmeckt schon sehr nach moderner Großstadt", auch wenn ich die Notwendigkeit solcher Einrichtungen verstehe.
Vom Aussichtspunkt sehe ich Santiago de Compostela vor mir liegen. Heute ist Santiago de Compostela eine Großstadt und als Hauptstadt Galiciens auch gleichzeitig Universitätsstadt. Von der Kathedrale sehe ich allerdings, aufgrund des riesigen Häusermeers, nichts. Ich bin enttäuscht. Schade!

Mein Berliner Nachbar, anscheinend Santiagokenner, der Arm in Arm mit seiner Freundin neben mir steht und mein „Schade" hört, meint lakonisch zu mir: *„Mensch Kumpel, sei doch froh, dedsde übahaupt wat siest wa, normalaweise rejents nämlich hier, vasteste, das sieste nur Dunst."*

Durch die Stadt...
Da mich Santiago „ruft", gehe ich nun trotz meiner wieder stark schmerzenden Füße weiter. Jetzt möchte ich wirklich ankommen, koste es was es wolle... und ich freue mich darauf. Nach Unterqueren der Autobahn und Eisenbahn, vorbei an einem Fußballstadion gehe ich durch die Vororte von Santiago. Die verkehrsreiche Stadt macht mir einen sehr gepflegten Eindruck. Ich wundere mich über die vielen Menschen hier, gehe durch enge Gassen.

An der „Porta do Camino", an der Pforte des Jakobsweges, betrete ich endlich den Altstadtkern von Santiago, in dem sich auch die Kathedrale des Hl. Jakobus aus dem 11. / 12. Jahrhundert befindet, sowie zahlreiche weitere Kirchen, Klöster und christliche Einrichtungen, aus denen einmal die Stadt zu dem gewachsen ist, was sie heute als Großstadt darstellt.

Verwirrend sind die engen Gassen. Ein Geschäft befindet sich hier neben dem anderen. Restaurants, Lebensmittel- und Souvenirläden dominieren, dazwischen Haushaltswaren, Bäckereien, Fotoläden, Reisebüro und immer wieder Andenken- und Souvenirläden mit Kreuzen, Rosenkränzen, Santiagostatuen, Heiligenbildern usw. in den Auslagen,... und ich bin voll von freudiger Erwartung.

Angekommen
Irgendwann am späten Nachmittag, stehe ich nach 33 Tagen und ca. 780 Kilometer Fußmarsch mit Wanderschuhen, Rucksack, Schlafsack, ISO-Matte, Wanderstecken und meiner Jakobsmuschel um den Hals auf dem großen Vorplatz, vor der Kathedrale des Heiligen Jakobus.

Angekommen, doch noch angekommen, denke ich voller Erleichterung und Freude. Drei Mal hat mir Santiago mit seinen Schutzengeln dabei geholfen, weil – so sagt man - er möchte, das der Pilger unter Entbehrungen von weit her zu ihm kommt.

Wallfahrtsorte ziehen viele Menschen an
Aber ich bin mit meinen Gefühlen völlig zerrissen, denn was ich hier sehe, das erschlägt mich:
Auf der einen Seite freue ich mich, endlich hier zu sein. Auf der anderen Seite stören mich diese Massen von Menschen hier, die auf dem riesigen Vorplatz der Kathedrale herumlaufen und/oder herumsitzen. Klar, ein Wallfahrtsort zieht viele Menschen an, so wie mich auch, das ist bei uns in Bayern/Altötting auch nicht anders.
Nachdem ich mir die gigantische barocke Fassade der Kathedrale aus dem 18. Jahrhundert angeschaut habe, welche der alten Fassade aus dem 11./12. Jahrhundert vorgesetzt wurde, steige ich mit vielen anderen Pilgern, Besuchern und Touristen die Treppen zum Eingang der Kathedrale, dem Portico de al Gloria, dem „Glorientor" aus dem 12. Jahrhundert empor. Am Eingang wird auch richtig gedrängelt.

Riesige Santiago Statue

Ich betrete die riesige Basilika: Ich stehe ganz hinten im Gang dieses mächtigen Bauwerkes und ich bin sofort eingekeilt von einer Masse von Menschen, Besuchern, Schaulustigen, Neugierigen, welche die Gänge blockieren, mit den Fingern in der Gegend herum deuten, als wären sie hier im Museum oder im Zirkus.
Vereinzelt sehe ich auch Pilger, noch mit Rucksack, Wanderstecken. Als ich das hier alles erlebe frage ich mich:

„Ja um Gottes Willen, wo bin ich denn hier hingeraten? Ich dachte, ich betrete nun einen ruhigen spirituellen Ort, voller Andacht und Weihrauch, an dem ich nun mit Gott und dem Heiligen Zwiesprache halten, mich bedanken, meine Sorgen abladen kann."

Aber was ich hier nun erleben muss, das ist fern all meiner Vorstellungen und Sehnsüchte von Santiago, worauf ich so gehofft habe. Und dafür bin ich 33 Tage als Pilger fast 800 Kilometer gelaufen, mit wunden Füßen und nun am Ende meiner Kraft...um das jetzt hier zu erleben? Das muss ich jetzt erst einmal verdauen. Ich frage mich, ob die, die in den Bänken sitzen oder knien, bei diesen Menschenmassen, der enormen Unruhe und dem Geräuschpegel überhaupt so etwas wie Andacht finden können?

Aber die Realität ist:
Santiago ist ein berühmter Pilgerort und dieser zieht nun einmal viele Menschen an. Ich finde dieses Gedränge und Geschiebe schrecklich und mir ist mehr nach Flüchten als nach Bleiben."

Nach einiger Zeit habe auch ich mich bis nach vorn vorgearbeitet und kann nun in den Altarraum sehen:
Auf einem von Gold und Silber blitzenden Hochaltar, sitzt eine riesige Santiago - Statue (die Größe erschlägt mich fast) und blickt auf die Anwesenden in der Kirche nieder, während unter dem Hochaltar, in der Krypta, die Gebeine des Heiligen aufgebart liegen (sollen).

„Ich frage mich, ob dieser Prunk, diese riesige Santiago Statue auf diesem Gold und Silber blitzenden Hochaltar, ob das Gott gefällig ist, oder ob es nicht – nach Vorbild des Lebens von Jesus – nicht auch ein bisschen bescheidener gegangen wäre."

…unter Entbehrungen und von weit her
Zur Geschichte: Santiago de Compostela ist nach Jerusalem und Rom das drittgrößte Pilgerziel der katholischen Christenheit, denn außer in Rom, gibt es auf der ganzen Welt nirgendwo ein weiteres Apostelgrab.

Das Grab des Hl. Jacobus soll (so die Legende) 813 von einem Eremiten auf einem von Sternen hell erleuchten Feld gefunden worden sein = „Campus Stellae" = Sternenfeld, auf dem heute die Stadt Santiago de Compostela steht.
Die Kunde von dem Auffinden der Gebeine des Hl. Jakobusses im 9. Jahrhundert im spanischen Galicien, breitete sich wie ein Lauffeuer über Europa aus und zog insbesondere während des Mittelalters, Millionen von Pilgern nach Santiago.
Der Heilige Jakobus galt beim Volk insbesondere als der Wanderheilige, der Prediger, der Lehrer, der Christianisierer, (weil sein Leben Jesus ähnlich war), während der Hl.

Petrus in Rom, der Papst - Heilige ist, der „Fels auf dem die Kirche gebaut wird".
So wurde der Hl. Jakobus sehr schnell in Spanien populär.

Die Geschichte erzählt auch: In der Schlacht in der Nähe von Logroño soll der Heilige plötzlich hoch zu Ross „erschienen" und sich als „Matamorus" als Maurentöter, dem christlichen Heer voranstellt haben", um Spanien vom Islam und den Sarazenen zu befreien.

So wurde also Santiago der Heilige der Pilger und Wallfahrer, der Heilige, zu dem man per Fuß mit Rucksack, Pilgerhut, Pilgerstab, Wasserflasche und Pilgermuschel - unter Entbehrungen und von weit her - seine Sorgen hintrug.
Er wurde der Heilige der Suchenden nach Antworten auf Problemen, der Heilige der Sorgen und Nöte, der Fürsprecher bei Gott für Leid, Not und Tod.

Hände an die Säule
Einer alten Tradition entsprechend, sollen die Pilger am „Ende des Pilgerweges" ihre Hände an die Säule zu Füßen des Apostels legen und diese mit dem Kopf berühren.

Ich muss mich zu diesem Zweck in eine sehr lange Schlange von Menschen einreihen, mir meine schmerzenden und müden Füße in den Bauch stehen, bis auch ich endlich – nach sehr langer Zeit - an der Reihe bin.
Viele Frauen verzögern das Weiterkommen, weil sie beim Stehen an der Säule auch noch fotografiert werden wollen... und das dauert bei einigen lange, bis sie endlich nach x Versuchen auch ihr richtiges Lächeln auf dem Film haben.

Ich würde das lästige Fotografieren hier verbieten. Es nervt fürchterlich, bis einige hier ihren Narzissmus befriedigt haben, unter dem dann alle anderen leiden müssen.

Von Santiago zutiefst enttäuscht
Die Basilika ist „zum Überlaufen" voll. Nach langem Suchen finde ich tatsächlich noch einen Außen-Sitzplatz in einer Bank in der Kirchenmitte; was mit Rucksack und Wanderstäbe ziemlich problematisch ist. Plötzlich sperren Kirchendiener mit halbhohen Holzwänden die Sitzreihen vom Gang ab, damit die Besucher nicht ständig durch den Mittelgang der Kirche laufen.

Danach beginnt die Abendmesse, auf die ich mich eigentlich gefreut habe. Aber es ist frustrierend: Es sitzen so viele Menschen in den Bänken...und so sehe ich nur Köpfe vor mir. Auch an der Messe akustisch teilzuhaben ist sinnlos, denn neben mir stehen dicht gedrängt viele Leute, die endlos reden, sodass sogar der Pfarrer über das Mikrofon mehrfach bittet, doch den heiligen Raum zu ehren und wenigstens während der Messe die Andacht nicht durch lautes Reden zu stören...aber neben mir wird munter weiter geredet. Bei der Kommunion gibt es ein Geschiebe und Gedränge...und ich verlasse anschließend desillusioniert diese riesige Basilika.

Zu gut bayerisch: *„Ich hatte die Schnauze gestrichen voll... und ich frage mich verärgert: um diesen Rummel hier nun zu erleben, dafür habe ich diese ganze Pilger-Wallfahrt auf mich genommen?"*

Wieder ein Engel
Dann stand ich so gegen 19.30 Uhr, mit stark schmerzenden Füßen, wieder im Freien und ich fragte mich, wo nun hin, wo schlafen... und Hunger habe ich auch. In diesem Moment spricht mich eine ältere Frau an und fragt mich: „Señor, busca una habitacion?" (Suchen Sie ein Zimmer?) Ich bin erstaunt, frage nach wo, wie groß, nach den Kosten und gehe mit der Frau mit. Sie habe ein kleines Einzelzimmer mit eigenem Bad zu vermieten, für 12€ die Nacht, was ganz in der Nähe liegt, so die Frau.

Sie fragt mich wo ich her sei? Deutscher? Wunderbar, so die Frau, Deutsche sind wenigstens ordentlich und sauber. Na, was will sie mir denn da aus ihren Erfahrungen sagen? Als ich das kleine Zimmer anschaue, ist es nicht unbedingt das Sauberste – aber dafür sind wir ja hier in Spanien – und ich bin froh, über diesen Engel, der mir geschickt wurde, was mich etwas versöhnlich stimmt.

Wie schön war die Ruhe beim Pilgern...
Nach dem Duschen und Umziehen möchte ich wie gewöhnlich etwas essen gehen, zum Beispiel ein Pilgermenü. Aber nachdem ich einige Speisekarten mit den unverschämten Preisen gesehen habe, da frage ich mich, ob hier nur Millionäre verkehren?

Also gibt es kein Pilgermenü, sondern nur eine Pizzaschnitte aus der Hand. Ich erinnere mich: Santiago wird auch in den Reiseführern schmeichelhaft als „wenig preiswert" beschrieben. Ich schlendere durch die abendliche

Altstadt, sehe die vielen erleuchteten Läden, die vollen Restaurants, fühle mich hier fremd und schrecklich unwohl.

Wie erfüllend waren unsere abendlichen Gespräche in den kleinen Restaurants oder Bars in den Pilgerorten. Wie schön war da die Ruhe beim Pilgern, wie friedlich die Weite der Landschaft, wie tief war dabei oft die Nähe zu Gott ...und nun das hier?
Alles das, was ich mir so wertvoll vorgestellt habe, ist mir hier, am ersehnten Ziel meiner Pilgerschaft, fremd und ferner denn je!

...und ich frage mich: *„Soll das hier nun das Ziel meiner Träume und Sehnsucht sein? Für diesen Rummel bin ich nun 33 Tage und fast 800 Kilometer „gepilgert?" Alles was ich hier sehe und erlebe, ist für mich wie ein Alptraum.*

Völlig frustriert gehe ich schlafen.

*****

33. Tag: In Santiago de Compostela

Angekommen!

Ich habe unruhig geschlafen, höre in der Nähe immer wieder irgendwelche Glocken läuten. Nach dem Duschen und Anziehen verlasse ich so gegen 8.00 Uhr das Haus, weil ich zur Frühmesse in die Basilika möchte. Ich stelle fest: Meine gute Hausfrau ist sehr geschäftstüchtig. Sie hat fünf kleine Zimmer, die sie eifrig vermietet und nur ein Bad, das sich alle teilen müssen. 5 x 12 € am Tag... und das über das Jahr, steuerfrei...Klasse.

Ich kaufe mir in einer Bäckerei etwas zu essen und bin um 8.30 schon wieder in der Basilika. Um diese Zeit ist es noch relativ leer und ganz ruhig. Ich finde sogar noch einen Sitzplatz ganz vorn in der ersten Reihe, mit direktem Blick auf den Altar.

Steine meines Lebens auf SEINEN Altar legen
Diese Ruhe hier tut mir gut, so habe ich es mir vorgestellt. Neben mich setzt sich ein älteres deutsches Paar. Sie erzählen, sie seien Pilger, seien von Leipzig mit dem Auto zum Jakobsweg gefahren. Sie hätten sich die Pilgerstädte angeschaut und seien mit dem Auto immer weiter gefahren. *„Mein Mann kann mit seinem Fuß nicht gut gehen"*, so die Frau, *„deshalb das Auto."* Ich frage nach dem Übernachten? *„Wir haben in den Pilgerherbergen geschlafen"*, so die Frau, *„das ist auch sehr preisgünstig, schließlich haben wir doch den Pilgerpass."* Aha, Autopilger. Ohne Kommentar!

Um 9.00 Uhr beginnt die Frühmesse. Eine mächtige Orgel durchdröhnt das Gotteshaus. Andächtige Stille ist um mich herum. Acht Geistliche sind im Altarraum und singen gregorianische Gesänge, es ist richtig feierlich.

Ich halte Zwiesprache mit Gott und Santiago, dessen mächtige Statue mich Gold- und silber - bemantelt von oben her ansieht. Ich bedanke mich bei Gott für die Wallfahrt und all die Erkenntnisse, die mir geschenkt worden sind. Tränen fließen, viele Tränen. All dieser ganze Druck, den ich ständig als Schmerzen in meinen Füßen gespürt habe, fließt nun aus mir heraus. Es ist wie eine Erlösung.

Nach der Messe gehe ich zu einem Pfarrer zur inneren Reinigung, zur Beichte. Wir haben ein bisschen Sprachprobleme, aber schlussendlich kann ich hier all die Steine meines Lebens auf den Altar legen, die ich mit hierher getragen habe, welches ja auch der Sinn meiner Pilger-Wallfahrt war.

Nach der Messe reihe ich mich in die enorme Schlange von Menschen ein, die anstehen um den Hochaltar von hinten her zu betreten und danach die Krypta mit den Gebeinen des Hl. Jakobus zu besuchen.

Es geht sehr, sehr langsam vorwärts. Als ich schon lange stehe, kommt ein älteres spanisches Paar von ganz hinten, möchte natürlich nicht warten und sich vor mich einreihen, d.h. sich einfach vordrängeln. Das ärgert mich jetzt aber gewaltig. Ich strecke den Arm aus, lasse sie nicht vorbei, zeige unter dem zustimmenden Gemurmel der anderen mit meinem Finger nach hinten und sage den beiden, sie dürfen sich bitte, so wie wir alle auch, hinter anstellen. Beleidigt ziehen die beiden ab. Seltsam, immer wieder gibt es irgendetwas mit den Spaniern.

Dann geht es einige Stufen hinauf und ich betrete den Hochaltar von hinten. Meine Vorgänger umarmen die Statue des Santiago, vielleicht sprechen sie dabei ein Gebet, bekommen dann von einem Kirchendiener, der da sitzt, auch noch ein Erinnerungsbild des Heiligen und gehen weiter.

Als ich an der Reihe bin, bekomme ich aber kein Erinnerungsbild, bis ich bemerke, das ich hier einige Euro dafür „spenden" darf/muss, dann habe auch ich ein solches Bild in der Hand. Anschließend geht es in die Krypta, wo die Gebeine des Hl. Santiago (seit dem 9. Jahrhundert?) aufgebahrt liegen (sollen). Ich kann hier keine besonderen heiligen Gefühle empfinden.

Die Compostela
Ich besuche das in der Nähe befindliche Pilgerbüro, denn ich möchte mir als Erinnerung für meine Pilger-Wallfahrt, „Die Compostela", die mittelalterliche Pilgerurkunde, holen. Hier heißt es wieder lange anstehen, bis auch ich an der Reihe bin. Ein Fräulein prüft sehr genau meine beiden Pilgerpässe mit den vielen Stempeln, gibt noch einen Abschlussstempel von Santiago dazu und bestätigt mir dann auf der Urkunde meine Pilgerschaft.
Heute hängt die Compostela zur lieben Erinnerung in meiner Praxis.

Zum Abschluss: die Pilgermesse
Um 12.00 Uhr ist die Pilgermesse für alle Pilger die gerade angekommen sind. Die Basilika ist, wie gestern Abend,

wieder einmal zum Überlaufen voll und unruhig... und ich habe große Schwierigkeiten noch einen Sitzplatz zu bekommen. Während dieser Messe werden alle Portale der Kirche geschlossen. Diese Pilgermesse wird in mehreren Sprachen gehalten. Die Pilger werden gesegnet und ich empfinde es als einen würdigen Abschluss meiner Pilgerschaft.

Weihrauch aus dem „botafumeiro"
Während der Messe schwingen acht starke Männer den riesigen Weihrauchkessel, den berühmten 62 Kilogramm schweren „botafumeiro" durch das Querschiff, der an einer Spezial Aufhängung in der Kuppel befestigt ist.

In früheren Jahrhunderten war das Räuchern mit Weihrauch sehr wichtig. Die vielen Menschen waren oft nicht, oder schlecht gewaschen. Viele waren krank, trugen Krankheitserreger herum, hatten Läuse und andere Parasiten... und alle drängelten sich in den Kirchen.

Kirchen waren oft auch Hospitäler. So wusste man aus der Erfahrung, dass Weihrauch nicht nur gut riecht, sondern auch Parasiten und Krankheitserreger vertreibt, sowie auch desinfiziert. Ja, Weihrauch wird heute in der Naturheilkunde sogar als Rheuma- und Krebsmittel eingesetzt.
Das Einsetzen von Weihrauch in der katholischen Kirche hat von Ursprung her also ganz andere Gründe, als „heilige Gerüche" zu verbreiten.

Zum Abschluss der Wallfahrt: den Pilgersegen
Als ich nach der Kommunion und dem Pilgersegen wieder vor der Kathedrale stehe wird mir erst so richtig klar, meine Pilger-Wallfahrt ist mit diesem Gottesdienst, dem Besuch des Grabes des Hl. Santiago, der Beichte, dem Ablegen meiner Seelensteine, der Kommunion und dem empfangenen Pilgersegen nun abgeschlossen.

Gott, Der Du Deinen Diener Abraham aus der Stadt Ur in Chaldäa errettet und ihn in seinen Wanderungen beschützt hast, der Du der Begleiter des Hebräischen Volkes durch die Wüste warst, wir bitten Dich, dass Du diese Deine Diener beschützen mögest, die aus Liebe zu Deinem Namen nach Santiago pilgern.

Sei ihnen Gefährte und Führer auf der Reise, Labsal in der Ermattung, Verteidigung in den Gefahren, Herberge auf dem Weg, Trost in ihrer Mutlosigkeit und Festigkeit in ihren Vorsätzen, damit sie durch Deine Führung frisch und gesund am Ziel ihres Weges ankommen und damit sie bereichert an Gnade und Tugend unversehrt in ihre Heimat zurückkehren mit immerwährender Freude und Frieden,
durch Jesus Christus unsern Herrn. Amen

Ich möchte wieder zurück

Jetzt bin etwas orientierungslos. Viele beenden nun ihre Pilgerfahrt indem sie noch nach Finesterra fahren oder die restlichen 150 Kilometer weiter pilgern, um dort am Meer „ein neuer Mensch" zu werden. Aber meine geschwollenen Füße schmerzen derartig, dass ich keinen Schritt mehr gehen kann.

Aber heimfahren, nein heimfahren mag ich auch noch nicht. Am liebsten würde ich nun die Stadt verlassen, sofort - oder noch viel besser - den ganzen Jakobsweg bis Roncesvalles wieder zurück GEHEN, so wie ich es von einigen Pilgern erlebt habe.

Denn im Moment ist es für mich einfach unvorstellbar, in einigen Tagen wieder in den geschlossenen Räumen in meiner Praxis zu sitzen und wieder meine Patienten zu behandeln.

„Ich möchte zurück zu unseren abendlichen Gesprächen in den kleinen Restaurants oder Bars in den Pilgerorten. Ich habe Sehnsucht nach der tiefen Ruhe beim Pilgern durch die Landschaft, dem Frieden, den ich in der Weite der Landschaft fand, nach der Begegnung mit Gott, den ich immer wieder „Draußen" beim Pilgern traf und seither in meinem Herzen trage."

Aber – schweren Herzens - ich weiß: die Realität des Lebens ruft mich zurück.

Ich gehöre nicht mehr dazu
Nach dem teuersten und gleichzeitig miesesten Salatteller meines Lebens in einem kleinen Restaurant, setze ich mich auf den riesigen Obradoiro-Platz gegenüber der Kathedrale in den Schatten einer Hauswand auf die Erde.

Lange, lange beobachte ich die vielen Menschen. Immer wieder kommen neue Gruppen, auch Gruppen mit Reiseführern und Fähnchen, Touristen, Besucher, sogenannten Fahrradpilger und Pilger, mit Rucksäcken bepackt. Alle stehen vor der Kathedrale, unterhalten sich, fotografieren und gehen hinein.

„Und ich? Ich bin melancholisch.
Ich fühle mich depressiv, denn ich gehöre nicht mehr dazu."
Ich frage mich: „Wie lange ist das her, dass ich als Pilger dabei war? 3 Monate, 3 Jahre?
Lange, lange ist das her und ich bin traurig... sehr deprimiert und sehr traurig."

Irgendwann am Nachmittag suche ich mir eine „agencia de viajes" – ein Reisebüro und buche einen Flug zurück nach München, der gleich am nächsten Morgen um 6.00 Uhr in der Früh nach Madrid startet. Also lasse ich mich von einem Taxi um 4.00 Uhr bei meinem Quartier abholen und zum Flughafen fahren.

Bei der Kontrolle gibt es ein Problem. Ich hatte noch - aus alter Gewohnheit - in meiner Trekkinghose mein kleines Taschenmesser, das mir auf dem Jakobsweg so gute Dienste geleistet hat. Da habe ich beim Einpacken nicht aufgepasst. O.K.... nun gehört es dem spanischen Zoll und wird sicher „entsorgt".

Während ich nach dem Umsteigen in Madrid, nun einem Flugzeug nach München sitze und über den Wolken aus dem Fenster schaue, geht mein Blick wieder nach „Innen" und zurück zum Jakobsweg:

„Wenn die Seele ruft..."

Es gab Tage hier auf diesem Camino, an denen es den Anschein hatte, dass im Außen des Lebens, zwischen Aufstehen, Wandern, Einkaufen, Essen und Trinken, eventuell einigen flüchtigen Kontakten mit anderen Pilgern, nichts Besonderes passierte.

Aber das Äußere, die Kirchen, Klöster, Ruinen, Herbergen, sowie die anderen Pilger, Wanderer oder Touristen, auch der Kontakt zur einheimischen Bevölkerung, waren ja eigentlich „nur der Rahmen/die Bühne", die man „den Jakobsweg" nennt.

Selbstverständlich kann ich Kirchen, Klöster und Ruinen besichtigen, die schöne Landschaft und das Essen genießen, täglich 40 Kilometer wandern oder als Radfahrer 80 - 100 Kilometer am Tag fahren, und jeder wird mich dafür bewundern, wenn ich dann erzähle: „Ich war auf dem Jakobsweg."

Aber die „Schauspieler", die hier auf dem Jakobsweg gehen, das sind wir alle. Es ist nur eine Frage, welche Rolle jeder in seinem Leben „spielt" und hier auf dem Jakobsweg einnimmt.

Denn Gottes Ziel für uns ist klar:
Wir sollen an uns selbst wachsen, sodass wir am Ende unseres Erdenweges selbstbewusste, weise und liebenswerte Geschöpfe geworden sind, die nun im göttlichen Sinn selbst wieder für die Schöpfung zu Schöpfern werden können.
So entwickelt Gott sich weiter, so entwickelt die Schöpfung sich weiter.

Ich denke mir:
Welchen Zweck hätte denn sonst „der Hinausschmiss aus dem Paradies" gehabt, wenn nicht dazu, Erkenntnis zu bekommen, zu lernen sich zu entwickeln, zu reifen und schlussendlich als weise Menschen wieder zu Gott zurückzukehren.

Der Camino gab mir die Möglichkeit, mir selbst, also meiner Seele zu begegnen, mir mein Leben, die Inhalte meiner Seele anzuschauen, in meine Gefühlswelt hinein zu spüren und so meine unsichtbaren Ängste und Verletzungen kennen und verstehen und neu ordnen zu lernen, aus denen sich mein Charakter und mein Leben zusammensetzt.

Diese ständige Auseinandersetzung mit mir selbst hier auf dem Jakobsweg, dieses Absteigen zu meinen innersten Quellen meiner Seele, auch dieser innere Dialog, diese Auseinandersetzung mit meinem Leben, meiner Kindheit, ja auch mit meinen Schattenseiten, scheint mir vom Grundprinzip her ähnlich zu sein, wie es auch Jesus erlebt hat, als er 40 Tage in der Wüste war.

Und ich erkenne: Für den, der sich darauf einlässt, für den kann der Jakobsweg zu einem Einweihungsweg werden:

Je länger ich ihn gehe, desto sensibler werde ich für mich selbst, für meine Seele und das Spirituelle und das Göttliche in mir.

Danke Santiago für Deinen Weg und das Du mich gerufen hast. Danke für die Engel, die Du mir gesandt hast, ohne die ich sicher abgebrochen hätte. Danke auch für all die Erkenntnisse, die ich auf diesem Christusweg gewinnen durfte. Danke Gott für Deine Liebe, Güte und Hilfe.

...und heute?
Die Compostela hängt mit meiner Jakobsmuschel zusammen mit einigen Erinnerungsfotos in meinem Sprechzimmer.

Übrigens: Meine beiden blauen Zehennägel sind erst im Dezember abgegangen und haben bis zum Juni des nächsten Jahres gebraucht, um sich komplett nachzubilden.

In diesem Sinne, herzlichst, Euer Jakobspilger

Carlo L. Weichert,
HP, Gesprächs- und Familientherapeut
Im Juni 2020

*Ich hoffe, dass Ihnen/Euch dieses Buch gefallen hat.
Ich würde mich freuen, wenn Sie mir dazu schreiben*

C/general 173 - Hoyo de Mazo / Tigalate
38738 Villa de Mazo - La Palma

Homepage: www.naturheilpraxis-weichert.de
Email : info@naturheilpraxis-weichert.de

Biografie des Autors:

Carlo L. Weichert
wurde im völlig zerstörten Nachkriegs-Berlin geboren.

In seiner Kindheit hat er große Armut, soziale Ablehnung und Alkoholismus in seinem Elternhaus und seiner Umgebung erleben müssen.

Seine Kindheit und späteres Leben war geprägt von Krankheiten und Schmerzen durch Rheumatismus (Morbus Bechterew).
Deshalb wurde er Heilpraktiker, Gesprächs- und Familientherapeut.

In seiner Praxis für Naturheilverfahren, Gesprächs- und Familientherapie, sowie Heilhypnose, versuchte er fast 25 Jahre lang, Menschen mit körperlichen und seelischen Erkrankungen zu helfen, denen es ähnlich ging wie ihm.

Er war Dozent an Volkshochschulen, Kreisbildungswerken, bei Heilpraktiker- und psychologischen Tagungen und Kongressen, sowie in Radiosendungen.

In seinen Publikationen und Büchern versucht er seine Praxis- und Lebenserfahrungen an Interessierte und seelisch- bzw. körperlich kranke Menschen, sowie auch als Ratgeber für Eltern, weiterzugeben.

Für ihn ist sein Beruf Berufung. Auf der Suche nach Spiritualität und Glauben, pilgerte er auf den verschiedenen Jakobswegen in Spanien, Portugal und Italien.

Heute, gut 70 jährig, lebt Carlo L. Weichert, aufgrund seiner rheumatischen Erkrankung auf La Palma, einer Insel, die er als Gottgeschenk und Jungbrunnen beschreibt.

*****

Bücher von Carlo L. Weichert:

„Wenn die Seele ruft..."
Erlebnisse, Erkenntnisse und Erfahrungen auf dem Jakobsweg
BoD – Verlag ISBN 978-3-7519-2008-5

„Spirituelle Hypnose"
Heilung der Seele durch Begegnungen mit Engeln, Verstorbenen und der Göttlichen Welt in uns -
Humble-Verlag ISBN 078-9088.791679

„Hör endlich auf zu trinken"
Störungen und Zerstörungen von Partnerschaften durch Alkohol - BoD-Verlag ISBN 978 375 192 1299

„Zum 1. Schuljahr, alles Liebe, Dein Papa"
Trainer-Verlag ISBN 978-620-2-49429-8

„Ich möchte Dich endlich einmal verstehen" (Charakterstrukturen)
erscheint in Kürze bei BoD als Neuauflage

Wunder dauern etwas länger
Erlebnisse und Erfahrungen zweier Seelen auf dem portugiesischen Jakobsweg. (nur noch im Antiquariat)
Freya-Verlag ISBN 978-3902540584

Hilfe, unser Kind ist schon wieder krank
VAK – Verlag ISBN - Nr.: 3 – 935767-46-

Krank durch Antibiotika,
EDIS - Verlag ISBN - Nr: 3 - 931618 - 0

Jakobsweg heute: „Die Neuen Pilger"

Carlo L. Weichert, beschreibt in der nachfolgenden Betrachtung seine Erfahrungen mit dem neuen Massentourismus und deren Folgen auf dem Jakobsweg, Dinge, die man in den schönen Beschreibungen der Werbungen kaum zu lesen bekommt:

Als Paulo Coelho 1987 sein berühmtes Buch über den Jakobsweg schrieb, mit seinen sehr mystischen und spirituellen Betrachtungen dazu, hat er sicher nicht ahnen können, das gerade der Inhalt seines Buches weltweit, eine neue Renaissance des spirituellen Pilgerwesens auf dem Jakobsweg auslösen würde.

Es war der Wiederbeginn einer gut tausendjährigen Tradition, die alten Wege durch Frankreich und Spanien wieder zu entdecken, die insbesondere im frühen und späten Mittelalter schon Kaiser, Könige, Edelleute, Bürger, Handwerker, Bauern, usw. als Wallfahrer, Pilger und zu Fuß zum Grabmal des Hl. Jakobus nach Santiago de Compostela, im äußersten Westen von Galicien gegangen sind.

Busse tun, Gelübde erfüllen, Gnade und Ablass erbitten, sich Offenbarungen erhoffen, sich spirituell zu öffnen und innere Einkehr zu erwarten, das mögen über 1000 Jahre die Motive gewesen sein, diesen beschwerlichen Weg über die Pyrenäen, durch die wilde Karstlandschaft von Kastilien und durch die galicischen Berge, bei Wind und Wetter und zu jeder Jahreszeit, bergauf- bergab, durch sengende Hitze und nächtliche Kälte, zu Fuß und oft bettelnd zu gehen.

Viele dieser Pilger und Wallfahrer waren für die 2x3500 km lange Strecke (Deutschland und zurück) 5-6 Jahre unterwegs, bis man vielleicht, vielleicht wieder daheim war.

Denn Seuchen, verschiedenste Krankheiten, Räuber und anderes Gesindel machten damals das Pilgern nach Santiago zum Heiligen Jakobus zu einem Lebensabenteuer, von dem viele nicht mehr wieder heim kamen. Doch wer von dieser Pilgerreise zurückkam, der war als Jakobspilger ein Leben lang, ein von der Kirche und anderen geachteter Mensch.

Nur, diese Zeit von damals ist vorbei. Leben heißt auch Veränderung, eine Veränderung, die ganz plötzlich, auch auf dem Jakobsweg, deutlich zu spüren ist (und der Schreiber dieser Zeilen – der gerade wieder frisch vom Jakobsweg kommt - vermutet, dass das Buch und der Medienspektakel des Herrn Kerkeling über „seinen" Jakobsweg, zu dieser Entwicklung mit beigetragen hat, was dem Jakobsweg nicht gerade gut getan hat, so seine private Meinung).

Auch wird der spanische Jakobsweg seit einigen Jahren von der Tourismusbranche, vom Fernsehen und von den Zeitschriften als schönster europäischer Wanderweg stark beworben. Und wie man erleben kann: mit großem Erfolg. Denn plötzlich sind sie auch hier zu finden; die vielen „Neuen Pilger", oder besser: die „Jakobsweg-Wander-Schnell-Touristen", die nun in 14 Tagen, inklusive Hin- und Rückfahrt, mal eben schnell den Jakobsweg erleben wollen und nicht mehr 5-6 Jahre zu Fuß, wie die alten Pilger. Hinzukommen die vielen Gruppen der organisierten Reisen, wie Studienreisen, Wanderreisen, Pilgerreisen usw., die fast immer ohne Gepäck unterwegs sind, weil ihnen dieses von Hotel zu Hotel mit dem Bus transportiert wird.

Einige „Pilger" erzählten, sie fanden das Kerkelingsche Buch „sehr amüsant" und sie wollten nun auch den Jakobsweg so wie er erleben. Eine Frau meinte unterwegs schwitzend: *„Ach, wenn der dicke Kerkeling das geschafft hat, dann schaffe ich das auch. Na ja und wenn nicht, der Kerkeling ist ja auch oft mit dem Bus gefahren, dann fahre ich eben auch mit dem Bus",* eine Einstellung, bei der die echten Pilger nur noch mit dem Kopf schütteln können.

Ab Pamplona, aber noch mehr ab Burgos und Leon habe ich zu meiner großen Überraschung plötzlich neben den Franzosen, Italienern, Briten und natürlich Spaniern, sehr viele Deutsche und Österreicher auf dem Jakobsweg erlebt, die in den Vorjahren hier sonst nie so zahlreich vertreten waren. Wo die plötzlich alle herkommen, war meine Frage? „Von überall her aus Deutschland und Österreich, viele von ihnen z.B. mit dem Billigflug-Ticket bis Bilbao", war immer wieder die Antwort, schon mit gebuchtem Rückreisetermin ab Leon oder Santiago (je nach dem, wie viel Urlaub man hat).

Was diese 14 Tage Billigflug-Schnell-Touristen nicht bedacht haben ist, dass sie nun täglich 20-30 km gehen müssen, um den Zeitplan vom Ausgangspunkt zum Ziel einzuhalten. Und passieren darf dabei nichts, denn der Rückflug ist ja schon gebucht.
Nur, was es für viele bedeuten kann, 20-30 km auf den steinigen Schotterpisten des Jakobsweges, bei sengender Sonne zwischen 30 - 40 Grad Tagestemperatur, oft bergauf, bergab, d.h. 6- 8 -10 Stunden am Tag unterwegs zu sein, noch dazu mit einem Rucksack von mindestens 10 kg am Rücken, wer sagt einem das schon?
Da beschwert sich dann sehr bald so mancher untrainierte Körper über diese plötzlichen und ungewohnten Belastungen mit heftigen Schmerzen, während man doch den Rest des Jahres entspannt am Schreibtisch sitzt. Man wollte auch „nur einmal so" den Jakobsweg gehen, wie der Herr Kerkeling, wird oft gesagt.

Die vielen Jüngeren, Paare, Grüppchen und Gruppen, die gerade in der Ferienzeit auf dem Jakobsweg unterwegs sind, die spüren von diesen Belastungen in der Regel kaum etwas. Für sie ist der Jakobsweg eher ein Wanderweg mit sportlichem Charakter, eingebettet in eine wunderschöne und geschichtsträchtige Landschaft, aber meistens nicht mehr. Und bei den vielen bunt betressten und durchtrainierten Radfahrern, steht sowieso die sportliche Leistung von täglich 80 - 120 km Strecke im Vordergrund. Die bekommen höchstens bei einem „Platten" oder bei einem Sturz Probleme.

Ganz anders aber bei den vielen der 50 - 60 plus Generation, die gerade in den schönen Monaten Mai/Juni und September/Oktober hier sehr zahlreich unterwegs sind.
Das häufigste Problem dieser Personengruppen sind aufgrund der ungewohnten Dauerbelastungen äußerst schmerzhafte, oft entzündete Blasen an den Füßen, die dann jeden Schritt zur Qual werden lassen. Untrainierte Füße, falsches Schuhwerk, falsche Strümpfe und ungepflegte Füße sind meist die Ursachen.
Immer wieder begegnet man „älteren Pilgern" die mit Stützstrümpfen, Kniebandagen und schmerzverzerrtem Gesicht den Jakobsweg entlang hinken. Sie klagen über äußerst unangenehme Knie-, Hüftgelenks-, Wirbelsäulen- und Rückenschmerzen, die sich bei ihnen ganz schnell aufgrund der Dauerbelastungen und des schweren Rucksacks aus dem untrainierten Körper einstellten.
Häufig provozieren die Schotterwege auch äußerst schmerzhafte Sehnenscheidenentzündungen in den Füssen, die dann jeden weiteren Schritt zur Hölle werden lassen.
Auch gibt es „Pilger", die schon mit Herz- und Kreislaufproblemen vorbelastet sind und die trotzdem den Jakobsweg gehen und die nun, aufgrund des heiße Klimas und der täglichen Dauerbelastungen, Probleme bekommen.

So manche bekommen auch aufgrund des Brunnenwassers und des anderen Essens Verdauungsprobleme und (Brech-) Durchfälle, die nicht unterschätzt werden dürfen.

Das alles passiert, weil die Menschen, die heute „14 Tage schnell einmal den Jakobsweg gehen wollen", viel zu wenig darüber informiert sind, das Jakobsweg gehen eben kein Sonntags- Nachmittags- Spaziergang ist. Es ist ja auch alles so einfach geworden: Schnell ins Flugzeug rein und schon ist man in Spanien. Und man vergisst vor lauter schnell, schnell: man ist plötzlich in einem ganz anderen Land, anderen Kultur, anderen Sprache, anderen Menschen, anderes Essen, anderes Wasser, anderes Klima und ganz anderen Belastungen, als im Hotel, am Strand oder am Pool zu liegen, oder im Bus Ausflüge zu machen.

Die Tatsachen sind: Heute noch Schreibtisch, morgen am Jakobsweg, Rucksack auf den Rücken und schon geht es los, die ersten 20-30 km Schotterpiste bei 30-40 Grad und sengender Sonne... und der Körper hatte keine Minute Zeit sich darauf einzustellen und anzupassen.

Die Folgen: Die Apotheken am Jakobsweg haben Hochkonjunktur: Blasenpflaster, Voltarensalbe, Schmerztabletten gegen die entzündeten Gelenke, Kreislauftropfen und Kohletabletten werden dort prächtig umgesetzt.

Und so manche „14 Tage-Billigflug-Wander-Schnell-Touristen", müssen auch wegen ihrer plötzlichen gesundheitlichen Probleme zum spanischen Arzt, der aber am Jakobsweg meist nicht gleich um die Ecke wohnt; andere sogar ins Krankenhauses der nächsten Stadt, wo man dann in der Ambulanz unter Spaniern erst einmal stundenlang warten muss. Manche „Pilger" dürfen auch gleiche einige Tage dableiben, was oft allein schon von der

Sprache und von den anderen Umständen her ein riesiges Problem darstellt (habe ich selbst so erlebt).

Und wichtig: Wenn Sie allein sind, dann sind Sie auf die Hilfsbereitschaft von Herbergsbetreuern und anderer Pilgern angewiesen die für Sie übersetzen können und die auch noch bereit sind, ihren eigenen Jakobsweg-Urlaubstag für Sie zu opfern. Und wichtig: die meisten spanischen Herbergsbetreuer, Ärzte usw. sprechen kaum Deutsch! Auch ist selten jemand da, der sich um Sie kümmern wird und Ihnen weiter hilft, denn am Jakobsweg ist sich auch im Krankheitsfall erst einmal jeder selbst der Nächste. Und der Jakobsweg ist kein Hotel, wo alles so schön bei der Hand ist.
Die Diagnosen der Ärzte am Jakobsweg und ihre Empfehlung sind klar: Häufige Schmerzen und Gelenkprobleme durch Überforderung und Kreislaufprobleme durch die ungewohnten Belastungen (meist untrainiert, Übergewicht, Bluthochdruck, Vorkrankheiten usw.), Die Folge ist fast immer: Sofortiger Abbruch, ev. Krankenhausaufenthalt, Heimfahrt und Enttäuschungen (so wie es der Schreiber einige Male bei Pilger Touristen erlebt hat.) Und man wollte ja eben „Nur einmal eben schnell" den Jakobsweg gehen!

Und sollte es Ihnen beim Wandern einmal zu einsam und sollten Sie auch noch Hundliebhaber sein, so brauchen Sie nur mit einem der vielen streunenden und herrenlosen Hunde freundlich Ihre Brotzeit zu teilen. Jede Wette, ab jetzt werden Sie den anhänglichen Vierbeiner garantiert nicht mehr los. Sie wären nicht der erst Pilger, der mit einem Hund an der Wäscheleine in Santiago ankommt. Und dann? Übrigens: Hunde sind in den Herbergen streng verboten.

Wer noch aus seiner Pfadfinderzeit gegen schlecht gelüftete Räume, eng gestellte Stockbetten, viele Menschen auf engstem Raum und deren Ausdünstungen, Extrem-Schnarcher und ständige Toilettengänger resistent ist, für den werden auch die Herbergen am Jakobsweg kein Problem sein.

Zwar gibt es auch heute noch in den Städten die alten, großen Auffang - Herbergen, mit Schlafsälen und Stockbetten von 100 und mehr Schlafplätzen auf engstem Raum. Aber es entstehen in den kleineren Orten neue und moderne Herbergen, manche sogar schon mit Schwimmbad, wo man zwischen 10-15 Euro zwar immer noch in Schlafsälen, aber im Vergleich zu den alten, hier in kleineren Räumen, schönen Stockbetten, sogar mit einem Kopfkissen, schlafen kann (Wer empfindlich ist, sollte sein eigenes Bettzeug dabei haben!).

Manchmal wird man allerdings immer noch an das Mittelalter erinnert, wenn z.B. (wie es der Schreiber dieser Zeilen selbst erlebt hat) einige Pilger am Morgen nach dem Schlafen in einer großen Pilgerherberge, von Bettwanzen und Flöhen fürchterlich zerstochen waren, sodass sie sogar zum Arzt gehen mussten. Nur, wer einmal Flöhe und Bettwanzen in seinem Schlaf- Rucksack hat, der trägt diese in die nächste Herberge weiter, und der Schnellball läuft! (Ich habe daraufhin über die spanische Polizei das Gesundheitsamt verständigen lassen. Wie diese Geschichte dann weiter gegangen ist? Keine Ahnung. Nur, die fürchterlich zugerichteten Menschen haben mir sehr leid getan)... und die Frage bleibt: wo sind diese Wanzen und Flöhe her gekommen?

Ein Geschäftsmann aus Hamburg meinte daraufhin: Kerkeling habe sicher recht, er wolle sich auch keine Fußpilze in den einfachen Herbergen holen und er gehe

lieber in ein Hotel (aber das muss man sich jeden Abend erst einmal leisten können: 50-80 Euro die Nacht)
Der Schreiber dieser Zeilen ist nun schon zum sechsten Mal die verschiedenen Jakobswege durch Spanien, Portugal und Italien mit Rucksack und zu Fuß gegangen. Ich habe bisher immer in den „einfachen" Pilgerherbergen übernachtet, mich dort gewaschen und geduscht, aber Fußpilze, Bettwanzen und Flöhe, nein, die habe ich noch nie bekommen. Das einmal zur Beruhigung.
Wobei – Gott sei`s geklagt – diese Dinge in so großen Herbergen und bei so vielen Menschen aus den verschiedenen Ländern nicht auszuschließen sind.
Denn, wie man öfter sehen kann, scheint Sauberkeit und Hygiene für manche auch heute noch ein Fremdwort zu sein, mit denen man dann zwangsläufig in den Herbergen zusammen leben muss. Aber das gehört eben auch zum Jakobsweg dazu, leider also auch nach Schweiß stinkende und ungepflegte Menschen, Fußpilze, Bettwanzen und Flöhe.

Zum abendlichen Pilgermenü für ca. 8 - 12 Euro incl. Wasser, Wein, Nachtisch sitzt man dann in bunter Runde in den Herbergen oder Bars in zusammen. Dort kann man sein Sprachtalent zwischen spanisch, französisch, italienisch und englisch trainieren. Überhaupt macht es Spaß, mit den Menschen aus den verschiedenen Nationen zu plaudern und sich auszutauschen, was auf dem Jakobsweg ja ganz leicht möglich ist.
Deutsche brauchen immer ihr Leistungsdenken. Man hört sie gern über die geschafften und noch bevorstehenden Wegstrecken und deren Schwierigkeitsgrade reden.
Nun ist ja der Jakobsweg von der katholischen Geschichte her ein ausgesprochen spiritueller Weg, aber von Spiritualität ist bei den Gesprächen der „Neuen Pilger" fast nie etwas zu hören. Dafür sind die verschiedenen

Jakobsweg Wanderführer mit ihren Weg- und Herbergsbeschreibungen, Höhen- und Weitenprofilen, die meistbenutzten „Jakobsweg-Bibeln".

Wer allerdings wirklich einmal Jakobsweg und etwas vom „Geist des Caminos" spüren möchte, der besucht die Herbergen in Granjon und Tosantos. Das sind noch „alte" Herbergen mit einfachen Matratzenlagern, aber dafür wird man hier von den Herbergsväter/-mütter sehr persönlich betreut. Auch weht hier noch ein christlicher Geist. Es gibt gemeinsames Gebet, Meditation und Abendbrot, sowie auch Frühstück... und das alles auf Spendenbasis.

Wer in den Herbergen am Jakobsweg gut schlafen möchte, braucht möglichst Schlaftabletten, Ohrstöpsel, oder gute Nerven. Denn jeden Morgen, ab 5.00, da pfeifen, piepen, klingeln überall in den Herbergen die Handywecker und sofort wird es unruhig, auch wenn man noch schlafen möchte.
An allen Ecken wird nun geraschelt, gewispert, zusammengerollt, zur Toilette gegangen, die Morgenwäsche erledigt, der Rucksack gepackt, die Schuhe angezogen usw. Viele wollen sehr früh und schnell weg. Besonders „rücksichtsvolle" Pilger rascheln kräftig mit ihren Plastiktüten, knallen - wenn alle noch schlafen - auch munter die Türen, es fallen immer wieder einmal die Wanderstöcke um, oder sie unterhalten sich einfach laut und besonders „Vergessliche" schalten immer wieder die Deckenbeleuchtung ein und aus.

Wem im Schlafsaal der Geruch aller menschlichen Ausdünstungen, die Summe all der verschiedenen Schnarcher, Zähneknirscher, Traumredner, Toilettengänger oder die dauernde Toilettenspülung während der Nacht noch nicht den Schlaf geraubt haben sollte, (alle Achtung!) ab jetzt ist der mit Sicherheit auch wach. Und so steht man selbst freudevoll oder wieder einmal so richtig unausgeschlafen, zerknirscht und zerschlagen auf, packt auch seinen Rucksack und fröhlich geht es wieder weiter. Hochgerechnet sind es in der Hauptsaison pro Tag tausende von Menschen, die sich von allen Herbergen und Hotels am Jakobsweg nun wieder auf den Weg machen und die nächsten 20 – 30 km weiter vor rücken, während die „Neuen" schon in Flugzeugen, Eisenbahnen, oder Touringbussen anreisen und den Jakobsweg „von Hinten her" auffüllen.

Als der Schreiber dieser Zeilen in der Früh auf einer Landstrasse dahinwanderte, vor sich viele „Pilger", hinter sich viele „Pilger", da meinte ein Deutscher, den ich in der letzten Herberge kennen gelernt habe ganz lakonisch: „Na, welchen Platz hat man Ihnen denn heute in dieser Karawane zugewiesen?" Und er hatte recht: So viele Menschen. Nein, das war früher anders, auch wenn sich die Menschen im Lauf der Zeit auf der Wegstrecke verteilen.

Nach der offiziellen Statistik sollen im Jahr 2018, 350.000 Menschen auf den Jakobswegen unterwegs gewesen sein.

Und immer wieder wird man von Eilläufern überholt. Nur schnell, schnell weiter, Kilometer machen und möglichst schnell bei der nächsten oder übernächsten Herberge ankommen, so denken viele, damit man noch einen Schlafplatz bekommt. Man lernt auf dem Jakobsweg sehr bald, dass in jeder größeren Stadt mit Flughafen, Eisenbahnanschluss usw. immer mehr „Pilger" dazu kommen.

Die Angst, bei der immer größer werdenden Zahl von „Pilgern" in der nächsten Herberge keinen Schlafplatz mehr zu bekommen, ist also nicht unberechtigt und für viele der Motor zum Jakobsweg-Rennen.
Und das nicht zu Unrecht, denn auch ich bin schon einige Male am Nachmittag ganz erschöpft in völlig überfüllte Herbergen gekommen und hätte dann auf dem Betonfußboden übernachten können. Ich habe mich aber für den Waldrand im Freien entschieden (Was übrigens viel schöner, ruhiger und entspannender war, als in den überfüllten Herbergen zu schlafen)

Die 14 Tage Schnell-Touristen, mit ihrem Erlebnishunger und ihrer Unruhe und Hektik haben also dank Kerkeling und Werbung nun auch auf dem Jakobsweg Einzug gehalten. Die innere Friedlosigkeit dieser Menschen bemerkt man nicht nur an den Eilmärschen, die viele dort veranstalten, sondern auch daran, dass sie in Paaren oder Grüppchen gehen und ständig und lautstark reden und reden und reden. Einige „pilgern" sogar mit Ohrstöpseln und MP3 Player um den Hals und hören lautstark ihre Schlagermusik. Und auch sie stören damit den Frieden dieses friedlichen spirituellen Weges, ohne das zu bemerken.

Diese neuen „Jakobsweg Wander-Schnell-Touristen", sind im Sinne von Paulo Coelho alles andere, nur keine Pilger mehr, weder von der Mentalität, noch von der inneren Einstellung her... und wahrscheinlich wollen sie das auch gar nicht sein, auch wenn sie sich aus Tradition an ihre Rucksäcke eine Jakobsmuschel hängen.
So sagten mir zwei jüdische Pilger in einer Herberge, in der es „sehr lebendig zuging" völlig frustriert: „Wir sind extra aus Israel hier her gekommen, weil wir gelesen haben, dass der Jakobsweg, so ein ruhiger, ein göttlicher und spiritueller Weg ist. Aber das einzige, was jetzt hier noch fehlt, ist wie

in Mallorca Ballermann". ...und der Schreiber dieser Zeilen senkte beschämt den Kopf und dachte: Im Grunde haben diese beiden Israelis recht. Vor einigen Jahren, war das hier alles noch ganz anders.
Und er dachte weiter: Das hier sind nicht mehr „die alten Jakobspilger", die nach langen Vorbereitungen und langer Anfahrt, ernst und mit Gelübden im Herzen, den Jakobsweg zu ihrem Heiligen nach Santiago gingen.

Wo sind sie also geblieben, die echten Wallfahrer und Pilger, die ich noch vor einigen Jahren hier getroffen habe, die noch mit Ruhe und bedacht ihren Camino hier entlang gepilgert sind, die Spiritualität und innere Einkehr gesucht, die deshalb den ganzen Tag über kaum geredet und die sich mit dem Pilgergruß „Buen Camino" gegrüßt haben. Wo sind die geblieben?

Ich denke, sie fühlen sich – so wie auch der Schreiber dieser Zeilen - in dieser Unruhe, in diesem plötzlichen Massentourismus hier nicht mehr wohl. Vielleicht trifft man sie hier wieder zwischen November und April, oder auf den ruhigen Nebenrouten.
Wer sich aber Zeit nimmt, wer aufmerksam und bedacht den Jakobsweg geht, wer sich immer wieder einmal in den vielen alten Kirchen Zeit zu innerer Einkehr gönnt (und nicht wie die meisten, einfach nur einmal schnell durchrennt, drei Fotos macht und wieder raus), der kann auf dem Jakobsweg immer noch die alte und ehrwürdige Ruhe finden.

Wer in den Klöstern, bei den vielen geschichtsträchtigen Ruinen und Denkmälern Rast macht, wer sich in die damalige Zeit, das Pilgerwesen und in die Strapazen und Schicksale der vielen Menschen von damals hineinspürt, der bekommt eine Ahnung von „Geist dieses Caminos" und was Pilgern für die Menschen von damals bedeutet haben mag. Vielleicht nimmt er auch die Großartigkeit der Landschaft des Jakobsweges wahr. Denn damals gingen viele Pilger noch in Lumpen gekleidet und sie haben sich jahrelang durchgebettelt.

Heute ist alles anders. Die Pilger-Wanderer haben moderne Goretex- Jacken und -Umhänge, Trekkingschuhe und Funktionssocken sowie Funktionsunterwäsche, Allwetter-Rucksäcke mit Funktionstaschen und Rückenverstellungen. Viele mögen es noch moderner: Sie laufen mit Schritt-, Kilometerzählern und Höhenmessern, haben ihren Minicomputer und das Navigationssystem dabei und natürlich das Handy, ohne die es, wie man ständig sehen und hören kann, auch auf dem Jakobsweg nicht mehr geht. Man muss doch ständig daheim anrufen und sagen wie das Essen schmeckt, wie das Wetter ist und wie viele Kilometer man schon geschafft hat.

„Ultraia" heisst der alte mittelalterliche Pilgergruß. „Ultraia", Weiter-Vorwärts, immer weiter. Wohin?
Nach Santiago zum Heiligen Jakobus natürlich! So war das einmal, früher. Aber der Heilige, der scheint heute nicht mehr wichtig, der Weg schon. Die Frage ist: warum gehen heute so viele Menschen diesen Jakobsweg? Warum rennen viele 20 – 30 - 40 km am Tag? Warum nehmen Sie Strapazen, Schmerzen, Herbergen mit Schnarchern, Zähneknirschern, Traumrednern, Toilettengängern usw. auf sich?
Weil der Jakobsweg aufgrund der Werbung heute in aller Munde ist. Weil es heute anscheinend „IN" ist, am Jakobsweg gewesen zu sein. Man möchte das auch erleben, möchte mitreden können, möchte dabei gewesen sein, möchte auch von seinen Erlebnissen erzählen und

ganz wichtig: wie viele Kilometer man am Tage geschafft hat.

Sie, diese Jakobsweg-Wander-Schnell-Touristen, sie sind zurzeit die neue Generation auf den Jakobswegen durch Nord-Spanien und Portugal.

Und wie man hört, auch sie genießen den Jakobsweg mit seiner traumhaft schönen Landschaft und das Andersartige. Und sie lassen es sich dabei gut gehen. Sie sitzen gern in den Kaffees und Bars (von denen es auch immer mehr gibt) beim Wein, Bier oder Kaffee und sie lassen es sich Tappas und Tortilla schmecken. Auch leisten sich mehr, kaufen mehr ein (was ja nur dem Jakobsweg gut tut) und sie sind in vielem anspruchsvoller als die alten bescheidenen Pilger.

Und wer weiß, vielleicht nimmt der eine oder andere neben seiner vielen Fotos oder Videofilme, einem voll gestempelten Pilgerpass und seiner Jakobsmuschel, auch etwas vom spirituellen „Geist des Caminos" und vom Segen des Heiligen mit nach Hause.

Denn wer kann dem einzelnen schon in sein Herz schauen.

Carlo L. Weichert